Military History of Korea

# 한국군사사 ⑨

## ———— 근현대 I

기획 · 주간

史 육군군사연구소
ARMY MILITARY HISTORY INSTITUTE

육군본부

"역사를 깨닫지 못하는 자에게
비극의 역사는 필연적으로 되풀이 된다"

인류의 역사에서 전쟁은 한 국가의 명운을 좌우해 왔습니다. 그렇기 때문에 모든 나라들은 전쟁을 대비하는 데 전 국가역량을 집중해 왔습니다. 한 나라의 역사를 이해하기 위해 군사사 분야의 체계적인 연구가 필요한 이유가 여기에 있습니다.

육군에서는 이러한 군사사 연구의 중요성을 인식하고 1960년대부터 지금까지 '한국고전사', '한국의병사', '한국군제사', '한국고대무기체계' 등을 편찬하였습니다. 이는 우리의 군사사 연구 기반 조성에 큰 도움을 주었지만, 단편적인 연구에 국한된 아쉬움이 늘 남아 있었습니다.

이에 육군은 그간의 연구 성과를 바탕으로 군사사 분야를 보다 체계적으로 연구·집대성한 '한국군사사(韓國軍事史)'를 발간하였습니다. 본서는 2008년부터 3년 6개월 동안 비록 짧은 기간이지만, 많은 학계 전문가들이 참여하여 군사, 정치, 외교 등 폭넓은 분야에 걸쳐 역사적 사실을 새롭게 재조명하였습니다. 특히 고대로부터 근·현대에 이르기까지 전쟁사, 군사제도, 강역, 군사사상, 통신, 무기, 성곽 등 군사사 전반이 망라되어 있습니다.

　"역사를 깨닫지 못하는 자에게 비극의 역사는 필연적으로 되풀이 된다"라는 말이
있습니다. 미래에 대한 변화와 발전도 과거에 대한 깊은 이해와 성찰을 통해서 이루
어 질 수 있습니다. 이러한 의미에서 우리나라 최초로 군사사 분야를 집대성한 '한국
군사사'가 군과 학계 연구를 촉진시키는 기폭제가 되고, 군사사 발전을 위한 길잡이
가 되길 기대합니다.

　그동안 어려운 여건속에서도 연구의 성취와 집필을 위해 열과 성을 다해 준 집필
진과 관계관 여러분의 노고를 치하합니다.

2012년 10월
육군참모총장　대장 김상기

## 일러두기

1. 이 책의 집필 원칙은 국난극복사, 민족주의적 서술에서 벗어나 국가와 민족의 생존의 역사로
   군사사(전쟁을 포함한 군사 관련 모든 영역의 역사)를 객관적으로 서술하는데 있다.
2. 한글 맞춤법과 표준어 등은 국립국어원이 정한 어문규정을 따르되, 일부 사항은 학계의 관례에
   따랐다.
3. 이 책의 목차는 다음의 순서로 구분, 표기했다.
   : 제1장 - 제1절 - 1. - 1) - (1)
4. 이 책에서 사용한 전쟁 명칭은 다음과 같은 원칙에 따라서 표기했다.
   (1) '전쟁'의 명칭은 다음 기준에 부합되는 경우에 사용했다.
       ① 국가 대 국가 간의 무력 충돌에만 부여한다.
       ② 일정 규모 이상의 대규모 군사활동에만 부여한다.
       ③ 무력충돌 외에 외교활동이 수반되었는지를 함께 고려한다. 외교활동이 수반되지 않은
          우는 군사충돌의 상대편을 국가체로 볼 수 있는지를 검토한다.
   (2) 세계적 보편성, 여러 나라가 공유할 수 있는 명칭 등을 고려하여 전쟁 명칭은 국명 조합방
       을 기본적으로 채택했다.
   (3) 국명이 변경된 나라의 경우, 전쟁 당시의 국명을 사용하는 것을 원칙으로 했다.
       (예) 고려-요 전쟁    조선-후금 전쟁
   (4) 동일한 주체가 여러 차례 전쟁을 한 경우는 차수를 부여했다.
       (예) 제1차~제7차 고려-몽골 전쟁
   (5) 일반적으로 널리 알려진 전쟁 명칭은 ( ) 안에 일반적인 명칭을 병기했다.
       (예) 제1차 조선-일본 전쟁(임진왜란)    조선-청 전쟁(병자호란)
5. 연대 표기는 다음과 같은 원칙에 따라서 표기했다.
   (1) 주요 전쟁·전투·역사적 사건과 본문 서술에 일자가 드러난 경우는 서기력(양력)과 음력
       병기했다.
       ① 전근대 : '음력(양력)' 형식으로 병기하는 것을 원칙으로 했다.
       ② 근·현대: 정부 차원의 양력 사용 공식 일자를 기준으로 구분하여, 1895년까지는 '음력(
          력)' 형식으로, 1896년 이후는 양력(음력) 형식으로 병기했다.
   (2) 병기한 연대는 ( ) 안에 양력, 음력 여부를 (양), (음)으로 표기했다.
       (예) 1555년(명종 10) 5월 11일(양 5월 30일)
   (3) 「연도」, 「연도 월」처럼 일자가 드러나지 않은 경우는 음력(1895년까지) 혹은 양력(1896
       이후)으로만 단독 표기했다.
   (4) 연도 표기는 '서기력(왕력)' 형태를 기본으로 하되, 필자가 필요하다고 판단한 경우에는 왕
       (서기력) 형태의 표기도 허용했다.
6. 외국 인명은 다음과 같은 원칙에 따라서 표기했다.
   (1) 외국 인명은 최대한 원어 발음을 기준으로 표기하는 것을 원칙으로 했다. 단, 적절한 원어
       음으로 표기하지 못한 경우에는 한자음으로 표기했다.

(2) 전근대의 외국 인명은 다음과 같은 원칙에 따라서 표기했다.
  ① 중국을 제외한 여타 외국 인명은 원어 발음을 기준으로 표기하고 한자를 병기했다.
    (예) 누르하치[努爾哈赤]    도요토미 히데요시[豊臣秀吉]
  ② 중국 인명은 학계의 관행에 따라서 한자음으로 표기했다.
    (예) 명나라 장수 척계광戚繼光
(3) 근·현대의 외국 인명은 중국 인명을 포함하여 모든 인명을 원어 발음 기준으로 표기하는 것을 원칙으로 했다.
    (예) 위안스카이[袁世凱]    쑨원[孫文]
7. 지명은 다음과 같은 원칙에 따라서 표기했다.
(1) 옛 지명과 현재의 지명이 다른 경우에는 '옛 지명(현재의 지명)' 형식으로 표기했다. 외국 지명도 이 원칙에 따라서 표기했다.
(2) 현재 외국 영토에 있는 지명은 가능한 원어 발음으로 표기했다.
    (예) 대마도 정벌 → 쓰시마 정벌
(3) 전근대의 외국 지명은 '한자음(현재의 지명)' 형식으로 표기했다.
    (예) 대도大都(현재의 베이징[北京])
(4) 근·현대의 외국 지명은 원어 발음으로 표기하는 것을 원칙으로 하되, 학계에서 일반화되어 고유명사처럼 쓰이는 경우에는 한자음으로 표기했다.
    (예) 상하이[上海]    상해임시정부上海臨時政府


## 본문에 사용된 지도와 사진

- 본문에 사용된 지도는 한국미래문제연구원(김준교 중앙대 교수)에서 제작한 것을 기본으로 하여 필자의 의견을 반영해서 재 작성했습니다.
- 사진은 필자와 한국미래문제연구원에서 제공한 것을 1차로 사용했으며, 추가로 장득진 선생이 많은 사진을 제공했습니다. 필자와 한국미래문제연구원, 장득진 제공사진은 ⓒ표시를 하지 않았습니다.
- 이 외에 개인작가와 경기도박물관, 경희대박물관, 고려대박물관, 국립중앙박물관, 국사편찬위원회, 규장각한국학연구원, 독립기념관, 문화재청, 서울대박물관, 연세대박물관, 영집궁시박물관, 육군박물관, 이화여대박물관, 전쟁기념관, 한국학중앙연구원, 해군사관학교박물관, 화성박물관 외 여러 기관에서 소장자료를 제공했습니다. 이 경우 개인은 ⓒ표시, 소장기관은 기관명을 표시했습니다. 사진을 제공해 주신 분들께 감사드립니다.
- 이 책에 실린 사진 중에서 소장처를 파악하지 못해 사용허가를 받지 못한 사진이 있습니다. 이 사진에 대해서는 저작권자가 확인되는 대로 게재 허락을 받고 통상의 기준에 따라 사용허가 및 사용료를 지불하도록 하겠습니다.

조선에 대한 서구 열강의 통상 요구는 청일 양국과 거의 비슷한 시기에 나타나지만, 무력을 수반한 본격적인 개방 압력은 1860년대 중반 이후 프랑스 함대의 강화도 침공과 미국 함대의 강화도 침공에서 비로소 나타났다. 그러나 프랑스와 미국이 군사력까지 동원한 침공으로 조선 정부를 압박했음에도 조선의 문호개방을 이끌어내는 데는 끝내 실패하였다. 그 결과는 오히려 대원군 정권이 전국 곳곳에 척화비斥和碑를 세우면서 배외주의적 정책을 한층 강화하는 것으로 귀결되었다.

## 2. 중국과 일본의 해방론

### 1) 중국의 해방론

19세기에 동아시아 삼국은 강력한 군사력으로 무장한 서구 열강의 본격적인 도전에 직면하게 되었다. 삼국의 지식인들은 바다를 통해 이루어지는 양이洋夷, 즉 서양 오랑캐의 침범에 효과적으로 대처하기 위한 방책으로 해안 방어를 강화하자는 해방론을 제기하는 등 대책 마련에 부심하였다. 바다로부터 침략해 오는 적에 대한 방비를 강조하는 '해방론海防論'은 북방 민족의 육로를 통한 침입에 대한 방비를 중시하던 전통적인 '육방론陸防論' 혹은 '새방론塞防論'에 대비되는 개념이다.[8] 물론 '해방'이라는 개념이 19세기에 들어서 처음으로 등장하는 것은 아니다. 중국 중심의 전통적 질서를 유지하기 위한 대외전략으로서 조공체제와 결합된 형태로 명 태조 이래 줄곧 왜구倭寇와 서구 해상세력에 대비하여 연해 지역에서 시행한 오랜 전통을 갖는 것이었다.[9]

========

에 대한 조선 정부의 해명을 요구하기도 하였다.

8 1874~1875년에는 해방과 육방 중 어느 쪽에 우선순위를 둘 것인가를 둘러싸고 리훙장[李鴻章]과 주어종탕[左宗棠]을 중심으로 논쟁이 전개되기도 하였다. 이에 대해서는 최희재, 「1874~5년 해방·육방논의의 성격」『동양사학연구』22, 동양사학회, 1985 ; 「중화제국질서의 동요」『강좌 중국사 Ⅴ』, 지식산업사, 1989 참조.

9 조병한, 「해방 체제와 1870년대 李鴻章의 양무운동」『동양사학연구』88, 동양사학회, 2004,

제1차 중영전쟁(일명 아편전쟁) 이래 화이사상華夷思想에 근거한 전통적 국제질서 관념이 차츰 변화하기 시작하였고, 종래 '이적夷狄'의 범주로 파악했던 서양인에 대한 인식도 심화되어 갔다. 이와 함께 우월한 무력을 지닌 이들 새로운 해상세력에 대한 방비책이 활발하게 논의될 수밖에 없었다. 종래의 유목민에 의한 북방 변경 위협과는 질적으로 다른 위협, 즉 '선견포리船堅礮利'(견고한 선박과 뛰어난 대포)를 앞세운 해상세력들이 중국의 해안에 등장함으로써 이에 대한 방비가 중요한 문제로 인식되기 시작한 것이다.[10]

제1차 중영전쟁에서 중국이 패배한 사건은 그 자체만으로도 조선과 일본에 큰 충격이었고, 이를 계기로 동아시아 삼국 사회는 강한 대외적 위기감 속에서 예상되는 '양이'의 침범을 막아낼 방안 마련에 노력하였다. 이러한 가운데 제1차 중영전쟁이 끝난 직후부터 중국 지식인들이 자신들의 경험을 토대로 서양에 대한 다양한 지식을 담아 서적으로 간행하기 시작하였다. 린저수의 『사주지四洲志』, 웨이유안魏源의 『경제문편經世文編』·『성무기聖武記』·『해국도지海國圖志』, 쉬지위徐繼畬의 『영환지략瀛環志略』 등이 그 대표적인 예이다. 이들 서적은 서양의 역사·지리에 대한 구체적인 정보뿐 아니라 전쟁 패배를 경험한 중국 지식인들의 반성의 산물이라는 점에서 서양에 대한 대비책 마련에 부심하였던 조선과 일본의 지식인들에게 큰 영향을 주었다.

중국의 해방론을 대표하며 조선과 일본의 해방론에 가장 큰 영향을 끼친 서적은 웨이유안의 『해국도지』이다.[11] 서양인을 오랑캐로 본 한계가 있었지만, 린저수와 웨이유안은 서양의 사정을 이해하고자 하였다. 중영전쟁을 겪으면서 린저수는 서양의 대

---

134~135쪽 참조. 1860년 북경조약 이후 서구의 조약체제를 수용함으로써 서양을 夷狄視하는 세계 인식을 포기했으나 국내적으로는 제국체제를 지속시켜 제국과 동아시아 域內 朝貢圈을 유지하려는 해방정책은 꽤 강인한 지속성을 가졌다.

10 최희재, 앞의 논문, 1985, 85~86쪽.

11 『해국도지』에 대해서는 李光麟, 「『海國圖志』의 韓國傳來와 그 影響」 『(改訂版)韓國開化史研究』, 一潮閣, 1995 ; 원재연, 「『해국도지』 수용 전후의 어양론과 서양인식」 『서세동점과 조선왕조의 대응』, 한들출판사, 2003(a) ; 李憲柱, 「병인양요 직전 姜瑋의 禦洋策」 『韓國史研究』 124, 한국사연구회, 2004(a) ; 李憲柱, 『姜瑋의 開國論 研究』, 고려대학교 대학원 박사학위논문, 2004(b) ; 崔鎭旭, 『19세기 海防論 전개과정 연구』, 고려대학교 대학원 박사학위논문, 2008 참조. 중문으로 되어 있는 연구로는 王家儉, 『魏源對西方的認識及其海防思想』, 國立臺灣大學文學院, 1964가 대표적이다.

포가 중국의 포보다 성능이 우수하다는 것을 서양의 장기長技로 인정하는 진전을 보였고, 웨이유안은 『해국도지』에서 서양을 막아내기 위해 그들의 장기를 배울 것을 주장하는 데까지 나아가 서양에 대한 한층 진전된 인식을 보였다.[12] 웨이유안이 『해국도지』를 처음 집필한 것은 난징조약이 체결된 1842년이었지만, 2년 뒤인 1844년이 되어서야 비로소 50권 44책으로 간행할 수 있었다. 이후 『해국도지』는 여러 문헌을 참조하고 보완하여 1847년에 60권 24책으로, 1852년에는 100권 24책으로 증보되어 간행되었다.[13]

『해국도지』의 철모 그림

『해국도지』는 제목에서도 드러나듯이 '도圖'와 '지志'로 나누어 세계 각국의 지리와 역사 등 다방면에 걸친 정보를 서술한 것으로 모두 18편으로 구성되어 있다. 주해편籌海篇·서남양각국교문표西南洋各國教門表·중서역법동이표中西曆法同異表·중서기년통표中西紀年通表·주해총편籌海總篇·국지총론國地總論·이정비채夷情備采·방조전선의倣造戰船議·화륜선도설火輪船圖說·주포철모도기鑄礮鐵模圖記·방주양포의倣鑄洋礮議·작탄비포설炸彈飛礮說·포거포도설礮車礮圖說·서양용포측량기西洋用礮測量記·서양자래화총법西洋自來火銃法·공선수뢰도攻船水雷圖·서양원경작법西洋遠鏡作法·지구천문합론地球天文合論 등이 그것이다. 책의 내용은 서양과 동양의 종교와 역법曆法에서부터 전함, 대포, 망원경 등의 제조법에 이르기까지 실로 다양한 범위를 포괄하지만, 그 대부분은 서양인과 중국인이 쓴 기왕의 저작물에서 인용, 편집한 것이다. 웨이유안이 자신

---

12 신승하, 「19세기 중국의 서양인식과 세계관의 변화」『19세기 중국사회 −서양의 충격과 대응−』, 신서원, 2000, 37~38쪽.

13 각각의 판본은 간행된 직후 조선에 전래되어 지식인들 사이에 읽혔는데, 국내에서는 『해국도지』의 내용을 발췌한 초략본(抄略本)이 간행되기도 하였다(李憲柱, 앞의 논문, 2004(b), 67쪽).

해양에서 관련 부분

의 견해를 적극적으로 피력한 부분은 권두의 주해편이었는데, 여기에 담긴 해방론이야말로 『해국도지』의 중심사상이라 할 수 있다.[14]

웨이유안은 『해국도지』 서에서 "옛날 사람들이 모두 중국인의 입장에서 서양을 이야기하였던데 반해, 이 책은 서양인의 입장에서 서양을 이야기한 것이다."라고 하여 『해국도지』가 서양에 대해 소개한 기존의 지리서와는 다름을 분명히 하였다. 그는 이어서 책의 저술 동기를 '이이공이以夷攻夷', '이이관이以夷款夷', '사이장기이제이師夷長技以制夷'의 세 가지를 위해서 지었다고 함으로써 서양의 실상을 정확하게 파악하고 그들의 장기를 익힘으로써 궁극적으로 서양의 침략을 막아내는 데 목적이 있음을 밝혔다.[15]

웨이유안은 주해편에서 서양의 침략을 막아낼 방책을 의수議守, 의전議戰, 의관議款의 세 부분으로 나누어 서술하였다. 그는 수비하는 방법을 논한 의수를 '의수상議守上', '의수하議守下'로 나누어 주해편1과 주해편2에서 서술하였고, 주해편3에서는 싸우는 방법을 논한 의전을 다루었고, 주해편4에서는 화친하는 방법을 논한 의관을 서술하였다. 웨이유안은 지키고守, 싸우고戰, 화친하는款 세 가지 방법 중에서 가장 중요하고 또 우선시되어야 할 것이 지키는 것이라고 보았는데, 이는 수비를 못하면 싸우는 것도, 화친하는 것도 불가능하다고 인식하였기 때문이다.[16] 그의 이러한 생각은 '의수'를 제일 앞쪽에 배치하고 상, 하로 나누어 가장 큰 비중으로 다룬 주해편의 편재에 그대로 반영되어 나타났다.[17] 이러한 어양책禦洋策은 대외관계의 방법론적 측면에서 군사적 방법인 어적禦敵과 외교적 방법인 관적款敵으로 구분할 수 있는데, '의

---

14 李光麟, 앞의 논문, 1995, 3~4쪽.

15 魏源, 『海國圖志』, 「海國圖志敍」.

16 魏源, 『海國圖志』「籌海篇」1, '議守上', "不能守何以戰 不能守何以款 以守爲戰而後 外夷服我調度 是謂以夷攻夷 以守爲款而後 外夷範我馳驅 是謂以夷款夷".

17 李憲柱, 앞의 논문, 2004(b), 69쪽.

수'와 '의전'은 어적에, '의관'은 관적에 속하는 방법론이다.[18]

'의수'에서는 서양의 침입을 효과적으로 방어하는 방법을 다루었다. '의수상'에서는 바다로부터 오는 적을 내하內河, 해구海口, 외양外洋 중 어디에서 막는 것이 가장 좋을지에 대해, '의수하'에서는 적을 막기 위한 병력의 조련 문제에 대해 각각 서술하고 있다. 웨이유안이 말하고자 한 '의수'의 골자는 다음과 같다.

> 자수白守의 방책은 두 가지가 있다. 하나는 외양을 지키는 것이 해구를 지키는 것만 못하고, 해구를 지키는 것이 내하를 지키는 것만 못하다는 점이다. 둘째는 객병客兵을 징발하는 것이 그 지방의 토병土兵을 조련하는 것보다 못하고, 수군을 징발하는 것이 수용水勇을 조련하는 것보다 못하다는 점이다.[19]

이에 따르면 적을 맞아 싸우는 지점에 대해서는 외양보다는 해구를, 해구보다는 내하를 굳게 지키는 수내하전술守內河戰術이 최선의 방책으로 제시되고 있다. 외양이나 해구를 포기하고 내하를 택한 이유는 서양의 선박이 지닌 대포의 성능이 월등히 앞서는 상황에서 탁 트인 곳에서 적을 상대하면 승산이 없기 때문이었다. 다른 한편 그는 적과 맞서기 위한 병력을 확보하는 문제에 대해서 객병, 즉 다른 지역의 육군이나 수군을 징발하기보다는 해당 지역의 지형을 익숙히 알고 있는 토병(지방군)과 잠수에 능한 수용(잠수부)을 조련할 것을 대책으로 제시하였다. 요컨대, 그의 구상은 서양 선박이 막강한 위력을 발휘할 수 있는 외양이나 해구를 피하고 적함을 좁고 얕은 곳으로 유인하여 기동성을 떨어뜨린 뒤, 사방에서 포위하여 수륙 양면으로 포격과 화공 등을 이용하여 공격하는 것으로 정리된다.[20]

웨이유안은 '의전'에서 '의수'의 내용보다 한층 공세적인 어양책을 제시하고 있다.

---

18 원재연, 앞의 논문, 2003(a), 289쪽.
19 魏源, 『海國圖志』「籌海篇」1, '議守上'.
20 李憲柱, 앞의 논문, 2004(b), 71쪽. 웨이유안은 적함을 좁고 얕은 곳으로 유인하고 하천 바닥에 박아둔 말뚝과 가라앉힌 배 및 줄을 묶은 뗏목 등을 이용하여 적함의 기동성을 떨어뜨린 후, 강 양안에 모래 담장을 쌓고 배치한 대포의 포격과 잠수부를 활용한 수뢰 폭발, 화공 등을 활용한다면 적을 격퇴할 수 있다고 보았다.

물론 이것은 내수를 굳게 하여 오랑캐의 공격을 막아낸 후 오랑캐의 정형을 올바로 파악한 연후에 비로소 실행 가능하다는 단서가 붙는 것이었다.[21] 그가 '의수상'의 첫머리에서 제시했듯이 오랑캐를 공략하는 방책은 오랑캐의 원수를 활용하는 '이이공이'와 오랑캐의 장기長技를 배워 오랑캐를 제어하는 '사이제이'의 두 가지로 요약되는데,[22] '의전'에서는 '이이공이', '사이제이'의 방책이 구체적으로 무엇을 의미하는지에 대해 세세하게 설명하였던 것이다. 영국이 꺼려하는 러시아·프랑스·미국 등 3개의 원수국과 네팔·미안마·태국·베트남 등 중국 속국 네 나라가 영국을 '해공海攻' 혹은 '육공陸攻'하도록 하는 것이 '이이공이'의 예로 거론되었다. 또한 그는 오랑캐와 화친을 맺은 이후에 마땅히 배워야 할 서양의 장기를 전함戰艦, 화기火器, 군대 양성 및 조련법의 세 가지를 들고, 이러한 양이洋夷의 장기를 익혀서 양이를 제압하자('사이제이')라고 주장하였다.[23]

관이款夷의 두 가지 방법으로는 서양 각국의 통상 요구를 들어 주어 조약을 체결하는 것과 우선 아편의 시장에서의 유통을 허락할 것 등을 들었다.[24] 이것은 사실상 서양의 침략에 군사적인 대처가 어려울 때 불가피하게 채택하는 수세적인 어양책으로서 그 구체적인 방법을 설명한 것이 '의관'이다. 그는 수호통상 요구를 수용하고 심지어는 해악이 심각한 아편 무역까지도 허용할 수밖에 없는 상황임을 지적하고, 아편에 대해서는 관세를 유지하지만 쌀과 같은 물품에는 면세를 해주면 아편 수입이 줄어들 것이라는 견해를 제시하였다. 또한 서양과의 교역에서 영국인들처럼 상인들이 자본을 공동으로 출자하는 공사公司와 같은 자본주의적 회사를 설립할 것을 권하는 등 서양인의 앞선 경영 방식을 도입할 필요가 있음도 강조하였다.[25] '의관'에서는 결국 서양의 도발을 군사적 방법으로 물리칠 수 없는 어쩔 수 없는 상황에서 조약을 체결한 후,

---

21 魏源, 『海國圖志』 「籌海篇」 3, '議戰'.
22 魏源, 『海國圖志』 「籌海篇」 1, '議守上', '攻夷之策二曰 調夷之仇國以攻夷 師夷之長技以制夷'. 정확하게는 '오랑캐의 원수국을 끌어들여 오랑캐를 공격하게 하고, 오랑캐의 장기를 배워 오랑캐를 제압한다.'로 풀어야 옳겠지만, '이이공이'·'사이제이'로 쓰더라도 의미상 별다른 차이가 없으므로 원재연의 표현을 따랐다(원재연, 앞의 논문, 2003(a), 289쪽).
23 魏源, 『海國圖志』 「籌海篇」 3, '議戰'.
24 魏源, 『海國圖志』 「籌海篇」 1, '議守上', '款夷之策二曰 聽互市各國以款夷 持鴉片初約以通市'.
25 魏源, 『海國圖志』 「籌海篇」 4, '議款' ; 원재연, 앞의 논문, 2003(a), 291~293쪽.

그들과 체결한 조약과 무역통상 관계를 어떻게 하면 서양을 물리치는 방향으로 연결할 수 있을 것인가를 논한 것이다.[26]

중국의 지식인들은 태평천국운동과 영국과의 두 차례 전쟁을 겪으면서 당시를 중국 역사상 일찍이 볼 수 없었던 대변국大變局으로 인식하였다. 중영전쟁 패배 후 웨이유안이 영국의 침략을 '삼천년미유지화三千年未有之禍(3천 년의 역사 이래 없었던 재앙)'로 본 이래, 황준자이黃鈞宰는 '중외일가고금지대변국中外一家古今之大變局'으로, 쉬지위는 『영환지략』에서 '고금일대변국古今一大變局'이라 규정했다. 이들 변국론자變局論者들은 중국의 누적된 정치적 부패와 경제적 혼란, 사회적 병폐를 변혁해야 한다는 경세적經世的 입장에 서 있었다. 이들은 외국의 침략이 중국에 큰 해를 끼치고 있기는 하지만, 다른 한편으로 정치적 변혁을 가져올 좋은 기회로 삼을 수 있다는 점에서 긍정성을 발견하기도 하였다. 이러한 배경에서 1861년 펑귀이펀馮桂芬은 '중체서용론中體西用論'의 단서를 제공한 『교빈려항의校邠廬抗議』를 지었다. 그는 중국이 서양보다 못한 것이 군사 이외에 인재·지리·군민관계君民關係·명실필부名實必符함 등 네 가지라고 지적하면서 서양의 대포나 총을 배우는 이외에 그 밖의 장기도 배우자고 제창하였다. 그는 『교빈려항의』에서 중학中學과 서학의 관계를 중체서용이라는 도식으로 그려냄으로써 양무사조洋務思潮의 형성에 기여하였다. 제1차 중영전쟁 직후 웨이유안이 『해국도지』에서 제기한 해방론의 내용 중 하나인 '사이제이'의 논리가 펑귀이펀에 의해 중체서용론으로 발전되었고, 동치제(1861~1874)와 광서제(1874~1908) 재위기 양무파洋務派 관료들에 의해 계승, 발전되면서 양무운동洋務運動을 이론적으로 뒷받침하였다.[27]

---

26 '의관'은 불가피한 형세로 인해 채택되는 대응 방식이기 때문에 "동아시아 각국의 해방론자들이 자신들의 체제 유지를 위해 최후의 방법으로 선택한 '전략적 문호개방'의 논리였다."고 평가되기도 한다(최진욱, 앞의 논문, 2008, 4쪽).

27 신승하, 앞의 논문, 2000, 39~43쪽. 펑귀이펀은 同治 원년에 상하이로 온 리훙장의 막료가 되어 그에게 자문함으로써 리훙장이 양무운동에 적극 나서도록 하는 데 영향을 끼쳤다.

서구 열강의 직접적인 군사 행동이 확인됨으로써 일본에 대한 침략 가능성도 그만큼 커졌기 때문이다.[33] 막부는 외국과의 무력 분쟁을 피하기 위해 기존의 '타불령' 대신 '신수급여령薪水給與令'을 발령하고, 영국의 침략에 대비하기 위해 에도만을 중심으로 해안 경비를 강화하도록 명령하였다. 즉 막부는 인바忍藩와 가와고에번川越藩에게 사가미相模·아와安房·카즈사上總를 중심으로 하는 에도만의 해안 방위와 해안 포대의 신설을 지시하고, 서양식 포술砲術 채용을 위해 네덜란드에 서양식 대포를 주문하고 에도만을 막부 직할로 하는 해방책을 추진하였다. 이러한 막부의 해방론은 막부의 군사적 안정을 우선시하며 에도 주변 해안선의 방어를 주요 목적으로 삼는 한계를 안고 있었다. 하지만 이미 심각한 재정 궁핍을 겪고 있었던 막부가 막대한 재정 부담을 감내해야 하는 해방책과 서양 군사기술 도입에 기반한 군사개혁을 순조롭게 진행하기에는 역부족이었다.[34]

이 시기 해방론이 모두 막부의 안위만을 염두에 둔 것은 아니었다. 1842년 11월 사쿠마 쇼잔佐久間象山이 도쿠가와 막부의 해방괘海防掛를 맡고 있었던 마쓰시로번松代藩의 번주 사나다 유키쓰라眞田幸貫에게 올린 건백서建白書 「해방에 관한 번주 앞으로의 상서」[35]에서 피력한 의견은 막부의 안위만이 아니라 일본 전체의 안위를 염두에 둔 해방론이었다.[36] 쇼잔이 주장한 해방론의 골자는 다음 8개조로 요약된다.[37]

---

33 중영전쟁의 결과는 중국 문화가 우월하다는 통념을 허무는 역할을 했고, 결과적으로 중국의 허약한 군사력을 드러내어 중국 모델을 중시해 온 일본 보수파에게 큰 충격을 주었다. 중국인이 중영전쟁의 경험을 바탕으로 남긴 서적들은 일본 국내에 큰 반향을 일으켰는데, 웨이유안의 『성무기』·『해국도지』와 같이 서적은 중국의 독자보다 일본인 독자에게 더욱 큰 영향을 미쳤다. 나가사키의 네덜란드인에게서 전해진 정보도 이들 서적의 내용이 사실임을 확인시키는 것이었고, 일본도 중국과 마찬가지의 위험을 맞을지 모른다는 사실을 우려하는 일본 지식인이 그 어느 때보다 많아졌다(마라우스 B. 잰슨, 『일본과 세계의 만남』, 소화, 1999, 71~73쪽).

34 朴三憲, 앞의 논문, 2005, 88~89쪽.

35 佐久間象山, 「海防に關する藩主宛上書(天保13年 11月 24日)」 『渡辺華山, 高野長英, 佐久間象山, 横井小楠, 橋本左內(日本思想大系55)』, 岩波書店, 1971 참조.

36 朴三憲, 앞의 논문, 2005, 89~90쪽.

37 송석원, 「사쿠마 쇼잔(佐久間象山)의 海防論과 대 서양관」 『韓國政治學會報』 37집 5호, 2003, 34~35쪽.

① 방비 시설은 연안의 전 전략지점에 구축하고 대포로 충분히 무장하지 않으면 안 된다.

② 네덜란드인을 통한 동銅 수출을 중지하고 이를 전 지점에 배치할 수천 문의 대포를 주조하는 데 사용해야 한다.

③ 대형 상선을 건조하여 쇄국령이 겨우 인정하고 있는 소형의 근해 항행선의 난파에 따른 쌀의 손실을 막아야 한다.

④ 유능한 관리에게 해운업을 감독시킨다.

⑤ 서양식 군함을 건조하고 훈련받은 해군 장교를 갖춘 군대를 양성해야 한다.

⑥ 학교를 전국적으로 만들어 근대교육을 실시해야 한다.

⑦ 상벌을 명확히 하여 자비로움과 위엄이 갖춰진 정치를 이루어 민심을 강고히 해야 한다.

⑧ 유능한 인물을 관직에 선임하는 제도를 확립해야 한다.

이 중 ①, ②, ③, ⑤의 4항목은 쇼잔이 서양 세력의 출현에 따른 군사적 위협에 대응하기 위해 마련한 구체적이고 실질적인 해방책으로 주로 방어전을 염두에 두고 제시한 것이었다.

쇼잔의 해방론은 '국력 제일주의'가 그 골격을 이루고 있다. 그는 오랑캐[夷虜]가 자연스럽게 마음으로 두려움을 느껴 일본을 넘보지 않도록 하는 것이 가장 좋은 책략이라고 보았다. 하지만 그가 보기에 당시 일본의 사정은 오랑캐에게 두려움을 느끼게 하기는커녕 오히려 비웃음을 살만한 수준의 방비밖에 갖추지 못하고 있었다. 그래서 쇼잔은 해방을 위해 일본 연안의 모든 전략지점에 방비시설을 구축하는 것이 필요하다고 보았다. 그 중에서도 그가 가장 시급한 해방책으로 보았던 것은 "서양의 제조법에 따라 다수의 화기火器를 주조하는 것과 전함을 준비하고 수군을 교육하는 것"이었다.

쇼잔은 해방을 위해 주저 없이 서양의 문물, 특히 군사기술과 제도의 수용 필요성을 주장하였다. 그는 일본의 해군이 서양 해군에 비해 현저히 뒤쳐져 있는 현실 속에서 서양제 전함과 대포를 구비할 필요성을 제기하면서 특히 전함이 해방의 성공을 담보할 무비武備라고 보았다. 하지만 이는 막부의 금제禁制와 재정난이라는 현실적인 두 가지 장벽에 가로막혀 있었다.

우선, 서양제 전함 및 대포의 구입은 내란 방지를 이유로 5백석 이상의 대함 건조를 원칙적으로 금지하고 있었던 막부의 금제에 저촉되는 사항이었다. 쇼잔은 이에 대해 막부의 금제가 중요하더라도 그것을 천하의 안위와 바꿀 수 없다며 다음과 같이 주장하였다.

> 선대先代가 이와 같은 중한 규정을 세웠다 해도 천하 후의 일을 깊이 생각하시어 하신 일이기에 당대에 이르러 호기심 등으로 이를 깨뜨리려 하는 것은 아무리 해도 선조에 대해 변명의 여지가 없는 일이겠지만, 천하를 위해 세운 법을 천하를 위해 바꾸는 데에 어떤 주저함이 있으랴. 평상시에는 평상의 법을 따르고, 비상시에는 비상의 제도를 활용하는 것이야말로 화한고금和漢古今의 통의通義이다. 더욱이 배의 제도를 정했을 당시의 서양 오랑캐와 지금의 서양 오랑캐는 그 용의의 대소, 국력의 강약 등 모든 면에서 현격한 차이가 있다.[38]

쇼잔은 전함 구비 방안으로 궁극적으로는 서양식 선박을 직접 만들어야겠지만 우선은 네덜란드인을 통해 20척 정도를 구매하는 방안을 제시하였다. 이를 실행하기 위해서는 막대한 재정 부담이 따르지만, 여러 경비를 절감하여 일단 서양제 대박大舶을 준비한다면 쌀을 에도로 운송하는 과정에 자주 발생하는 난파 사고를 막을 수 있기 때문에 오히려 재정적인 문제를 풀 수 있다고 보았다.[39] 또한 '천하의 큰 이익'이 되는 일, 즉 무역을 일으키면 네덜란드인을 초빙하여 군함과 화기를 제작하는 데 드는 비용도 곧 만회할 수 있다고 강조하였다. 아울러 그는 대포를 주조하는 데 필요한 동 확보를 위해 연간 동 생산량 3백만 근 가운데 네덜란드와 중국으로 유출되던 150만 근

---

38 佐久間象山, 「海防に關する藩主宛上書(天保13年 11月 24日)」, 앞의 책, 1971, 270쪽(송석원, 앞의 논문, 2003, 38쪽에서 재인용).

39 쇼잔에 따르면 시모노세키(下關)에서 센다이(仙臺)에 이르는 항로에서 난파선이 1,800척에 달한 해도 있었고, 1842년에도 초겨울까지 4백~5백 척의 난파선이 발생하였다(佐久間象山, 「海防に關する藩主宛上書(天保13年 11月 24日)」, 앞의 책, 1971, 275쪽).

의 물량 중 중국으로 유출되는 부분은 막아야 한다고 주장하였다.[40]

쇼잔은 해방을 위해 일명 『하루마 사전』이라고도 불리는 네덜란드어 사전인 『화란
어휘和蘭語彙』의 출판도 주장하였다. 그는 1850년 노중老中 아베 마시히로阿部正弘 앞
으로 보내는 건의문에서 다음과 같이 밝히고 있다.

> 근래 서양 여러 나라가 점차 강성하게 됨은 그 기술의 뛰어남에 원인이 있습니다. 청국
> 은 옛것에 집착하여 영국 등을 융적戎狄이라 경시하면서 그들의 병법에서 말하는 이른
> 바 지피지기知彼知己의 의무를 다하지 않아 나라를 그르쳤습니다.……현재 해구海寇를
> 방어하는 방책을 완전히 하기 위해서는 세상이 널리 그 장단득실長短得失을 알고 그
> 상정狀情을 상세히 알아야 합니다. 이렇듯 상정을 상세히 알게 하여 그 장단득실을 알
> 게 되면 자연스럽게 그 장점과 이로운 점을 채용하고, 그 단점과 이롭지 못한 점을 배
> 격하게 됩니다. 이처럼 그 장단득실을 상세히 하기 위해서는 서양의 원서를 널리 읽히
> 는 것 밖에 다른 방도가 없습니다. 세상에 좋은 번역서를 많이 만들어서 실용에 도움이
> 되도록 하는 것도 원서를 읽는 자가 많지 않고서는 이뤄지기 힘듭니다.……지금은 해
> 방海防에 신경써야하는 시기인데, 청조淸朝의 전철을 밟지 않고 지피지기하여 경위警
> 衛에 만전을 기하기 위해 일본어로 번역한 화란어휘를 편집하고 이를 세상에 출판하여
> 국은國恩에 조금이나마 보답하고자 합니다.[41]

쇼잔은 막부가 서양식 포술과 같은 서양의 기술을 독점하면서 진행하는 해방에 대
해서 반대하면서 해방의 진정한 완성을 위해서는 세상이 서양 여러 나라의 강성함과
그들이 보유하고 있는 기술의 탁월함을 상세히 알아야 하고, 또한 이를 위해서는 『화
란어휘』 등 좋은 번역서를 출판하여 서양의 원서를 읽는 사람들이 늘어나도록 해야
한다고 하였다. 결국 쇼잔은 19세기 중반의 대외적 위기 상황을 극복하는 과제가 신

---

40 송석원, 앞의 논문, 2003, 38~39쪽. 쇼잔은 자신의 해방론의 핵심을 차지하고 있는 포와 함에 대
   해 포는 가능한 '가벼운 것'을, 함은 가능한 '큰 것'을 목표로 하고 있었다.
41 佐久間象山, 「和蘭語彙出版に關する老中阿部正弘宛上書(嘉永3年 3月)」, 앞의 책, 1971, 288~290
   쪽(번역은 朴三憲, 앞의 논문, 2005, 90쪽을 참조하여 수정함).

분적인 장벽이나 계급적인 차이를 뛰어넘어 일본의 모든 국민의 몫이 되어야 한다고 보았던 것이다. 이는 쇼잔의 해방론이 자연스럽게 내셔널리즘의 논리로 귀결되어 가고 있음을 보여준다.[42]

이처럼 쇼잔은 중영전쟁 이후 봉착한 대외적 위기를 극복하는 방안을 일관되게 '양이攘夷'에서 찾고자 했다. 서양에 대한 지식은 그에게 '양이'를 위해 필수적으로 갖추어야 할 소양이었고, 진정한 의미의 '양이'를 가능하게 하는 토대였다. 그런 그였기에 일본을 위기에서 구할 가장 확실한 방안이 개국을 통한 서구의 기술 수용이라는 결론에 도달하자 '개국을 통한 양이'를 주장하는 데 이르게 되었던 것이다. 하지만 개국의 필요성을 '양이'라는 목적 달성에 국한하였기 때문에 그가 수용 범위로 인정했던 서양 문물은 군사적인 측면에 한정될 수밖에 없었고, 서양의 정치나 경제 제도 및 가치 체계에 대한 고려는 찾아보기 어려웠다.[43]

쇼잔의 해방론은 페리 내항 이후 그의 제자이며 존왕양이파尊王攘夷派였던 요시다 쇼인吉田松陰에 의해 적극적인 대외 팽창론으로 변화되었다. 쇼인도 서양의 군사력이 압도적으로 우위에 있음을 인정하고, 서양식 무기의 채용을 강력하게 주장하였다. 또한 그는 일본이 당면한 대외적 위기를 해소하기 위해서는 서양식으로 포함砲艦을 정비한 후, 근린지역近隣地域으로의 진출을 꾀해야 한다고 보았다.

러시아, 미국과 강화를 맺었다. 결코 우리가 이것을 파기하여 융적戎狄에게 신뢰를 잃어서는 안 된다. 그저 장정章程을 엄히 지켜서 신의를 두텁게 하고 그 동안에 국력을 양성하여 취하기 쉬운 조선, 만주, 중국을 잘라 갖고, 교역에서 러시아에게 잃은 것은 조선과 만주에서 토지로 보상받아야 한다.

그가 대외팽창을 생각하고 있었던 근린지역 중 가장 중심적 위치를 점한 곳이 조선

---

**42** 朴三憲, 앞의 논문, 2005, 90쪽 ; 丸山眞男, 「幕末における變革-佐久間象山の場合」『忠誠と反逆-轉形期日本の精神史的位相-』, 筑摩書房, 1992, 117~122. 마루야마는 『화란어휘』의 출판이 막말의 위기 극복의 길을 "서양을 아는 것과 그것을 확산하여 국민화하는 것"에서 찾고자 한 쇼잔의 대응이 응축되어 표현된 것이라고 보았다.

**43** 송석원, 앞의 논문, 2003, 42~45쪽.

이었다. 이러한 쇼인의 논리는 그의 문하에서 수학했던 기도 다카요시木戸孝允에 의해
메이지 유신 이후에 정한론征韓論으로 발현되었다.[44] '전기적 국민주의前期的 國民主義'
의 첫 번째 단계에 해당하는 '해방론'은 물론 다음 단계인 '부국강병론' 및 '존황양이
론'에서는 한편으로 후쿠자와 유키치福澤諭吉에게서 보이는 근대 국민주의의 고전적
완성 형태를, 다른 한편으로 이후 제국주의나 천황제 파시즘으로 발전해 가는 맹아
형태인 국권론까지도 내포되어 있었다.[45]

---

**44** 朴三憲, 앞의 논문, 2005, 91~95쪽.
**45** 飯田泰三, 앞의 논문, 2003, 244쪽. 마루야마 마사오(丸山眞男)는 국민주의 형성의 전 단계라 할
'전기적 국민주의'의 발전 과정을 '해방론'-'부국강병론'-'존황양이론'으로 나누어 살폈다. 이에
대한 상세한 내용은 마루야마 마사오, 「3장-3절. 전기적 국민주의의 제 형태」『日本政治思想史研
究』, 통나무, 1995 참조.

로 무장하여 해중海中 여러 나라의 근심거리가 되고 있으므로 뜻밖의 사변이 일어날 것에 대해서도 대비할 필요가 있다고 하였다. 하지만 그가 보였던 네덜란드에 대한 경계심은 왜에 대한 전통적인 경계와 함께 네덜란드가 강력한 무력을 바탕으로 왜를 지원하지 않을까 하는 우려에 초점이 맞춰져 있었다.

유득공은 서양 무기의 위력에 대해 큰 관심을 보이고 있었다. 그는 『고운당필기古芸堂筆記』에 1795년 연행했던 박종선朴宗善에게서 들은 영국의 풍창風槍에 대한 내용을 적고 있다. 풍창은 조선의 조총에 비해 조금 가늘고 긴 모양인데 격발하면 탄환이 소리도 없이 날아가 1백보 안의 사물을 명중시킬 수 있는 신기한 병기라는 것이다. 이 때문에 1797년 영국 해군 탐사선 프로비던스Providence호가 동래에 정박하자, 유득공은 동래 부사에게 영국의 선제船制 및 조총 제도에 대해 자세히 질문하였다. 그가 내린 결론은 영국의 조총은 풍창보다 더 신묘하며 영국은 없는 병기가 없는 나라라는 것이었다.[48]

유득공과 이덕무는 안정복의 경우보다 잠재적 침략세력인 서양의 군사력에 대한 구체적인 관심과 염려를 드러내었다. 하지만 이들에게 서양의 침략은 막연한 불안감 혹은 가능성의 차원일 뿐 현실화될 가능성이 극히 희박한 것이었다.

19세기에 들어 이들의 해방론적 인식을 계승한 것은 다산茶山 정약용丁若鏞이었다. 그는 서양의 침략적 본질에 대해서 어렴풋하게나마 이해하고 있었다. 그는 서양인들이 상업적 이익 실현을 위해 배를 타고 사해四海를 떠돌다가도 외부의 영토를 점거하고 일단 점거한 곳을 소굴로 삼아 자신들의 종족을 거주시킨다고 하였다. 그는 또한 서양과 중국의 통상을 중국이 베푸는 시혜로 간주했던 당시의 일반적 인식과 달리 서양인들이 중국에 조공하는 데는 어떤 다른 의도가 숨어 있을 것이라고 보았다. 그가 1811년에 『비어고備禦考』[49]를 찬술하면서 남구만南九萬의 「해방소海防疏」, 유득공

---

**48** 노대환, 「조선 후기 서양세력의 접근과 海洋觀의 변화」『韓國史研究』123, 2003, 356쪽 ; 노대환, 『동도서기론 형성 과정 연구』, 일지사, 2005, 167쪽.

**49** 『비어고』는 정약용이 우리나라를 침범한 이민족에 대한 군사관계자료, 삼국시대 이래의 병란사, 西厓 柳成龍, 白沙 李恒福, 梧里 李元翼 등 십여 명의 兵論들을 일체 망라하여 편찬하고자 착수했던 방대한 병서이다. 정약용의 계획은 미완성인 채 끝나고 말았지만, 그의 유지를 받든 李重協, 鄭周應 등이 동일한 제목의 『비어고』, 『武備志』, 『嵋山叢書』 등을 편찬하는 데로 이어진다(鄭景鉉, 「19

『민보의』(규장각한국학연구원)
정약용이 민간 방어 체제를 제안하며 쓴 필사본 책이다.

의 「아란타설阿蘭陀說」, 이덕무의 「비왜론」 등 서양 관련 사실을 포함시켰던 것은 서양 세력의 해로 침투 가능성을 염두에 두었기 때문이다. 하지만 정약용은 서양 세력이 당장 조선에 위협 요소가 될 것이라고 생각하지는 않았다. 그는 도리어 네덜란드가 동양 국가들과 너무 멀리 떨어져 있어 어찌 할 수는 없을 것이므로 그들을 해구海寇 정도로 생각하여 만약의 사태에 대비하면 될 것이라고 결론짓고 말았다.[50]

정약용이 『민보의民堡議』에서 해방의 구체적인 대상으로 상정한 것은 서양 세력이 아닌 일본이었다.[51] 그가 바다를 통해 침입해 오는 왜를 어디에서 막을 것인가 직접적

---

세기의 새로운 國土防衛論-茶山의 《民堡議》를 中心으로-」『한국사론』 4, 1978, 338~339쪽 ; 許善道, 「《制勝方略》 研究(下) -壬辰倭亂 直前 防衛體制의 實相-」『震檀學報』 37, 1974, 29~37쪽).
**50** 노대환, 앞의 책, 2005, 167~168쪽.
**51** 일본의 침략 가능성에 대한 다산의 인식은 대략 전남 강진에 유배되는 1801년을 전후하여 큰 차이를 보이고 있다. 그가 강진에 유배되기 전에 쓰여진 「일본론」·「군기론」, 「지리책」 등에서는 일본의 무기와 군사력이 조선보다 우위에 있음을 인정하면서도 조선에 대한 침략은 당분간 없을 것이라는 낙관적인 인식을 하고 있었고, 일본보다 오히려 淸의 침략을 우려하며 대책 마련에 부심했다. 반면 강진 유배 이후 시기의 저술인 『민보의』·『일본고』·『비어고』 등에서는 일본의 침략 가능성을 크게 보고, 일본이 쳐들어오는 일이 실제로 벌어지면 '必敗', '必死'의 전투를 할 수밖에 없게

으로 거론하지는 않았다. 하지만 그가 동래東萊·통영統營·호남지방·고금도古今島 등을 왜의 침입 우려가 큰 지역으로 들었고,[52] 『민보의』의 말미에 우후虞侯 이중협李重協을 위해 지은 「대둔산축성론大芚山築城論」을 실었음을 보면 남해안의 해안선 일대에서 왜의 침략을 막으려 했음을 알 수 있다.[53] 서양 세력을 가상적으로 상정한 해방론은 중영전쟁 이후 서양의 침략성이 한층 명확하게 드러나고, 조선도 그들의 침략을 받을 가능성이 있다는 위기의식이 고조된 이후에나 비로소 출현할 수 있었다.

## 2. 개항 전후의 해방론

### 1) 해방론 형성의 배경

중영전쟁 이후 조선 사회에서는 서양 세력의 침입에 효과적으로 대처하기 위해 해안 방어를 강화해야 한다는 주장이 나타나기 시작하였다. 이처럼 조선 사회에 서양을 가상적으로 한 해방론이 출현하게 된 것은 다음과 같은 몇 가지 조건이 배경이 되었다.[54]

첫째, 조선 연안에 출몰하는 이양선의 빈도가 눈에 띠게 증대되어 집권층의 위기의식도 고조되고 있었다는 점이다. 19세기 들어 이양선 출현이 점차 늘어나더니 1840년대 들어서는 외부 선박을 뜻하는 이선夷船이 추적하기조차 힘들다고 보고될 정도로 자주 나타났고 서양 선박의 출몰도 확연히 증가하였다.[55]

---

될 것이라고 탄식하였다. 이렇게 대일인식에 현격한 차이가 나타나게 된 이유는 대체로 1800년을 전후하여 일본이 강화된 국력을 바탕으로 조선과의 관계에 변화를 시도함에 따라 양국 간의 관계에 갈등과 긴장이 조성되었다는 점과 강진에 유배 중이던 다산이 양국 간의 긴장 관계에 따른 위기를 보다 직접적으로 느꼈던 점 때문이라고 볼 수 있다(河宇鳳, 앞의 책, 1989, 201~208쪽).

52 국방부 전사편찬위원회, 『民堡議·民堡輯說』, 1989, 4~6쪽.

53 李憲柱, 앞의 논문, 2004(a), 125쪽.

54 趙珖, 앞의 논문, 1981, 3쪽.

55 순조대 이후 제너럴 셔먼호 사건이 발발하기 직전까지 자료에서 확인되는 서양 선박의 출몰 상황을 살펴보면, 1840년대 이후 서양 선박의 출몰 빈도가 현저히 높아짐을 알 수 있다. 이에 대해서

황사영이 백서를 쓴 토굴(충북 제천) 베론성지

둘째, 조정의 대대적인 탄압에도 불구하고 천주교 확산 추세에 제동을 걸 수 없었다는 점을 들 수 있다. 국내의 천주교 신자들은 신교信教의 자유를 얻기 위해 황사영백서사건黃嗣永帛書事件 같은 서양 선박 청원운동을 벌이고 있었고, 서해안 일대의 해로에 대해 큰 관심을 보이고 있었다. 이에 따라 천주교의 배후 세력인 서양의 존재에 대해 한층 더 촉각을 곤두세울 수밖에 없었고, 천주교에 대한 탄압정책인 척사론斥邪論과 표리관계에 있는 해방론도 본격화하게 되었다.[56]

셋째, 제1차 중영전쟁 이후 국내에 전래된 『해국도지』·『영환지략』 등의 서적들을 통해 전해진 중국 해방론의 영향을 크게 받았다는 점이다. 이들 책자는 간행된 직후부터 조선에 전래되어 지식인들 사이에 큰 반향을 불러 일으켰고, 그들이 서양의

---

는 2장 1절에서 상술할 예정이다.

56 1840년 3월 동지겸사은사행의 서장관으로 중국을 다녀온 이정리는 문견별단에서 아편문제로 영국과 갈등을 빚고 있는 중국의 상황을 전하며, 조선에 대한 영국의 무력 침입 가능성에 대한 대비와 함께 천주교 전파를 막기 위해 해방을 엄히 할 것을 주장하였다(손형부, 「19세기 초·중엽의 海防論과 朴珪壽」 『朴珪壽의 開化思想研究』, 一潮閣, 1997, 70~71쪽).

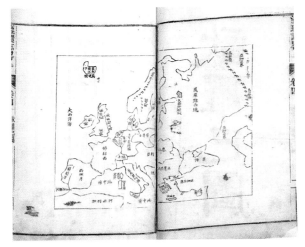

『영환지략』

위협을 직시하고 그에 대한 대책으로 해방론을 형성하는 데 일정한 역할을 하였다. 1844년 초간본 50권이 간행된 『해국도지』는 그 해 말 주청겸사은동지사奏請兼謝恩冬至使의 부사副使로 베이징을 방문했던 호조참판 권대긍權大肯이 구입해 왔고, 이후 중국에 파견된 여러 사절에 의해 국내에 반입되어 적지 않은 위정자와 학자들이 이를 소장하였다. 최한기崔漢綺의 경우 1857년 『지구전요地球典要』를 쓰면서 자신이 소장한 『해국도지』와 『영환지략』을 참고 도서로 활용하기도 하였다.[57]

이상의 요인들로 인해 조선의 집권층과 지식인들 사이에 서구 세력에 대한 우려와 경각심이 높아졌던 것은 분명하다. 그러나 『해국도지』가 조선 지식인들에게 널리 읽혀졌다 하더라도 그 속에 담긴 해방론이 실제적인 방어책으로 연결되기에는 현실적인 어려움이 있었다. 제주도에 유배 중이던 1845년 5월 영국 군함 사마랑Samarang호의 정박을 직접 목격하기도 했던 김정희의 사례에서 이를 엿볼 수 있다. 그는 1850년 무렵 영의정 권돈인權敦仁에게 보낸 편지에서 『해국도지』에 대해 다음과 같이 평을 하였다.

---

57 이광린, 앞의 논문, 1995, 3~7쪽.

『해국도지』는 바로 필수적인 책으로서 내게는 마치 다른 집의 여러 보배와 같습니다. 홍박紅舶(서양 선박)이 혹 국경을 넘어오는 경우 방비를 엄중히 하는 뜻을 또 어찌 작게 여길 수 있겠습니까. 나라의 형세를 살피는 자들은 이를 모방하여 시행할 수도 있을 것입니다.… 비록 그 선제船制를 모두 따를 수는 없더라도 돛을 사용하는 한 가지 기술은 충분히 모방하여 행할 만한 것인데 그러한 마음을 가진 사람이 하나도 없다는 말입니까? 대개 위묵심魏黙深의 학문은 요즘의 한학 가운데서 별도의 일문一門을 열어 고훈詁訓이나 공언空言을 지키지 않고 오로지 실사구시實事求是를 위주로 하였습니다. … 그는 또 군사軍事를 담론하기 좋아했는데, 일찍이 그의 「성수편城守篇」 등의 글을 보았던 바, 지금 이 『해국도지』의 「주해론籌海論」은 바로 「성수편」과 서로 표리表裏가 됩니다.[58]

김정희는 『해국도지』가 필수적인 책이라며 그 가치를 높이 평가하고, 위정자들이 책의 내용 중에 본받아 행할 만한 것이 분명히 있는데 그런 생각을 가진 이가 없다며 개탄하였다. 아울러 『해국도지』 「주해편」이 그가 이미 읽은 바 있는 『성무기』의 「성수편」과 함께 표리를 이루며 웨이유안의 실사구시적 학문을 구성하는 것으로 평가하였다.[59]

이처럼 조선의 당면 위기를 극복하는 데 웨이유안의 해방론이 갖는 활용 가치를 인정하였으면서도, 그는 같은 편지에서 오히려 서양의 침략 가능성에 대해서는 낙관론을 펼치기까지 하였다.

서양 선박들이 남북으로 출몰하는 것에 대해서는 깊이 걱정할 것이 없을 듯합니다. 이들이 1년 중 출항하는 선척만 해도 만 척에 가까운데, 천하를 떠돌아다녀도 중국에서는 모두 대수롭지 않게 봅니다. 최근 영이英夷의 일(중영전쟁) 같은 경우는 특별히 별도의 사단이 있어서 그리 된 것이지만 누가 우리에게 미칠 것이 못 됩니다.……저번

---

58 『阮堂先生全集』 권3, 書牘 32.
59 이광린, 앞의 논문, 1995, 7쪽. 『성무기』는 1842년에 완성된 총14권의 저술이며, 「성수편」은 『성무기』 권14의 첫 편이다(노대환, 앞의 책, 2005, 173쪽).

**광성보 용두돈(인천 강화)**

강위는 웨이유안이 『해국도지』 「주해편」 '의수'에서 어양의 방책으로 제시한 '수내하', '연수용' 등의 개념뿐만 아니라 구체적인 활용 방법까지도 받아들였다. 또 지방군의 양성과 활용을 의미하는 '연토병練土兵'도 일반 백성들로 구성된 민보군民堡軍으로 대치되었지만 사실상 개념적인 부분은 받아들인 것이었으니, 결국『해국도지』「주해편」 '의수'의 어양책 모두를 수용한 셈이었다. 다만 조선의 현실과 괴리된 내용은 버리고 대안을 제시하였는데, 그것은 『해국도지』의 어양책과 민보방위론의 결합으로 표출되었다. 때문에 그 스스로도 "이것은 이름이 강방이지만 실제로는 민보의 제도"라고 말하였던 것이다.[89]

강위가 민보의 제도라고 강조했지만 그의 방위론의 핵심은 강방에 있었다. 한강 방어를 위해 『해국도지』에 제시된 방어책을 전면적으로 받아들이면서 조선의 현실에 맞춰 '사원沙垣'과 '토병'을 각각 민보와 민보군으로 대체한 것이 「청권설민보증수강방소」였던 것이다. 그의 민보방위론을 『해국도지』의 전술에 종속된 것으로 이해할 수는 없지만, 상소에서 한강 양안의 민보는 『해국도지』의 전술의 한 축을 이루어 한강

---

신헌은 전날 있었던 수뢰포 시험발사 성공에 대한 공으로 가자되었던 것이다(『고종실록』 권4, 고종 4년 9월 신유).
89 『고환당집』, 「청권설민보증수강방소」. "是名江防 而實則民堡之制也".

방어를 위한 핵심요소였다.[90]

　박규수와 강위 등이 해방론을 구상하면서 『해국도지』의 내용을 참조하여 그 전술을 적극적으로 수용했다는 점은 분명 커다란 진전이었다. 하지만 그것은 무비武備의 근대화가 배제된 채 전술 운용의 변화만을 꾀한 것이었으므로 근대적 무기로 무장한 서양 세력을 맞아 실효를 거두기 어려운 것이었다. 그럼에도 불구하고 이들은 자신들의 방어책이 적을 물리치는 데 효과를 발휘할 것이라는 것을 의심하지 않았다. 이러한 낙관의 이면에는 동도의 우월성에 대한 강한 확신이 자리하고 있었던 것이다. 이후 프랑스 함대와 미국 함대의 강화도 침공을 통해 서양의 무력을 직접 확인한 이후 자신들의 어양책이 갖는 한계를 깨닫고 새로운 모색에 나서게 되었다.[91]

---

**90** 李憲柱, 앞의 논문, 2004(a), 128~129쪽.
**91** 李憲柱, 앞의 논문, 2006(a), 229쪽.

**강화도 주요 포진지**

회담이 결렬되자, 양헌수는 강화해협과 갑곶나루 일대를 면밀하게 정찰하여 프랑스 함대의 군세軍勢를 파악하는 한편 프랑스군에 대비하여 병력을 재배치하며 강화도 수복 계획 수립에 박차를 가하였다. 양헌수는 프랑스군이 재침할 경우 침투가 예상되는 수현리水峴里 고개에 병력을 매복시키고, 적이 상륙할 가능성이 큰 포내리浦內里 나루, 덕포德浦 나루, 대명리大明里 나루 등에 군사를 배치하였다. 조선 조정에서는 9월 13일(10월 21일) 봉상시 봉사奉事 한성근韓聖根을 순무초관巡撫哨官으로 임명하여 광주廣州 별파진別破陣 50여 명을 이끌고 문수산성 방비를 명령하였고, 이에 따라 한성근 부대는 16일 문수산성에 들어가 잠복하였다. 프랑스군은 천주교인들로부터 조선의 응전 태세가 강화되고 있다는 정보를 입수하고서 사실 확인을 위해 9월 18일(10월 26일) 이른 아침 해군 대위 뚜아르Thouars가 지휘하는 정찰대 70여 명을 문수

산성으로 파견하였다.[63]

당시 별파진 50여 명을 거느리고 문수산성을 수비하던 초관 한성근은 상륙을 시도하는 프랑스 정찰대에 선제공격을 가하여 정찰대원 3명을 사살하고 2명에게 부상을 입히는 전과를 올렸다.[64] 그러나 조선군은 전열을 가다듬어 상륙한 프랑스군과 문수산성 남문 일대에서 치열한 총격전을 벌이다 화력과 병력의 열세로 다수의 사상자를 내고 통진 방면으로 퇴각하였다. 문수산성을 점령한 프랑스군은 산성 부속건물과 민가를 불태우고 퇴각한 조선군을 추격전을 벌이다 강화도로 귀환하였다.[65] 문수산성 전투는 비록 프랑스군의 우세한 화력에 밀려 패퇴하기는 했지만 개전 이래 최초로 올린 값진 전과로 병인양요의 전세를 역전시키는 계기가 된 전투였다.[66] 강화성 전투의 승리에 도취되었던 프랑스군은 예기치 못한 조선군의 기습적 선제공격으로 5명의 사상자를 냄으로써 큰 충격에 빠졌고 극도의 사기 저하로 이어졌다.[67]

순무중군 이용희와 순무천총 양헌수는 통진부에 도착한 지 열흘이 되도록 프랑스군에 대해 별다른 공세를 취할 수 없었다. 프랑스군이 강화해협을 봉쇄하면서 인근의 조선 선박들을 모두 불태워버렸기 때문에 강화도로 건너갈 선박을 마련할 수가 없었기 때문이다. 이에 9월 20일(10월 28일) 양헌수는 백의별군관白衣別軍官 이중윤李重允에게 민간의 작은 배 5척을 구하여 광성보廣城堡 맞은편 덕포 내항에 숨겨두도록 지시하였다.[68] 이후 양헌수는 위계를 써서 적의 포탄을 소모시키는 한편 지형을 정찰하여 병사를 매복시키고 화포를 매설할 지점과 함께 강화도로 진입하여 점거할 장소를 찾기 위해 노력하였다.[69]

9월 28일(11월 5일) 양헌수는 마침내 지세가 험준하여 '만부萬夫로도 쳐들어 갈 수 없는 요새지'인 정족산성鼎足山城을 점거하면 적을 손바닥 안에 쥐는 길이라 결론을

63 徐仁漢, 앞의 책, 1989, 115~120쪽.
64 한국교회사연구소 譯, 「韓佛關係資料(1866~1867)」『敎會史研究』 2, 1979, 244쪽.
65 梁憲洙, 『丙寅日記』, 丙寅 9月 18日.
66 이원순, 앞의 논문, 1986, 49쪽.
67 徐仁漢, 앞의 책, 1989, 122쪽.
68 梁憲洙, 『丙寅日記』, 丙寅 9月 20日 ; 梁敎錫, 앞의 논문, 1985, 23쪽.
69 梁憲洙, 『丙寅日記』, 丙寅 9月 21日 ; 梁憲洙, 『丙寅日記』, 丙寅 9月 23日 ; 梁憲洙, 『丙寅日記』, 丙寅 9月 25日 ; 梁憲洙, 『丙寅日記』, 丙寅 9月 26日 ; 梁憲洙, 『丙寅日記』, 丙寅 9月 27日.

내리고 작전 수행을 위해 향포수郷砲手 367명, 경초군京哨軍 121명, 표하군 38명을 선발하였다. 양헌수의 지휘 아래 이들은 29일 정오 작은 배를 숨겨 둔 덕포로 향하였고, 30일 밤 덕포에서 부대를 3진으로 나누어 도해 작전을 전개, 이튿날 새벽까지 프랑스군 몰래 염하를 건너 정족산성에 들어가 매복하는 데 성공하였다.[70]

로즈 사령관은 리델 신부가 조선인 천주교도에게서 들은 조선군의 정족산성 입성 소식을 전하자 육전대장 올리비에 대령에게 150명의 병력으로 전등사를 공략하도록 하였다. 10월 3일(11월 9일) 아침 7시 프랑스군이 리델 신부의 안내로 대포 1문도 없이 개인화기만 휴대한 채 정족산성을 향해 출발하자 이 소식을 접한 양헌수는 정족산성의 동·사·남·북문에 각각 병력을 매복시키고 프랑스군을 최대한 가까이 유인토록 하였다.[71]

정족산성에 도달한 프랑스군은 즉각 전면적인 공격을 개시하였다. 프랑스군은 1개조를 정족산성 우측 동문으로 진격시켰고, 본대는 남문으로 향하였다. 그러나 남문과 동문 방면에는 이곳에 프랑스군의 공격이 집중될 것으로 예상했던 양헌수의 지시로 조선군의 주력부대가 집중 배치되어 있었다. 숨을 죽이며 프랑스군이 사정거리 접근을 기다리던 조선군은 동문 포수 이완보李完甫가 프랑스군 1명을 사살한 것을 신호로 드디어 동문과 남문에서 일제 사격을 가하였다.

조선군은 무기의 열세에도 불구하고 지형상의 이점을 활용한 양헌수의 효과적인 작전지휘로 시종일관 전투를 우세하게 이끌었다. 조선군의 집중사격으

양헌수 승전비(강화 정족산성 안)

---

70 梁敎錫, 「丙寅洋擾의 一考察」 『史叢』 29, 고려대학교 사학회, 1985, 24~26쪽. 梁憲洙, 『丙寅日記』, 丙寅 9月 28日 ; 梁憲洙, 『丙寅日記』, 丙寅 9月 29日 ; 梁憲洙, 『丙寅日記』, 丙寅 10月 1日.

71 梁敎錫, 앞의 논문, 1985, 27~28쪽. 조선군의 매복 작전은 대단히 성공적이었다. 조선군의 집중적인 사격을 받기 전까지 프랑스군은 조선군이 매복하고 있다는 징후를 전혀 감지하지 못한 채 성벽에 접근하였던 것이다(한국교회사연구소 譯, 「韓佛關系資料(1866~1867)」 『教會史研究』 2, 1979, 239쪽).

정족산성(삼랑성) 문

로 부상자가 속출하자, 올리비에 대령은 오후 3시경부터 후퇴를 시작하여 오후 6시경
에 완전히 탈진한 상태로 갑곶 야영지로 퇴각하였다. 이튿날 조선군은 전열을 재정비
한 프랑스군의 대대적인 반격을 우려했지만 이날 프랑스 함대 전체가 조선 해역에서
철수함으로써 더 이상의 전투는 벌어지지 않았다.[72]

　서울의 해상관문인 강화도를 점령하고 경강을 봉쇄하여 조선 정부와 도성민에게
심리적 공포와 경제적 타격을 가함으로써 단기간에 승리할 수 있을 것이라는 로즈 사
령관의 예상은 완전히 빗나갔다. 거국적인 참전 분위기 조성으로 조선군의 병력은 시
시각각 증강되어 오히려 강화부를 점령하고 있던 프랑스군이 점차 포위되는 상황으
로 내몰렸던 것이다.[73]

　게다가 겨울철이 다가오고 있어 염하와 한강이 얼어붙을 경우 함대의 활동에도 제

---

72 徐仁漢, 앞의 책, 1989, 133~139쪽. 조선과 프랑스 양국은 정족산성 전투의 사상자에 대해서는
　크게 엇갈린 기록을 남기고 있다. 『병인일기』에는 조선군이 전사자 1인, 부상자 1인이 발생한 반
　면 프랑스군은 전사자만 참모장을 포함해서 70~80명인 것으로 기록되었고, 순무영에서는 병사들
　의 목격과 촌민들의 말을 근거로 프랑스군이 50여 명 사망한 것으로 보고하였다. 반면 프랑스 측
　기록에서는 11월 10일 올리비에 대령은 로즈 사령관에게 전사자 없이 29명이 부상한 것으로 보
　고하였고, 11월 27일 리델 신부는 파리외방전교회에 전사자 없이 부상자만 32명 발생했다고 알렸
　다.
73 이원순, 앞의 논문, 1986, 50쪽.

약을 받을 수 있기 때문에 로즈 사령관은 10월 초순 철수할 것을 결정하였다. 철수를 준비 중이던 10월 3일(11월 9일) 정족 산성 전투에서 결정적인 패배를 하자, 이튿날 로즈는 부대의 즉 각적 철수를 결정하고 강화부의 남은 건물들을 모두 불 지르고 갑곶 야영지로 후퇴할 것을 명령하였다. 이에 따라 프랑스군은 10월 5일(11월 11일) 아침 6시 강화에 상륙한 지 29일 만에 4척의 군함을 이끌고 갑곶진을 떠나 부평富平 외양으로 향했다. 이후 작약도 정박지로 물러난 프랑스 함대는 세어도細於

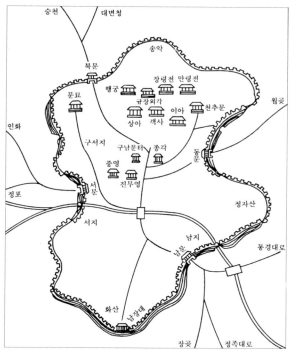

『강화부지』 궁전배치도
1783년(정조 7) 강화 유수 김노진(金魯鎭)이 편찬한 『강화부지』에 실린 궁전배치도이다.

島, 팔미도八尾島 외양을 옮겨 다니며 작은 배로 연안을 측량하다가 강화도에서 철수한 지 7일 만인 10월 12일(11월 18일) 한강봉쇄령을 해제하고 완전히 철군하였다.[74]

한편, 강화부 점령 직후부터 프랑스군은 9월 8일(10월 16일) 강화읍의 각 관아를 수색하며 귀중품을 약탈하고 파괴를 일삼았다. 이때 프랑스군은 강화 유수부에 보관 중이던 887.55kg에 달하는 은궤와 함께 외규장각에 소장된 수많은 도서 중 그들이 귀중본이라고 판단한 도서 340권을 약탈하여 프랑스로 불법 반출하였다. 약탈을 면한 도서들은 프랑스군이 철수를 준비하면서 10월 4일(11월 10일)과 5일 양일에 걸쳐 강화 읍성 내외의 모든 관아와 시설에 대해 벌인 소각 파괴 작전의 와중에 외규장각 건물과 함께 불타 없어지는 참상을 겪게 되었다.[75]

---

74 梁敎錫, 앞의 논문, 1985, 33~37쪽.
75 이원순, 앞의 논문, 2001, 44~48쪽. 1813년 간행된 『曝曬形止記』에 따르면 당시 외규장각에는

1866년 프랑스 함대의 강화도 침공은 두 차례에 걸쳐 무려 2개월 간이나 끌었던 전쟁이었다. 조선원정을 끝내고 청국으로 철수한 로즈 사령관은 선교사 학살에 대한 응징 보복이 성공적으로 수행되었다고 주장하였다. 하지만 벨로네 공사를 비롯한 북경 주재 각국 외교관들과 각국 신문들은 프랑스의 조선원정은 실패며 부질없는 전쟁 행위였다고 평가하였다. 그 이유는 외교적 견지에서 볼 때 외교관계가 없는 조선에 가서 개항을 위한 입약 교섭조차 벌이지 못한 채 빈손으로 돌아왔고, 군사적 시각에서 보더라도 정족산성 패전 다음날 로즈 함대가 강화도에서 철수했기 때문이었다.[76] 또한 종교적 입장에서 보더라도 선교사 학살에 대한 응징 보복과 신앙의 자유 획득을 목표로 했던 조선원정이 오히려 천주교 박해와 쇄국양이鎭國攘夷 정책의 강화를 초래했기 때문이었다.[77]

실제로 대원군 정권은 프랑스 함대가 갑작스럽게 철퇴를 결정한 것을 우리 측의 강경한 대응책으로 인한 열세에 따른 것으로 간주하였다. 그리하여 대원군은 쇄국양이 정책을 더욱 굳게 견지하고, 천주교도를 도적을 불러들인 위험분자로 낙인찍어 전국 관아와 진관鎭管에 천주교도를 철저하게 색출하여 체포하고 그 결과를 매월 말에 의정부에 보고하도록 명령하였다.[78] 심지어는 20명 이상의 천주교도를 체포하는 성과를 올린 관원에게는 좋은 지역의 변장邊將으로 차송差送한다는 포상 계획까지 하달하기도 하였다.[79]

한편, 대원군 정권은 서양세력의 재침에 대비하여 군대를 개편하고 국방력 강화에 힘을 기울었다. 10월 30일(12월 6일) 종래 종2품의 강화유수가 겸임하던 진무사鎭撫使를 정2품관으로 승격시켜 강화유수와 삼도수군통어사의 직무를 겸임하도록 하는

---

1,042종 6,130책의 귀중한 국가 도서가 보관되어 있었다.

**76** 리델 신부는 로즈의 강화도 철수를 "불행히도 이 급작스러운 출발은 흡사 도주하는 것과 다를 바 없었다."고 평하였다(샤를르 달레, 앞의 책, 1980, 474~475쪽).

**77** 金源模, 『開化期 韓美 交涉關係史』, 단국대학교출판부, 2003, 38쪽.

**78** 이원순, 앞의 논문, 1986, 53쪽. 병인양요 이후 천주교도들이 외세와 연결되어 있다는 인상이 강화되어 천주교도에 대한 탄압은 한층 심화되어 양화진 근처에 새로운 형장이 만들어져 1871년까지 6년간에 걸쳐 수많은 천주교도들이 처형되었다(梁敎錫, 앞의 논문, 1985, 39~40쪽).

**79** 『고종실록』 권3, 고종 3년 10월 경자.

것을 포함하여 진무영 개편을 통한 강화도의 방위력 증강 방안이 결정되었다.[80]

대원군 정권은 프랑스 함대의 불법 침입과 그에 대한 조선의 대응이 정당했음을 알리기 위해서 외교적인 노력도 적극적으로 기울였다. 청국 정부에 프랑스 함대의 침공 경위를 상세히 보고하면서 전승을 과시하는 한편, 일본에도 초량草梁 왜관에 프랑스 함대 침공 전후의 상황을 상세히 기록한 문서를 비치하고 서양 오랑캐에 대한 보국호위책保國護衛策의 강구를 충고하였다.[81] 이와 함께 서양 물품이 대량 유입되어 거래가 빈번히 이루어지는 동래부와 의주부에서 서양 상품을 매매하는 행위를 엄격히 금하고 국경 경비를 한층 강화하여 서양 상품을 밀반입하는 자가 적발되면 선참후계先斬後啓하도록 하는 강경한 조치를 취하였다.[82]

프랑스 함대의 철수로 외형적인 승리를 거두었지만, 조선군은 정족산성 전투 이외의 모든 전투에서 패배하였고, 40일에 걸친 프랑스군의 한강 봉쇄로 인하여 서울 주민들이 경제적으로 큰 어려움을 겪었다. 따라서 프랑스 함대의 침공은 조선이 서양의 신기술을 도입하여 무비의 근대화를 이뤄낼 계기로 활용되었어야 했지만,[83] 대원군 정권이 진행한 포군 양성, 수뢰포·전함 제작, 군비강화를 위한 재원 확보 등은 커다란 한계를 안고 있었다. 군사력 강화가 프랑스군과의 전투에서 효과를 보았던 포군 양성에 집중되었고, 서양의 무기체계를 모방하여 진행하던 수뢰포·전함 제작 시도 등도 일회적인 것에 그치고 말았다. 이렇듯 안이한 군비증강으로는 1871년 미국의 강화도 침공과 같은 서양세력과 군사적 충돌이 재연되었을 때 조선군의 완패로 귀결될 수밖에 없었다.[84]

---

80 徐仁漢, 앞의 책, 1989, 150~151쪽.
81 이원순, 앞의 논문, 1986, 54쪽.
82 徐仁漢, 앞의 책, 1989, 150쪽.
83 梁敎錫, 앞의 논문, 1985, 40쪽.
84 李憲柱, 앞의 논문, 2004(b), 78쪽.

## 2. 1871년 미국 함대의 강화도 침공

### 1) 제너럴 셔먼호 사건

1871년 미국 함대의 강화도 침공은 1866년 7월 벌어진 제너럴 셔먼General Sherman호 사건이 직접적인 계기가 되어 발생하였다. 제너럴 셔먼호는 원래 미국인 프레스턴W. B. Preston의 소유지만 사건 당시에는 영국 메도우즈Meadows & Co. 상사가 용선계약傭船契約을 체결하여 위탁 운영하던 선박이었다. 따라서 영국이 아닌 미국 정부가 5년이나 지난 제너럴 셔먼호 사건을 빌미로 조선과의 전쟁을 벌였다는 사실은 미국정부의 대외정책 기조 변화와 관련지어 살피지 않고서는 선뜻 납득하기가 어렵다.

제너럴 셔먼호의 실체에 대해서는 명확히 알려진 것이 거의 없다. 대중국 무역상 프레스턴이 미국 해군 소속이었던 프린세스 로열Princess Royal호를 구입하여 제너럴 셔먼호로 개칭했다는 주장과 중국·베트남 및 동남 아시아 지역에서 활동하던 해적선이라는 주장이 제기되었을 뿐이다. 하지만 프린세스 로열호의 규모가 대동강에서 침몰한 제너럴 셔먼호보다 훨씬 컸으며, 1874년 뉴올리언즈로 항해하던 중에 침몰했다는 기록도 있는 만큼 같은 이름의 다른 배일 가능성이 크고, 해적선이라는 주장 또한 명확한 근거가 없어 그대로 신뢰하기는 어렵다.[85] 게다가 무역선을 자처했음에도 화포인 대완구와 소완구를 각각 2문씩 장착하였고, 선원들도 모두 조총을 휴대하여 평범한 상선으로 보기에는 지나친 중무장이었다. 결국 1866년 가을 대동강에 출현했던 제너럴 셔먼호는 미국 국적의 선박이라는 점을 제외하면 무엇 하나 변변히 알려진 것이 없는 정체불명의 배였던 셈이다.[86]

제너럴 셔먼호 사건 당시 승선했던 승무원 수는 서양인 5명을 포함하여 총 20~24명이었던 것으로 알려져 있다. 선주船主 프레스턴, 선장船長 페이지Page, 항해사航海

---

85 김명호, 앞의 책, 2005, 24~25쪽.
86 이헌주, 「관찰사 박규수, 평양사람들과 제너럴셔먼호를 불태운 배경은?」『개화기 지방 사람들 (2)』, 어진이, 2006, 14쪽.

제너럴 셔먼호

±̇ 윌슨Wilson 등 3명의 미국인과 개신교 목사로서 통역을 담당했던 토머스Thomas, 화물관리인 호가스Hogarth 등 영국인 2명이 타고 있었고, 나머지 선원들은 모두 중국인이거나 말레이시아인이었다.[87] 셔먼호는 중국 정크Junk 선의 안내로 7월 6일(8월 15일) 처음 평안도 용강현龍岡縣 앞 바다에 나타났고, 이튿날 대동강의 입구인 급수문急水門까지 이르렀다.

　7월 7일(8월 16일) 황주목사黃州牧使가 셔먼호를 찾아 방문 목적 등을 탐문하자, 통역을 맡은 영국인 목사 토머스는 교역을 위해 평양에 가는 길임을 밝히며 식량과 땔감 제공을 요청하였다. 이에 황주목사는 토머스에게 국법상 더 이상의 접근은 허용되지 않음을 경고하고, 표류한 경우가 아니면 식량·땔감의 지원도 어렵다고 밝혔다. 그러면서도 그는 조난자에 대해 인도적 차원에서 성심껏 지원하는 전통적인 '유원지의 柔遠之義'의 관행을 셔먼호에까지 확대 적용하는 호의를 베풀어 쌀과 고기 등을 지원

---

87 셔먼호의 승무원 수는 24명으로 보는 것이 일반적이다(金源模, 「슈펠트의 탐문 항행과 조선개항 계획(1867)」『동방학지』 35, 연세대학교 동방학연구소, 1983, 241~242쪽 ; 徐仁漢, 앞의 책, 1989, 156쪽 ; 金源模, 앞의 논문, 2000, 195쪽 ; 金源模, 『開化期 韓美交涉關係史』, 단국대학교출판부, 2003, 39~40쪽). 1866년 10월 북경 주재 미국공사대리 윌리암스(Williams)가 淸國 總理衙門에 보낸 照會에서 처음 주장된 것이 근거가 박약함에도 불구하고 이후 정설로 굳어지다시피 한 것이다. 반면 『平安監營啓錄』이나 『同文彙考』, 「平壤事實」 등의 조선 측의 기록에는 대체로 20명으로 기록되어 있다(김명호, 앞의 책, 2005, 27~29쪽).

하였다. 셔먼호가 평양 경내로 들어온 이후인 7월 12일(8월 21일)에도 중군中軍 이현익李玄益과 평양서윤平壤庶尹 신태정申泰鼎이 토머스의 요청에 따라 식량과 땔나무를 제공했고, 이들의 보고를 접한 박규수도 셔먼호의 물자 부족을 우려하여 추가적인 지원을 하도록 조치하였다.[88] 셔먼호에 대해 이처럼 관대한 조치를 취한 것은 "머지않아 돌아간다."는 토머스의 말을 그대로 믿었기 때문이었다.

하지만 식량 등을 지원 받은 셔먼호는 조선 측의 기대와는 달리 기어코 무역을 해야겠다고 고집하며 7월 13일(8월 22일)과 14일에도 여전히 대동강에 머물렀고, 급기야 15일에는 셔먼호 선원 7명이 배를 떠나 상륙을 감행하였다. 토머스를 포함한 3명은 만경대萬景臺에 올라 사방을 살펴본 후 몇 리 떨어진 옥현玉峴까지 전진했고, 이들의 동태를 살피던 중군 이현익이 접근하자 총을 발사하고 셔먼호로 되돌아갔다. 7월 16일(8월 25일) 셔먼호는 상류로 거슬러 올라가 흡탄翕灘에 정박하였고, 바로 이 날 셔먼호가 대동강에서 맞이할 비극적 최후의 서막을 알리는 사건이 발생하였다. 셔먼호 선원들이 상류로 올라오는 셔먼호에 접근하던 이현익을 배에 태운 후 강제 억류한 것이다. 7월 17일(8월 26일)에는 한탄閑灘까지 거슬러 올라온 셔먼호 측과 조선 측이 중군 석방협상을 벌였지만 별 성과 없이 끝나고 말았다. 셔먼호 측이 요구하는 교역은 국금國禁에 해당하여 일개 지방관이 양보하여 허락할 수 있는 일이 아니었기에 중군을 인질로 한 무리한 대치는 무력 충돌로 끝날 가능성이 컸다. 게다가 셔먼호 측이 이현익 석방의 대가로 쌀 1천 석과 금은·인삼 등을 요구하여 평양 백성들의 공분을 사고 있었다.[89]

7월 19일(8월 28일) 셔먼호는 중군을 억류한 채 무력시위를 하며 강을 거슬러 올라 황강정黃江亭 앞에 정박하였고, 선원 5명이 종선從船을 타고 수심을 측량하며 거슬러 오르자 강변에 모인 백성들이 중군을 석방하라고 소리쳤다. 선원들이 인질을 석방할 뜻이 없음을 밝히자 격분한 백성들이 투석하였고, 성을 지키던 군사들도 합세하여 활과 총으로 사격함으로써 무력 충돌이 빚어졌다. 평양 군민의 기세에 당황한 선원들은 타고 온 배를 버리고 황급히 셔먼호로 달아났다. 이날 오후 퇴역 장교 박춘권朴春權이

---

88 김명호, 앞의 책, 2005, 43~44쪽.
89 이헌주, 앞의 책, 2006, 19~21쪽.

혼란스러운 틈을 타서 벌인 중군 구출작전이 성공을 거두었다. 이 과정에 이현익과 함께 잡혀있던 겸인傔人과 통인通引이 익사하는 불상사가 발생하였지만, 중군을 볼모로 한 셔먼호 측의 무모한 외줄타기는 감정의 앙금만을 남긴 채 별 수확도 없이 끝나고 말았다.[90]

7월 20일(8월 29일) 방수성防水城 앞쪽으로 이동하던 셔먼호가 좌초되었다. 셔먼호가 나타날 당시 폭우로 급격히 높아졌던 대동강의 수위가 이미 평상시의 수위로 되돌아간 데다 전날 평양 군민과의 충돌 중에 종선을 잃어 수심 측정을 할 수 없었기 때문에 빚어진 결과였다.

평안감사 박규수는 셔먼호가 좌초된 20일은 물론 21일에도 강 상·하류의 요해처를 굳게 방비하도록 했을 뿐 셔먼호에 대한 공격을 명하지 않고 관망하는 자세를 취하였다. 그는 셔먼호 침입 초기부터 관대하게 대처해 평화적으로 사태를 수습하고자 했고 셔먼호 측이 중군을 억류하고 무력시위를 하는 등 적대 행위를 했는데도 여전히 평화적 해결에 대한 기대를 버리지 않았다. 또한 그는 무력을 동원한 강경 대응이 서양세력의 침략을 불러오는 빌미가 되지 않을까 우려하였다. 베이징 함락 직후 위문사慰問使로 중국의 열하熱河를 방문하여 국제정세에 대한 이해가 남달랐던 그는 서양세력과의 군사적 충돌을 가급적 회피하고자 하였다. 또한 조선이 보유한 구식무기로는 셔먼호의 견고한 선체를 부수기 어렵다는 현실적인 판단도 공격을 주저한 이유 중의 하나였다.

하지만 선박의 좌초로 극도로 초조해진 셔먼호 선원들은 끝내 평화적 해결을 외면하고 사태를 돌이킬 수 없는 파국으로 몰아갔다. 7월 22일(8월 31일) 지나가는 상선을 약탈하고 대포와 총을 마구 쏘아 평양 군민 7명을 죽게 하고 5명에게 부상을 입히기도 하였다. 박규수도 셔먼호가 순순히 돌아갈 가능성이 없다고 판단하고 마침내 초멸剿滅할 것을 결정하였다. 7월 24일(9월 2일)까지 사흘에 걸쳐 진행된 화선火船을 활용한 섬멸작전은 셔먼호가 불타고 선원들이 모두 피살되는 것으로 끝났다. 무력의 열세에도 불구하고 셔먼호를 섬멸할 수 있었던 것은 박규수가 『해국도지』의 전술을 본

90 김명호, 앞의 책, 2005, 49~50쪽.

받아 상·하류의 요해처를 막고 화공한 것이 주효했기 때문이지만, 죽음을 두려워하지 않고 용맹스럽게 싸웠던 평양 군민들의 헌신이 바탕이 되었다.[91]

## 2) 슈펠트와 페비거의 조선 탐문항행

셔면호 사건이 세상에 알려진 것은 1866년 프랑스 함대가 강화도를 침공한 때였다. 제1차 조선원정에 동행한 리델 신부가 조선인 천주교도 송운오宋雲五로부터 전해 들은 셔면호의 비참한 최후를 영국 메도우즈 상사 측에 알렸고, 메도우즈 상사가 다시 미국 공사관에 전했던 것이다. 미국 공사대리 윌리엄스S. W. Williams는 청국 총리아문을 방문하여 청국 정부가 중재에 나설 것과 9월 15일(10월 23일) 작성된 항의각서를 조선 정부에 전달해 줄 것을 요청하였다.[92] 한편 셔면호 사건으로 급히 휴가에서 귀임한 미국공사 벌린게임A. Burlingame은 11월 9일(12월 15일) 시워드W. H. Seward 국무장관에게 사건을 정식 보고한 후 총리아문을 방문하여 조선과의 전통적인 조공관계를 들면서 청국 정부의 중재를 재차 요청하였다. 이에 대해 청국 정부는 "조선은 비록 조공을 바치는 나라임에는 틀림없지만, 일체의 정교금령政教禁令은 자주자행自主自行하고 있으므로 중국이 이에 간여할 수 없다."며 거절하였다.[93]

벌린게임 공사는 이를 조선에 대한 청의 종주권 포기로 간주하고 본국 정부에 영국, 프랑스와 공동으로 조선을 원정하자고 제안하였다. 그러나 존슨Andrew Johnson 행정부의 시워드 국무장관은 벌린게임 공사의 조선원정 제안을 받아들이지 않았다. 벌린게임 공사가 실제로 할 수 있었던 것은 이미 10월 21일(11월 27일) 아시아 함대 사령관 벨H. H. Bell 제독에게 셔면호 사건의 진상 파악을 위해 군함을 파견하여 탐문조사를 요청하는 정도였다.[94] 한편 벌린게임 공사로부터 해군함정 파견 요청을 받은 벨 제독은 포함외교砲艦外交에 정평이 난 와추세트Wachusett호의 함장 슈펠트R. W.

---

91 이헌주, 앞의 책, 2006, 22~25쪽.
92 金源模, 앞의 논문, 1983, 242쪽.
93 金源模, 앞의 논문, 1983, 250~251쪽.
94 연갑수, 『대원군집권기 부국강병정책 연구』, 서울대학교출판부, 2001, 130쪽.

Shufeldt에게 임무를 부여하였다.[95] 벨은 슈펠트에게 셔먼
호 사건의 진상을 조사하고 생존선원을 인수하고 거문도
巨文島로 남하하여 해군기지를 물색하도록 지시하였다.[96]

슈펠트 제독

슈펠트는 즈푸에서 미국인 선교사 코르베트Corbett를
통역관으로, 중국인 우문태于文泰를 수로 안내인
으로 고용하고, 원거리 항로임을 고려하여 식량
과 석탄을 충분히 확보하였다. 1866년 12월 17일
(1867년 1월 22일) 즈푸항을 출발한 와추세트호는
다음날 황해도 장연현長淵縣 오차진吾叉鎭 월내도
月乃島에 정박하였다. 원래 슈펠트의 목적지는 셔
먼호가 항행했던 대동강 하구 광량만廣梁灣이었지만, 대동하大同河를 대동강으로 잘못
알고 옹진만甕津灣 입구의 월내도에 도착했던 것이다. 12월 19일(1월 24일) 슈펠트는
통역관 코르베트를 대동한 채 단정短艇을 타고 월내도에 상륙하여 준비해 온 2통의
편지, 즉 「장연현감에게 보내는 편지」와 「조선 국왕에게 보내는 편지」를 전달할 인물
물색에 나섰고, 20일 우도牛島 목동포牧洞浦에 상륙하여 섬 주민 김대청金大淸에게 장
연현감에게 편지를 전달해 줄 것을 요구하였다. 이후 슈펠트는 12월 24일까지 1주일
동안 오차도, 월내도, 우도 등지를 왕래하며 셔먼호 사건의 진상을 탐문하였지만 뚜
렷한 성과를 거두지 못했다.[97]

슈펠트는 결빙으로 인해 내강항행內江航行이 불가능하고 암초가 많은 미지의 조선
서해안의 단독 탐측 항행도 어려운 조건에서 조선 관리와의 추가 접촉도 별 다른 소
득을 기대하기 어렵다고 판단하여 12월 25일(1월 30일) 다음 목적지인 거문도로 향
하였다.[98] 1주일간의 탐문 활동을 끝낸 슈펠트는 벨 사령관에게 셔먼호 사건은 셔먼호

---

95 金源模, 앞의 논문, 1983, 251~252쪽.
96 김명호, 앞의 책, 2005, 115쪽 ; 金源模, 앞의 논문, 1983, 252~253쪽.
97 金源模, 앞의 논문, 1983, 256~261쪽.
98 슈펠트는 조선정부로부터 회신을 받아보고 개항 교섭을 벌이기 위해 봄철이 되면 재차 조선을 방
   문할 계획을 세워두고 있었다. 하지만 와추세트호가 탐문항행 임무를 마치고 홍콩에 귀환하자 본
   국 정부로부터 소환명령을 받게 되어 조선을 재차 방문한다는 그의 계획은 실행에 옮겨질 수 없

가 조선 당국의 금지를 무시한 채 금수품禁輸品을 싣고 평양까지 항행을 강행하며 '공격적 도발행위their manner provoking an assault'를 벌임에 따라 빚어진 참극, 즉 셔먼호 스스로 초래한 '자취지화自取之禍'라고 결론지었다.[99]

와추세트호가 회항한 후 미국은 한때 프랑스와의 조선 공동원정이나, 일본의 거중조정에 기대를 걸기도 하였지만, 그것이 여의치 않자 와추세트호를 파견한 지 약 1년여 만에 재차 진상조사를 위해 셰난도어Shenandoah호 파견을 결정하였다. 1868년 2월 베이징 주재 미국 공사대리 윌리엄스는 와추세트호의 중국인 수로 안내인이었던 우문태의 말을 근거로 총리아문에 셔먼호 생존선원 구출에 협조해줄 것을 요청하였다. 우문태가 조선인 상인 김자평金子平에게서 지난해 2월 셔먼호 생존 선원인 서양인 2명과 중국인 2명을 평양 관아에서 목격했다고 들었다는 것이었다. 윌리엄스는 이들 2명의 서양인을 미국인으로 간주했지만, 영국공사 올코크Alcock 또한 이들을 영국 국민이라 주장하며 청국 정부에 구출을 요청하였다.

이에 따라 청국 정부는 조선에 서양인 억류설에 대해 문의하는 자문을 보냈고, 3월 13일(4월 5일) 청국 예부의 자문을 접한 조선 정부는 박규수에게 회자回咨를 짓도록 지시하였다. 박규수는 회자문 「청개유미국사신물치의괴자請開諭美國使臣勿致疑怪咨」에서 김자평이 말했다는 '셔먼호 선원 생존설'은 사실과 다르다고 반박하고, 미국 측이 오해를 풀도록 와추세트호 내항 때 황해도 관찰사 명의로 작성했던 「의황해도관찰사답미국인조회擬黃海道觀察使答美國人照會」의 전달을 요청하였다.[100]

청국 정부가 '정교금령의 자주자행'을 이유로 개입을 거부하자 이에 실망한 윌리엄스는 미국 아시아함대American Navy on Asiatic Station[101] 사령부에 셔먼호 탐문

=======
었다(金源模, 「페비거의 探問航行과 美國의 對韓砲艦外交(1868)」『史學志』16, 단국대학교 사학회, 1982, 269쪽). 슈펠트는 뒤늦게 자신이 정박하고 있는 곳이 사건이 일어났던 강의 어구가 아니고 약 30마일 남쪽이라는 사실을 알게 되었는데, 이것도 그가 거문도행을 결정하는 데 영향을 미쳤다(韓沽劤, 「Shufeldt 提督의 韓·美修好條約 交涉推進 緣由에 대하여」『진단학보』24, 진단학회, 1963, 421쪽).

99 金源模, 앞의 논문, 1983, 261~262쪽.
100 김명호, 앞의 책, 2005, 135~141쪽.
101 미국은 1776년 독립한 직후 해군이 없었기 때문에 한동안 상선의 보호를 영국 해군에 의뢰하였다. 그러나 미국 상선이 해적에게 약탈당하는 사건이 빈번하게 발생하자, 상선 보호와 통상무

과 생존선원 인수를 위해 조선에 함정을 파견해 줄 것을 요청하였다. 이에 따라 아시아함대 부사령관 골즈보로J. R. Goldsborough가 셰난도어호의 함장 페비거John C. Febiger 중령에게 탐문항행의 임무를 맡도록 명령하였다.[102] 페비거의 임무는 1866년 12월 슈펠트가 요구했던 조선 정부의 공식회신을 받는 것, 평양에 억류되었다는 4인의 생존선원을 인수받는 것, 셔먼호 사건의 진상을 탐문하고 매듭짓는 것 등이었다. 1868년 3월 15일(4월 7일) 페비거는 선교사 머티어C. W. Mateer와 즈푸 주재 미국영사 샌포드E. T. Sanford를 통역관으로 삼아 즈푸를 떠나 조선으로 향했고, 사흘 뒤인 3월 18일(4월 10일) 황해도 풍천부豊川府 허사진許沙鎭에 도착하였다.[103]

셔난도어호가 평안도 삼화부三和府 인근에 정박하자, 3월 22일(4월 14일) 삼화부사三和府使 이기조李基祖는 이교吏校를 보내어 대포를 쏘며 위협을 일삼던 미국 측에 문정기問情記를 전달한 데 이어, 이튿날에도 재차 백기를 건 장대에 문정기를 매달아 전달하였다. 3월 26일(4월 18일)에 이기조는 23일자 문정기에 대한 페비거의 회신을 받았다.[104] 이 회신에서 페비거는 자신이 미국에서 광둥廣東, 상하이, 즈푸를 거쳐서 왔다고 밝히고, 2년 전 실종된 자국 상선의 일로 미국 대통령의 명을 받았으며 조선 군

역의 확대, 재외 국민 보호, 외교 분쟁의 무력적 해결 등을 위해 해군 함대 창설을 서둘렀다. 그 결과 1801년 지중해함대(Mediterranean Squadron)를 창설하여 이른바 '포함외교(gunboat diplomacy)'를 본격적으로 펼치기 시작했고, 포함외교의 전통은 아시아·태평양 지역에까지 확대되었다. 그리하여 1822년에는 아메리카 태평양함대(American Pacific Squadron)가 창설되기에 이르렀다. 이 함대의 명칭은 1835년에 동인도 및 중국해함대(East India and China Seas Squadron)로, 1865년 남북전쟁이 끝난 직후에는 아시아함대로 각각 바뀌었다. 아시아함대로 개편·발족된 이후 최초로 벌인 포함외교가 바로 1871년의 신미양요였다(U.S. Department of State 저, 한철호 역, 『미국의 대한정책(1834~1950)』, 한림대학교 아시아문화연구소, 1998, 7쪽).

102 셰난도어호의 출항이 아시아함대 사령관 로완(Stephen C. Rowan)이 페비거에게 명령함에 따라 이뤄진 것으로 보는 견해가 있다(金源模, 앞의 논문, 1982, 270쪽 ; 金源模, 앞의 책, 2003, 44쪽). 하지만 1868년 1월 15일(2월 8일) 골즈보로가 페비거에게 보낸 편지에 의하면, 이미 페비거는 골즈보로로부터 출동명령을 받은 상태였다. 당시 아시아함대 부사령관이었던 골즈보로가 사령관 벨이 부재중인 상태에서 셔먼호 선원 생존설을 접하고 그러한 명령을 내렸던 것으로 추측된다. 그 뒤 로완이 벨의 후임으로 사령관이 되었기 때문에 사실 관계의 혼선이 빚어진 것으로 보인다(김명호, 앞의 책, 2005, 141쪽).

103 金源模, 앞의 논문, 1982, 270~271쪽.

104 김명호, 앞의 책, 2005, 142~146쪽.

주께 바치는 친서를 가져 왔다고 하였다.[105] 하지만 3월 27일(4월 19일) 의정부에 올린 박규수의 장계에 첨부된 페비거의 회신 원본에는 친서가 포함되어 있지 않았다. 페비거가 국왕에게 전달할 친서의 존재만 언급했을 뿐 삼화부사에게 해당 문서를 교부하지 않았기 때문이다.[106]

조선 국왕께 바치는 친서는 전혀 다른 경로로 전달되었던 것으로 추정된다.[107] 3월 27일(4월 19일) 평안도 용강현 관리들이 문정을 위해 셰난도어호에 접근할 때 건너편 나루터에서 황해도 장연현감이 보낸 나룻배 1척이 셰난도어호에 '대원군봉서大院君封書'를 전달하고 답서까지 받아갔던 것이다.[108] 장연현감을 통해 전달된 대원군의 봉서는 슈펠트가 내항했을 때 받지 못하고 돌아갔던 박규수의 「의황해도관찰사답미국인조회」였다. 장연현감이 받아간 답서는 조선 국왕에게 보내는 조회와 이 조회를 속히 상달하도록 장연현감에게 요청하는 페비거의 편지였다.[109]

장연현감을 통해 전해진 조선 국왕에게 보내는 페비거의 조회문 내용은 다음과 같다.[110]

> 1866년 8월에 미국 스쿠너선 제너럴 셔먼호가 교역을 목적으로 대동강으로 항행한 일이 있습니다. 그런데 지금까지 이 배는 돌아오지 않고 있는데, 듣자 하니 선원들은 폭도에 의해 학살되었고, 선체는 소파되었다고 합니다. 약 1년 전 우리 정부의 함정이 이

---

105 金源模, 앞의 논문, 1982, 272~273쪽.
106 김명호, 앞의 책, 2005, 146쪽.
107 한편 김원모는 친서가 4월 18일 삼화부사 이기조에게 전달된 것으로 보았다(金源模, 앞의 논문, 1982, 273쪽). 연갑수도 김원모의 견해를 받아들였고, 덧붙여서 이때 페비거의 서한에 대한 답신이 작성되어 '대원군 봉서'의 형태로 셰난도어호에 전달되었을 가능성을 제기했다. 청국에 보낸 자문에서 페비거에게 새로운 내용을 전달한 것이 없다고 밝힌 조선 정부의 공식입장과는 달리 비밀리에 무엇인가 추가로 전달한 것이 있었다고 본 것이다(연갑수, 앞의 책, 2001, 136~138쪽).
108 『일성록』, 고종 5년 4월 3일 신사.
109 김명호, 앞의 책, 2005, 147~148쪽.
110 Febiger Letters, Dispatch No.1, Commander John C. Febiger to His Majesty, The King of Corea, U.S. Steamer Shenandoah, Ping Yang River, Korea, April 19, 1868(번역문은 연갑수, 앞의 책, 136~137쪽에서 재인용).

사건을 탐문하기 위하여 대동강 남쪽 하구를 방문한 바 있습니다. 그러나 그 때 슈펠트는 조선의 관계 당국과 교신을 하지 못했기 때문에 만족할 만한 정보를 입수하지 못했습니다. 이 해역을 관할하고 있는 미국 해군 사령관이 입수한 최근의 정보에 의하면 제너럴 셔먼호 선원 중 생존자가 조선에 포로로 억류되어 있다고 합니다. 그래서 본인은 사령관의 명을 받고, 해군 함정을 이끌고 내항한 것입니다. 그러므로 생존 선원이 억류되어 있다면 선원 모두를 본인의 함정으로 인도해 주시기 바랍니다. 아울러 본인과 이 문제를 해결하기 위하여 귀국 정부도 전권특사를 임명 파견해 주시기 바랍니다.

페비거는 '대원군 봉서'에서 셔먼호 사건의 진상과 생존자가 없음을 밝혔는데도 평양에 억류된 선원 4명을 넘겨주지 않으면 평양까지 거슬러 올라가겠다고 선언하고 이를 실행에 옮겼다. 3월 28일(4월 20일) 삼화부 남포를 거쳐 용강 방향으로 거슬러 올라 검독도檢督島 부근에서 정박하였고, 3월 29일(4월 21일)에는 대동강 입구 급수문에 이르러 용강현 다미방多美坊 사동포寺洞浦에 정박하였다. 이날 코튼C. S. Cotton 부함장이 다나W. S. Dana·미드R. L. Meade 해병대위를 대동하고 단정短艇을 타고 탐측활동을 벌이며 거슬러 올랐다. 이때 동진진東津鎭을 수비하던 조선 병사들이 급수문에 접근하는 단정을 향하여 총격을 가하였지만, 코튼이 반격작전을 펴지 않고 서둘러 셰난도어호로 돌아갔기 때문에 다행히 군사적 충돌로 확대되지는 않았다.[111]

총격사건은 조선 측의 불허 방침을 무시하고 대동강을 거슬러 탐측활동을 강행한 미국 측이 자초한 것이었다. 그럼에도 불구하고 페비거는 사건 발생 직후 즉각 삼화부사 이기조에게 항의서한을 보내고, 3월 30일(4월 22일)에는 조선 국왕 앞으로 위협적인 어조의 편지를 전달하였다. 이들 서한에서 페비거는 자신들의 항해금지수역 불법 침범은 무시한 채 오직 조선 수비군의 공격만을 비인도적인 처사로 규탄하면서 사죄와 처벌을 요구하고, 이것이 관철되지 않을 경우 다가올 여름에 아시아 함대의 내

---

111 김원모는 페비거의 문서를 인용하여 조선 측이 대포 2발을 발사한 것으로 서술하였다(金源模, 앞의 논문, 1982, 275~276쪽). 하지만 이종원의 『동진어모일기』에 페비거가 삼화부사에게 보낸 3월 29일(4월 21일)자 답신에서 "병사처럼 보이는 사람이 두 차례 총을 쏘았는데 상해하려는 의도였다."고 항의했다고 되어 있는 것으로 볼 때 포격이 아닌 총격이었다(김명호, 앞의 책, 2005, 149~152쪽).

항이 있을 것이라고 위협하였다. 이에 대해 조선 정부는 운항이 금지된 대동강 상류로 계속 항행을 고집한다면 미국 측이 말하는 평화적 의도가 의심받을 수밖에 없고, 이번 일은 대동강 수비를 맡은 조선 수비군이 임무를 수행한 정당방위이므로 미국 측이 도발적 행동으로 말미암아 양국 간에 더 이상의 무력충돌을 빚는 일이 없도록 하라고 경고하였다.[112]

삼화부사 이기조를 비롯한 조선 관리들은 페비거와 적극적인 접촉을 통해 셔먼호 사건이 '자취지화'임을 설명하고 '4인 생존설'이 허무맹랑한 뜬소문임을 설득하려는 노력하였다. 4월 9일(5월 1일) 장연현감 박정화朴鼎和가 미국 측에 서한을 전달하여 '4인 생존설'의 발설자로 거론되는 김자평에 대한 심문을 제안하였다. 마침내 4월 12일(5월 4일) 페비거가 파견한 머티어 목사와 샌포드 영사가 김자평의 대질신문을 위해 풍천의 월곶포月串浦에 이르렀다.[113] 머티어 등이 현장에 도착하니 김자평이 형구刑具인 칼을 쓰고 나와 있었고 필담으로 심문이 진행되었다. 김자평은 장연에 거주하는 79세의 어부로 1866년 와추세트호가 오차진에 왔을 때 우문태를 만난 일이 있다고 시인하였다. 하지만 의주통사義州通事 이훈모李訓模는 김자평이 당시 4인 생존설을 결코 발설한 일이 없음을 분명히 하였다. 김자평은 허리가 굽은, 매우 가련한 모습의 무지몽매한 어부였고, 머티어와 샌포드는 이 사람이 김자평 본인이 아닌 가짜일 가능성을 의심하기도 하였다.[114]

4월 26일(5월 18일) 페비거는 셔먼호 생존 선원들을 구출하기 위해 황해도와 평안도 접경지역을 오가며 벌인 40여 일 동안의 활동을 매듭짓고 중국 즈푸로 떠나갔다. 페비거는 자신의 공언과는 달리 대동강을 거슬러 평양까지 올라가려는 시도를 강행하지 않았다. 이는 조선 당국이 불허하는 상황에서 무리하게 평양행을 강행한다면 무력충돌을 피할 수 없을 것이고, 그 동안의 탐문활동으로 '4인 생존설'이 터무니없는 정보임을 어느 정도 확인했기 때문이다. 날조된 이야기의 진위 확인을 위해 평양행을

---

112 金源模, 앞의 논문, 1982, 276~278쪽.
113 김명호, 앞의 책, 2005, 158~167쪽.
114 金源模, 앞의 논문, 1982, 280~281쪽. 김자평을 대질 심문할 때 문답 내용은 김명호, 앞의 책, 2005, 167~168쪽에 요약되어 수록되어 있다.

강행하여 조선과의 군사적 충돌을 자초할 이유는 없었던 것이다.

4월 27일(5월 19일) 즈푸로 귀환한 페비거는 아시아 함대 사령관 로완 제독에게 탐문항행의 결과를 보고하였다. 페비거는 제너럴 셔먼호 선원 중 생존자가 없다는 것은 사실로 보이지만, 셔먼호 사건을 '자취지화'라고 한 조선 측의 주장은 인정하기 어렵다고 하였다. 교역이 목적이었던 60톤급 스쿠너선이 파괴와 약탈을 하며 대동강을 거슬러 올라갔다고 보기 어렵다는 것이 이유였다. 셔먼호 선원들이 조선 관리를 납치, 억류한 행위는 신변보호를 위한 것이고, 이로 인해 조선군으로부터 피격을 당한 후 반격을 가했다는 것이 그가 재구성한 사건의 개요였다.

또한 자신이 탐문활동 과정에 겪은 조선 측의 총격도 아무런 사전 통고가 없었으므로 불법적인 공격이라고 규정하였다. 페비거는 불과 1년 전 슈펠트가 제출했던 보고서와 생존 선원이 없다는 점에서만 일치할 뿐 셔먼호 사건의 발생 원인에 대해서 상반된 보고를 하였다. 즉 슈펠트가 셔먼호 선원들의 도발적 행위로 인하여 흥분한 폭도들에 의해 학살된 사건, 즉 셔먼호의 '자취지화'로 파악하였던 데 반해 페비거는 셔먼호가 먼저 도발적 행동을 취할 수도, 취하지도 않았다는 전제 아래 사건을 파악함으로써 셔먼호를 일방적 희생자의 모습으로 묘사한 것이다.[115]

미국이 제너럴 셔먼호 사건에 대해 적극적인 대응에 나선 것은 미국의 대외정책 변화와 깊은 관련이 있다. 1776년 영국의 식민통치에서 벗어난 미국은 외교정책의 기본틀을 먼로주의Monroe Doctrine로 대표되는 비개입고립주의非介入孤立主義로 정하였다. 후발자본주의 국가로서 선진자본주의 국가들과의 불필요한 마찰을 피하면서 국내개발에만 몰두하기 위해서였다. 서부의 광대한 미개발지의 개발, 소위 '서점운동 Westward Movement'에 국가적·국민적 관심을 집중하였던 것이다. 하지만 19세기 중반이 되자 미국의 자본주의 체제가 점차 안정화되고, 서부개척도 가시적 성과를 거두어 1850년대가 되면 태평양 연안의 캘리포니아 지역까지 개발되기에 이르렀다. 그 결과 미국의 관심은 태평양으로 확대되었고, 미국 포경선이 태평양을 무대로 삼기 시

---

**115** 金源模, 앞의 논문, 1982, 281~284쪽. 페비거의 보고서는 국무성과 해군성에 보고되었고 미국 정부가 조선에 대한 포함외교정책을 수립하는 데 중요한 토대가 되었다. 즉, 3년 후인 1871년 로저스 제독이 이끄는 아시아함대가 강화도 침공을 벌이는 근거가 되었던 것이다.

작하면서 태평양 반대편 일본 근해에서 표류하는 일이 발생하기 시작하였다. 이를 계기로 아시아 지역에 적극적으로 진출하여 통상무역을 확대하는 방향으로 정책을 선회하였다.[116]

1865년 '남북전쟁南北戰爭'이 끝나자 미국은 '아시아 함대'를 설치하여 전력을 증강함으로써 아시아 무력외교의 전열을 갖추었다. 미국의 대아시아 강경노선은 링컨에 이어 존슨 대통령이 집권하자 더욱 강화되었는데, 이는 당시에 크게 고조되던 미국 국민들의 팽창주의 욕구에 편승한 것이었다. 미국 정부는 제너럴 셔먼호 사건이 조선을 개국시켜 새로운 교역 상대국을 확보할 수 있는 절호의 기회라고 판단하고 조선에 대한 단호하고도 강경한 보복적 대응조치를 강구하기에 이르렀다. 셔먼호 사건의 전모를 조사한다는 명분 아래 두 차례나 해군함정을 파견하여 조선 해역에 불법적으로 진입하여 무력시위를 감행한 것도 바로 이러한 배경에서 이루어진 것이었다.[117]

미국 해군이 두 차례에 걸친 탐문항행을 벌이는 가운데 시워드 국무장관은 포함외교 책략에 의한 조선원정계획을 수립하였다. 1867년 1월 26일(3월 2일) 시워드는 프랑스는 병인사옥에서, 미국은 셔먼호 사건에서 각각 피해를 보았으니 미국과 프랑스가 공동으로 조선 원정을 단행하자고 제안하였다.[118] 하지만 이는 프랑스 정부가 프랑스 함대의 강화도 침공으로 충분한 응징을 했으므로 또다시 조선원정을 단행하는 것이 무의미하다는 이유로 반대함으로써 무산되었다. 이에 시워드 국무장관은 미국 단독으로 조선원정을 추진하려고 자신의 조카인 상해 총영사 시워드George F. Seward에게 조난선원 구휼협정과 통상교섭의 전권을 부여하는 보복응징 원정계획을 수립하게 하였다. 하지만 이 계획은 해군장관의 반대에 부딪쳐 실행되지는 못하였다.[119]

---

116 李普珩,「美國 極東政策의 歷史的變遷-門戶開放 政策을 中心으로-」『歷史學報』1, 역사학회, 1952, 72~74쪽.

117 徐仁漢, 앞의 책, 1989, 191~192쪽.

118 1867년 1월 22일(2월 26일) 시워드는 주청 미국공사 브라운으로부터 서신을 한 통 받는데, 거기에는 프랑스 대리공사가 청국 측에 조선을 정복하기 위해 군대를 파견하여 한반도를 보호령으로 만들 것이라고 통보하였다는 내용이 들어 있었다. 이에 시워드는 워싱턴 주재 프랑스 공사 베르떼미(Jules-François-Gustav Berthémy)와 가진 면담에서 양국이 공동으로 자국민 피살에 대한 손해 배상을 받아내기 위해 합동원정대를 조선에 파견할 것을 제의하였다(한철호 역, 앞의 책, 1998, 6쪽).

## 3) 1871년 미국 아시아함대의 강화도 침공

1869년 그랜트U. Grant 행정부가 발족하였고 피쉬H. Fish가 신임 국무장관으로 임명되었다. 아시아 정책의 기본노선을 통상무역 팽창주의 정책의 실현으로 설정하였던 미국으로서는 조선의 개항은 반드시 달성해야 할 과제였다. 따라서 그랜트 행정부도 슈펠트·페비거의 탐문항행 보고서를 토대로 포함외교에 의해 조선을 개항하기 위해 조선원정을 단행하기로 최종 결정하였다. 피쉬 국무장관은 극동 아시아 외교에 생소했기 때문에 시워드 국무장관과 함께 조선원정 계획을 수립했던 상하이 총영사 시워드를 국무부로 불러 의견을 들었다. 이 자리에서 시워드 총영사는 피쉬 국무장관에게 조선과 조난선원 구휼협정을 체결하되 가능한 한 통상조약을 체결할 것, 조선과 교섭하기에 앞서 청의 협조와 중재를 구할 것, 조선원정 임무의 전권을 아시아함대 사령관에게 부여할 것 등을 건의하였다. 하지만 피쉬 국무장관은 아시아함대 사령관에게 전권을 부여하는 대신 전통적인 조청 유대관계를 활용하는 편이 조선과의 교섭에 유익하다고 판단하였다. 그 결과 주청 미국공사 로우Frederick F. Low에게 교섭의 전권을 부여하고, 로저스J. Rodgers 제독에게는 아시아함대 병력을 이끌고 로우 공사를 호위하도록 하였다.[120]

로우 공사는 1871년 1월 17일(3월 7일) 조선원정의 목적을 천명한 조선 국왕에게 보내는 친서를 전달해 달라고 청국 총리아문에 요청했다. 친서에서 미국은 조난선원 구휼협정을 위한 협상을 조선이 거부하면 '물리적 힘', 즉 포함외교 책략에 따른 조약 체결을 강행할 것을 암시하였다.[121] 로우의 끈질긴 요청에 청국 정부는 '정교금령의 자주自主·자행自行'을 이유로 거절했던 선례를 깨고 예부의 자문을 통해 조선 정부에 서한을 전달해 주었다. 조선 정부는 미국과 직접적인 교섭의 단초가 될 것을 우려하여 로우의 편지에는 답신하지 않고, 박규수에게 예부에 보내는 회자문回咨文「미국봉함전체자美國封函轉遞咨」를 지어 보내도록 하였다. 박규수의 회자문은 1871년 2월 25

---

119 金源模, 앞의 책, 2003, 99쪽 ; 金源模, 앞의 논문, 2000, 196쪽.
120 金源模, 앞의 책, 2003, 99~101쪽.
121 金源模, 앞의 논문, 2000, 197쪽.

로저스 제독의 기함 콜로라도호의 장교와 해병들

일(4월 14일) 발송되지만, 로우는 조선 정부의 답신을 기다리지 않고 예정대로 원정을 추진하였다.[122]

로우 공사는 아시아함대의 전 함대를 이끌고 3월 중순까지 일본 나가사키에 집결하라고 지시하였다. 로저스 제독은 기함 콜로라도Colorado호를 비롯하여 군함 5척, 수·해병 1,230명, 함포 85문을 적재하고 나가사키에서 약 보름 동안 해상기동훈련을 실시한 후 1871년 3월 27일(5월 16일) 원정길에 올랐다.[123] 로우 공사는 미일조약 사본을 휴대하고 공사관 대리서기관 드루E. B. Drew, 통역관 공사관 서기관보 코울즈John D. Cowles, 중국인 통역관 2명, 조선인 조난선원 약간 명을 대동하고 나가사키에서 합류하였다.[124]

로우 공사와 로저스 제독이 인솔한 미국 함대가 조선 해역에 진입하여 집결지인 서해상의 페리에르 군도Ferrières Islands에 도착한 것은 4월 1일(5월 19일)이었다.[125] 미국 함대는 인천 작약도에 이르는 해로를 탐사하면서 서서히 북상하였고, 마침내 4월

---

122 김명호, 앞의 책, 2005, 279~289쪽.

123 金源模, 앞의 논문, 2000, 198쪽. 원정 함대의 편성은 기함 콜로라도호, 순양함 알래스카(Alaska) 호, 순양함 베니시아(Benicia) 호, 포함 모노카시(Monocacy) 호, 포함 팔로스(Palos) 호 등 총 5척으로 구성되었다(徐仁漢, 앞의 책, 1989, 205쪽).

124 金源模, 「美國의 朝鮮遠征과 第1次 朝·美戰爭(1871)」 『東洋學』 8, 1978, 40쪽.

125 당시 미 함대가 사용한 병인양요 때 프랑스군이 작성했던 지도에 따르면 페리에르 군도는 동경 126° 이서, 북위 37° 이남의 서해상에 위치한 섬이다. 이 지도에서 풍도는 'Fernande I.(Poung-to)'로 명기되어 있으므로 페리에르 군도를 풍도로 추정한 견해는 잘못이다. 페리에르 군도를 충남 홍주군 行擔島나 木德群島 혹은 格列飛列島 등으로 추정하는 견해도 있다(김명호, 앞의 책, 2005, 290쪽 참조).

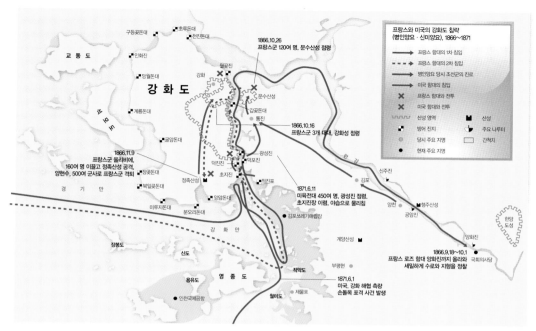

프랑스와 미국의 강화도 침략(1866~1871)

12일(5월 30일)에는 인천 인근에 이르러 작약도와 호도虎島 사이에 정박하였다.[126] 미 함대가 작약도에 정박하자, 조선 정부는 3품 관원 3명을 파견하여 미국 측과의 대화를 시도하였다. 하지만 로우 공사와의 회담을 위해 콜로라도호를 방문한 3품 관원들은 품계가 낮고 협상의 전권을 위임받지 않았다는 이유로 거절당하였다.[127] 결국 이들은 드루 서기관에게서 협상의 전권을 지닌 로우 공사와 대등한 지위의 최고위 관원을 특파할 것, 미국의 소함정이 강화해협의 수로를 탐색할 것이라는 것, 탐측활동에 대한 조선 측의 적대 행동이 없으면 미국 측의 위해도 없을 것이라는 등 미국 측의 입장과 요구만을 전달받고 돌아왔다.[128]

4월 14일(6월 1일) 미 함대는 제2단계 탐사활동을 위해 블레이크H. C. Blake 중령

---

126 김명호, 앞의 책, 2005, 291~293쪽.
127 徐仁漢, 앞의 책, 1989, 208쪽.
128 金源模, 앞의 논문, 2000, 198쪽. 이때 콜로라도호를 방문했던 조선의 3품 관원 3명이 누구였는지는 기록에서 확인되지 않는다.

광성보 손돌목 돈대(인천 강화)

의 지휘 아래 모노카시호와 팔로스호 등 2척의 포함과 4척의 소형 기정으로 탐사대를 구성하여 강화해협 입구에 이르렀다. 로저스 사령관은 조선 측에서 별다른 위해가 없을 것이라는 낙관론을 펴며 강화해협 탐측 강행을 명령하였다. 이때 조선군은 손돌목 어귀의 광성보廣城堡에 지휘소를 설치하고 아시아함대 탐사대의 북상을 주시하고 있었다. 탐사대가 강화해협 입구의 손돌목을 통과하자 광성보에서 먼저 대포를 발사하였고, 맞은편 덕포진德浦鎭에서도 일제히 대포를 발사하였다. 미국 탐사대는 광성보를 향해 대포를 마구 응사한 후 퇴각하면서 재차 대포와 총을 난사하고 호도 앞바다의 정박지로 귀환하였다. 전투의 결과 덕포진의 포군 1명이 전사하고 미 군함이 손상되었다.[129]

조선군은 기습적인 선제공격을 펼쳤음에도 미 함대에 별다른 피해를 주지 못하고 오히려 포함 모노카시호의 8인치 대포로 인해 삽시간에 진지가 무력화되는 피해를 입었다.[130] 조선군이 사거리가 짧은 소구경의 재래식 대포를 보유했던 반면 미국 아시

---

129 김명호, 앞의 책, 2005, 298쪽.
130 金源模, 앞의 논문, 1978, 65쪽. 엄청난 포화를 당했으면서도 미군은 전사자가 1명도 없고 겨우 2명이 부상당하는 피해를 입었을 뿐이었다.

아함대가 보유한 각종 대포는 남북전쟁을 거치면서 개발된 병기들로서 당시로서 최고의 성능을 자랑하였다. 미군의 대포는 사거리 뿐 아니라 명중률과 발사속도 등 모든 면에서 조선군의 대포를 압도하였다. 이 때문에 노출된 상태에서 조선군으로부터 약 15분간 200여 발의 포탄 세례를 받았는데도 미 함대가 전투를 우세하게 이끌 수 있었던 것이다.[131]

아시아함대 수뇌부는 손돌목 포격을 조선군 수비대가 미국 함대에 불법적인 선제 공격을 가한 것으로 규정하고 조선 측의 사과를 받아내기로 방침을 정하였다.[132] 이에 따라 미국 측은 율도栗島 백사장에 세운 장대 꼭대기에 서신을 매달아 의견을 전달한 후 답변을 받아가는 이른바 '장대외교'를 펼쳤다. 로저스 제독은 평화적으로 탐측하던 함대를 기습 공격한 것은 비인도적이고 야만적 행동이라고 규탄하면서 4월 23일(6월 10일)까지 전권대표를 파견하여 사죄하고 보상할 것을 요구하고, 이에 불응하면 보복 상륙작전을 단행할 것이라고 위협하였다.[133] 이에 대해 조선 정부는 미국 군함의 손돌목 침입이 불법적 침략행위이므로 이에 대한 공격은 정당한 자위권 행사이며, 조난선원 구휼과 수교문제는 이미 페비거 등을 통해 협의가 끝난 문제이므로 미국 측과 협의할 사안이 아무 것도 없다고 반박하였다.[134]

로우 공사는 다른 한편으로 강화도에 대한 상륙작전도 착착 준비해 나갔다. 상륙작전에 앞서 전투가 지나치게 확대되지 않도록 하기 위해 '무력적인 수단은 사죄 및 보상을 받아내기 위한 경우에만 행사할 것', '상륙작전 실시 대상지역은 강화도에 국한할 것'이라는 두 가지 기본방침을 정하였다. 상륙작전에 관한 기본 방침이 결정되자, 아시아함대는 4월 16일(6월 3일)부터 22일까지 7일 동안 상륙작전에 필요한 제반 준비를 서둘렀다. 상륙작전에는 포함 모노카시호와 팔로스호가 주력 군함으로 참가하여 지원 포격을 하고, 병력의 상륙에는 소형 전함 4척과 상륙용 소형 단정 20척을 이용

---

131 徐仁漢, 앞의 책, 1989, 212~213쪽. 약 15분간 조선군이 미국 탐사대에 가한 포격은 남북전쟁에 참전했던 해군 고참병들도 "이와 같이 치열한 집중포화를 당해본 일이 없다."고 술회할 정도였다 (金源模, 앞의 논문, 1978, 63쪽).
132 徐仁漢, 앞의 책, 1989, 214쪽.
133 金源模, 앞의 책, 2003, 103~104쪽.
134 연갑수, 앞의 책, 2001, 139~140쪽.

파괴된 초지진

하기로 하였다. 또한 상륙군 지원을 위해 지상에서 사용할 곡사포 4문이 준비되고, 병력은 해군 546명과 킴벌리L. A. Kimberly 중령이 이끌고 상륙을 감행할 해병 105명 등 총 651명을 투입하기로 하였다. 여기에 지원부대로 포병대와 공병대, 의무대가 추가로 편성되었다.

4월 22일(6월 9일) 로저스 사령관은 블레이크 중령에게 조선군 포대를 무력화시켜 점령하고 작전 개시 22시간 후인 다음날 밀물 때 철수하는 것을 골자로 하는 구체적인 행동지침을 하달하였다. 로우 공사는 상륙작전에 드루 서기관을 동승시켜 마지막까지 조선과의 협상 가능성을 배제하지 말도록 하였다. 모든 준비를 마친 미군 상륙부대는 4월 23일(6월 10일) 오전 10시 30분경 포함 모노카시호를 선두로 하여 정박지인 작약도 근해를 떠나 강화해협으로 향했고, 정오가 임박해서 강화해협 입구인 초지진草芝鎭 동남방의 황산도黃山島에 이르렀다.[135]

4월 23일 오후 1시 45분 경 미군의 초지진 상륙작전이 시작되자, 조선 수비대는

135 徐仁漢, 앞의 책, 1989, 217~219쪽.

철저한 농성전으로 적의 상륙을 저지하고자 하였다.[136] 조선군이 초지진 남쪽의 진남포대鎭南砲臺를 중심으로 포격하자, 미군은 포함 모노카시호의 함포로 초지진의 포대와 돈대에 집중사격을 가하였다. 치열한 포격전에도 불구하고 대포 성능의 현격한 차이 때문에 미군에게는 이렇다 할 타격을 주지 못한 채 조선군은 진지 중심부까지 파괴되는 피해를 입었다.[137] 초지진 첨사 이렴李濂은 선제공격을 통한 기선제압으로 상륙을 저

초지진으로 상륙하는 미해병대

지하려 했지만, 미군의 함포 공격으로 진지의 대부분이 파괴되고 사상자가 속출하자 후방으로 퇴각하였다. 킴벌리 중령의 상륙부대는 조선군이 퇴각한 후에도 약 2시간에 걸쳐 초지진 주변 광범위한 지역에 집중적인 함포공격을 가한 후 초지진을 무혈점령하였다. 4월 24일(6월 11일) 새벽에는 덕진진의 수비군이 모노카시호의 맹렬한 함포 사격을 받고 제대로 반격도 못한 채 큰 피해를 입고 퇴각함으로써 덕진진도 미군에게 함락되었다.[138]

강화해협에서 가장 급류가 거센 손돌목에 위치한 광성보는 손돌목돈대와 해협 깊숙이 길쭉하게 뻗어있는 용두돈대龍頭墩臺, 광성돈대 등 3개의 돈대가 정립하고 있는 난공불락의 요새였다. 4월 15일(6월 2일) 진무중군에 임명되어 강화도 전군의 지휘를

---

136 金源模, 앞의 논문, 2000, 199~200쪽.
137 조선군이 보유한 대포의 사정거리는 700보였던 데 반하여 미군 함포는 사정거리가 그 2배도 넘어 성능에서 현격한 차이를 보였다.
138 徐仁漢, 앞의 책, 1989, 220~225쪽. 德津萬戶가 수비하던 덕진진의 군대는 무력하게 패배했을 뿐 아니라 미군의 공격 사실을 인근 광성보에 알리지도 않은 결과 광성보도 역시 기습공격을 받게 되었다(김명호, 앞의 책, 2005, 317쪽).

**파괴된 손돌목돈대와 전사한 조선군**

**콜로라로 함상의 수(帥)자기**

맡게 된 어재연이 지휘본부를 이곳에 설치하였다.[139] 어재연은 훈련도감군 2초와 금위영·어영청·총융청군 각 1초, 모두 5초(625명)의 병력을 이끌고 내려와 그의 부임과 함께 광성보군의 전력이 종전에 비해 크게 강화되었다. 그는 광성보에 도착하자마자 약 1천여 명에 이르는 군사와 각종 대포 143문을 광성보 소속 3개 돈대에 재배치하고, 대장기인 대형 '수자기帥字旗'를 높이 세워 결사항전의 결의를 과시하였다.[140]

덕진진을 함락한 후 킴벌리 중령의 상륙부대는 봉화곡烽火谷에 집결하여 광성보 공격을 준비하였고, 블레이크 중령도 광성보 앞바다로 북상하여 상륙부대를 지원할 태세를 갖추었다. 미군의 공격은 해상에서의 함포사격, 육상에서의 곡사포 4문을 이용한 야포사격으로 시작되었다. 약 1시간 동안의 집중 포격에 조선군도 소구경 대포로 대응하였지만 적에게 별다른 타격을 줄 수 없었다. 해상과 육상에서의 포격이 중단되는 것과 때를 같이 하여 킴벌리의 상륙부대는 광성보를 향해 돌격작전을 감행하였다.[141] 어재연 휘하의 조선군은 서·남·북 3면에서 포위망을 좁히며 공격해오는 적군에 용감히 맞섰으나 현저한 화력 열세로 수세에 몰렸고, 방탄을 위해 착용한 두꺼운 솜옷 탓에 무더운 날씨 속에 기동력마저 제대로 발휘할 수 없었다.[142] 이 때문에

---

139 金源模, 앞의 책, 2003, 105~106쪽.
140 徐仁漢, 앞의 책, 1989, 226쪽.
141 金源模, 앞의 책, 2003, 106쪽.
142 박제경은 운현궁에서 면포 열 세 겹에 솜을 넣어 방탄이 되는 배갑을 만들어내는 데 성공하였으나, 한여름에 군사가 더위를 견디지 못해 모두 코피를 쏟았음을 전하고 있다(朴齊絅, 『近世朝鮮政

불과 20분간의 공방전에서 조선군은 이미 재기불능의 심대한 타격을 입고 광성돈대로 들어가 배수진을 친 채 최후의 결전을 준비하였다.[143] 그리피스W. E. Griffis는 광성보 전투의 모습을 다음과 같이 묘사하였다.

> 모든 준비가 끝나자 미군들은 장교들이 앞장을 선 채 소리치며 보를 기어올랐다. 미군의 머리를 향하여 총알이 비 오듯 쏟아졌지만 미군들이 너무도 신속하게 성벽을 향하여 진격하였기 때문에 수비대는 자신의 총에 화약을 밀어 넣을 겨를이 없었다. 그들의 화약은 너무도 천천히 타들어갔기 때문에 날쌘 양키들을 맞출 수가 없었다. 낙심한 호랑이 사냥꾼들은 무엇으로도 흉내 낼 수 없는 으스스한 음률로써 전송가戰頌歌를 불렀다. 그들은 난간에 올라서서 용맹스럽게 싸웠다. 그들은 미군에게 돌멩이를 던졌다. 그들은 창과 칼로써 미군을 대적하였다. 손에 무기가 없는 그들은 흙가루를 집어 침략자들에게 던져 앞을 보지 못하게 하였다.……수비대는 최후의 한 사람까지 싸웠다. 성 안에는 총에 맞았거나 칼에 찔린 사람이 거의 1백 명이나 되었다. 부상당하지 않은 포로는 하나도 없었다.……포연砲煙이 사라지고 미군들이 앉아 쉬고 있는 광경은 전쟁을 놀이로 생각하는 사람들을 흡족하게 해주기에는 충분한 것이었다. 그 장면이야말로 인도주의자들이 보고 싶지 않은 그러한 광경이었다. 성채의 안팎에는 흰 전포를 입은 243구의 시체가 누워있었다.……단 20명만이 심한 부상을 입은 채 살아남았다. 적어도 1백구 이상의 시체가 강 위의 여기저기에 붉은 선을 그으며 떠내려가기도 하고 가라앉기도 했다. 적어도 이 한 요새에서만 350명이나 되는 조선의 애국자들이 그들의 국가를 위하여 자신의 목숨을 바쳤다.[144]

진무중군 어재연과 백의종군한 그의 아우 어재순魚在淳을 비롯한 조선 수비군은 단결하여 혼신의 힘을 다했지만 끝내 전세를 역전시키지 못하였고, 광성보는 어재연 형제를 비롯한 350여 명의 장병들이 장렬한 최후를 마친 가운데 미군에게 함락당하고

---

鑑 上』(李翼成 譯), 탐구신서, 75쪽).
**143** 徐仁漢, 앞의 책, 1989, 228~229쪽.
**144** 그리피스, 申福龍 역주, 『隱者의 나라 韓國(Ⅲ)』, 탐구신서, 1976, 135~139쪽.

모노카시호의 선원과 장교들

말았다. 조선군이 이처럼 큰 희생을 치렀던 데 반해 미군은 맥키McKee 중위를 포함한 3명의 전사자와 10여 명의 부상자를 내는 데 그쳤다. 하지만 광성보 전투에서 조선군이 보여준 불굴의 투쟁정신은 적이었던 미군 측에 이루 형언할 수 없는 감동과 충격을 안겨 주었다.[145]

광성보를 점령한 미군은 조선군의 '수자기'를 내리고 자국의 '성조기星條旗'를 게양한 후, 사상자를 포함 모노카시호로 후송하고 광성보 일대의 성곽 구조물 일체를 철저히 파괴하였다.[146] 광성보 일대에서 숙영한 미군은 당초 계획대로 이튿날 아침식사를 마친 후 노획품과 포로들을 모노카시호로 옮겨 싣고 강화해협에서 철수하였다.[147]

---

145 킴벌리 중령의 부관이었던 슐레이(W. C. Schley)는 "조선군은 전근대적 노후한 병기를 가지고 미군의 현대적 총포에 대항하여 용감하게 싸웠다. 조선군은 결사적으로 용감하게 싸우면서 아무런 두려움 없이 그들의 진지를 사수하다 죽었다. 민족과 국가를 위해 이보다 더 장렬하게 싸운 국민을 다시 찾아볼 수 없을 것이다."라고 조선 수비병의 용맹성에 찬사를 보냈다(W. S. Schley, Forty-Five Years Under The Flag, New York, 1904, p.95).

146 미군이 전리품으로 약탈해 간 노획물에는 수자기를 비롯한 각종 군기 50개, 조선 대포 481문 등이 포함되어 있었다(金源模, 앞의 책, 2003, 106쪽).

147 미군의 철수는 작전의 원래 목적이 손돌목 피격사건에 대한 응징에 한정되어 있었을 뿐 아니라, 팔로스호와 모노카시호를 비롯한 다수의 함정들이 염하의 암초와 격류로 손상을 입어 더 이상 그

상륙부대가 작전을 성공적으로 수행한 후 작약도의 기함 정박지로 귀환하자, 로저스 사령관은 '전승축하훈령Congratulatory Order'을 발표하며 전승을 자축하였다. 그는 축하문에서 "본 사령관은 잔인한 포격에 대해 일언반구 사죄하지 않아서 6월 10일 원정군을 파견, 상륙작전을 감행하였다. 작전 결과 강화도 5개 요새지를 점령하였다. 마침내 난공불락의 요새지 손돌목 돈대를 함락하였으니 우리 장병의 용감성을 높이 찬양하는 바이다. 우리 장병들이 이룩한 빛나는 전승을 축하함에 있어서 본관은 우리나라 성조기의 명예를 수호하다가 산화한 용감무쌍

미국 해병대의 광성보 전투도

한 전몰장병들을 충심으로 애도하는 바이다."라고 하였다.[148]

미 함대가 강화도 상륙작전을 감행한 것은 압도적인 군사력으로 조선을 굴복시켜 조선 대표를 협상 테이블로 나오게 하려는 포함외교적 책략에 따른 것이었다. 하지만 광성보 함락 소식이 전해진 다음날인 4월 25일(6월 12일) 조선 정부는 종로를 비롯하여 각 도회지에 척화비를 세워 서양에 대한 항전의지를 강하게 천명하였다.[149] 작약도 앞바다로 철수한 미군은 '장대외교'를 재개하며 조선과의 협상을 재차 시도하였다. 4월 26일(6월 13일) 호도 해변에 포로석방을 제의하는 편지를 남긴 데 이어 같은 날 9

---

곳에 머물러있기 어려운 형편이었기 때문이다(김명호, 앞의 책, 2005, 318쪽).

**148** 金源模, 앞의 논문, 2000, 201~202쪽.

**149** 『고종실록』 권8, 고종 8년 4월 임오, "時 立斥和碑于鐘路街上 及各都會地 其文曰 洋夷侵犯 非戰則 和 主和賣國".

명의 포로를 조건 없이 석방하였다. 미군 측과의 서신 교환은 4월 25일(6월 12일) 미군의 강화도 침략을 격렬히 비난하는 격서를 보낸 바 있는 부평부사 이기조李基朝가 주도하였다. 이기조는 고위 관원을 파견하여 협의하자는 내용이 담긴 로우 공사의 서신을 조선 국왕에게 전해달라는 미군 측의 수차례 요구를 단호하게 거절하였다.[150]

광성보에서 철수한 후 약 20일 간 작약도 일대에 머물며 조선과의 협상을 시도하던 로우 공사는 조선 정부로부터 아무런 소식이 없자 더 이상의 교섭이 무의미하다고 판단하고 자진 철수를 결정하였다.[151] 미국 측은 5월 15일(7월 2일) 드루 서기관 명의로 부평부사 앞으로 보낸 최후의 서신에서 미국이 평화적인 목적으로 출사出師했다는 점을 재차 강조하고, 조선 국왕에게 보낸 공식 서한의 전달이 거절된 점에 대해 유감을 표하였다. 아울러 조선의 강경한 배외정책이 군사력을 동원한 서양 각국의 강요로 결국에는 협상을 받아들일 수밖에 없는 사태를 불러올 수 있다는 점을 경고함과 함께 미국인 조난선원에 대한 조선 정부의 구호를 요구하였다. 미국 아시아함대는 5월 16일(7월 3일) 작약도 앞바다의 정박지를 떠나 사흘 뒤 즈푸로 귀환하였다.[152]

1871년 미국 그랜트 행정부가 조선원정을 추진하고 대규모 상륙작전까지 벌인 것은 조선 정부를 협상 테이블로 이끌어낼 수 있을 것이라 기대했기 때문이었다. 하지만 미국의 기대와는 달리 강화도가 미군에게 유린되고 수백 명이 희생되었음에도 불구하고 대원군이 이끄는 조선 정부는 쇄국양이정책을 한층 강화하였다. 1866년 프랑스 극동함대의 침공을 물리친 데 이어, 1871년 강화도를 점령했던 미국 아시아함대도 별다른 소득 없이 퇴각하자, 조선 조야에서는 이를 조선의 승리로 인식하였다.[153] 아울러 조선이 승리할 수 있었던 것은 대원군의 강력한 쇄국양이 정책에 힘입은 바 컸다고 받아들여졌다.

---

150  徐仁漢, 앞의 책, 1989, 232~233쪽.
151  연갑수, 앞의 책, 2001, 141쪽. 광성보에서 미군이 철수한 당일인 4월 25일(6월 12일)부터 미군이 최종 철수를 결정하고 마지막 서한을 보낸 5월 15일(7월 2일)까지 이른바 '장대외교'를 통해 양국 간에 서한이 오간 횟수는 모두 11회였다.
152  김명호, 앞의 책, 2005, 347~351쪽.
153  미국 아시아 함대의 철수를 패주로 간주한 조선 정부의 인식은 베이징 정계에까지 퍼져나가 미국의 국가적 위신을 크게 실추시켰을 뿐 아니라 서양인에 대한 중국인의 배외감정을 조장하는 결과를 가져왔다(金源模, 앞의 책, 2003, 109쪽).

미국은 조선원정에서 일방적인 승리를 거두었다고 자부하였음에도 불구하고 아시아 함대가 청국으로 귀환했을 때 청국인들의 반응은 프랑스 극동함대가 조선 침공에 실패했을 때와 대동소이하였다. 로저스 제독의 조선 원정이 실패했다는 소문이 청국 전역에 유포되자, 청국과 체결한 조약을 자국에 유리하게 개정하려는 협상을 진행하던 미국의 입지가 크게 약화되었다.

한편 미국 국내에서도 아시아함대의 조선원정에 대한 평가가 크게 엇갈리는 등 비난 여론이 만만치 않게 일어났다. 조선원정의 성과에 대한 미국 내의 여론이 대립하는 가운데 미국 행정부는 아시아함대의 조선원정에 관련된 제반 사항을 하원에 위임함으로써 여론을 진정시키고자 하였고, 이는 포함외교를 통해 조선을 개항시키려는 외교노선의 포기로 이어졌다.[154]


# 3. 삼군부의 복설

## 1) 삼군부 복설의 배경

고종이 즉위했을 때 국가권력은 비변사에 집중되어 있었다. 비변사는 중종 때 처음 설치되어 임진왜란을 거치면서 그 권한이 확대되어 의정부와 육조의 업무까지 흡수하여 일국의 정권과 병권을 통합한 최고기관으로 성장하였다. 의정부는 기능의 대부분을 비변사에 넘겨주고 의례만을 담당하였으며, 육조도 정책입안 기능은 상실한 채 비변사에서 결정된 사안을 집행하는 기구로 전락하고 말았다. 비변사는 국가의 모든 권력이 집중되었다는 점 외에도 그 당상직이 상피규정相避規定의 적용도 받지 않았기 때문에 몇몇 유력 가문들이 이를 이용하여 손쉽게 권력을 과점할 수 있었다.[155]

집권 초기 대원군은 권력기반을 강화하기 위해서 유력가문들의 영향력을 약화시

---

154  徐仁漢, 앞의 책, 1989, 260~265쪽.
155  비변사에 대해서는 한국역사연구회 편, 『조선정치사-1800~1866(하)-』, 청년사, 1990의 10장과 11장에 수록된 오종록의 「비변사의 조직과 직임」 및 「비변사의 정치적 기능」 참조.

비변사 터(서울 종로구 와룡동)

키고자 하였다. 이를 위해 비변사를 비롯한 기존의 주요 행정 관서를 자신의 정치세력이 장악하도록 할 필요가 있었다. 하지만 대원군은 문반 관료층 내에 지지 기반이 취약했기 때문에 권력의 행사를 위해서는 다른 방식이 필요하였다.[156] 대원군이 집정 초기 자신의 권력기반을 확대하기 위해서는 우선 외척세력의 근거인 비변사에 집중된 권한을 약화시킬 필요가 있었다. 따라서 대원군은 국초의 제도를 복원한다는 명분으로 비변사에 집중된 권한을 의정부와 비변사로 분산시키는 방식을 취하였다. 그는 「비국정부분장절목備局政府分掌節目」을 반포하여 비변사에 집중된 권한을 분산시켜 군사업무만 비변사가 담당하고 나머지 정부사무는 의정부가 담당하도록 하였다.[157]

그러나 외형상 의정부의 지위를 조선 초기로 되돌리는 이 조치는 비변사를 운영하는 정치세력과 다른 집단으로 의정부를 채운 것이 아니었다. 비변사 당상들이 의정부 당상을 의례 겸직하였기 때문에 의정부와 비변사가 외형상 분리되었지만 소관업무에 따라 도장만 번갈아 찍게 한 결과만 가져왔다. 대원군이 비변사의 주도권을 쥐고 있지 못한 상황에서 급작스럽게 추진한 비변사 개편이 당초 의도와는 달리 오히려 안동 김씨를 비롯한 기득권 세력의 권한을 강화시켜 주는 결과를 초래하자, 대원군은 비변사 내에서 이들 세력을 거세하는 작업을 시작하였다. 1864년 4월 18일(5월 23일) 김좌근을 영의정에서 사임시키는 것을 시작으로 같은 해 11월 22일(12월 20일) 이뤄진 비변사에 대한 대대적인 인사개편으로 안동 김씨 세력이 요직에서 밀려났다.[158]

---

156 成大慶, 앞의 논문, 2000(b), 153쪽.
157 『고종실록』 권1, 고종 1년 2월 임오.
158 연갑수, 앞의 책, 2001, 34~39쪽.

인사개편과 함께 비변사를 폐지하여 의정부의 속사屬司로 만드는 과정도 진행되었다. 김좌근이 사임한 이후인 1864년 9월 24일(10월 24일) 비변사 건물에 '묘당廟堂'이라는 현판을 내걸게 함으로써 비변사라는 이름의 건물을 없앤 것이 그 시작이었다.[159] 본격적인 조처는 1865년 1월 27일(2월 22일) 의정부에서 낡은 건물을 수선하겠다는 의정부의 건의가 올라와 허락 받은 것에서 시작되었다. 사흘 뒤에 공석이었던 좌·우찬성에 김병학金炳學·정기세鄭基世가 임명되고, 2월 9일(3월 6일)에는 신정왕후神貞王后가 내하전內下錢 2만 냥을 주면서 의정부 건물 중수를 대대적으로 할 것과 좌·우찬성과 참찬도 의정부 당상을 겸하도록 지시하였다. 국왕도 의정부 중건 때 각처의 편액을 직접 써주겠다고 하며 의정부에 대한 관심을 드러내었다.

1865년 3월 28일(4월 23일) 신정왕후는 비변사를 폐지하여 의정부로 합칠 것을 구체적으로 지시하였다. 의정부와 비변사를 합쳐 하나의 관서로 만들되 비변사를 의정부의 조방朝房으로 만들어 건물 문미에 '조방'임을 새겨 걸어 두게 하고, 비변사에 내렸던 '묘당'이라는 현판은 대청에 옮겨 걸게 하였다. 비변사의 도장도 녹여 영원히 없애 버리고 계목啓目과 각종 문서는 '정부'라는 말머리로 시작하게 하였다. 이로써 비변사는 서류상으로도 완벽하게 없어지게 되었다.[160]

비변사가 의정부에 편입된 지 2개월 후인 1865년 5월 26일(6월 19일) 영의정 조두순趙斗淳이 삼군부를 국초의 원래 자리였던 예조의 위치에 복설할 것을 건의하여 윤허를 받았다.[161] 하지만 삼군부가 이때 별도의 기구로 정식 발족된 것은 아니었다. 삼군부라는 명칭이 등장하는 1865년 5월 26일(6월 19일)부터 1868년까지 관찬사료에서 삼군부가 운영되었음을 보여주는 근거를 일체 발견할 수 없으며, 『증보문헌비고』에서도 고종 5년에 삼군부가 복설된 것으로 기록하고 있기 때문이다.[162] 1868년 3월 26일(4월 18일) 삼군부사三軍府事를 임명하고, 같은 해 6월 8일(7월 27일)에 삼군부를 정일품아문으로 발족시켜 군사업무를 관장하게 할 때까지 약 3년여 동안은 의정부가

---

159 『고종실록』권1, 고종 1년 9월 임술, "敎曰 自今備邊司改以廟堂 書揭懸板".
160 연갑수, 앞의 책, 2001, 40쪽.
161 『고종실록』권2, 고종 2년 5월 경신.
162 『增補文獻備考』, 職官考, 義興三軍府條. "今上五年復設三軍府".

군사업무를 포함한 모든 국정을 총관하였다.[163]

　정치적 기반이 취약했던 대원군은 삼군부를 설치하여 전통적 무반가문 출신의 장신將臣들을 등용하여 권한을 확대시켜 줌으로써 자신의 정치적 기반으로 삼고자 하였다. 이들 장신들에 의해 삼군부는 실질적으로 의정부와 분리되어 의정부에 상대하는 명실상부한 '무부武府'로 확립되었고, 대원군은 바로 이 무부를 통해 자신이 의도하는 정책을 추진할 수 있었다.[164]

　대원군이 비변사를 의정부로 개편한 것은 삼군부를 설치하기 위한 포석이었다. 1865년 3월의 비변사 폐지 조치는 사실상 비변사가 명칭만 의정부로 바뀐 것으로 무비武備를 담당할 삼군부의 설치를 위해서는 무비와 관련된 명칭인 비변사가 문사文事와 관련된 의정부로 명칭이 바뀌지 않으면 안 되었다. 그런 연후에야 대원군이 의정부에 비견되는 삼군부를 설치하여 자신의 세력으로 권한을 장악하게 함으로써 권력기반을 확대할 수 있었다.[165] 다른 한편 삼군부의 설치는 중앙정치기구 개편작업의 틀 속에서 그 일환으로 진행된 것이기도 하였다. 의정부의 기능 정상화, 비변사의 해체 등을 국초 선왕의 제도를 복원시킨다는 명분으로 진행했던 만큼 삼군부의 설치도 또한 필연적으로 추진할 수밖에 없었다.[166] 결국 삼군부 설치는 조선왕조 건국 당시의 체제를 복원한다는 명분 아래 비변사에 집중된 권한을 분산시키려는 목적으로 이뤄졌던 것이다.

　삼군부 복설은 1865년 5월 처음 거론되었지만 그 설치가 지연되다가 3년여가 지난 1868년에 들어서 정식관아의 형태를 갖추게 되었다. 이렇게 삼군부의 복설이 지연된 것은 무장들의 권한 강화에 대한 반발이 심했기 때문이었다. 즉 1866년 프랑스 함대의 강화도 침공 이후 외침에 대한 대비를 명분으로 한 무장들의 권한 강화와 군비증강의 당위성 증대로 인하여 이를 전담할 최고군령기관의 설치가 절실히 필요하였다. 프랑스 함대의 침략 당시 조선은 각 군영을 통할해서 지휘하기 위한 최고군령

163　崔炳鈺, 『開化期의 軍事政策研究』, 경인문화사, 2000, 30~31쪽.
164　金世恩, 「大院君執權期 軍事制度의 整備」『韓國史論』 23, 1990, 315~322쪽.
165　연갑수, 앞의 책, 2001, 42쪽 ; 임재찬, 「三軍府의 復設背景」『新羅學研究』 3, 위덕대 신라학연구소, 1999, 11쪽.
166　崔炳鈺, 앞의 책, 2000, 28쪽.

기관으로 임시기구인 기보연해순무영을 설치하여 대응한 바 있었다.[167] 프랑스라는 적대국가의 출현으로 상설적인 최고군령기관의 필요성이 절실했지만 무장들의 권한 확대에 대한 반발이 만만치 않았기 때문에 최고군령기관으로서의 삼군부의 설치가 쉽지 않았다. 하지만 필요성이 확인된 만큼 삼군부 설치를 위한 노력은 계속되었고, 3년여에 걸친 노력의 결과 반발을 극복하고 의정부에 비견되는 정일품아문으로서의 삼군부를 설치할 수 있었다.[168]

## 2) 삼군부의 조직과 기능

삼군부가 실질적인 정부기구로 설치되었음이 확인되는 최초의 기록은 삼군부사가 임명되는 1868년 3월 23일(4월 15일)의 기사이다.[169] 하지만 이때의 인사조치는 의정부 내에 별도로 군사자문기구 내지 군사위원회의 성격을 갖는 기구를 설치했다는 의미에 지나지 않았다. 삼군부가 의정부와 동등한 정일품아문으로 정식 발족한 것은 그로부터 3개월여가 지난 6월 8일(7월 27일)의 일이었고, 독립기구의 체제를 갖추고 8월초부터 소관업무를 수행하게 됨으로써 중앙의 정부기구는 국초와 같이 정권과 군권이 분립된 의정부와 삼군부의 이부二府 체제로 개편되게 되었다.[170]

운현궁에서 대원군의 정사를 보좌했던 김규락金奎洛이 남긴 『운하견문록雲下見聞錄』에서는 삼군부에 대해 다음과 같이 기록하였다.[171]

---

**167** 기보연해순무영은 금위영에 설치되었는데, 최고사령관인 도순무사는 훈련대장 이경하가 맡았다. 순무영의 주력군은 선봉중군이 지휘하는 선봉진으로서 직접 전투를 수행하였으며, 프랑스군의 패주가 확인되자 임시 최고군령기관 순무영은 혁파되었다(임재찬, 앞의 논문, 1999, 13쪽).

**168** 연갑수, 앞의 책, 2001, 66~70쪽. 한편 대원군이 삼군부의 설치를 서두른 까닭을 군사력 강화정책 추진과정에서 기능이 지나치게 비대화된 의정부를 견제하고자 하는 의도와 운현궁이라는 사적인 영역에서 주도해왔던 군사력 강화정책을 삼군부를 통해서 추진함으로써 명분상의 한계를 극복하려는 의도에서 찾기도 한다(李旭, 「大院君執政期 三軍府 設置와 그 性格」『군사』 32, 국방군사연구소, 1996, 180~193쪽).

**169** 『고종실록』 권5, 고종 5년 3월 신미.

**170** 崔炳鈺, 앞의 책, 2000, 58~59쪽.

**171** 金奎洛, 『雲下見聞錄』, 아세아문화사 영인본, 1990, 31쪽.

대원위人院位 합하閤下께서 심히 개탄스럽게 여기고서 근래에는 오로지 무비를 숭상하여 육조의 위에 삼군부를 세우고 국내의 군사와 국방에 관한 정사를 조관하지 않는 것이 없도록 하였다. 시원임장신時原任將臣에게 주관하도록 하고 또한 대신에게 예겸例兼하도록 하니 이때부터 무부武府의 중함이 의정부와 같게 되었다.

삼군부가 군사와 국방에 관한 모든 정사를 담당하여 무부라 칭해지며 그 중요성이 의정부와 대등해질 정도로 위상이 높아졌다는 것이다. 삼군부의 조직 구성은 몇 차례 변동을 거쳤는데, 최종적으로 확정된 삼군부의 구성을 표로 제시하면 〈표 2-3〉과 같다.

〈표 2-3〉 삼군부의 구성

| 직책 | 인원 | 보임자 | 조치일 |
|---|---|---|---|
| 도제조<br>(都提調) | 3 | 현직 3상(相)겸직<br>(전직 3상(相)도 겸직) | 1868년 6월 8일(7월 27일)<br>1869년 4월 25일(6월 5일) |
| 제조<br>(提調) | 3 | 병조판서 겸직<br>좌 · 우 포도대장 겸직 | 1868년 6월 18일(8월 6일)<br>1871년 7월 20일(9월 4일) |
| 영삼군부사<br>(領三軍府事) | 1 | 전직 의정급(議政級) 인사를 보임하게 되어 있으나, 삼군부가 해체될 때까지 보직명만 존속할 뿐 보임된 예가 없음. | |
| 판삼군부사<br>(判三軍府事) | 정원<br>없음 | 전 · 현직 장신 겸직 | 1868년 7월 2일(8월 19일) |
| 지삼군부사<br>(知三軍府事) | 정원<br>없음 | 경영장신(京營將臣), 수원유수(水原留守)가 겸직<br>통제사(統制使), 진무사(鎭撫使)도 겸직 | 1868년 7월 2일(8월 19일)<br>1870년 1월 17일(2월 16일) |
| 유사당상<br>(有司堂上) | 4 | 훈련대장, 어영대장, 금위대장 겸직<br>총융사摠戎使도 겸직 | 1868년 3월 23일(4월 15일)<br>1868년 6월 12일(7월 31일) |
| 종사관<br>(從事官) | 8 | 6품직(훈련원관, 무신 겸 선전관) | 1868년 6월 18일(8월 6일) |
| 별초군<br>(別抄軍) | 200 | 반민습포자(泮民習砲者)로 편성 | 1870년 1월 17일(2월 16일) |

※ 출처 : 崔炳鈺, 『開化期의 軍事政策研究』, 경인문화사, 2000, 62쪽에서 인용.

삼군부의 구성에서 주목되는 사실은 현직 3정승이 삼군부의 도제조를 겸하여 삼군부에 대한 3정승의 영향력이 적지 않았다는 점이다. 더욱이 훈련대장, 어영대장, 금위대장 등 3영의 대장들이 삼군부의 유사당상을 겸하고 있는 상황에서 1870년 7월 3일(7월 30일) 현직 3정승이 3영의 도제조까지 겸하게 되면서 군사 분야에 대한 3정승의 발언권이 한층 강

삼군부 총무당

화되어 삼군부가 의정부의 영향력에서 벗어나 독립적인 기능을 행사하는 것을 제약하였다. 병조 또한 군의 인사와 군제, 군 통수와 예산에 관한 업무를 수행하고 있었고, 병조판서가 삼군부의 제조를 겸하여 삼군부 운영의 핵심적인 역할을 수행하였다.

삼군부의 구성으로 보면 삼군부를 의정부의 영향력에서 자유롭고, 의정부에 비견될 만한 군사업무 전관부서로 만들고자 했던 대원군의 의도는 사실상 좌절되었다. 이는 대원군이 기존 정치세력을 완전히 장악하지 못한 상황에서 삼군부를 설치했기 때문에 어쩔 수 없는 부분이었다. 삼군부가 정식기구가 되고서도 한동안 자체예산을 편성 받지 못하다가, 1870년이 되어서야 관세청管稅廳으로부터 매년 5천 냥을 획부劃付받게 됨으로써 비로소 자체 운영예산을 확보하게 된 데서도 그 불안정성을 엿볼 수 있다.[172]

삼군부의 기능에 대해서는 1870년 1월 22일(2월 21일) 영의정 김병학金炳學이 "삼군부는 곧 군무를 통솔하는 곳이며 숙위宿衛를 총찰하고 또한 변방의 방어도 여기에서 맡는다."[173]고 규정했듯이 1864년 비변사와 의정부의 직무를 나눌 때 비변사의 직능에 속했던 것 중에서 사대와 교린을 제외한 국방과 치안에 관련된 업무들을 포괄하는 것이었다.

삼군부는 변방 주요 지휘관에 대한 인사권을 제한적으로 행사하였다. 1864년 2월 비변사와 의정부의 직능이 분리될 때 비변사가 인사권을 행사했던 직책은 통제사統制

---

172 李旭, 앞의 논문, 1996, 196~197쪽.
173 『비변사등록』252책, 고종 7년 1월 22일.

**삼군부 청헌당(서울 노원 육군사관학교)**
1868년(고종 5)에 지은 삼군부청사이다.

使, 평안병사平安兵使, 북병사北兵使, 회령부사會寧府使, 의주부윤義州府尹, 강계부사江
界府使, 제주목사濟州牧使, 훈련대장, 금위대장, 어영대장 및 순변사, 순무사 등이었다.
하지만 삼군부는 비변사가 행사했던 이들 직책에 대한 인사권도 제대로 행사할 수 없
었다. 삼군부 설치 이후 한동안 의정부와 삼군부 사이의 인사권한에 명확한 규정이
없다가, 1870년 윤10월 5일(11월 27일)이 되어서야 비로소 인사권 정식화가 이루어
졌다. 그 내용은 삼군부가 말기의 비변사가 행사하던 경영京營의 장신과 포도대장의
추천권을 의정부에 넘겨줌으로써 지방 주요 군사지휘관에 대한 인사권만 제한적으로
행사하도록 하는 것이었다.[174] 삼군부가 의정부에 비견되어 '무부'라 불렸다고는 하
지만, 의정부가 삼군부의 제조인 좌·우변 포도대장과 유사당상인 4군영 대장에 대한 인
사권을 쥐고 있었을 뿐 아니라 무과까지 주관하고 있는 상황에서는 제도적으로 여전
히 의정부가 삼군부보다 우위에 있을 수밖에 없었다.[175]

삼군부는 각 지방의 군사훈련과 군 편제 개편 등에 대한 권한을 갖고 있었으며, 군
사적 위기상황에 대응하여 군사를 운용할 수 있는 작전통제권을 갖고 있었다. 삼군부
의 군 편제 조정 작업 중에 가장 두드러진 성과를 거둔 것은 총포수 양성이었다. 프랑

---

**174** 崔炳鈺, 앞의 책, 2000, 64~66쪽.
　　『고종실록』권7, 고종 7년 윤10월 정묘.
**175** 연갑수, 앞의 책, 2001, 73쪽.

스 함대의 강화도 침공을 계기로 그 중요성이 인식된 포군은 경기수영京畿水營을 시작으로 충청, 제주, 황해, 전라 등 주로 해안지역에 중점적으로 편성되었고 미국 함대의 침공을 전후해서 대폭 증편되었다.[176] 삼군부는 인천·강화 연안에 서양 선박이 출현하자, 계엄지역 군사지휘관의 인사, 방어태세의 명령, 병력의 동원과 지원, 경비태세의 해제 및 병력 철수 등 작전통제권을 행사하였으며, 1871년 미국 함대가 침공했을 때도 제반 군사적 조치를 주관하여 처리하였다.[177]

삼군부는 또한 국방력 강화를 위한 군자軍資 마련과 군기軍器 지원을 총괄하였다. 원래 국방력 강화에 필요한 재정 조달과 지원업무는 대원군의 지대한 관심 속에 운현궁을 중심으로 이루어졌다. 그러나 삼군부가 설치된 후에는 도성문세都城文稅에 대한 회계사무, 포군설치 비용, 전국 요해처의 소요예산 지원 등의 업무가 모두 삼군부로 이관되었다. 또한 각 지방에 포군을 설치하면서 징수하게 된 원납전이나 황해 수영에 포군 설치를 위해 각 포구의 수세권을 넘겨주는 일 등도 모두 삼군부에서 주관하였다. 이처럼 프랑스 함대의 침공 이후 군비확충을 목적으로 설정된 많은 세액이 삼군부 설치 이후에는 삼군부 주관 아래 각 군영 등의 군사기관에 할당되었다.[178]

다른 한편 삼군부는 무반들의 권한을 확대시켜 자신의 정치적 기반을 강화하고자 했던 대원군의 의도와 맞물려 정치적인 성격도 강하게 띨 수밖에 없었다. 1864년 반포된 「비국정부분장절목」에서는 의정부의 관할업무였던 국왕의 행행行幸을 비롯한 궁성 호위가 1868년 6월 18일(8월 6일) 「삼군부응행사목단자三軍府應行事目單子」가 작성되면서부터 삼군부의 소관으로 이관되었다. 아울러 삼군부는 좌우포청左右捕廳과 좌우순청左右巡廳을 그 속사로 둠으로써 수도 서울의 치안도 장악하고 있었다. 삼군부에 대한 대원군의 영향력을 고려하면, 이것은 대원군이 통제하는 군사들이 국왕을 보호하는 것이지만, 정치적 입장이 다를 경우 국왕이 인질상태에 있는 것이나 마찬가지였다.[179]

---

176 이때 설치된 포군의 규모는 병영이나 부·목에는 약 50~300여 명, 군현에는 6~50명 정도를 기준으로 하였으며 전국적으로 약 18,000명에 달하였다(김세은, 앞의 논문, 1990, 313쪽).
177 崔炳鈺, 앞의 책, 2000, 68~76쪽.
178 李旭, 앞의 논문, 1996, 197~198쪽.
179 연갑수, 앞의 책, 2001, 72쪽.

주교사 터(서울 동작)

또한 대원군은 주교사를 삼군부의 속사로 두고 주교사의 최고책임자인 주교사 당상직을 무장들에게 독점하게 함으로써 자신의 정치적 기반을 강화하였다. 주교사 당상은 당시 가장 큰 규모의 상인 중 하나였던 경강상인들과 결탁할 수 있는 직책으로 세도정권기에는 주로 부원군이나 그 가문의 인물들이 독점하였다. 하지만 대원군이 권력을 장악한 이후 김병기의 후임으로 신관호申觀浩가 주교사 당상에 처음 임명되면서 대원군집권기 내내 친대원군 세력으로 분류되는 무장들이 주교사 당상직을 독점하였다. 삼군부 설치 이후 주교사 관할권은 삼군부로 이관되었는데, 이는 경강상인 장악을 통해 권력유지에 필요한 재원을 안정적으로 조달하고자 했던 대원군이 자신의 영향력이 강하게 작용하는 삼군부를 이용하여 이를 관철하고자 했던 것이었다.[180]

---

180 李旭, 앞의 논문, 1996, 198~199쪽.

# 제3절

## 중앙군영의 정비와
## 군자軍資 · 무기의 정비

### 1. 중앙군영의 정비와 강화

대원군 집권 당시 조선의 군사력은 중앙군과 지방군을 막론하고 몹시 허약하여 군사력을 회복하기 위해서는 일대 혁신이 필요한 상황이었다. 하지만 대원군은 빈곤한 정부 재정 여건과 혼란 유발을 우려하여 군사 제도에 대한 근본적인 개혁을 하기보다는 기존 제도를 보완, 강화하는 방안을 선택하였다. 당시 중앙군은 훈련도감 5천여 명, 어영청 3천여 명, 금위영 3천여 명, 용호영 2천여 명, 총융청 3천여 명으로 총병력 16,000여 명이었다. 그러나 병력의 절반 정도는 노약자인 탓에 훈련 부족과 군기 해이로 군대 본연의 임무를 다하지 못하고 있었다. 따라서 노약자를 젊은이로 교체하고 총포의 연습을 강화하여 군기를 바로잡는 등 내부 정비가 무엇보다도 절실하였다.[181]

1860년 청국의 수도 베이징이 영불 연합군에게 함락되고 함풍제咸豊帝가 열하로 피신하는 격변이 일어났는데도 조선 정부는 서양 세력의 침략 가능성이 낮다고 보고 본국인 내통자의 색출과 처단, 해안지방의 경계 강화 등 종래의 고식적인 정책을 답습하였다. 서양에 대한 조선 정부의 대응이 달라진 것은 서양세력과의 최초의 물리적

---

181 육군본부, 『韓國軍制史 -近世朝鮮後期篇-』, 1977, 267쪽.

충돌이었던 제너럴 셔먼호 사건을 겪은 이후부터였다.[182] 셔먼호 사건이 일어난 데 이어 청국으로부터 프랑스군이 조선을 침략할 것이라는 정보가 전해지자 조선 정부는 잇달아 해방을 강조하는 지시를 내려졌다.[183]

1866년 7월 30일(9월 8일)의 차대次對에서 좌의정 김병학金炳學은 "무비武備가 해이해지고 해안 방어가 허술한 것이 요즘과 같은 때가 없다. 외국 선박과 양이들이 내양에 함부로 들어왔으나 막아내지 못한 이 문제가 이웃 나라에 알려지게 해서는 안 된다."라고 전제하고 군사력 강화를 위한 방안들을 제시하였다. 그것은 부족한 병력은 보충하여 채울 것, 녹슬거나 무딘 무기들은 모두 수선할 것, 군사 훈련을 실시하여 늘 적과 맞설 태세를 갖추도록 할 것, 전선戰船을 서둘러 수리할 것, 연해 포구와 각 읍의 사사롭게 만들어 놓은 염전과 어장의 세금은 해당 읍에 획부하여 군수로 사용하도록 할 것 등이었다.[184] 이에 따라 대원군은 사교를 엄금하는 척사윤음斥邪綸音을 전국에 반포하여 외세의 침략에 대한 경계를 강화하는 한편, 8월 1일(9월 9일)과 9월 1일(10월 9일) 두 차례에 걸쳐 연해 각 읍과 각 도의 수영에 군기와 선척을 모두 수선할 것을 지시하며 내탕금內帑金 8만 냥을 내렸다.[185]

프랑스 함대의 강화도 침공 직후인 1866년 12월 17일(1867년 1월 22일) 서울에 2만, 각 도에서 1만 명씩 모아 유사시를 대비하자는 부사직副司直 민주현閔胄顯의 '10만 양병설'[186]을 비롯하여 다양한 군비강화책이 주장되었으나, 이 시기 가장 두드러진 중앙군제의 변화는 군대의 정예화와 화포군의 강화·증설로 요약될 수 있다. 이러한 군제상의 부분적 개혁은 사실상 1867년 1월 16일(2월 20일) 좌참찬 겸 훈련대장訓鍊大將이던 신헌이 올린 상소 「진군무소陳軍務疏」의 '군무육조軍務六條'를 바탕으로 진행된 것이었다. 신헌은 「진군무소」의 서두에서 프랑스군의 침입으로 막대한 전력을 소비하였음을 개탄하고 앞으로의 철저한 대비를 위해 6개 조항의 개혁방안, 즉 '군무6

---

182 林在讚, 「丙寅洋擾를 전후한 大院君의 軍事政策」 『慶北史學』 24, 2001, 92쪽.
183 『승정원일기』 2704책, 고종 3년 7월 10일 병인 ; 『승정원일기』 2704책, 고종 3년 7월 14일 경오.
184 『고종실록』 권3, 고종 3년 7월 병술.
185 裵亢燮, 『19世紀 朝鮮의 軍事制度 研究』, 국학자료원, 2002, 42쪽.
186 『승정원일기』 2709책, 고종 3년 12월 17일 임인.

조'를 제시하였다.[187]

먼저 경병단조京兵團操, 즉 서울의 군사를 하나로 묶어서 훈련시켜야 한다고 주장하였다. 그는 군대는 정예로움이 숫자보다 더 중요한데 조선의 현실은 서울의 군사들조차 오합지졸에 불과하다고 지적하였다. 하지만 이 문제는 훈련도감의 보군步軍 편제를 조정하는 것으로도 어느 정도 문제를 해결할 수 있다고 보았다. 훈련도감의 보군은 정병正兵 26초 가운데는 어가 호위 등의 일이 있을 때 동원되어 이탈하는 9백 명이 넘는 병력이 포함되어 있어 완전한 대오를 갖춘 군용을 이룰 수 없는 문제점 때문에 정예화에 어려움이 있었다. 이 문제를 해결하기 위해서 협련군挾輦軍, 별파진別破陣을 대오에서 제외하여 별도로 편성하고, 잡색군雜色軍 5백 여 명도 제외하여 7색으로 나누어 소속시켜 대오에서 분리한다면, 순수한 정군 20초를 만들어 엄격한 규율을 세워 훈련시킬 수 있게 되어 군대를 더욱 정예화 할 수 있다는 것이었다. 또한 총기의 대량 제조와 사격 훈련의 시급함을 강조하고, 화약 비축을 위해 자신이 지은 『자초신방煮硝新方』 수백 권을 인쇄하여 각 읍에 내려 보내 화약을 만들어 올리게 하고 비축하게 하자고 주장하였다.

장선향포獎選鄕砲, 즉 향포수鄕砲手의 선발을 적극적으로 장려할 것을 주장하였다. 그는 서북지방 총수銃手들의 사격술이 가장 정밀하니 급료를 후하게 주고 관직에 진출할 수 있도록 함으로써 이들을 모집해야 한다고 하였다. 평안도와 함경도에서 각각 1백 명씩 시취로 뽑아 별초別哨로 만들고 두령을 세워 번갈아 번상하게 하여 위급할 때 징발하기 편하게 해야 하고, 훈련도감에서 봄과 가을로 도시都試를 실시하여 선발된 인원 중 두 사람을 변장邊將으로 임명하여 보내면 변방 방어에 큰 도움이 될 것이라고 보았다.

권설민보勸設民堡, 즉 민보를 쌓을 것을 권장하자고 주장하였다. 군현에 군병이 없는 조선의 현실에서 외적의 침략에 대응하는 방법으로 백성들로 하여금 민보를 쌓도록 하고 적이 쳐들어 올 경우 보루에 들어가서 서로 유기적인 연락 체계를 구축하여

---

187 『승정원일기』 2710책, 고종 4년 1월 16일 신미.
朴贊殖, 「申櫶의 國防論」『歷史學報』 117, 역사학회, 1988, 72쪽 ; 裵亢燮, 앞의 책, 2002, 43~45쪽.

서로 구하도록 하는 것이 적의 침략을 물리칠 대안이 될 수 있다고 보았다.

북연제병北沿制兵, 즉 북쪽 변경에 군사를 만들어 두어야 한다고 주장하였다. 북쪽 변경에 경보가 있을 경우 서울의 관병을 보내어 방어하기 힘든 상황이고, 또한 현재 변방의 걱정이 절박하여 사람들이 몹시 동요하는 상황이므로 그들 스스로 대오를 편성하여 방어하도록 유도하자는 것이다.

독수내정篤修內政, 즉 내정을 잘 닦아야 한다고 주장하였다. 변란을 막는 방법은 자신을 잘 살피고 적을 잘 살피는 것보다 중요한 것이 없으니, 형벌을 줄이고 세금을 적게 거두어 백성들의 마음을 살피고 내정을 잘 닦아서 백성들과 함께 하면 백성들도 목숨을 아끼지 않을 것이라는 것이다.

끝으로 심료이변審料夷變, 즉 오랑캐가 변란을 일으키는 것을 살펴서 헤아려야 한다고 하였다. 그는 오랑캐가 몰래 사교를 유포하고 상품유통을 요구하며 우리의 요해처를 엿보고 도시를 불태우고 변경을 노략질하니 오랑캐를 헤아리는 것을 잠시도 게을리 할 수 없다고 하였다. 더구나 지금도 변방에서 경보가 자주 올라오고 그들의 움직임을 예측하기 어려우니 오랑캐에 대응하기 위해 전략을 강구하고 무기를 수선하여 대비하지 않으면 위태롭게 된다고 하였다.

이에 대해 고종은 "진달한 바가 매우 좋으니 묘당에서 충분히 상의하여 별단으로 품의하여 조처하도록 하겠다."는 비답을 내렸고, 1월 21일(2월 25일) 의정부에서 신헌의 상소에 대해 논의한 결과를 고종에게 보고하여 윤허를 받았다.[188]

훈련도감이 의정부의 보고에 근거하여 훈련도감의 군제개혁 방안인 「군제변통별단軍制變通別單」을 마련하여 아뢴 것은 그해 1월 25일(3월 1일)의 일이었다.[189] 「군제변통별단」에는 훈련도감의 개혁방안이 모두 12개의 조목으로 나뉘어 담겨졌는데, 훈련도감의 보군과 기타 병종을 분리하여 편성하고 훈련을 조직화하자는 신헌의 건의가 반영된 것이었다.

1조와 2조는 각 초에 속해 있는 어가를 호위하는 협련군挾輦軍 3백 명과 여군餘軍 80명을 따로 떼어내어 편성, 운영하는 방안을 담고 있었다. 이들 380명을 좌·우열左

---

188 『승정원일기』 2710책, 고종 4년 1월 21일 병자.
189 『고종실록』 권4, 고종 4년 1월 경진.

右列로 나누어 각각 지휘관인 초관哨官을 두어 거느리게 하였다. 이들 부대의 명칭은 훈련할 때에는 별중사좌·우초別中司左·右哨로 부르고, 국왕을 시위할 때에는 좌·우열 협련군左·右列挾輦軍으로 부르게 하였다. 또한 부대 전체를 이끌 지휘관인 도령都領을 두어 그 명칭을 협련파총挾輦把摠이라 하였는데, 훈련할 때에는 별중사파총別中司把摠이라 부르도록 하였다. 아울러 지휘관 직속의 표하군標下軍도 마련하여 훈련시키도록 하였다.

3조에서는 각 초의 별파진 90명과 화전군火箭軍 10명을 따로 떼어내어 하나의 부대로 편성하고 차지次知를 교련관敎鍊官으로 차출하여 거느리게 할 것을 규정하였다. 4조에서는 각 초의 원역員役 38명과 각소各所의 배포수排砲手 71명을 칠색七色의 표하군에 이속시키고 각색 장수匠手 74명과 차부車夫 4명을 척후 부대인 당보색塘報色으로 이속시키도록 규정하였다. 또한 5조에서는 각 초의 잡색군雜色軍의 분속으로 생긴 결원을 중사中司의 6초와 양중사兩中司의 취수吹手 8백 명의 혁파하여 차츰 이속시키도록 하였고, 6조에서는 서자적書字的 10명과 표하군 및 협련군의 패두牌頭 8명의 소속에 대한 처분을 규정하였다.

7조에서는 각 초에서 별중사좌·우초, 칠색, 당보색 등으로 이속되어 빈자리를 정군正軍으로 보충함으로써 결원이 없게 하도록 규정하였다. 8조에서는 수송군인 복마군卜馬軍을 별중사좌·우초, 별파진색, 칠색 등에 옮겨 소속시키는 것에 대해 규정하였다. 또한 9조에서는 좌우부左右部, 좌우사左右司의 각 중초를 합하여 4초의 살수殺手로 편성하여 훈련시키도록 하였다. 10~12조에서는 군제개혁에 따른 부대 편제의 변화로 나타난 파총, 초관 등 지휘관의 정원 조정과 보직 변경 방안을 제시하였다.

이러한 조치에 따라 훈련도감은 협련군을 비롯한 약 8백 여 명의 여러 잡색군을 정병으로 대체하여 정예병 위주의 부대로 개편되게 되었다.[190] 이와 아울러 의정부에서는 1867년 2월 28일 재정 부족으로 무기 수선에 어려움을 겪는 상황을 우려하여 훈련도감에 2만 냥, 금위영·용호영과 무고武庫에 각 1만 냥의 새로 주조한 돈을 내려 무기를 보수하도록 조치하였다.[191]

---

190 裵亢燮, 앞의 책, 2002, 47쪽.
191 『고종실록』 권4, 고종 4년 1월 기묘 ; 육군본부, 앞의 책, 1977, 269쪽.

프랑스 함대의 강화도 침공 과정에서 드러난 중앙 각 군영들의 문제점을 보완하고자 하는 시도도 프랑스군의 퇴각 직후부터 나타났다. 신헌의 상소가 있기도 전인 1866년 10월 8일(11월 14일) 이미 금위영과 어영청 향군鄕軍의 번상을 정지하는 대신 내던 돈을 프랑스 함대의 침공 직후부터는 금위영과 어영청에 돌려주어 포수를 몇 초 더 마련하도록 하는 전교가 있었다.[192] 여기에 더하여 1866년 12월 19일(1867년 1월 24일)에는 어영청에 4만 냥을 특별히 지급하여 금위영과 어영청의 군비를 강화하고자 하였다. 같은 달 어영청과 금위영은 포군 4초씩을 신설하여 각각 전·후·좌·우·중 5초씩의 포군을 갖추게 되었다.

1969년 3월에는 정번停番하는 대신 신포身布를 거두는 기한을 연장시키면서 두 군영의 포군을 늘리도록 조치하였고, 1870년 2월 30일(3월 31일)에는 훈련도감이나 어영청과 마찬가지로 금위영에도 본영에 군관을 둘 수 있도록 함으로써 군대의 정예화를 꾀하는 동시에 사기를 진작시키고자 하였다.[193]

어영청과 금위영의 군사력 강화가 훈련도감 같은 장번長番 군사의 설치와 포군의 증강을 통해서 이루어졌다는 것은 신헌이 제시한 군사의 정예화, 포군의 증설이라는 원칙이 그의 상소 이전에도 이미 진행되고 있었음을 알 수 있다. 프랑스 함대의 강화도 침공 이후 신헌이 올린 상소문은 당시 집권세력이 추진하려던 군비증강 정책의 방향을 논리화·공론화시키는 역할을 한 것이었다.[194]

총융청의 군사력을 강화하기 위한 움직임도 진행되었다. 1867년 2월 17일(3월 22일) 의정부에서는 앞서 삼영과 무고의 무기를 수선한 것과 마찬가지로 호조에서 새로 주조한 돈 1만 냥을 보내어 총융청의 무기를 수선하도록 하였다.[195] 이어 총융청도 포군을 중심으로 군사의 정예화를 추진하기 위해 8월경에 세 차례의 시험을 거쳐 선방포수善放砲手 중 우수한 자 125명을 선발하여 난후아병攔後牙兵 1개 초를 편성하도록 하였다. 대원군은 총융청의 군비 강화에 필요한 경비로 자비전自備錢 30만 냥을 지원

---

**192** 『승정원일기』 2707책, 고종 3년 10월 8일 계사.
**193** 裵亢燮, 앞의 책, 2002, 48~50쪽.
**194** 연갑수, 앞의 책, 2001, 150~151쪽.
**195** 『승정원일기』 2711책, 고종 4년 2월 17일 신축.

하였고, 1871년 2월 8일(3월 9일)에는 건
장한 마군馬軍 20명을 신설함으로써 총융
청의 군비 강화와 정예화를 꾀하였다.[196]

한편, 총융청의 증가된 병력이 급료를
받는 포군으로 다른 군영과는 달리 '창
설'되었다는 점도 주목할 만하다. 이는
다른 군영에 비해 상대적으로 취약했던
총융청의 군사력을 보충하고 정예화 한다
는 의미를 갖는 것이지만, 도성이 함락되
면 북한산성에 의지해 최후의 격전을 벌
인다는 집권층의 발상이 반영된 것이었

총융청 터(서울 종로)

다.[197] 이상의 개편에 따라 훈련도감과 금위영·어영청·총융청 등 중앙 군영은 상비군
적 성격을 띠는 급료병으로 이뤄진 포군 9개 초와 마군 20명 등 약 1,145명이 증원
됨으로 획기적인 정예화가 이루어졌다.

영조 대에 설치되어 세도정권을 거치면서 왕권 약화와 함께 급격히 쇠락하였던 국
왕의 친위병인 용호영龍虎營에 대한 정비와 보강도 이루어졌다.[198] 1867년 11월 2일
(11월 27일)에는 복마군卜馬軍과 대년군待年軍 중에서 60명의 건장한 자를 선발하여
아병牙兵으로 삼아 군사 편제를 보충하게 하였고,[199] 근사복마군勤仕卜馬軍 5명을 증원
하였다. 1868년에는 당상군관 15명을 혁파하여 교련관청敎鍊官聽에 이속하는 반면,
지구관知彀官 12명, 기패관旗牌官 15명을 신설하였고, 뇌자牢子 10명과 순령수巡令手
10명을 대년군 중에서 선발하였다. 1869년에는 뇌자 10명, 순령수 10명, 대기수大旗
手 30명, 당보수塘報手 21명, 등롱군燈籠軍 12명, 번기수番旗手 1명을 새로 모집하였
다. 1870년 2월에는 별아병別牙兵 60명과 취고수吹鼓手 6명, 장총수長銃手 20명, 별장

---

196 裵亢燮, 앞의 책, 2002, 50~51쪽.
197 연갑수, 앞의 책, 2001, 151~152쪽.
198 裵亢燮, 앞의 책, 2002, 51쪽.
199 『승정원일기』 2720책, 고종 4년 11월 2일 신해.

배기수別將陪旗手 5명, 1871년에는 장막군帳幕軍 2명, 근사복마군 3명을 새로 모집하였다.[200]

용호영의 병력을 300명 정도 증원함과 함께 그 책임자인 금군별장禁軍別將의 지위와 권한도 강화하였다. 금군별장의 처우 전반이 점차 개선되어간 데 이어 1867년 11월 5일(11월 30일) 고종은 금군의 말과 군장이 숙위를 담당하기에 한심한 지경임을 지적하고 금군과 용호영의 군총을 옛 제도를 회복시켜 해당 군영의 별장이 출척을 전관하도록 하고 별장의 임기를 2년으로 연장하도록 지시하였다.[201] 1868년에는 금군을 시취할 때도 도총부都摠府, 훈련원 당상이 함께 시취하던 것을 금군별장이 주관하도록 하였으며, 1869년에는 금군별장직에 천망薦望하는 자를 종2품인 포장捕將이나 훈국訓局 중군 이상의 경력을 가진 이로 제한하였다.[202] 친위군영으로 정비된 용호영을 병조판서의 통할을 받도록 하면서 병조판서의 지위와 권한도 한층 강화하는 조치가 이어졌다. 용호영이 정비되고 병조판서의 권한이 강화되었던 1869년 이후 친대원군계 인사가 병조판서에 임명되고 있었는데, 용호영 강화 조치는 왕권 강화를 이룩함과 함께 자신의 지지기반을 확립하고자 하는 대원군의 의도와 맞물려 진행되었던 것이다.[203]

한편, 1869년 9월 30일(11월 3일)에는 김병학이 프랑스 함대의 강화도 침공 때 참전했던 반민泮民 2백여 명이 이후에도 사격술을 계속 연마하여 정예화 되었으므로 위급할 때나 도성 수비가 취약해지는 행행行幸 때 활용할 수 있다며 삼군부에 소속시켜 관할하도록 할 것을 건의하여 윤허를 받았다.[204] 이들은 별초군으로 불리며 행행할 때 호위청 규례에 의거하여 초를 만들어 궁성을 호위하는 임무를 부여받았고, 1870년 1월에는 관세청이 걷은 세금 중 1천냥 씩을 매달 떼어 이들의 급료로 지급하도록 하였다. 1871년 5월에는 미국 함대의 강화도 침공 때 출전했던 별초군이 사실상 급료 없는 병사들과 다를 바 없는 대우를 받고 있다며 관세청에서 매년 8,160냥씩을 선혜청

---

200 裵亢燮, 앞의 책, 2002, 51~52쪽.
201 『승정원일기』 2720책, 고종 4년 11월 5일 갑인.
202 裵亢燮, 앞의 책, 2002, 52쪽.
203 김세은, 앞의 논문, 1990, 302~303쪽.
204 『승정원일기』 2743책, 고종 6년 9월 30일 무술.

에 보내어 쌀을 사서 지급하도록 함으로써 이들을 사실상 중앙의 상비군화하였다.[205]

　요컨대 대원군 집권기 중앙군제의 개편으로 도성에는 번상하는 향군들 대신 급료를 받는 장번병長番兵으로 채워졌고, 그 편제 방식도 삼수병三手兵 체제에서 포군 중심 체제로 변하였다. 이러한 변화는 임진왜란 이후 진행되던 군사력 강화의 방향과 일치하는 것이었는데, 그 동안 외국과의 전쟁이 없어 완만하게 진행되던 발전이 대원군 집권기에 전쟁을 경험하면서 급격히 진행된 것이었다. 대원군이 실각한 이후에도 무장들의 권한은 축소되지만, 장번의 급료병과 포군의 양성이라는 발전의 기조는 그대로 유지되었다.[206]

## 2. 군자의 증액과 무기의 정비

### 1) 군사 재정의 확충

　조선 정부의 재정은 세도정권을 거치면서 삼정 문란과 민란 등으로 극도의 사회혼란을 겪으면서 거의 파탄지경에 이르고 있었다. 세도정권에 이어 성립한 대원군정권은 자연히 심각한 재정난에 맞닥뜨릴 수밖에 없었고, 이는 군사 재정이라고 예외일 수는 없었다. 1864년 8월 1일 (9월 1일) 어영청에서 재정난이 심각하여 임박한 국왕의 행행일幸行日에 쓸 깃발의 수리비용과 병마의 군량 등의 마련도 어려운 상황임을 호소하자, 강화유영江華留營의 봉부동은자封不動銀子 중 1,500냥을 대여해서 쓴 후에 채워 넣도

어영청 터(서울 종로)

---

205 裵亢燮, 앞의 책, 2002, 52~53쪽.
206 연갑수, 앞의 책, 2001, 153쪽.

『어영청등록』(한국학중앙연구원)

록 한 것이나,[207] 같은 해 8월 20일(9월 20일) 금위영이 미불급료 해결 비용의 변통을 호소하자, 비상시에 대처하기 위해 어영청에 보관 중이던 봉장은자封樁銀子 중 1만 냥을 빌려 쓰도록 한 조치 등은 고종 즉위 초의 군사 재정의 어려움을 잘 보여준다.[208]

　서양세력의 침략에 안이하게 대처하던 대원군정권의 군사정책에 변화가 나타나기 시작한 것은 제너럴 셔먼호 사건 직후부터였다. 1866년 7월 30일(9월 8일) 좌의정 김병학이 군사력 강화를 위한 방안을 구체적으로 제시한 것이 계기가 되었다. 그 골자는 각 병영의 편성에 따른 병력 보충, 군기軍器 수선, 군사훈련 실시, 전선戰船 보수 등 군비강화 방안과 함께 군비강화에 소요되는 재원 확보 방안으로 각도의 염장과 어장에 부과하는 세금을 해당지역 병영에서 관할하여 군비에 충당하자는 것이었다.[209] 이에 따라 이튿날 "특별히 내탕전 5만 냥을 내려 보내니 묘당에서 팔도에 나누어 보내어 우선 연해 각 읍의 낡은 군기를 수선하도록 하라."는 전교가 내려졌다.[210] 대원군은 프랑스 함대의 침공을 겪으면서 해방海防을 위해서는 전선 수리도 각종 무기 수리 못지않게 중요함을 깨닫고, 경기와 호서에 각각 7천 냥, 호남에 6천 냥, 영남과 해서에 각각 4천 냥, 그리고 관서에 2천 냥 등 모두 3만 냥의 내탕전을 재차 전국적으로 내려 전선을 수리하도록 하였다.[211]

　그러나 이처럼 군사비가 필요할 때마다 매번 내탕전을 내릴 수는 없는 일이었다. 더군다나 프랑스 함대의 강화도 침공 이후 한층 증대된 군사비 소요에 부응하기 위해서는 안정적인 재원 마련이 절실하였다. 따라서 대원군은 기존 세제의 개혁과 새로운 세원의 개발을 포함한 다양한 방법을 통해서 군사비용을 안정적으로 확보하고자 하였다.

207 『고종실록』 권1, 고종 1년 8월 기사.
208 『고종실록』 권1, 고종 1년 8월 무자.
209 李旭, 앞의 논문, 1996, 180~182쪽.
210 『고종실록』 권3, 고종 3년 8월 정해.
211 『고종실록』 권3, 고종 3년 9월 정사 ; 『고종실록』 권3, 고종 3년 9월 무오.

먼저 호포법戶布法 시행을 통해 문란해진 군포제軍布制를 개혁함으로써 대대적인 군비확장 정책을 뒷받침하고자 하였다. 임술민란 직후 삼정이정청三政釐整廳에서 농민항쟁 수습을 위해 고을의 공동납 형태인 동포제洞布制 시행을 인정해 준 바 있지만, 동포제는 신분제적 운영을 넘어선 군역의 가능성을 열어 준 것일 뿐 양반층에게 군역을 강제한 것은 아니었다. 하지만 1870년 대원군의 분부로 실시되던 호포법이 1871년부터 국왕의 전교로 '만년법식萬年法式'이 됨으로써 양반도 군포를 내도록 명시되었다. 호포법 시행을 반대하는 여론으로 인해 더 이상의 개혁을 이루지는 못했지만, 호포법 시행 이후 군포 수납이 그 이전에 비해 훨씬 원활해져 군비 확장에 큰 도움이 되었다.[212]

진무영의 군량 확보를 위해 심도포량미沁都砲糧米를 신설하여 징수하였다. 조정에서는 프랑스 함대의 강화도 침공을 거치면서 강화도의 무비 증강을 위해 진무영을 강화하고자 하였는데, 미국 함대의 강화도 침공 직후인 1871년 5월 25일(7월 12일) 영의정 김병학의 건의에 따라 진무영의 군량을 확보하기 위해 징수한 것이 심도포량미였다.[213] 김병학은 함경, 평안 2도를 제외한 전국 6도의 70여만 결結의 토지에 매 결당 1두씩의 심도포량미를 징수하면 매년 5만 석의 군량미가 확보될 것이라고 추산하였지만,[214] 실제로는 이에 크게 못 미치는 3만 석을 확보하는 데 머물렀다.[215] 심도포량미는 훈련도감의 삼수미三手米와 거의 비슷한 규모의 세입원이었는데, 봉납규정도 삼수미 봉납규정을 참조하여 쌀 대신 전錢·포布·목木을 상납하는 읍의 규정이나 상납과정에서의 정비情費 등 삼수미 규정을 그대로 따랐다. 그러나 심도포량미는 별도의 선박을 임대하여 진무영에 직접 상납하도록 규정되어 진무영이 호조 등 다른 기관의 간섭에서 벗어나 독자적으로 운영하기 쉬운 세금이었다.[216]

---

212 연갑수, 앞의 책, 2001, 208~211쪽. 큰 비중을 차지하지는 않지만 환곡을 군사비에 충당하거나 은결을 찾아내어 과세함으로써 군사비로 전용하는 사례들도 있는 것으로 확인된다(연갑수, 앞의 책, 2001, 213~214쪽).

213 육군본부, 앞의 책, 1977, 286쪽.

214 『고종실록』 권8, 고종 8년 5월 갑인.

215 『일성록』, 고종 11년 정월 26일 경오.

216 심도포량미 외에도 결세를 추징하여 군사비로 충당하고자 하는 시도가 나타나고 있었다. 주로 평안도 지역에서 포군을 설치할 때 가결로 경비를 조달하려는 사례가 많이 발견된다. 백성들의 담

광희문(서울 중구)

    상품유통에 대한 과세를 통해 군사비를 충당하고자 하는 시도도 나타났다. 대표적인 것이 도성문세都城門稅로 1867년 2월 30일(4월 4일) 서울의 각 병영에 도성문을 통과하는 각종 화물에 대해 일정액의 세금을 징수하여 군사비로 쓰도록 하는 조치가 내려졌다.[217] 이에 따라 1867년 3월 10일(4월 14일)부터 훈련도감은 돈의문敦義門과 소의문昭義門에서, 금위영은 숭례문과 광희문光熙門에서, 어영청은 흥인지문과 혜화문惠化門에서, 총융청은 창의문彰義門에서 각각 물종에 따라 태駄나 부負당 2~4푼의 세금을 걷고 수세한 액수는 매달 초 의정부와 운현궁에 보고하게 하였다.[218] 그러나 각 군영에 성문세가 남봉濫捧되지 않도록 잘 단속하라는 지시가 내려졌음에도 불구하고 백성들에게 끼치는 폐단이 적지 않아 1874년 10월 10일(11월 18일)을 기해 혁파되었다. 조정에서는 도성문세 혁파로 줄어든 군영의 재정 수입을 보충해주기 위해 관세

세 능력이 제한된 속에서 무절제하게 이뤄진 결세의 증대로 인해 결세의 재정비 혹은 증가된 결세를 폐지하자는 주장이 나타나지만, 대원군 실각 이후에도 군비 사용을 위해 증대된 결세가 폐지된 사례는 찾아보기 어렵다(연갑수, 앞의 책, 2001, 214~218쪽).

**217** 李旭, 앞의 논문, 1996, 183쪽.
**218** 연갑수, 앞의 책, 2001, 218쪽.

청에서 걷은 세금 중 훈련도감, 금위영, 어영청에는 각각 3천 냥을, 총융청에는 1천 냥을 보내주도록 하였다.[219]

도성문세와 비슷한 상품유통에 대한 과세의 유형으로 1867년 3월 28일(5월 2일) 복설된 개성부 청석진靑石鎭의 경비를 충당하기 위해 왕래하는 상인들에게 노세路稅를 징수한 사례가 있고, 1868년 10월 7일(11월 20일)에는 황해감사 조석여曹錫輿의 건의로 증설된 화포군 1백 명을 유지할 경비를 조달하기 위해 해주 결성포結城浦의 여각주인을 복설하여 수세하기로 한 사례도 있었다.[220] 상품유통세 중 도성문세 다음으로 규모가 컸던 것은 1866년 11월 4일(12월 10일) 갑곶 및 조강祖江을 거쳐서 어염과 곡물을 싣고 오는 상선에 진무영이 주관하여 수세하여 군비로 충당토록 한 것이었다. 이러한 연강수세沿江收稅를 통해 진무영이 군비로 전용하는 액수는 대략 연간 1만 냥 정도였다.[221]

대외무역에 대한 과세액의 일부도 군비 증강 재원의 중요한 한 부분으로 전용되어 충당되었다. 대외무역에서 절대적인 비중을 차지하는 것은 청국과의 무역, 그 중에서도 책문후시柵門後市였는데, 책문후시의 무역품에 대한 수세는 의주에 있는 관세청管稅廳이 주관하였다. 관세청의 주요 수입원은 조선의 중심 수출품인 포삼包蔘에 대한 과세였다. 조선 정부에서는 포삼의 거래한도를 증가시키거나 수세율을 높여 관세청의 수입을 늘려 재정에 이용해왔는데, 1864년 국상을 치르면서 재정이 부족하자 포삼액을 2,000근 더 늘린 것도 이러한 관행의 연장이었다.[222]

관세청의 포삼세包蔘稅를 증액하여 군사비로 충당하는 결정이 내려진 것은 1866년 11월 4일(12월 10일)이었다. 의정부에서 프랑스군의 침공이라는 사변에 대처할 준비가 시급하다며 원포삼 외에 포삼 15,000근을 이듬해부터 다시 추가로 부과하여 심영

219 『고종실록』 권10, 고종 10년 10월 을유.
220 육군본부, 앞의 책, 1977, 286쪽.
221 연강수세 혁파령이 내려진 직후인 1874년 1월 18일 차대에서 지삼군부사 이용희는 "수세액은 만여 량이지만 그 중 군수에 보용되는 액수가 얼마인지 상세히 알 수 없다."고 하였다(『일성록』, 고종 10년 12월 1일 을해). 하지만 수세기관인 진무영이 군영이었던 점으로 미루어 본다면 수세액 만여 량 모두는 아니더라도 그 대부분이 군수에 사용되었을 것으로 보인다(연갑수, 앞의 책, 2001, 222쪽).
222 연갑수, 앞의 책, 2001, 239~240쪽.

沁營에 1만근, 송영松營에 3,000근, 옹영甕營에 2,000근을 수세하여 배획하도록 한 것이다.[223] 그러나 이듬해 2월 28일(4월 2일) 의정부가 원세 이외에 포삼 1만 근을 삭감하도록 하였고,[224] 1874년 3월 20일(5월 5일)의 차대에서 고종이 관세청의 포삼세 중에서 10여 만 냥이 진무영으로 옮겨진다고 언급하고 있음을 볼 때 적지 않은 변동이 있음을 확인할 수 있다.[225]

관세청의 포삼세는 진무영, 개성, 옹진에 지급된 15만 냥 이외에도 다양한 군사 재정에 활용되었다. 1869년 6월 동래부, 공충수영에 매년 5천 냥을 나누어 보내고, 군기시에 매년 2천 냥을 보내도록 한 것이나, 같은 해 9월 황해도 초도진椒島鎭의 무비를 위해 매년 2천 냥을 획송劃送하도록 한 것이 그 예이다. 또한 1870년 1월에 반민료포泮民料布를 위해서 매달 1천 냥을, 삼군부 운영을 위해 매년 5천 냥을 지급하도록 하였으며, 2월에는 의주에 장위사壯衛士 2백 명을 설치하면서 매년 소요되는 29,000냥의 경비를 포삼세에서 만들어 주었다. 이외에도 1871년 5월에는 별초군의 급료 연간 8,160냥을, 1872년 2월에는 호위청扈衛廳 군수에 매년 1천 냥을, 1874년 10월에는 도성문세 혁파에 따른 각 군영의 재정난 해소를 위해 매년 1만 냥을 관세청에서 지급하도록 하였다. 이처럼 포삼세를 주 수입원으로 하는 관세청의 돈은 수도권을 비롯한 각 지역의 군비 증강을 위한 중요한 재원이 되었다.[226]

손쉽게 군사 재정을 확보할 수 있는 방안으로 당백전當百錢 주조도 이용되었다. 당백전은 1866년 10월 30일(12월 6일) 좌의정 김병학이 경복궁 중건 및 강화부

당백전

---

223 『고종실록』권3, 고종 3년 11월 기미. 강화 진무영은 포삼 1만근에 대한 포삼세액이 14만 냥에 달할 것으로 추정하였다(『비변사등록』251책, 고종 3년 11월 16일, 「鎭撫營別單」).
224 『고종실록』권4, 고종 4년 2월 임자.
225 『고종실록』권11, 고종 11년 3월 임술. 연갑수는 1866년 11월 처음 배획할 때의 비율을 근거로 포삼세에서 군비로 새로 지급된 금액을 연간 15만 냥으로, 개성과 옹진에 지급되는 포삼세액을 각기 3만 냥, 2만 냥으로 추정하였다(연갑수, 앞의 책, 2001, 241쪽).
226 연갑수, 앞의 책, 2001, 241~242쪽.

복구 사업에 따른 재정난 해소책으로 당백대전當百大錢의 주조를 건의한 데서 비롯되었지만,[227] 적지 않은 당백전이 당초 목적 이외의 용도인 중앙 각 군영 및 지방의 군사비용을 충당하는 데 사용되었다. 당백전이 공식적으로 군사비용에 사용된 내역은 〈표 2-4〉와 같다.

〈표 2-4〉 당백전의 군사비 지출 내역[228]

| 시 기 | 지급처 | 사용 용도 | 금액 |
|---|---|---|---|
| 1866.11.28 | 태안, 진도, 청산도, 동진, 철도, 풍덕 | 진 설치 비용 | 30,000냥 (각 5,000냥) |
| 1867. 1.24 | 훈련도감 | 군기 보수 | 20,000냥 |
| 1867. 1.24 | 어영청, 금위영, 군기시 | 군기 보수 | 30,000냥 (각 10,000냥) |
| 1867. 1.25 | 문수산성 | 건물 및 성곽 보수 | 10,000냥 |
| 1867. 2.15 | 교동 방어영 | 경상비 지출 | 4,400냥 |
| 1867. 2.17 | 총융청 | 군물 보수 | 10,000냥 |
| 1867. 3. 4 | 적량진, 소비진 | 진 설치 비용 | 40,000냥 |
| 1867. 5.23 | 철원부 삼방진 | 진 설치 비용 | 6,000냥 |
| 1867. 7.27 | 군기시 | 무기 보수 | 5,000냥 |
| 1867. 9. 2 | 수성진 | 건물 보수 및 경상비 | 5,000냥 |
| 1867. 9.19 | 훈련도감 | 군기 보수 | 20,000냥 |
| 합 계 | | | 180,400냥 |

1866년 12월부터 호조의 전관 아래 금위영에서 6개월간 주조되었던 당백전은 명목가치가 실질가치의 20배에 달하는 악화였기 때문에 막대한 주조 차익을 거둘 수

---

**227** 『승정원일기』 2707책, 고종 3년 10월 30일 을묘.

**228** 이 표는 李旭, 앞의 논문, 1996, 185쪽 및 연갑수, 앞의 책, 2001, 211쪽에 의거하여 재작성하였다. 이욱은 "군비에 충당된 당백전의 액수가 53만 냥에 달하는 막대한 비용"이었다고 하였으나, 연갑수는 180,400냥으로 당백전 중 군비에 지출된 비중이 그다지 높지 않았다고 하고 있다. 이러한 차이는 1867년 운현궁에서 총융청에 지급한 30만 냥을 비롯하여 비공식적으로 군비에 사용된 액수를 제외한 데서 기인한다. 연갑수는 1867년 운현궁에서 총융청에 지급된 '격외조획전' 혹은 '대원군자비전'으로 표현된 30만 냥을 원납전으로 추정하였다. 30만 냥의 실체가 당백전인지, 아니면 원납전인지 단정하기는 어렵기에 여기에서는 공식적인 지출만을 추계한 연갑수의 수치를 따랐다.

있었다. 따라서 조정에서는 손쉽게 재정을 확보할 수 있다는 이유 때문에 6개월이라는 짧은 기간 동안 1,600만 냥에 달하는 당백전을 발행하였다. 군사비로 전용된 당백전의 액수가 많게는 53만 냥에 달하는 것으로 추정되지만, 이는 당백전 발행 전체 규모에 비한다면 적은 액수에 지나지 않는다. 하지만 당백전 발행으로 확보된 재원이 한시적이었지만 재정난에 시달리는 조선 정부가 군비를 정비하는 데 유용하게 사용되고 있었다.

원납전願納錢 징수를 통해서도 군비 증강에 필요한 재원이 조달되고 있었다. 원납전은 경복궁 중건 비용을 마련하기 위해 4년간 징수한 780만여 냥에 한정해서 생각하는 경향이 있지만, 고종이 경복궁으로 이어한 1868년 8월 이후에도 원납전 징수가 지속되었다. 원납전 징수가 지속되었던 까닭은 군비 증강에 막대한 재원이 필요했기 때문이었다.

원납전으로 군비를 증강한 사례로는 1868년 8월 함경도 길주에 별포수 200명을 설치하면서 허활許活이 500석의 군량을 원납한 경우나,[229] 같은 해 9월 충청도 연해읍에 포수군을 설치할 때 은진恩津의 전 중군中軍 김종규金鍾奎와 여산礪山의 유학幼學 양희영梁禧永이 각각 돈 15,000냥을 원납한 경우 등이 확인된다.[230] 이외에 지방의 자료에서도 경상도 사천과 밀양에서 각각 4,200냥과 9,200냥의 원납전을 거둔 것이나, 1869년 진무영의 우해방영右海防營인 영종진永宗鎭의 군비 증강에 경외인境外人들의 277석 9두 8승락刈落의 토지가 원납된 것 등 적지 않은 사례가 발견된다.[231]

군사 재정 확충을 위한 대원군의 다각적인 노력은 가시적인 성과로 나타났다. 1873년 3월 5일(4월 1일) 차대에서 병조판서 민치상閔致庠이 다음과 같이 병조 창고의 증설을 건의할 정도로 재정적으로 여유가 생겼던 것이다.

본조本曹에서는 항상 각종 경비의 부족을 걱정하였는데 대원군께서 본조의 형세를 특별히 유념하시어 매 조목마다 바로잡고 곳곳에서 절약하게 하시어 지금까지 8, 9년간

**229** 『고종실록』 권5, 고종 5년 8월 을묘.
**230** 『고종실록』 권5, 고종 5년 9월 기해.
**231** 연갑수, 앞의 책, 2001, 223~224쪽.

여유가 해마다 늘어나게 되었습니다. 현재는 지출하는 외에 별도로 보관한 것과 봉부동 은자가 12,000여 냥, 전錢이 35,000여 냥, 포목이 합쳐서 6백여 동同이 되었습니다. 이제부터 이 규례를 준수하여 지출과 수입을 삼간다면 해마다 쓰고 남는 것이 또 장차 대략 포목 1백여 동과 전화錢貨 근 3만 냥이 될 것입니다. 그리 되면 병조의 창고가 점차 협소해져 부득불 다시 수십 간間을 지은 연후에 저장할 수 있을 것입니다. 봉부동 은자 중에 몇 천 냥을 덜어내어 잘 헤아려 창고를 짓는다면 번거롭게 다른 경비를 쓰지 않고도 스스로 공사에 착수할 수 있을 것이므로 감히 아룁니다.[232]

하지만 대원군 집권기에 이뤄진 군사재정 확충의 성과를 과대평가하기는 어렵다. 세도정권기 파탄상태에 빠져있었던 군사 재정이 민치상의 지적처럼 대원군의 각별한 관심 속에 점차 나아져가기는 하였지만, 이것은 낡은 군사시설을 보수한다거나 포수군 운영에 필요한 급료 등에 투입할 수 있는 수준에 그칠 뿐 군비의 근대화를 이뤄내기에는 턱없이 부족한 수준의 재정 보완이었다. 또한 군사 재정의 확충도 상공업 육성 등을 통해 새로운 세원을 확보하는 등의 바람직한 방법을 통해 이뤄진 것이 아니라, 기존의 세원을 군사 재정으로 전용한다거나, 결세 징수액을 늘린다거나, 새로운 잡세를 징수하는 등의 방법에 의존하였다는 점에서 한계가 분명하였다.

## 2) 무기의 정비

대원군은 중앙의 각 군영을 비롯하여 지방의 병·수영 및 읍진의 노후하고 파손된 무기를 수선하고 새로운 무기를 제조하는 데에도 깊은 관심을 가졌다. 프랑스 함대의 강화도 침공 직전인 1866년 8월 1일(9월 9일)에도 대비의 전교로 내탕금 5만 냥을 팔도에 나눠 보내어 군비를 수선하는 데 쓰도록 한 바 있지만,[233] 본격적인 무기 수선과 확충은 프랑스 함대의 침공을 겪고 난 이후에 이루어졌다.

1867년 1월 24일(2월 28일) 군기 수선을 위해 당백전 5만 냥을 훈련도감, 총융청,

232 『고종실록』 권10, 고종 10년 3월 계미.
233 『고종실록』 권3, 고종 3년 8월 정해.

금위영, 군기시에 내려주었고,[234] 같은 해 2월 17일(3월 22일)에는 총융청에 1만 냥을, 7월 27일(8월 26일)에는 군기시에 5천 냥을, 9월 19일(10월 16일)에는 훈련도감에 2만 냥을 재차 내려주었던 것이다.[235] 무기 수선에 필요한 자금 지원 이외에도 묘당에서 중앙의 군영과 각 도에 검열관을 파견하여 무비를 점검토록 하였고, 각 병·수영에서 인근 읍진의 무비를 관할하고 점검토록 조치하는 등 재래식 무기의 제조와 수선에 힘을 기울였다.[236]

프랑스 함대의 침공 이후 서양세력에 보다 효과적으로 대처하기 위해 새로운 무기를 개발하려는 노력도 나타났다. 서양의 증기선을 모방한 것으로 추정되는 선박 개발, 수뢰포水雷砲 제작, 화포 및 화약 개발, 새로운 개인화기 제작 시도 등이 그것이었다.

프랑스 함대의 침공 당시 조선 선박이 프랑스 군함 앞에서 무력했던 데 대한 반성으로 새로운 전선戰船을 개발하려는 시도가 이루어졌다. 1867년 9월 9일(10월 6일) 지종정경知宗正卿 이경순李景純이 새로 건조한 3척의 전선을 성공적으로 진수함으로써 고종으로부터 "새로 만든 전선은 제도가 매우 견고하면서 가벼우니 적을 막는 방법에서 이보다 더 앞설 것이 없다"는 치하를 듣고 숭정대부로 가자加資되었다.[237] 이때 제작된 전선 3척은 주교사에 소속되었다가 훈련도감, 금위영, 어영청에서 각 1척씩 맡아 보수하고 관할하도록 조치되었다.[238]

대원군 시대의 증기선 개발과 관련해서 『근세조선정감近世朝鮮政鑑』에는 다음과 같은 기록이 나타난다.

---

**234** 『고종실록』 권4, 고종 4년 1월 기묘.
**235** 『고종실록』 권4, 고종 4년 2월 신축 ; 『고종실록』 권4, 고종 4년 7월 무인 ; 『고종실록』 권4, 고종 4년 9월 기사.
**236** 육군본부, 앞의 책, 1977, 281쪽.
**237** 『고종실록』 권4, 고종 4년 9월 기미.
**238** 『고종실록』 권4, 고종 4년 9월 을해. 이때 제작된 전선의 정확한 실체가 어떤 것인지 단정하기는 어렵지만, 『해국도지』를 참조하거나, 난파된 서양선박을 이용하여 서양의 기선을 모방한 것이라는 것이 대체적인 견해다(朴星來, 「大院君시대의 科學技術」『한국과학사학회지』 2-1, 1980, 11쪽 ; 연갑수, 앞의 책, 2001, 187쪽).

박규수가……드디어 뱃사람을 죄다 사로잡아 죽이고 기선을 빼앗았으나 운전하는 방법을 알지 못했다. 서장書狀을 올려 보고하고 배를 끌어서 한강으로 보내왔다. 대원군이 김기두金箕斗 등을 시켜 그 제도를 본떠서 철갑선을 만들고, 목탄을 때서 증기를 일으켜 기계바퀴(기륜機輪)를 운전했으나 선체는 무겁고 큰데 증기의 힘이 약해서 능히 움직이지 않았다. 부수어 다시 배를 완성했는데 비용이 수십만 냥이 들었고, 무고武庫의 동과 철이 모두 없어졌다. 대원군이 친림하여 진수시키면서 백성들도 자유롭게 보도록 하였다. 배를 물에 띄우고 불을 댕겨 기계를 재촉했으나 배의 운행이 극히 더디어서 한 시간 동안 겨우 십여 보를 떠갔고, 끝내는 여러 채 작은 배로써 줄을 매어 끌도록 하니 보는 사람이 모두 비웃으며 이런 물건을 장차 어디에 쓸 것인가 하였다. 대원군도 흥이 싹 가시었으나 끝내 후회하는 말은 없었다. 후에 배를 깨뜨려서 동과 철은 대포 만드는 재료로 충당하였다.[239]

김기두가 제작한 철갑증기선이 앞서 언급한 이경순의 전선과 관련이 있는지는 명확히 알 수 없다. 이경순의 전선이 성공적으로 진수되고 주교사, 삼군영 등으로 이관되어 군사훈련에까지 투입되었던 것과는 달리 김기두의 철갑증기선은 제대로 기동하지 못해 해체되어 대포의 재료로 충당되었던 점을 보면 두 사실은 서로 관련이 없어 보인다. 하지만 비슷한 시기에 막대한 비용이 투입되는 새로운 전선 개발 사업 2건이 별도로 추진되었다고 보기 어렵고, 2건 모두 한강에서 국왕과 대원군이 친림한 가운데 진수되었던 점을 고려하면, 이 2건은 서양의 증기선을 모방 제작하려 한 동일한 시도를 달리 기술한 것일 가능성이 크다. 또한 이경순의 전선이 1868년 봄 강화도 앞바다에서 열린 군사훈련에 참여하였을 가능성을 보여주는 기사를 끝으로 더 이상 보이지 않는다는 것은 기록과는 달리 이경순의 전선이 그다지 성공적이지 못했음을 말해주는 것이라 생각된다.[240]

239 朴齊絅, 李翼成 譯, 『近世朝鮮政鑑 上』, 탐구당, 1988, 76쪽.
240 연갑수는 이들 선박에 대한 기록이 더 이상 나타나지 않는 것은 강화도에서 훈련하는 것이 정식화되었기 때문이라고 하고, 나아가 계속되는 군비 확장에도 불구하고 대규모 전선이나 병선을 건조하는 기록이 더 이상 보이지 않는 것은 이미 완성한 3척의 전선으로 한강을 거슬러 올라오는 서양 선박에 대한 대비책이 완성되었다고 여겼기 때문이라고 추정하였다(연갑수, 앞의 책, 2001,

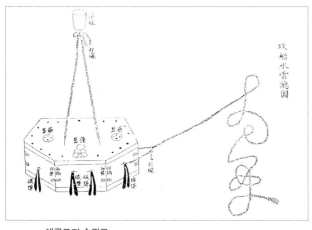

**해국도지 수뢰포**

한편, 조선 정부의 공식 기록에는 언급되지 않지만, 신헌이 1861년 무렵 삼도수군통제사로 통영에 머물면서 화륜선 제작을 시도했을 가능성도 있다. 신헌에게 몸을 의탁하고 있었던 강위가 신헌의 아들 신락희申樂熙와 어울리며 지은 시에서 신헌이 개발한 새로운 양식의 전선을 언급하였기 때문이다. 시에서 강위는 군영에서 새로운 양식의 전선을 만들었다는 소식을 들었고 신락희를 비롯한 통영 일대의 시인들과 함께 직접 모래톱 위에서 전선을 구경하였음을 전하였다. 그는 협주狹註에서 새로운 전선에 대해 "통제사께서 창안하여 전선을 만들었는데, 거북선을 본뜨고 바퀴를 덧붙여 만들었다(통상창의조전선제방구선가륜統相創意造戰船制仿龜船加輪)"고 설명하였는데, 바퀴를 덧붙였다는 것은 화륜선의 외륜을 모방한 것이라 보이지만 더 이상의 설명이 없어 구체적인 내용은 알 길이 없다.[241]

신무기 개발 중에서 주목할 만한 것은 훈련대장 신헌이 주도한 수뢰포水雷砲 제작이었다. 신헌은 『해국도지』의 내용을 모방해 수뢰포를 제작하여 시험 발사에서 큰 배를 파괴하는 데까지 성공하여 가자되어 숭록대부에 올랐다.[242] 수뢰포는 수중에 설치하는 시한폭탄으로, 『훈국신조군기도설訓局新造軍器圖說』에 수록된 수뢰포는 그림과 설명 모두 『해국도지』의 내용을 그대로 옮긴 것이었다. 신헌이 수뢰포를 제작한 동기는 제너럴 셔먼호 사건 때 화공전술이 기대만큼 실효를 거두지 못했다는 판단에 따른

187쪽). 하지만 더 이상의 전선 건조가 이뤄지지 않은 것은 오히려 1867년의 전함 개발이 실패로 끝나고 말았고, 서양의 과학기술에 대한 이해 없이 단순 모방을 통해 서양의 선박을 제작하는 것이 불가능함을 깨달았기 때문이라고 보는 것이 합리적일 것이다.

**241** 朱昇澤,「姜瑋의 開化思想과 外交活動」『韓國文化』12, 서울대학교 한국문화연구소, 1991, 133쪽 姜瑋,〈同三琴樂熙與海上諸詞人巡城至湖上齋〉,「柳洋漫賞集」『古歡堂收草』.

**242** 朴贊殖,「申櫶의 國防論」『歷史學報』117, 74쪽.

것이었다.[243]

수뢰포는 크게 시한격발장치가 마련된 독과 화약으로 구성되어 있다. 당시 조선의 기술로 수뢰포를 제작하는 데 큰 어려움은 없었지만, 점화장치의 핵심기술인 동화모銅火帽, 즉 뇌관은 조선의 기술로 해결할 수 없어 청국에서 수입하였다. 강을 거슬러 올라오는 서양 선박에 대비해 제작한 수뢰포는 평소에 훈련도감 무기고에 보관했다가 유사시에 한강에 설치하려 했던 것으로 추정된다.[244]

『훈국신조기계도설』(육군박물관)

한편 성능 좋은 화포를 제작하려는 시도도 나타나고 있었다. 현재 육군사관학교 군사박물관에는 1873년 삼군부가 주관한 무기 개발과 관련된 것으로 보이는 '고종 11년 5월' 완성된 '운현궁별주雲峴宮別鑄'라는 명문이 찍힌 불랑기포佛狼機砲, 소포, 중포 등이 남아 있다. 소포와 중포는 후장식後裝式 화포였던 불랑기포와 달리 유통식有筒式 화포였는데, 이는 미국 함대의 강화도 침공 때 미군 화포에 무기력했던 불랑기포의 한계를 넘어서는 새로운 화포 개발 추진의 결과였다.[245] 또한 개인 화기도 조총을 뛰어넘

243 프랑스 함대의 강화도 침공 초기 프랑스 군함에 대해 화공을 계획했던 조선군은 같은 이유로 계획을 포기하였다(연갑수, 「丙寅洋擾와 興宣大院君政權의 對應」 『軍史』 33, 국방군사연구소, 1996, 201~202쪽).

244 연갑수, 앞의 책, 2001, 189~194쪽. 광무 연간에 작성된 『무기재고표』에 따르면 경기도에서만 수뢰포 18坐를 보유하고 있었음이 확인된다. 한편 수뢰포 제작 성과에 대해서는 신헌이 포상 받은 이후 수뢰포에 대한 기록이 더 이상 나타나지 않는다는 점을 근거로 그 효과를 의심하는 견해도 있다(成大慶, 앞의 논문, 2000(b), 172쪽). 수뢰포 폭파시험에 대한 박제경의 다음과 같은 언급은 수뢰포의 성과가 일정한 한계가 있었음을 암시하고 있다. "작은 배를 중류에다 띄워 놓고 포를 장전하여 터뜨리니 강물이 용솟음쳐 십여 길이나 일어나면서 작은 배가 공중에 치솟았다가 부서져 떨어졌다. 수많은 군중이 일제히 부르짖으며 신기하다 했으나, 오히려 비방하는 자는 '이것이 능히 잎사귀만한 작은 배를 파괴했으나 어찌 능히 큰 배야 깨뜨릴 수 있으리오.' 하였다. 그러나 대원군은 자못 만족한 얼굴이었다."(朴齊絅, 앞의 책, 1988, 77쪽).

245 연갑수, 앞의 책, 2001, 200~201쪽. 연갑수는 또한 『운하견문록』의 내용을 근거로 현재 전하지는 않지만 1871년 이전 이미 청국에 사람을 보내 각기 '수천 근'에 이르는 불랑기를 수입해서 모

**불랑기포(육군박물관)**

는 수준의 새로운 개인 화기의 개발을 위해서 노력하고 있었다. 왜인들이 만든 '화약목총지법火藥木銃之法'을 배워서 동래부에서 이를 모방하여 시험하였던 것이다.[246] '화약목총지법'은 뇌관외화식雷管外火式 소총과 그 탄약포彈藥包 제작 기술을 말하는 것으로 추정된다. 하지만 뇌관외화식 소총의 탄약포를 생산하는 데 필수적인 기술인 동화모를 자체적으로 생산할 수 없었던 상황 속에서 개발에 성공하기는 어려웠을 것이다.[247]

대원군 정권에 의해 추진되었던 무기 정비와 신무기 개발은 무비의 근대화라는 면에서 볼 때 한계가 뚜렷한 것이었다. 서양의 근대기술 도입은 배제한 채 『해국도지』 같은 서적을 참조하여 수뢰포·전함 등을 모방하여 제작하려는 시도가 성공을 거두기 어려웠다. 그나마 이러한 시도도 일회적인 것에 그치고 군비증강은 주로 재래식 무기 증강에 따른 전통적인 방어술에 무게가 두어졌다.[248] 중국 해방론 서적을 통한 모방의 한계를 깨달은 조선 정부는 문호개방 직후부터 무기제조 기술을 습득하기 위한 노력을 기울였다. 강화도조약 체결 직후에 이용숙李容肅을 청국에 파견하여 화륜선, 자래화自來火, 동화모 등의 기술을 도입하려 시도한 것이나, 1881년 '군계학조사軍械學造事'를 위해 영선사행을 파견한 것 등은 그러한 한계를 극복하기 위한 시도에 다름 아니었다.[249]

---

방, 제작했음을 지적했으나, 『운하견문록』에는 청국에서 대형 불랑기포를 많은 비용을 들여 수입했음만 언급될 뿐 모방, 제작에 대해서는 전혀 언급이 없다(金奎洛, 앞의 책, 1990, 32쪽). "復遣詣中朝 求其火器之最精者 車運以來 佛狼機之重 各數千斤 其費甚夥".

246 金奎洛, 앞의 책, 1990, 33쪽. "得倭人所造火藥木銃之法 先自萊府倣而試之".
247 연갑수, 앞의 책, 2001, 203~204쪽.
248 李憲柱, 앞의 논문, 2004(b), 78쪽.
249 연갑수, 앞의 책, 2001, 205쪽.

# 제4절

# 지방군제 정비와 수군의 강화

## 1. 진무영의 강화

1866년 프랑스 함대의 침략을 겪은 후 서울로 들어가는 길목이자, 프랑스군에게 약 한 달간 점령되었던 강화도에 군비강화 노력이 집중되었던 것은 너무도 당연하였다. 조선 정부는 프랑스군이 강화도를 점령하자 순무영을 설치하고 이경하李景夏를 도순무사에 임명한 데 이어, 강화도를 빼앗긴 책임을 물어 강화유수 이인기李寅夔를 해임하고 좌변포도대장 이장렴李章濂을 강화유수 겸 진무사로 임명하였다.[250] 프랑스군이 철수한 직후인 10월 8일(11월 14일)에는 심도영조도감沁都營造都監을 설치하여 강화의 관아 건물, 무기, 전함 등을 수리하도록 하였고, 10월 16일(11월 22일)에는 강화를 통영과 마찬가지로 외등단의 예에 따라 무신인 진무사가 문신자리인 강화유수를 겸임한다는 원칙을 재확인하였다.[251]

1866년 10월 30일(12월 6일)에는 진무사에게 삼도수군통어사를 겸임하도록 하였고,[252] 진무사가 직무에 전념할 수 있도록 의례히 맡고 있었던 의정부 당상직도 맡지 않도록 하였다.[253] 1866년 11월 16일(12월 22일) 의정부에서 마련하여 보고한 「진

---

250 裵亢燮, 앞의 책, 2002, 56쪽.
251 연갑수, 앞의 책, 2001, 155쪽.
252 『승정원일기』 2070책, 고종 3년 10월 30일 을묘.

무영별단鎭撫營別單」을 통해서 종래 종2품아문이었던 진무영이 정2품아문으로 승격된 위상이 재확인되었다. 진무영의 체제는 통제영의 예에 따라 행하도록 하고, 정2품아문의 체통에 걸맞도록 「삼반예식三班禮式」을 참작하여 시행하도록 하였다. 1866년 11월 7일(12월 13일) 복읍復邑된 풍덕豊德을 진무영 우영으로 삼고, 풍덕부사豊德府使 이민순李敏純을 겸장단진관兼長湍鎭管 풍덕병마동첨절제사豊德兵馬同僉節制使 진무영우영장鎭撫營右營將에 임명한 것을 시작으로,[254] 점차 부평부·연안부·통진부·풍덕부를 각각 전·후·좌·우영으로 거느리게 하였다. 이와 함께 진무영은 해방영海防營으로서의 격식과 규모도 차츰 갖추어 갔는데, 별단에 따라 경기수영이 관장하던 변장에 대한 통제 및 인사권을 넘겨받았고, 교동과 영종을 각각 진무영의 좌·우해방장으로 삼아 통제권과 인사권을 장악함으로써 그 권한을 한층 강화하게 되었다.[255] 이로써 진무영은 부평부, 연안부, 통진부, 풍덕부를 전·후·좌·우영으로, 교동과 영종을 좌·우해방영으로 거느린 대군영이 되었다.[256]

진무영 체제가 정비되는 과정에서 진무영의 병력도 크게 증강되었다. 1868년 7월에 이미 별기사別騎士와 별무사別武士 8백여 명이 신설되어 있었으며, 1869년경에는 교동에 이미 별파진 1백 명과 별효사別驍士 2백 명이 설치되어 있었다. 1871년 1월 25일(3월 15일)에도 이미 설치되어 있던 본영의 별무사 401명, 별효사 201인, 효충사效忠士 103인, 장의사壯義士 223인, 승군 21명, 우방영右防營인 교동부의 포병 100명, 전영인 부평부의 포군 300명, 좌영인 통진부의 의포사義砲士 256명, 우영인 풍덕부의 별포사別砲士 203명, 후영인 연안부의 화포군 50명, 배천군白川郡의 포군 525명 외에 좌방영左防營인 영종진에 별무사 2백 명과 의익사義翊士 105명을 새로 설치하였다. 또한 1873년 9월 27일(11월 16일)에는 창수槍手 3백 명을 새로 선발하여 친위사親衛士라 칭하였고, 여기에 장봉長峰, 대부도, 통진, 덕포 등 진무영으로 이속된 진영의 병력을 합치면 총병력은 대략 3천~4천 명 규모였다. 강화도의 병력이 속오군 약

---

253 『승정원일기』 2708책, 고종 3년 11월 1일 병진.
254 『승정원일기』 2708책, 고종 3년 11월 7일 임술.
255 『비변사등록』 251책, 고종 3년 11월 16일.
256 裵亢燮, 앞의 책, 2002, 58~60쪽.

4백~5백 명에 불과했다는 점을 감안하면 진무영 설치 이후 군비 강화가 비약적으로 이루어졌음을 알 수 있다.[257]

「진무영별단」에 따르면 진무중군의 임명과 임기 등은 통제중군의 예에 따라 시행한다고 하였는데,[258] 이로 미루어보면 진무중군도 통제중군과 마찬가지로 임기 2년의 종2품 직책이었다고 할 수 있다. 또한 진무중군은 아장亞將을 지냈던 사람 중에서 임명하도록 하였는데, 중앙군영 중에서도 핵심군영이었던 훈련도감만이 중군의 자격요건으로 아장 경력을 요구했음을 감안하면 진무영이 훈련도감에 버금가는 위상이었음을 알 수 있다. 진무사와 진무중군은 통영의 예에 따라 각각 3명과 2명의 대솔군관帶率軍官을 배정받았고, 가족 동반도 허용되는 특별대우를 받고 있었다.[259]

진무영의 개편으로 종전의 강화유수(종2품)-경력(종4품)-분교관·검률檢律(종9품) 체제의 문신 유수가 진무사(종2품)-중군(정3품) 체제의 진무사를 겸하던 방식에서 진무사(정2품)-중군(종2품) 체제의 격상된 무신 진무사가 강화유수(정2품)-판관(종5품)-분교관·검률(종9품) 체제의 유수를 겸하는 방식으로 바뀌었다. 이러한 조처로 강화도의 전략적 위상이 높아지고 군사 작전상의 독자성이 확보됨으로써 국방력이 강화되었지만, 이는 또한 무장들의 지위 강화를 통해 정치적 기반을 확대하려 했던 대원군의 의도와도 깊은 관련이 있었다. 강화유수를 외등단인 진무사가 겸하도록 함으로써 무신들이 임명될 수 있는 길을 열었고, 실제로 대원군 집권기에는 이장렴李章濂, 이용희李容熙, 정기원鄭岐源, 김선필金善弼 등 무신들만 진무사에 임명되었다.[260]

진무영의 강화는 가시화된 서구 열강의 침입에 대비하여 일종의 상비군을 마련하고 경기 연해 각 진영의 병력에 대한 명령계통을 체계적으로 조직화하려는 노력의 결과였다. 물론 1878년 10월에도 이최응이 진무영의 군사들은 "대부분 오합지졸"이라

---

257 裵亢燮, 앞의 책, 2002, 61~62쪽. 1874년 1월 26일(3월 14일) 고종의 물음에 대해 전 진무사 김선필은 속오군 400~500명에 불과했던 병력이 3,300명의 신설된 병력으로 대체되었고 자신이 재임하는 3년 동안 조련도 잘 이뤄졌음을 보고하였다(『승정원일기』 2797책, 고종 11년 정월 26일 경오).

258 『승정원일기』 2707책, 고종 3년 10월 30일 을묘.

259 연갑수, 앞의 책, 2001, 156쪽.

260 연갑수, 앞의 책, 2001, 157~158쪽. 대원군이 실권한 후에는 1874년 1월 6일(2월 22일) 무신인 신헌이 진무사에 임명된 것을 끝으로 다시 문신들만 강화유수에 임명되었다.

고 말할 정도로 정예화라는 면에서는 진무영은 적지 않은 한계가 있었다.[261] 그럼에도 불구하고 진무영은 1874년 8월 4일(9월 14일) 옛 제도로 복구될 때까지 지방군의 중추로서 경기 해안 일대를 방어하는 중추적 역할을 수행했고, 그 군사력의 충실함은 경군을 능가할 정도에 이르고 있었다.[262]

## 2. 지방 진영의 정비

대원군은 집권 초기부터 해방의 중요성을 강조하여 해방을 위한 진영의 신설과 군비 강화를 꾀하였다. 1865년 5월 29일(6월 22일) 전라감사 정건조鄭健朝의 건의를 받아들여 전라도 영암군 소안도所安島에 진을 설치하도록 하고 필요한 경비를 마련해 주는 조치를 취한 것이 대표적이다. 또한 1865년 1월 2일(1월 28일)에는 통영의 통제사를 외등단外登壇으로 시행함으로써 지위를 격상시키는 조치를 취하였다. 그러나 통제사의 지위 격상은 무장들을 자신의 정치적 기반으로 삼으려는 대원군의 정치적 의도가 짙었던 조치였을 뿐 직접적인 군비강화로 연결되지는 못하였다. 각지의 요해처에 있는 관방시설들이 오랫동안 방치되어 태반이 무너지고, 기계·무기 등도 거의 망실되었는데도 복구나 수선이 이루어지지 못한 채로 방치되고 있었다.[263]

1866년 발생한 제너럴 셔먼호 사건과 프랑스 함대의 강화도 침공은 지방의 군비를 확충하는 계기가 되었다. 제너럴 셔먼호 사건 직후인 1866년 7월 30일(9월 8일) 좌의정 김병학은 무비와 해방을 강화하기 위해 각 연읍의 부족한 군오軍伍를 채우고 군기를 수리할 것과 전국 각 포구세의 일부를 군수에 보충하게 할 것 등을 건의하였다.[264] 이에 따라 8월 1일(9월 9일) 조정에서는 각 지방의 군물 수선을 위해 내탕금 5만 냥을 내려 분배하도록 하였고,[265] 9월 1일(10월 9일)에도 선척을 수선할 수 있도록

---

261 裵亢燮, 앞의 책, 2002, 64~65쪽.
262 육군본부, 앞의 책, 1977, 272쪽.
263 裵亢燮, 앞의 책, 2002, 69~71쪽.
264 『승정원일기』 2704책, 고종 3년 7월 30일 병술.
265 『승정원일기』 2705책, 고종 3년 8월 1일 정해.

각도 수영에 3만 냥을 나누어주었다.[266] 프랑스 함대의 침입 이후 군비강화 필요성이 시급해지자 해방의 요충과 변방의 중지重地에 진 설치를 서둘렀고, 군사적으로 특히 중요한 지역은 방어영으로 승격하여 해당 지역의 수·육군을 통제 강화하게 하였다.[267] 대원군 집권기에 증설된 변진과 방어영의 상황을 지역별로 정리하면 다음과 같다.[268]

먼저 전라도 지역의 진영 설치 현황을 살펴보면, 1866년 8월 9일(9월 17일) 해방의 요충지인 강진의 청산도에 진을 복설하고 섬의 모든 세금을 비용에 충당하도록 하였고, 이튿날에는 가리포진加里浦鎭 관할이었던 고금도·신지도·마도와 소안도의 진을 청산도에서 관할하게 하였다.[269] 두 달 뒤에는 흥양의 삼도三島를 청산진에 소속시키고, 소안도의 진을 혁파하여 본진인 청산도에 소속시켰다.[270]

1866년 10월 2일(11월 8일)에는 요충지인 진도를 방어영으로 승격시키고,[271] 이듬해 1월 2일(2월 6일)에는 장흥진長興鎭 관할의 해남, 나주진 관할의 영암·함평·영광 등 4개 고을을 진도 관할로 옮기는 한편, 임치진臨淄鎭 관할의 임자도·다경포·목포·지도·남도포, 가리포진 관할의 어란포·금갑도·이진, 청산도진 관할의 마도 등 9진을 진도방어영 관할로 옮겼다.[272]

이외에도 1866년 11월에는 순천부의 영장을 복설하였고,[273] 1870년에는 전라병영 소속의 수인산성을 수축하여 별장을 두고 이듬해에는 진의 운영경비 조달방안을 마련해 주었다.[274] 1873년 6월에는 부안현 격포에 진을 설치하여 독립진영으로 만드는 한편, 같은 해 9월 29일(11월 18일) 검모포에 환속시켰던 고군산과 위도를 격포로 되

---

266 『승정원일기』 2706책, 고종 3년 9월 1일 정사.
267 육군본부, 앞의 책, 1977, 273쪽.
268 裵亢燮, 앞의 책, 2002, 71~82쪽.
269 『승정원일기』 2705책, 고종 3년 8월 9일 을미 ; 『승정원일기』 2705책, 고종 3년 8월 10일 병신.
270 『승정원일기』 2707책, 고종 3년 10월 7일 임진.
271 『승정원일기』 2707책, 고종 3년 10월 2일 정해.
272 『승정원일기』 2710책, 고종 4년 1월 2일 정사. 진도방어영은 1873년 3월 5일(4월 1일) 혁파되는데, 해남에 있는 전라우수영과 거리가 3백 리 밖에 떨어져 있지 않기 때문에 명령 계통에 혼선이 있어 군무에 차질을 빚는다는 이유 때문이었다(『승정원일기』 2786책, 고종 10년 3월 5일 계미).
273 『승정원일기』 2708책, 고종 3년 11월 27일 임오.
274 『승정원일기』 2762책, 고종 8년 3월 19일 기유.

돌리고, 검모포 자체를 혁파하여 격포에 합설하였다.[275] 또한 1873년 윤6월 19일(8월 11일)에는 전주부의 만마관과 부안현 극포진이 다시 설치되었다.[276]

경상도 남해안의 해안 방어 강화를 위한 노력도 나타나고 있었다. 1866년 11월 10일(12월 16일) 통제사 김건金健의 건의로 잠시 없앴던 통영 관할 진영 중 적량과 구소비 두 진을 복설하고 통영의 장교 중에서 자체적으로 진장을 뽑아 정하게 하였다.[277] 1870년 10월 15일(11월 7일)에는 변방 방어를 강화하기 위해 연일현 포항진에 별장을 다시 두고 절충장군 품계의 첨사로 승격시켰고,[278] 윤10월에는 경상감사慶尙監司 김세호金世鎬의 요청에 따라 인근 청천진晴川鎭을 혁파한 뒤 그 방포防布와 결전, 군기軍器와 선척을 포항에 옮기도록 하였다.[279] 1871년 2월에는 경상감사 김세호의 건의에 따라 창원부昌原府를 방어영으로 승격시킨 후, 곧 이어 창원부사를 김해진관金海鎭管 창원병마동첨절제사에서 겸창원진병마첨절제사 영남수군방어사로 격상시켰다.[280] 같은 해 3월에는 창원방어영이 좌·우열, 전·후·중사前·後·中司의 절제를 갖추도록 하기 위해 가덕을 좌열장左列將으로, 웅천을 우열장右列將으로, 진해를 후열장後列將으로, 천성을 좌사左司로, 안골을 중사中司로, 제포를 후사後司로 삼고, 귀산에서 예겸하여 데리고 있던 중군과 통영에서 관할하던 납포군納布軍·친병親兵·주사舟師·응역군應役軍도 창원으로 옮겨 소속시켰다.[281]

이외에도 1868년에는 선산의 금오산성金烏山城을 개축하고, 성주의 독용산성獨用山城의 강화를 위해 재정 확충을 지시하였고, 1871년 2월에는 경상좌도 병마절도사 윤선응尹善應의 건의에 따라 신흥사新興寺에 보를 쌓고 진을 설치한 후 좌병영의 별포의무사別砲義武士 1백 명 중 시방試放 성적이 으뜸인 자를 신흥별장으로 차출하는 등 내륙지방 방어 강화에도 관심을 기울였다. 1871년 5월에는 김해부金海府 북쪽 연해의

---

**275** 『승정원일기』 2793책, 고종 10년 9월 29일 갑술.
**276** 『승정원일기』 2790책, 고종 10년 윤6월 19일 을미.
**277** 『승정원일기』 2708책, 고종 3년 11월 10일 을축.
**278** 『승정원일기』 2756책, 고종 7년 10월 15일 정미.
**279** 『승정원일기』 2757책, 고종 7년 윤10월 22일 갑신.
**280** 『승정원일기』 2761책, 고종 8년 2월 4일 갑자 ; 『승정원일기』 2761책, 고종 8년 2월 6일 병인.
**281** 『승정원일기』 2762책, 고종 8년 3월 26일 병진.

요충인 분산盆山의 관방시설 정비가 완료됨에 따라 별장을 파견하여 지키도록 하는 등 경상도 연해의 해방海防을 강화하였다.[282]

수도권에 인접한 충청 연안의 진영을 정비하여 해방을 강화하고자 하는 시도도 나타났다. 프랑스 함대의 침입 직후인 1866년 9월 26일(11월 3일) 안흥진을 혁파하여 태안군에 소속시키고 태안을 방어영으로 승격시키는 조치를

독용산성 성문(경북 선산)

취하였다.[283] 이에 따라 홍주진관洪州鎭管 병마동첨절제사兵馬同僉節制使를 태안진수군첨절제사泰安鎭水軍僉節制使로 고치고, 방어사의 호칭을 호서수군방어사湖西水軍防禦使라고 한 후 안흥첨사安興僉使가 겸임하던 수성장守城將과 관향장管餉將도 이관하였다.[284] 해방을 강화하려는 노력이 가시적인 성과를 거둬 1867년 5월 13일(6월 14일)에는 공충감사 민치상閔致庠이 전선戰船 4척, 종선從船 5척, 방어선防禦船 1척이 조성되었음을 보고하기도 하였다.[285] 1868년 9월 25일(11월 9일)에는 공충감사 민치상의 건의에 따라 안흥이 해방의 요충이므로 교리에게만 관할하게 할 수 없다며 이듬해부터 태안부사가 3월부터 6개월 간은 안흥에, 9월부터 다음해 2월까지는 태안에 머물도록 결정하였다.[286] 1870년 11월 24일(1871년 1월 14일)에는 해미현감이 통제하던 덕산을 독진獨鎭으로 승격시키고, 진장도 격상시켜 파총으로 임명하여 군무를 보도록 함으로써 해방을 강화하였다.[287]

---

282 裵亢燮, 앞의 책, 2002, 75쪽.
283 『승정원일기』 2706책, 고종 3년 9월 26일 임오.
284 『승정원일기』 2706책, 고종 3년 9월 27일 계미. 방어사의 호칭은 이내 泰安鎭兵馬僉節制使 湖西水軍防禦使 安興守城將管餉將로 변경되었다(『승정원일기』 2707책, 고종 3년 10월 2일 정해).
285 『승정원일기』 2714책, 고종 4년 5월 13일 을축.
286 『고종실록』 권5, 고종 5년 9월 기해.
287 『승정원일기』 2758책, 고종 7년 11월 24일 을묘.

황해도의 해방 강화를 위한 시도는 우선 1865년 10월 황해감사 홍순목洪淳穆의 건의에 따라 종전 황해수사가 옹진甕津과 소강所江 두 곳에 군영을 두고 계절에 따라 두 곳을 오가면서 방어하던 것을 소강에만 주둔하게 하여 경비 절감과 변방 방어의 효율화를 꾀한 것으로 나타났다. 이때의 방어 대상은 서양 선박이 아니라 수시로 출몰하는 중국 선박이었다.[288] 황해도와 평안도 일원을 침범하는 서양 선박에 대비하여 설진하자는 주장은 제너럴 셔먼호 사건 직후인 1866년 8월 평안감사 박규수에 의해 제기되었다.[289] 박규수는 내륙의 성산城山·용연龍淵·금성金城·황룡黃龍 등 4개의 진을 혁파하고, 그 대신 대동강 입구에 위치한 평안도 용강현龍岡縣 동진東津과 황해도 황주에 속한 철도鐵島에 진을 신설할 것을 건의하였다. 또한 그는 화포군인 별포수를 배치함으로써 서양 선박의 침입에 대비할 것을 주장하였다.[290] 이에 따라 1866년 9월 19일(10월 27일)에는 동진에 진이 설치되어 이종원李鍾元이 첨사로 파견되었고, 같은 해 10월 28일(12월 4일)에는 철도에도 진이 신설되어 해방을 강화하였다.[291]

1860년 청국과 러시아 사이에 베이징 조약이 체결됨으로써 러시아와 국경을 접하게 된 조선은 긴장을 늦출 수 없었다. 1867년 1월 의정부에서는 군기軍器 수리가 진행 중인 육진의 군비 공백을 우려하여 무고武庫와 각 군영의 무기들을 나누어 내려보내도록 하였다.[292] 같은 해 4월에는 북병사 정기원鄭岐源의 건의에 따라 북관의 요해처인 수성輸城에 독수장獨守將을 복설하여 수성의 찰방에게 겸하게 하였다.[293] 또한 같은 달 함경도 경흥부에 새로 모집한 포수 160명의 급료 등 처우에 대해 함경감사와 북병사가 의논하여 아뢰게 하였다.[294] 1872년 1월에는 함경도의 해방을 강화하기 위해 북병영에 인접한 독구미진獨仇味津에 진을 설치하고 경성鏡城의 보화보寶化堡와 삼삼파보森森坡堡를 혁파하여 통합함으로써 급료와 식량, 무기 등은 해결하도록 하였

---

288 『승정원일기』 2695책, 고종 2년 10월 30일 신유.
289 『승정원일기』 2705책, 고종 3년 8월 20일 병오.
290 孫炯富, 『朴珪壽의 開化思想研究』, 일조각, 1997, 88~90쪽.
291 『승정원일기』 2706책, 고종 3년 9월 19일 기해 ;『승정원일기』 2707책, 고종 3년 10월 28일 계축 ;『승정원일기』 2709책, 고종 3년 12월 7일 임진.
292 『승정원일기』 2710책, 고종 4년 1월 20일 을해.
293 『승정원일기』 2713책, 고종 4년 4월 20일 계묘.
294 『승정원일기』 2713책, 고종 4년 4월 13일 병신.

다.[295] 한편, 1867년 5월 23일(6월 24일) 강원감사 조석여曹錫輿의 건의에 따라 함경도로 통하는 요충인 삼방三防에 진을 신설하여 북방에 대한 방비를 강화하였다.[296]

조선 정부는 연해 및 북방 방어를 위해 진영을 신설·정비하면서 이들 진영이 조속히 자리 잡을 수 있도록 지원하였다. 1866년 11월에는 신설된 진이거나 방어영으로 승격된 태안, 진도, 청산도, 동진, 철도, 풍덕 등에 각각 새로 주조한 돈 5천 냥씩을 내려 보낸 것이나,[297] 이듬해 1월과 2월에 걸쳐 외방 각도의 무기를 수리하도록 한 것 등이 그것이다. 아울러 1867년 4월에는 각 지방의 군물軍物과 군사 지휘관에 대한 점검에 나서 병영과 수영에서 관할하는 고을과 진영에 대해 순영과 상의하여 폐단을 적발하여 보고하도록 하였다. 이외에도 각 지방의 성첩, 문루, 관청의 신축과 개축 때 감독한 관리와 의연금을 낸 민간인에게 관직을 제공하는 등 지방 진영의 군비를 강화하기 위한 정책이 다각도로 시행되었다.[298]


## 3. 포군의 설치

1866년 프랑스군의 강화도 침공 이후 조선 정부는 군비 강화에 힘쓰면서 특히 포군 양성에 많은 노력을 기울였다. 프랑스군을 격퇴하는 데 포군의 활약이 상당히 효과적이었다는 판단에 따른 것이었다. 포군을 체계적으로 양성하기 위해 각지에 화포과火砲科를 설행設行하는 한편 포수 모집을 통해 각지에 포군을 설치해갔다.

대원군집권기 지방 포군을 설치한 최초의 사례는 1865년 3월 14일(4월 9일) 남병사 허습許熠의 건의로 설치한 남병영의 별포위군別砲衛軍이었다. 이때 허습의 건의에 따라 포군들의 사기 진작을 도모하기 위해 과거가 설행되기도 하였다.[299] 하지만 화포과의 본격적인 실시는 프랑스 함대의 경강京江 출몰 이후인 1866년 9월 4일(10월 12

295 『승정원일기』 2772책, 고종 9년 1월 25일 경술.
296 『승정원일기』 2714책, 고종 4년 5월 23일 을해.
297 『승정원일기』 2708책, 고종 3년 11월 28일 계미.
298 裵亢燮, 앞의 책, 2002, 81~82쪽.
299 『승정원일기』 2687책, 고종 2년 3월 14일 기유.

**남연군 묘(충남 예산)**
독일 상인 오페르트가 조선에 교역을 압박하기 위해 도굴하려다 실패한 흥선대원군 아버지의 묘이다.

일) 도시都試에 화포과를 창설하여 해읍海邑의 무사를 응시하게 하자는 경기감사 유치선俞致善의 건의에 따라 이루어졌다.[300] 조정에서는 같은 해 9월 16일(10월 24일) 전국 연해 각 고을 무사들을 대상으로 화포과를 설치하고 우등 1인은 곧바로 전시에 응시할 수 있도록 하고, 곧 이어 취재에 대한 규식規式을 각지로 내려 보냈다.[301] 조정의 이러한 조치로 연해 지역을 시작으로 전국 각지의 감영·병영·수영·유수영·방어영 등에 포군이 설치되고 도시都試에서 화포과가 실시되어 갔다.

조정에서 화포과 설시를 지시하면서 화포과의 설치와 취재取에 대한 규정을 각도로 보냈지만, 설행 초기에는 지역에 따라 운영에 혼선이 빚어지기도 하였다. 특히 1등한 명만을 전시에 직부直赴할 수 있도록 규정하였음에도 불구하고, 2인 이상의 인원을 선발하여 곧바로 전시에 응시하도록 해 줄 것을 요청하는 사례가 많았다. 이 경우

---

**300** 『승정원일기』 2706책, 고종 3년 9월 4일 경신. 프랑스 함대의 침공 이후에 비로소 오직 조총만을 시험하는 화포과가 창설되었고, 그 이전에는 조총 사격시험은 다른 종목에 함께 실시되었다 (연갑수, 앞의 책, 2001, 162쪽).
**301** 『승정원일기』 2706책, 고종 3년 9월 16일 임신 ;『승정원일기』 2707책, 고종 3년 10월 23일 무신.

조정에서는 규정에 위배되는 요청이지만 무예를 장려하고 무사를 격려하는 차원에서 전시 직부를 허가하는 경우도 적지 않았다. 각 지역의 화포과는 흉년과 같은 특별한 사정이 없는 한 매년 설행되었던 것으로 보이지만, 시간이 지남에 따라 포군이 다시 흩어지는 등의 연유로 지속적으로 설행되지 못한 경우가 많았다.[302]

대원군 집권 이전 시기부터 지역에 따라서 포군이 설치되기도 하였지만, 지방의 포군 설치가 활발해진 것은 프랑스 함대의 강화도 침공을 겪은 이후의 일이다. 특히나 1868년 '남연군묘 도굴사건'이 벌어지자, 서울을 노리는 서양의 군함뿐 아니라 전국 어디든 출몰할 수 있는 해적선에 대한 대비 필요성이 인식되어 각 지방 포군이 본격적으로 증설되기 시작하였다.[303] 대원군 집권기 각 지방에 포군이 설치된 현황은 다음 〈표 2-5〉와 같다.

〈표 2-5〉 대원군 집권기 지방 포군의 설치 현황 　(단위 : 명)

| 도 | 1865 | 1866 | 1867 | 1868 | 1869 | 1870 | 1871 | 1872 | 1873 | 1874 | 계 |
|---|---|---|---|---|---|---|---|---|---|---|---|
| 경상도 | | | | | 150 | 420 | 1,661 | 525 | 357 | 200 | 3,313 |
| 경기도 | | | 50 | | 250 | 100 | 3,326 | 222 | 100 | | 3,948 |
| 충청도 | | | | | 25 | | 1,854 | 460 | 33 | | 2,472 |
| 전라도 | | | | 102 | 200 | 100 | 2,573 | 410 | 686 | 30 | 4,101 |
| 강원도 | | | | | | | | 162 | 10 | | 172 |
| 황해도 | | 125 | | 200 | | 80 | 263 | 217 | 74 | 15 | 974 |
| 평안도 | | | 300 | | 200 | 111 | 1,284 | 170 | 70 | 40 | 2,175 |
| 함경도 | 400 | | 560 | | | | 1,920 | | 40 | | 3,920 |
| 계 | 400 | 125 | 910 | 302 | 825 | 811 | 13,881 | 2,166 | 1,370 | 285 | 21,075 |

※ 출처 : 배항섭, 앞의 책, 2002, 93쪽의 〈표1〉을 약간 수정하여 인용함.
※ 1874년은 1~2월의 수치임.

대원군 집권기 중앙 정부에 보고된 각 지방의 포군 설치 현황은 2만 1천여 명이었지만, 1876년 1월 28일(2월 22일) 부호군 윤치현尹致賢은 상소에서 "병인년 이후 새

---

302 裵亢燮, 앞의 책, 2002, 87~88쪽.
303 연갑수, 앞의 책, 2001, 166쪽.

로 설치한 포군도 3만이 못되지는 않는다."고 주장하였다.[304] 윤치현이 수호조규가 일본의 군사적 강압에 의해 추진된 것이 아님을 강조하기 위해 병력 수를 부풀렸을 가능성도 배제할 수 없지만, 중앙에 보고되지 않은 포군 설치 사례도 적지 않았음을 감안하면 3만 명은 상당히 신뢰할 만한 수치였다.[305]

〈표 2-5〉에서 특히 눈길을 끄는 것은 미군의 강화도 침공이 벌어지는 1871년에 포군이 집중적으로 설치되었다는 점이다. 물론 1871년에 포군 설치가 급증한 것은 실제로 증설된 인원이 많기도 하였지만, 다른 한편 조선 정부가 미군의 강화도 침공을 계기로 각 지역 포군의 실태를 정확하게 파악하고자 노력했기 때문이기도 하였다. 전국 각지에서 진행된 포군 설치는 '남연군묘 도굴사건' 이후 본격적으로 시작되어 1871년 미국의 강화도 침공을 전후하여 정점을 이루었다가 대원군이 실각한 이후에는 거의 이뤄지지 않았다.

대원군 집권기 새로 설치된 병종은 대부분 조총을 사용하는 포군이었는데, 이는 프랑스군의 침공 이후 서양 세력에게 효과적으로 대항할 수 있는 것은 오직 포군뿐이라고 인식한 결과였다. 종래 포수-사수-살수의 삼수병 체제로 운영되던 조선의 군사들이 프랑스군의 침공 이후 포수 중심 체제로 재편되어 갔던 것이었다. 포군의 설치는 해안지역에서부터 시작되었지만 점차 내륙지방으로 확대되어 거의 전국적으로 이루어졌다. 1874년 12월 경상좌도 암행어사 박정양朴定陽이 서계별단書啓別單에서 "조정의 명령이 있은 이후 읍의 대소를 가리지 않고 모두 명에 따라 포군을 설치했다"[306]고 한 것도 이러한 상황을 말한 것이었다.[307]

각 지방에 설치된 포군의 규모는 해당 지역의 전략적 가치나 읍의 규모 등에 따라 상이하였지만, 전략적 요충지에는 2백 명 이상, 대읍에는 1백 명 이상, 중읍에는 30~50명, 소읍에는 10~20명 정도가 설치되었다. 포군의 편성과 운영 방식은 설치

---

304 『승정원일기』 2821책, 고종 13년 1월 28일 경신.
305 裵亢燮, 앞의 책, 2002, 93~94쪽. 대원군 집권기 각 지방에서 간행된 등록이나 읍지 등에는 『승정원일기』에서 확인되지 않는 포군 설치 사례가 적지 않게 확인된다(연갑수, 앞의 책, 2001, 174쪽).
306 『일성록』, 고종 11년 12월 13일 임오, 「慶尚左道暗行御史朴定陽進書啓別單」.
307 연갑수, 앞의 책, 2001, 175~176쪽.

규모의 편차가 컸던 만큼 다양하였는데, 1백 명 이상이 설치된 지역의 포군 편제는 대체로 다음 두 가지 방식 중 하나를 따랐다.

첫째, 숙종 연간부터 함경도에 설치된 친기위親騎衛의 편제 방식을 따라 '별장別將-정正-령領'의 위계체제를 갖춘 경우로 함경도 포군은 주로 이 편제 방식을 따랐다. 200명의 별포위사別砲衛士를 설치한 함경도 북청의 남병영의 경우 1백 명 단위로 별장을 두었는데, 별장 아래에는 12명 단위의 령을 설치하고 3령을 묶어 정을 두어 모두 2별장 5정 15령으로 조직하였다. 역시 2백 명의 별포위사가 설치되었던 함경도 명천부의 편제도 이와 마찬가지였다.[308]

둘째, 속오법적束伍法的 편제를 따른 경우로 10명을 단위로 대를 편성하고 그 위에 기총旗摠이나 영장領將을 두는 방식이다. 2백 명의 병력으로 구성된 전라좌수영 별포위는 1백 명을 각각 3기旗 9대隊로 편성했다. 10명을 지휘하는 1명의 대장隊長, 대장들을 포함하여 33명을 지휘하는 1명의 기총, 1백 명씩을 관할하는 별장이 두어 '별장-기총-대장'의 위계체제를 갖추었다. 황해병영의 경우 1백 명의 별위사別衛士를 좌·우열 각 50명씩으로 나누어 각각 1명의 영장을 두었고, 군사들을 10명씩 편성하여 각각 1명씩의 대장을 두는 '영장-대장'을 두는 체제였다. 아병牙兵 2백 명이 있던 수원부에서는 10명을 1대로 하여 좌·우열에 각각 10대 1백 명씩 편성하고 각각 1명의 기총을 임명하는 편제였다.[309]

교대로 입번하였던 신설 포군은 교대로 입번하였기 때문에 완전한 상비군으로 볼 수는 없었지만, 운영 면에서 기존의 포군이나 속오군과는 커다란 차이가 있었다. 속오군의 경우 군안軍案에 이름만 올라 있거나 노약자 등으로 채워져 있어 기초적인 군사훈련도 불가능할 지경이었고, 기존의 포군은 사격 솜씨가 빼어났지만 별도의 정기적 급료가 지급되는 군도 아니었고 긴급사태 때 동원도 용이하지 않았다.

신설 포군은 지역별로 차이가 있었지만 대체로 매달 총 쏘기 시험을 치러야 했고, 7~10두락 정도의 둔전을 지급받거나 매달 대략 6~8두의 요미料米나 1~5냥의 요전料錢을 받고 있었다. 포군들은 1개월에 1석(15두)을 지급받던 훈련도감 군병의 절반

**308** 『승정원일기』 2763책, 고종 8년 4월 10일 기사.
**309** 연갑수, 앞의 책, 2001, 176~177쪽.

수준의 급료를 받는 대신 총 쏘기 연습이나 입번에 무단으로 불참하면 엄격한 징벌을 받았다. 신설 포군은 지방군이 단일 병종인 포군을 중심으로 정예화되고 점차 사실상의 급료병·상비군으로 변해가는 모습을 반영하였다. 하지만 이들이 '근대적 상비군'으로 발전하기에는 적지 않은 어려움이 있었다. 여기에는 근대적 군사제도에 대한 몰이해나, 근대적 개혁을 추진할 정치세력의 미성숙 등이 작용하였지만, 무엇보다도 재정적 뒷받침이 크게 부족했던 점이 가장 직접적인 요인이었다.[310]

## 4. 수군의 강화

19세기 서세동점에 따른 대외적 위기의 고조로 수군과 해방 강화의 필요성이 증대되었고, 대원군 집권 초기부터 해방의 중요성이 강조되었다. 해방의 강화를 위해서 경기 연해지방 방어체계, 특히 강화 진무영의 강화에 노력을 집중하였지만, 통영을 비롯한 전국 각지의 연해 방어체계의 공고화를 위해서도 힘을 기울였다. 1865년 1월 대왕대비의 전교에 따라 삼도 수군을 통솔하는 통영의 통제사를 총융사의 예에 따라 외등단外登壇으로 시행하여 그 지위를 격상시키고 임기도 경영대장京營大將과 같게 하였다.[311] 통제사의 지위 상승에 따라 그를 보좌하는 통제중군統制中軍도 종2품 가선대부나 정3품 절충장군 중에서 병마절도사를 지낸 자 중에서 추천 임명하였으며 안정적인 직무수행을 위해 임기도 2년으로 하였다.[312]

1866년 전국적인 해방령海防令이 내려진 가운데 제너럴 셔먼호 사건이 발생하자, 조정에서는 해방에 대한 깊은 우려로 그 방비책 마련을 한층 서둘렀다. 1866년 7월 30일(9월 8일) 좌의정 김병국이 무비武備가 해이하고 해방이 엉성하여 외국 선박의 내양內洋 침투를 불러왔다고 진단하고 대책을 건의하였다. 즉, 외국선박에 대한 연읍의 요망瞭望과 방수를 강화하고, 군오軍伍의 빈 인원을 채워 넣으며, 망가진 기계와 전

---

310 裵亢燮, 앞의 책, 2002, 97~100쪽.
311 『승정원일기』 2672책, 고종 1년 1월 2일 갑진.
312 『승정원일기』 2672책, 고종 1년 1월 8일 경술.

오천 수영 객사 (충남 보령)

선을 수선하고, 군사 조련에 힘쓸 것 등이 그 내용이었다. 뒤 이어 프랑스군의 강화도 침공이 발생하자 수군 강화에 한층 박차를 가하였다. 전선의 보수 및 건조가 장려되고, 각 수영의 병력 증강과 조련의 강화, 포군 설치 등의 조치가 이루어졌다.[313]

대원군 집권기 이루어진 전선의 건조와 수선을 위한 노력을 살펴보겠다. 1866년 9월에는 내탕금 3만 냥을 전국의 각 수영에 내려 주어 전선을 수리하도록 조치하였는데, 경기와 호서에는 각 7천 냥, 호남에는 6천 냥, 영남과 해서에는 각 4천 냥, 관서에는 2천 냥을 각각 하송하였다.[314] 1866년 12월 28일(1867년 2월 2일)에는 공충도 수군절도사 임상준任商準이 전선戰船, 귀선, 방선防船, 병선 등 선박 6척을 개조하고, 전선 2척을 조운선 모양으로 통용되게 건조하였음을 보고하고, 감동監董 조종우趙鍾禹 등에 대한 포상을 요청하기도 하였다.[315] 1867년 5월에는 충청도 태안의 방영防營에서 전선 4척, 종선從船 5척, 방어선 1척이 건조하였음을 보고하고 감독했던 군관 정환위鄭煥暐 등에게 포상할 것을 청하였다.[316] 또한 1868년 윤4월 7일(5월 28일)에는 전

313 육군본부, 앞의 책, 1977, 278~279쪽.
314 『승정원일기』 2706책, 고종 3년 9월 1일 정사 ; 『승정원일기』 2706책, 고종 3년 9월 2일 무오.
315 『승정원일기』 2709책, 고종 3년 12월 28일 계축.
316 『승정원일기』 2714책, 고종 4년 5월 13일 을축.

통제사 김건金鍵이 사천현감 박신영朴愼永이 새로 만든 전함과 거북선이 견고하고 완전하다고 성과를 보고하였다.[317] 이들 사례는 프랑스군의 강화도 침공 이후 전함의 수선과 함께 재래식 전함의 건조가 꾸준히 이루어졌음을 보여준다. 한편 그다지 성공적이었던 것으로 보이지는 않지만, 3절에서 언급한 바와 같이 서양 선박을 모방한 새로운 형태의 전선을 건조하고자 한 시도도 나타났다.

수군의 병력 증강도 이뤄지고 있었다. 1870년 10월 전라좌수영에 1만 냥을 내려 별포위別砲衛라 불리는 포군 1백 명을 설치하도록 하였는데, 해당 수영에서는 1백 명 이외에 추가로 1백 명을 더 선발하여 3기旗-9대隊로 편성하여 병력을 보충하였다. 전라좌수영은 또한 관할지역 내에서 들어온 원납전 12,100냥을 들여 인근 10리 내의 논 1,150두락을 구입함으로써 포군의 식량을 마련하고, 무기와 병영 수선, 기타 군장을 마련함으로써 수영의 면목을 일신하였다. 1871년에는 충청수영에 별포위사 25명이 증설되는 조치가 취해지고, 보령부를 충청수영에 합속시켜 충청수사가 보령부사를 겸하게 함으로써 권한을 강화시켰다.[318]

---

317 『승정원일기』 2726책, 고종 5년 윤4월 7일 갑인.
318 육군본부, 앞의 책, 1977, 280쪽.

제 3 장

# 고종 친정기의 군사근대화 정책과 친군영 체제

# 제1절

## 고종의 친정체제 구축과 군영제 개편

### 1. 고종 친정체제 구축과 무위소(武衛所)의 설치

대원군 집권기의 군비강화 정책을 통해 조선의 군사력은 일정하게 정비되었다. 고종은 1873년 11월 4일(12월 23일) 친정 선포 이후에도 여전히 무비武備의 중요성을 강조하였다. 친정 초기에 강화 진무영의 방비 실태에 대해 상세히 하문하였는가 하면, 진무영과 주변 각 진鎭의 강화에 필요한 재정 및 군기軍器 지원을 아끼지 않았다. 또한 심각한 재정난으로 인해 실행되지는 못하였지만, 1874년 4월 5일(5월 20일) 고종은 "우리나라 군사 제도는 매우 엉성하니 변통하고 참작하여 인원을 늘리는 것이 좋겠다."라고 병력 증강에도 큰 관심을 드러냈다.[1]

그러나 고종 친정 초기의 군사정책에서 가장 두드러진 특징은 궁궐 수비를 목적으로 한 궁궐 친위병을 강화한 것이었다. 이 점은 외세 침략에 대비하여 강화 진무영을 강화하고 지방 요해처에 진영과 포군을 설치하였던 대원군의 군사정책과는 크게 대조된다. 이는 고종이 친대원군 세력의 반발로 신변상의 위협을 느끼고 있었던 사정과 관련되지만, 무엇보다도 친정체제 구축을 위해 대원군정권의 물리적 기반이었던 기존 군영을 약화시키고 새로운 군영을 설치하려는 고종의 의지가 크게 작용한 결과였다.[2]

---

1 『승정원일기』, 2797책, 고종 11년 4월 5일 정축.
2 裵亢燮, 『19世紀 朝鮮의 軍事制度 硏究』, 국학자료원, 2002, 117~119쪽.

고종이 친정을 시작할 당시 궁궐의 숙위宿衛는 용호영龍虎營과 무예청武藝廳이 담당하고 있었다. 용호영은 병조의 직할 영으로서 숙위와 호종扈從의 임무를 담당하였는데, 효종 원년인 1652년 창설되어 내삼청內三廳이라 불리다가, 1746년(영조 22)에는 금군청禁軍廳으로, 다시 1755년에는 용호영으로 개칭되었다. 용호영의 병력 수는 창설 당시 629명 수준이었으나, 이후 증원과 감원을 거듭하다 고종이 친정을 선포할 당시에는 6백 명 정도였다. 무예청은 훈련도감 소속의 시위군으로 1630년(인조 8) 30명의 정원으로 창설되었다. 이후 병력 수에 증감을 보이다가 1802년(순조 2)에 이르러 198명이 되었는데, 고종 대에 이르러서도 무예청의 병력 수는 200명 수준을 유지하였다. 고종이 친정을 선포할 무렵 궁궐을 숙위하는 병력은 병조 직할의 용호영군 6백 명과 훈련도감 소속 무예청군 2백 명을 합하여 총 8백 명 정도였다.[3]

친위병 강화와 관련하여 가장 먼저 나타난 군제상의 변화는 무위소武衛所의 설치였다. 고종은 1874년 4월 25일(6월 9일) "궐내를 수직하는 군사가 4백 명에 불과하여 늘 부족한 것을 염려하였다. 얼마간 증원하는 것이 좋겠다."며 직접 수직군守直軍의 증원을 거론하였지만, 예산 부족을 이유로 신규 증원 대신 각 군영의 병력을 차출하여 궁궐 숙위를 강화하는 것으로 결정되었다.[4] 같은 달 29일에는 궁궐 내문內門은 무예청이, 외문外門은 차출된 군병이 담당하게 하였고, 5월 5일(6월 18일)에는 차출된 병력 5백 명을 4초哨로 편성하여 훈련대장의 통제 아래 두도록 하였다.[5]

또한 5월 25일(7월 8일)에는 파수군 5백 명을 5개 번으로 나누어 숙위하도록 정식화하는 한편 파수군 각자에게 환도丸刀·조총·삼릉장三稜杖·파문부자把門斧子 1개씩을 지급하였다.[6] 그리고 고종이 수직군 증원을 거론한 지 2개월도 안 된 6월 4일(7월 17일)에 신설된 파수군은 마침내 '무위소'라는 정식 칭호를 얻고 훈련대장의 지휘를 받게 되었다.[7]

무위소의 설치 과정에서 고종은 궁궐 숙위군 강화에 강한 집착을 보인 데 반하여

---

3 崔炳鈺, 『開化期의 軍事政策研究』, 경인문화사, 2000, 118~119쪽.
4 『승정원일기』 2800책, 고종 11년 4월 25일 정유.
5 『승정원일기』 2800책, 고종 11년 4월 29일 ; 『승정원일기』 2801책, 고종 11년 5월 5일.
6 『승정원일기』 2801책, 고종 11년 5월 25일 병인.
7 崔炳鈺, 앞의 책, 2000, 123쪽.

**무위영 군사들의 호위를 받고
왕궁(건청궁)으로 돌아오는 고종**
병사들은 일본제 신식 무라다 소총을 소지하였다.

영의정 이유원李裕元·우의정 박규수朴珪壽 등 대신들은 재정난이나 항간에서 제기하는 파수병 증설에 대해 의구심 등을 들어 지속적으로 반대하였다. 대신들의 반대에도 불구하고 고종은 7월 4일(8월 15일) 무위소 설치가 숙위군宿衛軍을 때에 따라 증설하던 열성조列聖朝의 전례에 따른 것이라며, 국초國初의 도통사都統使 제도를 모방한 무위도통사武衛都統使를 두어 통솔하게 하고 금위대장禁衛大將 조영하趙寧夏가 무위도통사를 겸하게 함으로써 사실상 무위소를 독립된 군영으로 격상시켰다.[8] 이는 새로운 군영 창설을 통해 대원군의 권력기반이었던 기존 군영을 약화시킴으로써 친정체제를 안정적으로 구축하려는 고종의 의지가 반영된 결과였다.

무위소는 최정예 부대를 만들려는 의도로 편성되었다. 장령將領의 임명 기준을 경군의 중요한 직책과 변방 근무경험이 있는 자를 임명한 것이나, 4영에서 우수한 자 중에서 병졸을 골라 충원한 것 등은 그 때문이었고, 다른 영 소속 병사들보다 대우에서도 우대되었다.[9] 무위군은 창설 초기부터 특별대우와 국왕의 시위군이라는 특권의식 속에서 월권행위를 저지르는 등 폐단을 일으켰다. 그러나 고종은 무위소가 다른 영과는 다르며, 신설된 탓에 규율이 잡히지 않았기 때문이라며 오히려 이들을 비호하였다. 국왕의 이러한 태도는 사실상 무위군의 특권을 인정한 것으로 다른 군영 소속 장병들의 사기를 저하시켰을 뿐 아니라 군내의 화합을 저해하는 결과를 초래하였다.[10]

## 2. 무위소의 강화와 국방력의 약화

고종의 강력한 의지 하에 무위소 병력의 증강은 빠른 속도로 이루어졌다. 1874년

---

8 裵亢燮, 앞의 책, 2002, 122쪽.
9 육군본부, 앞의 책, 1977, 297쪽.
10 崔炳鈺, 앞의 책, 2000, 127~128쪽.

7월 8일(8월 19일) 훈련도감의 마군馬軍 2초(238명)를, 7월 11일(8월 22일)에는 훈련도감의 표하군標下軍 193명과 복마군卜馬軍 33명, 금위영의 표하군 164명과 복마군 19명, 어영청의 표하군 162명과 복마군 19명 등 표하군 519명과 복마군 71명이 이속됨으로써 무위소의 병력은 당초 계획했던 5백 명을 훨씬 넘어서는 828명에 달하였다.[11] 영의정 이유원과 우의정 박규수 등 대신들은 무위소의 비대화에 대해 비판적 입장을 견지하며 이를 제지하고자 하였다. 그러나 고종은 대신들이나 각사各司 각영各營의 장관과 주장들을 배제한 채 실무에 밝은 이서吏胥들을 이용하여 독단적으로 무위소를 확대해갔다.[12] 8월 2일(9월 12일)에는 무예청을 무위소에 통합하였고, 8월 28일(10월 8일)에는 훈련도감의 별파진 26명을, 9월 26일(11월 4일)에는 훈련도감의 표하군 100명, 금위영과 어영청의 총 잘 쏘는 아군牙軍 각 5명, 순령수巡令手와 뇌자牢子 각 10명 등 130명을 무위소로 이속하였다.[13] 이로써 무위소 병력은 1차로 배속된 828명과 2차 배속된 156명을 합쳐 984명이 되었고, 여기에 지휘관 및 참모격인 도통사都統使·제조提調·종사관從事官·별장·선기별장善騎別將 각 1명, 선기장善騎將 2, 별선군관別選軍官 3, 초관哨官 10, 무용위武勇衛 32, 감관監官 4, 별부료別付料 2, 별군관別軍官 4, 지구관知殼官 19, 교련관 5, 별무사 5명 등 91명을 두어 총 1,075명이 되었고, 여기에 통합된 무예청 병력까지 합하면 총 병력이 1,270여 명에 달하였다.[14]

이후에도 1879년 8월 29일(10월 14일) 총융청摠戎廳 소속인 북한산성의 경리청經理廳이 이관되는가 하면, 1881년 1월에는 해체된 삼군부의 별초군 2백 명이 배속되는 등 무위소로의 병력 이속이 지속되었다. 이렇게 확대된 무위소의 총병력은 무위영武衛營으로 확대 개편되기 직전인 1880년 무렵 4,399명에 이르렀고, 이 가운데 장교 356명, 장관將官 32명 등을 제외한 병사만 3,499명이었고, 군사 가운데 급료병이 2,590명, 그 중 정병의 숫자만 해도 2,371명에 이르렀다. 이는 총융청의 급료병이 1867년 8월 설치한 포군 1초哨(125명)에 지나지 않았고, 어영청·금위영 역시 1808

---

11 崔炳鈺, 앞의 책, 2000, 124쪽.
12 裵亢燮, 앞의 책, 2002, 123쪽.
13 『승정원일기』 2804책, 고종 11년 8월 2일 임신 ; 『승정원일기』 2804책, 고종 11년 8월 28일 무술 ; 『승정원일기』 2805책, 고종 11년 9월 26일 을축.
14 崔炳鈺, 앞의 책, 2000, 126쪽.

년에 설치한 1초와 1866년 12월 설치한 포군 4초를 합해 각각 5초(625명)에 불과했으며, 최대의 군영인 훈련도감조차도 무위소로 920여 명이 차출되어 실제 급료병의 숫자가 2천여 명 수준이었음을 감안하면 대단한 규모였음을 알 수 있다.

거듭된 군병 차출로 무위소 병력은 더욱 증강되었지만, 훈련도감 등 다른 군영들은 위축되어 정해진 입직 근무조차 어려울 정도가 되어 오히려 궁궐 주변의 치안이 더욱 부실해지는 결과가 빚어졌다. 이와 함께 무위소의 비대화로 인한 궁궐 파수 인력의 정비 필요성도 제기됨에 따라 고종은 1879년 10월 무위소 군병 가운데 궁궐 파수를 전담하는 군병을 별도로 선발하여 장예청壯藝廳을 신설하였다.[15]

병력 증강과 함께 무위소의 기능과 권한도 더욱 확대되었다. 1876년 7월 12일(8월 30일) 주교사舟橋司 당상堂上과 무위소의 군색제조軍色提調를 도통사都統使가 겸하게 하였고, 사복시司僕寺의 두 제조를 무위소 제조가 겸하도록 하였다.[16] 이듬해인 1877년 4월 9일(5월 21일) 전교를 내려 중앙 5군영의 운영체제를 개편하여 무위소에 사실상 최고군영의 지위를 부여하였다.

> 본소本所의 설치는 실로 오위五衛의 제도를 모방한 것이니 숙위宿衛를 전담할 뿐만 아니라, 일반 융무戎務에 관계되는 모든 사항 역시 통할하여 검속하지 않아서는 안 된다. 지금부터는 3영의 제조를 더 설치하여 도통사가 의례히 겸임하도록 하고, 용호영龍虎營과 총융청도 일체 겸하여 관할하라고 분부하라.[17]

이에 따라 무위도통사 김기석金箕錫이 무위소 군색제조, 군기시 제조, 훈련도감 제조, 금위영 제조, 어영청 제조, 용호영 겸관당상兼管堂上, 총융청 겸관당상, 주교당상舟橋堂上까지 겸임하게 되었고, 무위소는 훈련도감, 금위영, 어영청 등 3영의 제조를 겸하고 용호영과 총융청의 업무까지 주관하게 됨으로써 그 권한이 극대화되었다.[18]

---

15 裵亢燮, 앞의 책, 2002, 124~127쪽.
16 『승정원일기』 2828책, 고종 13년 7월 12일 경오.
17 『승정원일기』 2837책, 고종 14년 4월 9일 갑오.
18 裵亢燮, 앞의 책, 2002, 129쪽.

1875년 5월에는 지구관知彀官을 통해 포도청의 일에 직접 개입하고 있었고, 1876년 윤 5월경에는 신석희申奭熙와 조희복趙羲復이 무위소의 천망薦望에 의해 각각 좌·우변포도대장에 임명되어 사실상 무위소가 포도청의 업무를 지휘하게 되었다.[19] 이외에도 고종 스스로 무위소는 각 군문을 총찰할 뿐 아니라 궐내와 궐외의 각영, 각사의 성첩城堞, 금송禁松을 적발하는 일을 전례에 따라 행하라고 할 정도로 무위소가 간여한 업무는 실로 광범위하였다. 1876년 11월 경복궁 화재로 어보御寶와 인장印章이 소실되자, 고종은 이를 무위소에 맡겨 다시 주조하도록 하였다. 이와 함께 무위소는 창경궁 수리, 성곽 보수, 금송, 준천濬川, 주전鑄錢 사업 등을 주관하였고, 1879년에는 세자의 가례에 대비하여 별궁을 짓는 일을 맡기도 하였다. 당초 궁궐 파수를 강화한다는 명분으로 창설된 무위소는 병력이 증원되어감에 따라 그 기능과 권한도 크게 강화되어 숙위 임무는 물론, 제반 군사업무까지도 총괄하게 되었던 것이다.[20]

한편, 무위소는 기존 조직을 흡수하면서 그 권한을 더욱 강화해 갔다. 1879년 8월 29일(10월 14일) 경리청經理廳이 무위소로 이관된 것을 비롯하여 총융청 소속의 북한관성장北漢管城將 이하 장교, 원역員役, 군졸, 도예徒隸, 관성소管城所, 삼유영三留營, 승창僧倉의 군기軍器와 집물什物, 각종 전곡錢穀, 각지의 둔토屯土, 산성 안팎의 터 등이 무위소로 이관되었다. 이밖에 신설된 인천의 화도진花島鎭과 부평의 연희진延喜鎭을 무위소에 소속시켜 별장을 임명한다든가, 동래부사의 보고에 따라 동래부에 별포사別砲士 1백 명을 증설할 것을 주청하는 등 지방의 병영, 군현, 진영에 대해서도 영향력을 행사하고 있었다. 당시 무위소는 이미 단순한 파수군把守軍을 넘어서 전체 군무를 통합하여 국왕을 중심으로 군을 중앙집권적으로 개편하는 중추로 기능하였고, 대원군 집권기의 삼군부에 버금가는 기능과 권한을 행사하는 최고의 군사기관이 되었다.[21]

무위소 강화로 표현되는 고종 친정 초기의 군사정책은 군사력 강화와는 거리가 있었다. 흥선대원군은 프랑스와 미국의 강화도 침공을 겪으면서 군비강화의 시급성을

---

19 『승정원일기』 2813책, 고종 12년 5월 13일 기유 ; 『승정원일기』 2826책, 고종 13년 윤 5월 12일 계유.
20 裵亢燮, 앞의 책, 2002, 130~132쪽.
21 육군본부, 『韓國軍制史 -近世朝鮮後期篇-』, 1977, 297~298쪽.

느끼고 있었고, 또 무신들을 자신의 권력기반으로 삼고자 하였기 때문에 군비강화 정책을 적극 추진하였다. 반면 고종은 자신의 친정체제를 확고히 하고 대원군의 영향력에서 벗어나기 위해 대원군 집권기에 이뤄진 각종 정책이나 규례를 혁파하였다. 대원군 정권의 물리적 기반이 되었던 기존 군영을 약화시키는 한편 무위소를 신설하여 친위병을 강화한 것도 그 일환이었다.

고종은 우선 대원군 집권기 동안 강화되었던 무신들의 지위를 격하하였다. 즉, 병조판서와 금군별장의 임기제와 종2품 군문대장軍門大將의 품계를 판서와 같은 정2품으로 높인 규례, 아경亞卿·아장亞將이 대장의 지위에 오른 후 곧바로 병조판서가 될 수 있도록 한 규례를 비롯하여 대원군 집권기에 이뤄진 무신에 대한 우대정책을 대부분 혁파하여 옛 규례에 따르게 함으로써 무신들의 지위를 격하시켰다. 1874년 7월 28일(9월 8일)에는 강화 진무영 진무사鎭撫使의 외등단제外登壇制를 혁파하고 조병식趙秉式을 강화유수에 임명함으로써 다시 문신 강화유수가 진무사를 겸임하는 것으로 규례를 바꾸었다. 또한 같은 해 8월 4일(9월 14일)에는 진무중군鎭撫中軍·교동부사喬桐府使의 직함을 강화중군江華中軍·교동수사喬桐水使로 각각 되돌림으로써 방어영防禦營으로 격하되었던 교동수영喬桐水營을 복구하여 교동수사가 삼도통어사를 겸하게 하였다.[22] 1874년 12월 4일(1875년 1월 11일)에는 통제사의 외등단제도 폐지됨으로써 대원군 집권기 높아졌던 무신들의 지위는 더욱 격하되었다.[23]

고종은 대원군이 군사재정의 강화를 위해 신설하였던 각종 세금을 혁파하였다. 1873년 10월 민폐를 야기한다는 이유로 도성문세都城門稅를 혁파한 데 이어, 12월에는 호조와 사옹원 분원의 일부 수세를 제외하고 전국의 강 연안에서 세금을 거둬들이는 모든 연강수세沿江收稅를 혁파하였다. 이 과정에서 갑곶甲串 및 조강祖江을 통과하는 상선에 대한 진무영의 수세, 각 지방에서 포군의 설치와 운영 경비로 사용하던 세금까지도 모두 혁파되고 말았다. 뚜렷한 대책이 없는 가운데 이뤄진 각종 세금의 혁

---

22 裵亢燮, 앞의 책, 2002, 136~137쪽. 이에 따라 진무영이라는 명칭은 당분간 존속되지만 그 편제에서는 진무영 설치 이전의 체제로 환원되어 사실상 진무영이 철폐된 것이나 다름없게 되었다(崔炳鈺, 앞의 책, 2000, 136~137쪽).
23 『승정원일기』, 고종 11년 12월 4일 계유.

파는 재정난을 심화시켰고, 재정악화는 군사정책의 차질을 가져와 결국은 군비 약화로 이어졌다.[24]

극심한 재정난 속에서도 지속적으로 확대·강화되었던 고종의 무위소에 대한 인적, 재정적 지원은 중앙 군영은 물론 진무영이나 통제영을 비롯하여 대원군 집권기 군비 강화 정책으로 국방의 중추를 이루었던 지방 군사력의 약화를 가져왔다. 중앙 군영의 경우 무위소에 수백 명씩의 병력이 차출되어 담당구역에 대한 입직조차 제대로 못하는 사태를 빚거나, 금위영에서는 돈과 물자의 부족으로 계획했던 무기 수리를 매듭짓지 못하고 중단하는 일이 발생하였다. 또한 1875년 11월 총융청과 군기시에 각각 화약과 총알을 절반으로 줄여 마련하도록 한 것도 재정난 때문이었다. 지방군의 사정은 더욱 열악하였다. 진무영의 경우 연강수세 혁파와 진무사의 외등단제 혁파 등으로 사기가 떨어지고 군비도 허술해질 수밖에 없었다. 지방 포군의 경우 상황이 더욱 어려웠다. 대원군 집권기에 군사력 강화를 위해 포군이 집중적으로 설치되었고, 고종 친정 후에도 포군의 중요성이 강조되는 등 포군 강화의 정책적 기조는 유지되었다. 그러나 재정부족으로 인해 포군의 설치와 유지는 현실적으로 어려웠고 결국에 가서는 감축해 나갈 수밖에 없었다.[25]

한편, 고종 친정 직후부터 대원군 집권기 최고군사기구였던 삼군부의 퇴조가 두드러진다. 고종은 중요한 군사문제에 관한 일련의 조치들을 단독으로 혹은 삼정승과의 논의를 통해 결정하였고, 삼군부는 상부의 결정을 하달하거나 지방 병영에서 올라오는 내용을 보고하는 역할을 수행하였을 뿐이었다. 이는 고종이 친정체제를 구축하면서 군사정책의 수립 또는 시행과정에서 삼군부를 도외시하였기 때문에 빚어진 결과였다. 일본 함대가 운요호 사건雲揚號事件을 빌미로 강화도에 나타난 비상사태에 따른 작전통제권을 제한적으로 행사하기도 하였지만, 삼군부는 설치 당시의 중요 기능 대부분을 무위소로 넘겨준 채 사실상 유명무실한 기구로 전락하고 말았다.[26]

24 裵亢燮, 앞의 책, 2002, 137~140쪽. 고종 친정 직후부터 극심한 재정난을 초래한 주요 원인 중 하나는 1874년 1월 내려진 淸錢의 유통금지령이었다(『승정원일기』 2797책, 고종 11년 1월 6일 경술).
25 裵亢燮, 앞의 책, 2002, 141~143쪽.
26 崔炳鈺, 앞의 책, 2000, 138~142쪽.

친정 선포 이후 고종은 숙위 강화를 위해 각 군영에서 건장한 군사를 차출하여 무위소를 설치·운영하였다. 무위소의 설치는 다른 각 영의 전력을 약화시키고 남아있는 군사들의 사기 저하와 질적 저하를 가져왔고, 군사들 상호간에 이질감을 심화시켜 상호 대립되는 입장을 견지하게 하였다. 더구나 무위군에 대해 시위군侍衛軍이라는 특권을 부여하여 우대함으로써 나머지 각 영 소속 군사들의 불만은 고조되었으며, 이는 임오군란을 비롯한 각종 저항운동의 한 원인이 되기도 하였다.[27] 또한 무위소 강화에 치중된 군사정책은 여타의 중앙 군영은 물론 강화 진무영과 지방 포군 등 대원군 집권기에 설치한 수도권 및 전국 요해처의 군사력 약화를 가져왔고, 나아가 외세의 침략을 목전에 둔 채 군대 내부의 분열과 갈등을 초래하는 난맥상으로 이어졌다.[28] 이러한 조건 속에서 운요호 사건에서 강화도 조약으로 이어지는 외세의 침략 책동에 효과적으로 대처하기는 사실상 어려웠다.

## 3. 개항 직후 군비 근대화를 위한 노력과 군제 개편

### 1) 해외시찰단의 파견과 무비강구(武備講究) 노력

메이지 유신 직후인 1868년 말부터 일본 정부는 조선에 사절을 파견하여 왕정복고王政復古 사실을 알리고 조선과의 외교관계를 재정립하고자 시도하였다. 그러나 일본의 시도는 서계書契의 위격違格이 문제가 되어 번번이 좌절되었고, 1875년 전후 무렵부터 일본의 대조선정책對朝鮮政策은 무력사용까지 포함하는 강경책으로 전환하게 되었다. 1875년 8월 강화도에서 벌어진 운요호 사건雲揚號事件은 일본의 대조선 강경책이 빚은 필연적인 결과였다.

1875년 4월 일본 정부는 운요호雲揚號 등 3척의 군함을 조선 연해에 파견하기로

---

27 박은숙, 「開港期(1876~1894) 軍事政策 變動과 下級軍人의 存在樣態」『韓國史學報』 2, 고려사학회, 1997, 210쪽.
28 裵亢燮, 앞의 책, 2002, 145쪽.

결정하고, 운요호와 다이니테이
보오호第二丁卯號를 순차적으로
부산에 입항시켰다. 일본 외무대
승外務大丞 모리야마 시게루森山
茂는 예고 없는 군함 입항에 항
의 방문한 역관譯官 현석운玄昔運
등을 군함에 탑승시킨 채 연습을
핑계로 시위포격을 감행하여 부
산 동래 일대를 온통 진동시키는

운요호

함포의 위력을 과시하였다. 위협시위를 마친 운요호는 동해안을 따라 영흥만永興灣까
지 올라갔다가 다시 부산을 거쳐 나가사키長崎로 귀환하였다.

약 3개월 후 운요호는 해군성海軍省으로부터 "조선 동남서해안에서 청국 우장牛莊
에 이르는 항로를 연구하라"는 명령을 받고 8월 21일(9월 20일) 강화도 동남방 난지
도蘭芝島 부근에 도착하였다. 운요호 함장 이노우에 료우케이井上良馨는 담수를 구한
다는 핑계로 단정端艇을 초지진草芝鎭 포대에 접근시켰고, 초지진 수비병들은 국적 불
명의 배가 예고 없이 접근하자 포격으로 대응하였다. 이를 기화로 운요호는 함포사격
을 통해 초지진 포대를 크게 파괴하고, 영종진永宗鎭에도 포격을 가한 후 상륙하여 조
선인 35명을 사살하고 관청 건물과 민가에 불을 지르는 만행을 저질렀다. 영종진에서
철수한 운요호는 8월 29일(9월 28일) 나가사키로 귀환하였다.[29] 운요호 사건이라 불
리는 이 사건은 조선 수비병의 부당한 공격으로 인해 빚어진 우발적 사건이 아니라,
오쿠보 도시미치大久保利通와 그 측근들이 조선 문제를 타개하고 국내의 정치적 곤경
에서 탈출하기 위해 치밀한 계획 하에 고의로 도발한 사건이었다.[30]

---

29 李光麟, 『韓國史講座 V (근대편)』, 一潮閣, 1997, 68~70쪽.
30 金基赫, 「江華島條約의 歷史的 背景과 國際的 環境」 『國史館論叢』 25, 국사편찬위원회, 1991,
28~30쪽. 李泰鎭은 운요호 사건이 한국근대사의 첫머리를 차지하는 상징성이 큰 사건임에도 불구
하고 사건 경위조차 엄밀히 검토되지 못했음을 지적하며 일본 측에 의해 심각하게 왜곡된 사건의
진상을 검토하였다. 그 결과 운요호 사건에서의 포격전이 당초 알려진 것과는 달리 8월 21일 하루
가 아닌 8월 21일~23일에 걸친 3일간의 공방전이었고, 일본 측에서 주장하는 국기게양설도 사실

일본 정부는 운요호 사건 처리와 수교 교섭을 위해 특명전권대신特命全權大臣 구로다 기요타카黑田淸隆와 특명전권부대신特命全權副大臣 이노우에 가오루井上馨에게 군함 3척, 수송선 3척과 600여 명의 병력을 이끌고 조선으로 향하게 하였다. 구로다 일행은 1875년 12월 19일(1876년 1월 15일) 부산에 입항하여 약 1주일간 머물다 북상하여 인천 남양만 일대에 도착하였고, 조선 정부는 1876년 1월 5일(1월 30일) 신헌申櫶을 접견대관接見大官에, 윤자승尹滋承을 접견부관接見副官에 임명하여 현지로 파견하였다.[31]

일본은 페리Matthew C. Perry의 포함외교를 모방하여 조선에 군사적 위협과 협박을 일삼았다. 1월 12일(2월 6일) 양국 대신의 접견 절차를 논의하는 자리에서 일본 측은 자신들이 4천 명의 병력을 이끌고 왔고 곧 2천 명이 증파될 것이라며 위협하였고, 1월 17일(2월 11일) 강화부 연무당鍊武堂에서 첫 번째 회담이 열리기 직전에는 일본 천황 즉위를 기념한다는 핑계로 선상에서 함포 90여 발을 발사하였다.[32] 또한 조약 체결을 압박하려는 의도로 숙소에서 공공연히 사격 훈련과 군사 조련을 시행함으로써 일본군의 정예로움을 시위하였다.[33] 2월 2일(2월 26일) '조일수호조규朝日修好條規'가 체결된 데에 운요호 사건을 도발하여 조선을 군사적으로 압박한 일본의 위협이 큰 영향을 미쳤음은 이론의 여지가 없다. 하지만 조약 체결이 무지무능無知無能한 조선 정부가 주체적 준비를 결여한 채 일본이 주도면밀한 준비 속에 벌인 군사적 위협에 굴복한 굴종적 대일외교의 결과라는 평가는 한국 역사를 지나치게 '타율적他律的'으로 이해하는 것이며 사실과도 괴리가 크다.[34]

문호개방 이후 조선 정부의 당면과제는 무엇보다 '부국강병', 그 중에서도 무비武備의 근대화였다. 두 차례에 걸친 서양 세력의 강화도 침공을 겪은 데다 운요호 사건

___

이 아니었음을 밝혔다(李泰鎭, 「운양호 사건의 진상 -사건 경위와 일본국기 계양설의 진위-」『朝鮮의 政治와 社會』, 集文堂, 2002 참조).

31 李憲柱, 『姜瑋의 開國論 硏究』, 고려대학교 대학원 박사학위논문, 2004(b), 103쪽.

32 申櫶, 『沁行日記』, 1876년 1월 12일 ; 申櫶, 『沁行日記』, 1876년 1월 17일.

33 姜瑋, 「沁行雜記」, 『古歡堂集』.

34 이에 대해서는 李泰鎭, 앞의 논문, 2002 ; 李憲柱, 「姜瑋의 對日開國論과 그 性格 -강화도조약 체결을 중심으로-」『한국근현대사연구』 19, 한국근현대사학회, 2001 참조.

과 조일수호조규 체결 과정에서 경험한 일본의 군사력이 예상을 뛰어넘는 놀라운 수준이었기 때문이었다. 조약 체결 후 구로다 기요타카가 고종에게 진헌한 선물에는 회선포回旋砲 1문(전거前車 1량輛과 탄약 2천 발), 육연단총六連短銃 1정(탄약 1백 발), 칠연총七連銃 2정(탄약 2백 발) 등의 무기가 포함되어 있었다.[35] 고종은 2월 6일(3월 1일) 접견대관 신헌과 부관 윤자승을 불러보는 자리에서 회선포와 화륜선에 깊은 관심을 보였고, 사거리가 1천여 보步에 달한다는 회선포의 성능에 놀라움을 금치 못했다. 이 자리에서 신헌은 조선의 군사력이 외침을 막아내기에 너무도 취약함을 말하며 시급히 군비강화에 힘쓸 것을 건의하였다.[36] 근대적 무기의 생산과 도입에 대한 고종의 관심은 차츰 높아져 갔고,[37] 그 결과 수신사修信使와 조사시찰단朝士視察團, 영선사領選使 등을 파견하여 정보를 수집하고 기술을 습득하려는 시도로 이어졌다.

조선 정부는 접견대관 신헌이 복명한 지 불과 16일 만인 2월 22일(3월 17일) 김기수金綺秀를 수신사로 임명하여 일본에 파견하기로 결정하였다. 이는 수교 당시 일본 전권대신 구로다가 6개월 이내에 사신을 파견하여 회사回謝해 줄 것을 요청한 데 따른 것이었지만, 수신사 파견의 전격적인 결정에서 조선 정부의 적극성을 엿볼 수 있다.[38] 조선 정부가 수신사를 파견한 목적은 일본 정부에 대한

**조선수신사(LG연암문고)**
수신사 일행의 모습을 그린 삽화

---

35 일본이 회선포를 진헌함에 따라 당일로 강화부 장교와 오위장 김홍신에게 일본인들이 열무당에서 시험 발사하는 것을 참관하여 발사법을 익히도록 하였다(申櫶, 『沁行日記』, 1876년 2월 2일).
36 『승정원일기』 2822책, 고종 13년 2월 6일 병진.
37 1876년 4월 15일(5월 19일) 조약 체결 당시 강화유수였던 충청감사 조병식을 소견하는 자리에서 고종은 일본인들로부터 회선포와 자기광, 화륜선 등의 제작법을 배울 수 있을지에 대한 관심을 보였다(『승정원일기』 2824책, 고종 13년 4월 15일 병자).
38 李憲柱, 「제2차 修信使의 활동과 '朝鮮策略'의 도입」 『韓國史學報』 25, 2006(b), 287~288쪽.

회사와 수신이었지만, 보다 근본적인 목적은 메이지 유신 이후의 변화된 일본의 '물정상탐物情詳探'에 있었다. 수신사 일행은 도쿄에 머무는 동안 일본의 물정 중에서도 조선 정부의 관심사였던 군사시설과 군사력에 주의를 기울였다.[39]

고종이 수신사 김기수의 귀국 복명에서 질문한 내용은 전선電線, 화륜선, 농기계 등의 근대문물에 관한 것 이외에 일본군이 사용하는 무기의 성능, 총의 크기, 병력 수 등 일본의 군사력과 병기의 성능에 관한 것이었다.[40] 그러나 제1차 수신사행은 21일에 불과한 짧은 방일 기간과 근대문물에 대한 김기수의 안목 부족으로 인해 별다른 성과를 거둘 수 없었다.

조선 정부는 1880년 2월 일본에 수신사를 파견하기로 결정하고, 3월 23일(5월 1일) 예조참의禮曹參議 김홍집金弘集을 제2차 수신사로 임명하였다. 제2차 수신사의 파견은 표면상 미야모토 고이치宮本小一·하나부사 요시모토花房義質 등이 수차례 내한한 데 대한 답례와 관세 징수·미곡 금수禁輸·인천 개항·공사 주경駐京 등 양국 간의 현안을 협의하기 위한 것이었다. 그러나 더욱 중요한 이유는 북양대신北洋大臣 겸 직예총독直隸總督 리홍장李鴻章이 1879년 7월 9일 영중추부사領中樞府事 이유원李裕元에게 밀함密函을 보내 일본·러시아의 침략 위협을 견제하기 위해 서양 열강과 입약통상立約通商할 것을 권한 것과 관련하여 일본의 동정을 파악하고 일본의 개화문물을 시찰하는 데 있었다.[41]

수신사 일행은 1880년 5월 28일(7월 5일) 서울을 떠나 6월 26일(8월 1일) 일본 기선 치도세마루千歲丸를 타고 부산포를 출발하여 7월 6일(8월 11일) 도쿄에 도착하여 약 1개월 간 체류하였다. 수신사 김홍집 일행은 일본에 머무는 동안 일본 조야의 인사뿐 아니라 주일 청국공사 허루장何如璋·참찬관參贊官 황쭌센黃遵憲 등과도 만나며 정세 파악과 개화문물 시찰에 노력하였다. 김홍집은 귀국하면서 황쭌센이 쓴『조선책략朝鮮策略』과 쩡관잉鄭觀應의『이언易言』등을 가지고 귀국하였다. 이들 서적은 '신사척사운동辛巳斥邪運動'이라 불리는 보수세력의 대대적인 반발을 불러왔지만, 조선 정

---

**39** 崔德壽,「강화도조약과 개항」『서세동점과 문호개방』(한국사 37), 국사편찬위원회, 2000, 257쪽.
**40** 『승정원일기』2827책, 고종 13년 6월 1일 경인.
**41** 宋炳基,『近代韓中關係史研究』, 단국대출판부, 1985, 51~55쪽.

부가 개화정책을 추진하는 기폭제 역할을 하였다.[42]

개항 이후 조선 정부는 일본과의 외교를 근대적인 형태로 전환하면서도, 대내적으로는 대외정책의 변경을 부인하였다. 이 때문에 개화정책의 추진은 지연될 수밖에 없었다. 하지만 조선 정부는 『조선책략』 도입으로 서양 열강과의 수교를 포함한 개화정책 추진의 명분을 얻게 되자 1880년 말부터 근대화 정책을 적극적으로 추진하였다. 1880년 12월 근대적 개혁을 추진하기 위한 전담기구로 통리기무아문統理機務衙門을 설치하였고, 1881년에 들어서는 조사시찰단朝士視察團의 일본 파견과 교련병대敎鍊兵隊의 창설, 영선사領選使의 청국 파견 등이 순차적으로 이루어졌다.

조사시찰단은 조선의 개화·자강정책 추진에 반영할 목적으로 일본에 파견되어 1881년 4월 초부터 윤7월까지 약 4개월 동안 메이지 일본의 문물제도를 견문하고 시찰하였던 12명의 조사朝士와 수행원들을 지칭한다. 이들 조사들은 1881년 1월 11일(2월 9일)에서 2월 26일(3월 25일)에 걸쳐 임명되었다. 이들에게는 각각 일본 정부 내 여러 성의 사무 및 세관 사무, 기선 운항과 육군 조련 등에 관한 사항을 파악하여 보고하라는 고종의 밀명이 내려져 있었다. 1월 11일에 박정양朴定陽·조준영趙準永·엄세영嚴世永·강문형姜文馨·심상학沈相學·홍영식洪英植·어윤중魚允中 등 7명이 '동래암행어사'라는 직함으로 조사에 임명된 데 이어, 2월 2일(3월 1일)에는 이헌영李金憲永·민종묵閔種默·조병직趙秉稷·이원회李元會가 '동래암행어사'에 임명되었다.

이 중 이원회는 2월 10일(3월 9일) '군계선함사차정참획관軍械船艦事差定參劃官'에 임명되어 통리기무아문 참모관으로 발탁된 이동인李東仁과 함께 기선과 총포 구입 계획을 담당하기로 되어 있었다. 그러나 이동인의 갑작스런 실종으로 계획에 차질이 빚

---

42 『朝鮮策略』 도입에 따른 반향을 다룬 대표적인 연구 성과는 다음과 같다. 趙恒來, 「黃遵憲의 朝鮮策略에 대한 검토」 『대구대논문집』 3, 1962 ; 李瑄根, 「庚辰修信使 金弘集과 黃遵憲著 朝鮮策略에 관한 재검토」 『동아논총』 1, 1963 ; 金時泰, 「黃遵憲의 朝鮮策略이 韓末政局에 끼친 影響」 『史叢』 8, 1963 ; 송병기, 「19세기말의 聯美論 硏究」 『史學硏究』 28, 1978 ; 권석봉, 「'朝鮮策略'과 淸側 意圖」 『全海宗博士華甲紀念史學論叢』, 일조각, 1979 ; 조항래, 「'朝鮮策略'을 통해 본 防俄策과 聯美論 硏究」 『김철준박사 화갑기념사학논총』, 1983 ; 송병기, 「辛巳斥邪運動 硏究」 『사학연구』 37, 1983. 이들 연구들이 주로 『조선책략』을 전해준 청국의 의도와 그 전래가 조선에 끼친 파장에 집중했던 데 반하여 이헌주는 『조선책략』을 들여온 주체인 조선의 개화세력이 어떠한 의도에서 『조선책략』을 반입했는가 하는 조선의 내적인 흐름에 주목하였다(李憲柱, 앞의 논문, 2006(b)).

어져 이원회는 2월 26일 조사로 복귀되었고, 김용원金鏞元이 기선 운항에 관계된 정보 수집 임무를 띠고 조사시찰단의 일원으로 합류하였다.[43]

조사 중 강병책과 직결되는 분야를 시찰한 인물은 육군성을 담당했던 홍영식과 전라우도 수군절제사를 역임한 무관 경력의 소유자로 일본 육군의 조련 상황에 대한 조사를 맡았던 이원회였다. 이들은 육·해군사관학교, 도야마戶山 학교, 해군병학교, 참모본부, 육군조련장, 해군경조海軍競漕, 포병공창砲兵工廠, 근위병영近衛兵營, 육군재판소 등 군사시설을 두루 시찰하였다. 또한 경상좌도 수군우후水軍虞侯 출신인 김용원도 무위소로부터 기선운항 관련 정보를 수집하라는 명령을 받고 합류하였는데, 그는 다른 조사들과는 달리 국왕의 친위군영인 무위소로부터 경비를 지급받아 1883년 8월까지 일본에 머물면서 임무를 수행하였다.[44] 수행원 중에서는 이원회를 수행했던 송헌빈宋憲斌이 군사 업무와 관련하여 두드러진 활동을 보였다. 그는 이원회를 보좌하여 구마모토熊本 포대, 이다바시板橋 화약제조소, 사관학교, 도야마 학교, 군용 전신국, 근위병영, 포병공창 등 군사관계 시설을 주로 시찰하면서 일본의 군제를 폭넓게 조사했다. 또한 그는 주로 포병공창에서 탄환·뇌관·화약의 제조법과 군사기술을 집중적으로 수집하였으며, 일제 무라타村田 총과 레밍턴Remington 총, 전기지뢰와 같은 신식 화기의 성능과 전신 등의 통신체계 운용 방법도 견학하였다. 이외에도 그는 비료·폭약 등 공업용과 군수용으로 폭넓게 응용될 수 있는 기초 화공약품인 황산·초산·염산·염화칼륨 등의 제조공정도 상세히 조사하였다.[45]

조사시찰단 일행은 근대화된 일본의 무기 체계와 군제를 시찰하였고, 일부 조사들과 수행원들은 화학, 공업 등 무기개발에 필요한 기술을 배우기도 하였다. 뿐만 아니라 이들은 일본의 대만 출병과 유구琉球 병합 등과 관련된 사태의 전말을 소상히 파악하고, 청일 양국의 군비 실태를 살필 수 있는 기회를 가짐으로써 국방정책의 수립과 대외관계 설정에 필요한 중요한 정보를 획득하였다.[46] 또한 조사들은 일본에 체재

43 許東賢, 「일본시찰단의 파견」 『개화와 수구의 갈등』(한국사 38), 국사편찬위원회, 1999, 106~107쪽.
44 裵亢燮, 앞의 책, 2002, 155~158쪽.
45 許東賢, 「1881年 朝士視察團의 활동에 관한 연구」 『國史館論叢』 66, 국사편찬위원회, 1995, 33쪽.
46 裵亢燮, 앞의 책, 2002, 159~160쪽.

하며 견문한 근대문물 제도에 대한 상세한 보고서를 남겨 조선 정부가 개화정책을 추진하는 데 기여하였다. 육군성 사무에 대해 조사한 홍영식은 일본 육군의 군사행정 및 관리체계를 파악해 놓은 『육본육군총제日本陸軍總制(상, 하)』를 남겼고, 육군 조련에 관한 조사를 맡았던 이원회는 실질적인 군사훈련 방법 및 전기戰技·전술에 관한 정보를 수집한 총 4권의 『일본육군조전日本陸軍操典』을 지었다.[47]

조선 정부가 군계학조사軍械學造事, 즉 신식 군기軍器 제조법의 전수 가능성을 청국 정부에 처음 타진한 것은 1876년 9월 사역원 부사직 이용숙李容肅의 사행을 통해서였다. 리훙장은 조선 정부의 계획이 전달되자 예부에 자문을 보내 정식으로 요청할 것을 조선 정부에 권고하였다. 조선 정부가 리훙장의 권고처럼 청국 예부에 자문을 보낸 것은 1880년의 일이었다. 1880년 7월 9일(8월 14일) 조선 정부는 변원규卞元圭를 별뢰자관別賚咨官에 임명하여 청국에 자문을 보냈고, 광서제光緒帝의 명을 받은 리훙장은 군기 제조와 무기 구입, 연병練兵 등에 관한 구체적인 방법을 의정議定하였다. 그 골자는 화약·탄약 제조를 중심으로 군기 제조를 위해 조선에서 38명의 유학생을 받아들여 톈진天津 기기국機器局의 동·남양국東南兩局에서 교육한다는 것, 서울의 병력을 기존의 1만에서 3만으로 늘리고 이들을 마병馬兵 3천 명, 포병砲兵 3천 명, 보병 24,000명으로 구분하여 222,440량의 예산을 들여 무장시키고[48] 무기의 조련을 위해 변병弁兵 수십 명을 톈진 창포대鎗砲隊에 배속시키는 한편, 수뢰水雷·전기電機 학습도 병행한다는 것이었다. 광서제는 이러한 의정 결과를 조선에 전달하여 조선 국왕에게 실행 여부를 결정하도록 하였다.[49]

조선 정부가 군계학조사를 위해 영선사領選使 파견을 결정하고 조용호趙龍鎬를 영선사로 임명한 것은 1881년 2월 26일(3월 25일)이었다.[50] 당초 4월 11일(5월 8일)로

47 許東賢, 앞의 논문, 1995, 38쪽.
48 당시 조선 정부의 1년 예산이 대략 청 화폐로 30만 냥이었음을 감안하면, 무기 구입에 222,440냥을 투입하도록 한다는 리훙장의 구상은 실현되기 어려운 것이었다(金正起., 「1876~1894年 淸의 朝鮮政策 硏究」, 서울대학교 박사학위논문, 1994, 34쪽).
49 權錫奉, 「청국유학생(영선사)의 파견」『개화와 수구의 갈등』(한국사 38), 국사편찬위원회, 1999, 125~127쪽.
50 『승정원일기』 2884책, 고종 18년 2월 26일 무오.

기기국 번사창(서울 종로)

예정된 영선사의 출발은 계속 미뤄지다가 조용호가 병으로 사망하자 윤7월 15일(9월 8일) 김윤식金允植이 대신 영선사에 임명되었다.[51] 영선사행의 인원 구성은 영선사 김윤식과 종사관 윤태준尹泰駿을 비롯한 관원 12명, 유학생 38명, 수종隨從 19명 등 총 69명의 정식 인원과 개인이 동반한 수종 14명이었다. 유학생 38명 중 28명은 서울에서, 나머지 10명은 의주에서 선발하였는데, 16~17세부터 40여 세까지 연령대가 다양하였다. 이들 유학생은 양반 출신인 학도學徒 20명과 중인 이하 신분에 속한 공장工匠 18명으로 구성되어 있었다.[52]

영선사 일행은 9월 26일(11월 17일) 서울을 출발하였고, 11월 17일(1882년 1월 6일)에 베이징에 도착하여 열흘 간 머문 후 11월 30일(1월 19일)에는 텐진에 도착하였다. 이에 앞서 영선사 김윤식은 11월 22일(1월 11일) 리훙장과 군계학조사 및 연미사聯美事를 협의하기 위해 보정부保定府로 떠났다가 12월 6일(1월 25일) 텐진에 합류하였다. 그러나 이미 연말이 되어 유학생들의 기기국機器局 분창分廠은 이듬해인 1882년 1월 8일(2월 25일) 동·남국이 개공開工할 때로 미뤄졌고, 그것도 동국에 속한 유학생의 경우였다. 남국의 유학생은 1월 17일(3월 6일)에야 비로소 취업이 이뤄지지만 2월 초까지도 완료되지 못하였다. 당초 1~3년을 예상하였던 유학생들의 교육기간은

51 『승정원일기』 2890책, 고종 18년 윤7월 15일 을사.
52 權錫奉, 「領選使行考」『淸末 對朝鮮政策史硏究』, 일조각, 1997, 168~171쪽.

실제로는 1882년 1월에서 10월에 걸친 약 9개월 정도였으며, 11월 1일(12월 10일)에는 잔류했던 학생들 모두가 인천으로 귀국하였다.[53]

무비자강이라는 원대한 이상 아래, 군계학조사라는 중요한 임무를 띠고 본국을 출발했던 영선사 일행은 소기의 목적을 달성하지 못한 채 1년여의 유학기간에 종지부를 찍고 전원 철수하고 말았다. 그러나 이 영선사행은 1883년 3월 텐진에 있었던 종사관 김명균金明均이 4명의 텐진 공장工匠을 데리고 귀국하여 삼청동 북창北倉에 처음으로 기기창機器廠을 창건하는 기초가 되었다.[54] 아울러 화북지방 특유의 풍토병과 재정적 곤궁 속에서 꾸준히 학업에 정진했던 일부 유학생은 귀국한 후 새로 건설된 병기공장의 간부 요원으로, 그리고 전신국의 핵심요원, 통리기무아문의 간부로 등장하게 되었다.[55]

## 2) 교련병대(敎鍊兵隊)의 창설과 양영제(兩營制)의 채택

통리기무아문의 설치는 "사대事大·교린交隣·군무軍務·변정邊情 등의 일을 전관專管하여 거행할 아문衙門"을 설치하고 아문의 명칭과 관제를 논의하여 마련하여 절목節目을 만들라는 고종의 지시에 따른 것이었다.[56] 이에 따라 1880년 12월 20일(1881년 1월 19일) 유명무실해진 삼군부가 혁파되고 그 자리에 새로 통리기무아문이 설치되었고, 같은 날 「신설아문절목新設衙門節目」을 마련되어 올려졌다. 통리기무아문의 수장인 총리總理는 대신 가운데서 임명하도록 했으며, 그 아래에 사대事大·교린交隣·군무軍務·변정邊政·통상通商·군물軍物·기계機械·선함船艦·이용理用·전선典選·기연機沿·어학語學의 12사司를 두어 각기 사무를 분장하게 하였다.[57] 삼군부의 혁파에 따라 종래 삼군부가 담당했던 일체의 군사관계 업무도 통리기무아문의 군무사로 이관되었다. 통리기무아문의 12사 중 변정·기연·군물·기계·선함사 등은 단시일에 업무를 실

---

53 權錫奉, 앞의 논문, 1999, 130~136쪽.
54 權錫奉, 앞의 책, 1997, 184쪽.
55 金正起, 「1880년대 機器局·機器廠의 設置」 『韓國學報』 10, 1978, 105~108쪽.
56 『비변사등록』 261책, 고종 17년 12월 7일.
57 『비변사등록』 261책, 고종 17년 12월 20일.

행하기 곤란하였기 때문에 조직 개편 필요성이 제기되었는데, 조사시찰단이 귀국 복명한 뒤인 1881년 11월 9일(12월 28일) 통리기무아문의 조직은 동문사同文司·군무사·통상사·이용사·전선사·감공사監工司·율례사律例司의 7사로 개편되었다.[58]

통리기무아문 설치 이후 군의 근대화를 위한 군제 개편이 추진되었는데, 이는 신식군대인 교련병대敎鍊兵隊(별기군別技軍)의 창설과 5군영의 양영제兩營制로의 개편으로 나타났다.

조선 정부가 1880년 7월 변원규卞元圭를 청국에 파견하여 군사력 강화를 위한 협조를 요청하자, 청국 정부는 조선의 요원이 청국에 와서 무기의 제조법과 군사교육을 받아야 한다는 것을 기본방안으로 제시하였다. 양국 간의 합의로 이를 구체화한 것이 전문 4조로 이루어진 「조선국원변래학제조조련장정朝鮮國員卞來學製造操練章程」이었다. 이에 따라 1881년 2월 26일(3월 25일) 통리기무아문에서는 기계제작 분야의 제조법을 배우기 위한 유학생, 즉 군계학조단을 청국에 파견하였지만, 군사훈련 요원은 파견하지 않고 그 대신 청국의 군사교관을 초빙하여 교육하는 것으로 계획을 변경하였다.[59]

그런데 군사교관 초빙으로 선회한 직후 조정의 의견이 분분하여 정책 결정이 지지부진하자, 고종은 무위소 별선군관別選軍官 윤웅렬尹雄烈에게 일본공사 하나부사 요시모토花房義質와 접촉하여 신식군대의 훈련문제를 논의하게 하였다.[60] 조선 정부가 일본인 교관을 초빙하여 신식군대를 훈련시키는 것으로 방향을 선회한 데에는 몇 가지 이유가 있었다. 먼저, 청국에 일방적으로 의존하기보다는 자주적인 국방 강화를 모색하려 했던 고종의 의도가 작용하였다.[61] 둘째, 제2차 수신사행을 통해 일본의 침략 가능성에 대한 우려가 많이 해소되었다는 점도 일본인 군사교관 초빙을 가능하게 하였

---

58 崔賢淑, 「開港期 統理機務衙門의 設置와 運營」, 고려대학교 교육대학원 석사학위논문, 1993, 12~13쪽.
59 崔炳鈺, 앞의 책, 2000, 159~161쪽.
60 裵亢燮, 앞의 책, 2002, 169~170쪽.
61 裵亢燮, 앞의 책, 2002, 170~171쪽. 제2차 수신사 김홍집을 소견한 자리에서 고종은 "그들(청국)이 아무리 우리나라와 한마음으로 힘을 합치고자 해도 이를 어찌 깊이 믿을 수 있겠는가. 곧 요컨대, 우리도 또한 부강해질 방도를 시행해야 할 뿐이다."라고 하여 청국에 대한 경계심의 일단을 비춘 바 있다(『승정원일기』, 고종 17년 8월 28일 갑자).

다.[62] 셋째, 청·일 양국의 무기를 비교해 본 결과 청국보다 일본의 무기가 더 우수하다고 판단을 내린 데 따른 선택의 결과였다.[63] 넷째, 강화도조약 체결 이후 조선의 군비 증강을 돕겠다는 일본의 우호적인 권유와 제의가 지속되었다는 점도 하나의 요인이 되었다. 다섯째, 서울에 체류하고 있는 호리모토 레이조堀本禮造를 활용할 경우 군사교관 초빙에 따른 예산과 시간을 절약하고 즉시 훈련을 실시할 수 있다는 장점이 있었기 때문이었다.[64]

1881년 봄 윤웅렬의 내방으로 조선 정부의 군사교관 영입 의사를 전달받은 하나부사 공사는 3월 28일(4월 26일) 예조판서 홍우창洪祐昌과 경기관찰사 겸 군무사軍務司 경리당상經理堂上 민겸호閔謙鎬에게 서한을 보내 신식군대 교육을 촉구하며 공사관 소속 육군 소위 호리모토를 교관으로 추천하였다. 이에 대해 4월 9일(5월 6일) 민겸호와 홍우창이 수락하는 답서를 보냄으로써 신식군대의 훈련 문제는 일본의 협조를 받는 것으로 결정되었다. 이러한 결정에 따라 같은 날 윤웅렬과 충무영忠武營 참봉參奉 김노완金魯莞은 병졸을 인솔하여 일본 공사관으로 가서 교관 호리모토에게 훈련 가능성을 점검받았고, 4월 12일(5월 9일)부터 모화관을 임시교장으로 삼아 5군영에서 선발한 병력 80명의 훈련에 돌입하였다.[65]

5월 3일(5월 30일) 통리기무아문에서 교련병대의 절목인 「선병조련절목選兵操鍊節目」을 마련하여 올리자, 고종은 교련병대 소속 장병과 대원의 급료 및 복장을 무위소에서 마련하여 지원하도록 지시하였다. 5월 7일(6월 3일)에는 교련병대의 간부진도 구성되었는데, 먼저 첨지중추부사僉知中樞府事 한성근韓聖根이 통리기무아문 참획관參劃官 겸 정령관正領官에, 우범선禹範善이 참령관參領官에 임명되었고, 이후 좌부령관左

---

62 이에 대해서는 송병기, 「第2次 修信使의 派遣과 駐日淸國使節의 聯美論」『근대한중관계사연구』, 단대출판부, 1985 ; 李憲柱, 앞의 논문, 2006(b) 참조.

63 裵亢燮, 앞의 책, 2002, 175쪽. 어윤중은 "중국은 독일에서 구입한 軍械가 몹시 많은데 서양 각국의 보도에 따르면 중국이 구입한 것은 하나같이 구식이어서 버려지고 쓸모없는 것이 많다고 한다."라고 하였다(魚允中, 「隨聞錄」『魚允中全集』, 亞細亞文化社, 1979, 86쪽).

64 崔炳鈺, 앞의 책, 2000, 163~168쪽.

65 裵亢燮, 앞의 책, 2002, 175~176쪽. 이러한 상황이 고종에게 정식으로 보고된 것은 4월 23일의 일이었다. 민겸호의 사후 보고를 접한 고종은 이를 허가하고 병사를 선발하고 조련하는 일에 대한 절목을 마련하라고 지시하였다(『승정원일기』, 고종 18년 4월 23일 갑인).

副領官에 이범진李範晉, 우부령관右副領官에 정용섭丁龍燮, 참령관에 이광렬李光烈·정순용鄭舜瑢 등이 추가로 임명되어 교련병대를 통솔하게 되었다. 교련병대는 창설 당시 무위소 소속이었다가 곧 통리기무아문 군무사 직속이 되었는데, 1881년 12월 5군영이 해체되어 무위영武衛營과 장어영壯禦營으로 통합 재편될 때에도 이와 무관하게 군무사 소속으로 남았다.[66]

교련병대의 피교육생 수는 창설 당시에 병졸 80여 명에 불과했지만, 점차 규모가 확대되어 일반 병졸뿐만 아니라 사관생도의 모집도 이루어졌다. 이는 교관 호리모토의 건의와 고종의 적극적인 관심에 따른 것이었다. 호리모토는 6월 5일(6월 30일) 군무당상 민겸호와 예조판서 심순택沈舜澤에게 직접 서신을 올려 군사력 강화를 위해서는 군제 개편이 시급하고 지속적인 군사교육을 위해서는 군사학교의 설립과 사관교육이 필요함을 역설하였다.[67] 한편 고종은 8월 27일(10월 19일) 교련병대의 시범훈련을 참관한 후 "지금 보건대 교련병대가 아주 정예하다. 병대가 이와 같지 않다면 어찌 병대라고 말할 수 있겠는가"라고 칭찬하며 앞으로는 무예청과 각 군문도 이와 같은 방법으로 교육하라고 지시했고, 9월 25일(11월 16일) 국왕의 능행을 호위하게 하는 등 각별한 관심을 보였다. 사관생도 20여 명을 처음 모집한 것은 9월의 일이었고, 이후 인원은 점차 증원되어 1882년 2월경에는 병졸 3백여 명, 사관생도 140여 명이 훈련을 받게 되었다.[68]

교련병대의 훈련 장소는 창설 당시에는 서대문 밖 모화관慕華館이었는데, 1881년 8월 21일(10월 13일)에 창의문彰義門 밖 평창平倉으로 옮겼다. 다시 8월 30일(10월 22일)에는 고종의 지시로 남산 북동쪽 산록에 위치한 남소영南小營으로 이동하였으며, 10월 30일에는 훈련도감의 무기고인 하도감下都監으로 이전하였다. 1882년 6월 임오군란이 일어나자 교련병대는 창설된 지 1년 2개월 만에 해체되고 말았다. 그러나 1882년 8월 10일(9월 21일) 교련병대 병력은 총융청에 소속되어 총융사의 지휘 아래

---

66 崔炳鈺, 앞의 책, 2000, 169~172쪽.
67 『同文彙考』4, 附編, 武備, 陸軍少尉請益擴鍊戎規制書 참조.
68 崔炳鈺, 앞의 책, 2000, 173~174쪽. 사관생도 과정의 경우 정규반과 속성반이 있었는데, 생도 과정을 이수한 자는 종6품관인 남행부장(南行部將)에 임명되었다(權東鎭, 「壬午兵亂과 甲申政變」『학해』 6, 1937).

이전과 같이 훈련하라는 지시가 내려지고 있어 실제로는 완전히 해체되었다고 보기는 어렵다.[69]

조선 정부가 의욕적으로 추진한 교련병대 등 근대적 군사교육은 국민적 통합과 재정적 뒷받침이 수반되지 못함에 따라 훗날 오히려 각각 청국식과

1881년 5월 창설된 교련병대

일본식으로 훈련된 군영 간의 갈등과 분열을 초래함으로써 군대의 통일적 편제와 통수를 불가능하게 하였다. 특히 교련병대는 군비강화에 도움을 주기보다는 차별대우에 따른 구식군인들의 분노를 폭발시켜 임오군란의 원인을 제공하기도 하였다.[70]

한편, 고종은 1881년 11월 24일(1882년 1월 13일) 전교를 내려 5군영으로 되어 있는 종래의 중앙군을 개편하여 양영제로 바꾸도록 하였다.[71] 12월 25일(1882년 2월 13일)에는 군무사 당상과 총리대신이 논의하여 마련한 「각군문변통절목各軍門變通節目」이 보고되었다. 그 골자는 무위소·훈련도감·용호영·호위청扈衛廳을 합하여 무위영武衛營이라 칭하고, 금위영·어영청·총융청을 합하여 장어영壯禦營이라 칭하며 책임자를 대장으로 부른다는 것, 양영의 도제조都提調는 대신 가운데서 맡고, 무위영의 제조提調는 경리사經理使 가운데서 임명하며, 장어영의 제조는 병조판서가 겸임한다는 것 등이었다.[72] 이에 따라 초대 무위대장에는 이경하李景夏, 장어대장에는 경리사 신정희

---

69 崔炳鈺, 앞의 책, 2000, 175~176쪽.
70 裵亢燮, 앞의 책, 2002, 178쪽. 교련병대는 국왕의 私兵이라 불릴 정도로 급료, 피복 지급 등에서 대우가 구식군대보다 월등히 좋았고, 스나이퍼, 마티니와 유레파의 속사 소총 시스템으로 무장되어 있었다(러시아대장성, 『(국역)韓國誌.』, 한국정신문화연구원, 1984, 671쪽).
71 『승정원일기』 2894책, 고종 18년 11월 24일 임자. 고종이 양영제로 개편을 지시한 근거는 양영이 군대 통솔 면에서 더 효율적이라는 편의성에 불과할 뿐 군제개편의 뚜렷한 명분은 없었다(육군본부, 앞의 책, 1977, 319쪽).
72 裵亢燮, 앞의 책, 2002, 179쪽.

中正熙가 임명되었다.[73] 또한 무위영의 도제조는 영의정 이최응이, 제조에는 무위대장 이경하가 겸직으로 임명되었고, 장어영의 도제조에는 좌의정 김병국이, 제조에는 병 조판서 조영하趙寧夏가 임명되었다.[74]

무위영은 훈국의 예에 따라 무위대장 아래 중군中軍 및 금군별장禁軍別將과 선기별 장善騎別將을 두었으며, 장어영은 총융청의 예를 따르도록 하였다. 중앙군영 몇 개를 통합하여 만든 군영인 탓에 그 위상도 크게 높아져 종래 군영대장이 겸임하던 좌우포 도대장을 장어영과 무위영의 중군이 겸임하였다. 또한 무위영의 중군은 포도대장이나 장어영 중군 경력이 있는 자, 금군별장은 선기별장이나 장어영 별장의 경력이 있는 자, 선기별장은 병사兵使의 경력이 있는 자 가운데서 임명하도록 하여 장어영에 비해 서 무위영의 지위가 높았다.[75]

그러나 양영제로의 개편은 무위소에 비해 차별대우를 받는 중앙군영의 군사들의 불만이나 신료들의 반대를 무마하기 위한 임시방편적 조처의 성격이 강하여 군사력 강화나 도성방어력의 강화로 연결될 수는 없었다. 양영제로의 개편 결정은 고종의 독 단에 의해 이뤄졌고, 이후에도 군영 운영의 혼란과 신료들의 불만이 이어지면서 새로 운 군제가 쉽게 자리잡지 못하였다. 또한 무위영은 국왕의 친위군영인 무위소를 중심 으로 훈련도감과 용호영, 호위청을 흡수·통합한 것으로 결국 훈련도감의 병력까지 모 두 궁궐수비군으로 만들어 버린 셈이었다. 장어영은 금위영·어영청·총융청을 통합 한 것으로 보아 수도권 방어부대의 성격을 가졌다.[76] 결국 명목상의 통합에 그친 양영 체제로의 개편은 오히려 무위소와 여타 군영간의 갈등을 온존시킴으로써 임오군란이 야기되는 원인만 제공하였고, 임오군란으로 재집권한 대원군에 의해 양영체제가 혁파 되고 다시 5군영제로 환원되었다.

---

73 『승정원일기』 2895책, 고종 18년 12월 25일 계미.
74 『승정원일기』 2895책, 고종 18년 12월 26일 갑신.
75 裵亢燮, 앞의 책, 2002, 180쪽.
76 崔炳鈺, 앞의 책, 2000, 190쪽.

# 제2절

## 임오군란 후 군제개편과
## 친군영 체제의 성립

### 1. 임오군란 발발과 청국의 군사 개입

개항 이후 시행된 일련의 개화정책은 국왕과 민씨척족 그리고 소수의 개화파 관료들이 정국을 주도한 가운데 추진되었다. 그러나 개혁 추진세력 내에서도 개화정책의 속도나 추진 방향을 둘러싼 내부적 갈등이 적지 않았고, 대다수 관료들과 유림들은 척사론斥邪論과 화이론華夷論을 기반으로 개화정책의 추진에 강력히 반대하고 있었다. 일반 백성들도 문호개방의 결과 미곡의 대량 유출로 인한 쌀값 폭등의 직접적인 피해를 입게 됨에 따라 개화정책 추진에 대한 반발이 적지 않았고, 이에 따라 일본에 대한 적대감과 혐오감도 한층 고조되어 갔다.

고종 친정 이후 진행된 군제개편에 따라 군 내부에서 불이익을 받거나 소외감을 느끼게 된 이들이 적지 않았다. 무위소 신설 이후 여타 5군영 병사들을 차별 대우함으로써 불만이 고조되어갔고, 여기에 1881년 4월 신식군대인 교련병대教鍊兵隊가 창설된 데 이어 12월에는 기존의 5군영이 무위영武衛營과 장어영壯禦營의 양영으로 개편되었다. 양영체제로 개편되는 과정에서 상당수의 군인들이 파면되어 실직하였고, 파면을 면한 군인들도 개화정책 추진으로 인해 언제 실직할지 모르는 불안감에 휩싸여 있었다. 자신들의 불안한 처지와는 달리 교련병대 소속 군인들이 후한 대우를 받는 상황 속에서 구식군인들의 불만은 더욱 고조될 수밖에 없었다.[77]

임오군란 때 서대문 밖 임시공사관 건물을
불지르고 나오는 일본 공사관 직원들

부패한 관리들의 중간수탈로 서울로 세곡이 원활하게 수송되지 못하였던 상황에서, 쌀이 대규모로 일본에 수출됨에 따라 이에 편승한 극심한 모리행위로 쌀 부족 현상이 심화되었다. 특히 1882년에는 흉년까지 들어 서울의 쌀 부족 현상은 한층 더 심각해졌다. 식량 사정이 악화되면서 개화정책에서 소외되었던 하층민들의 조정에 대한 불만은 더욱 높아졌으며, 특히 병사들은 녹봉미祿俸米 체불의 책임을 선혜청 당상인 민겸호閔謙鎬와 경기도 관찰사 김보현金輔鉉에게 돌리고 있었다.[78]

1882년 6월 5일(7월 19일) 벌어진 '도봉소都捧所 사건'은 임오군란이 발생하는 단서가 되었다. 개항 이후 미곡이 일본으로 대량 유출됨에 따라 군인들의 녹봉미 지급이 원활하지 못한 가운데 오랜만에 전해진 녹봉 지급 소식에 구舊 훈련도감 군인들이 선혜청宣惠廳 도봉소로 집결하였다. 그런데 13개월 만에 지급된 한 달 치 녹봉도 선혜청 당상堂上 민겸호의 하인인 도봉소 고직庫直의 농간으로 정상적인 상태가 아니었다. 군인들에게 지급된 쌀은 썩어 잿빛이었던 데다가 모래와 겨가 섞여 있었고, 양마저도 정량이 아니었다. 이에 격분한 군졸들은 고직과 말다툼을 벌이다가 마침내 그를 구타하는 '도봉소 사건'을 일으켰다. 훈련도감 좌별취수左別吹手 김춘영金春永, 정의길鄭義吉, 우초군右哨軍 강명준姜命俊, 취고수吹鼓手 류복만柳卜萬 등 4명은 이튿날 사건의 주모자로 연행되어 동별영東別營에 수감되었다. 이들은 모두 1백 명 안팎의 군인들을 직접 통솔하는 기총급旗摠級의 군 지휘관으로서 군대 내에서 상당한 영향력을 행사하고 있었다.[79]

당시 하급군인들이 집단 거주하였던 왕십리·이태원 일대에는 이들이 이미 혹독한 고문을 당하였고, 곧 민겸호의 명에 의해 처형될 것이라는 소문이 파다하였다. 군인

**77** 박은숙, 앞의 논문, 1997, 212~213쪽.
**78** 金鍾圓, 「壬午軍亂 硏究」 『國史館論叢』 44, 국사편찬위원회, 1993, 29쪽.
**79** 金鍾圓, 앞의 논문, 1993, 28쪽.

들은 물론이고 이 지역에 거주하는 하층민들은 이 소문으로 큰 충격에 빠졌다.[80] 왕십리 지역은 4대문 밖 교외의 하층민들이 주로 정착하는 지역으로, 특히 훈련도감의 하급군인들이 많이 살고 있었다. 이들은 가족과 함께 다른 하층민들과 섞여 살면서 상업·수공업·농업 등 다른 직업에도 종사하면서 생계를 유지하였다. 또한 이들은 촌락 공동체 내부에서 강력한 영향력을 행사하고 있었으며, 그들 중 일부는 동임洞任과 중임中任 등의 직책도 맡고 있었다.[81]

가족이 처형될 것이라는 소문을 들은 김춘영의 아버지 김장손金長孫과 류복만의 동생 류춘만柳春萬은 이들의 구명을 위해 통문을 작성하여 서울 각 지역에 전달하였다. 통문이 전달되자, 마을의 행수行首 또는 중임들은 이를 받아 보고 다른 마을로 넘긴 뒤 마을 사람들을 모아 놓고 통문의 내용을 전달하며 적극적인 참여를 독려하였다. 통문에 대한 주민들의 호응은 "왕십리에서 노소를 불문하고 일제히 입성하였다."거나, "군총 여부에 상관없이 당시 왕십리 일동一洞은 모두 협력하여 함께 들어왔다."고 할 정도로 대단하였다.[82]

군인들은 별도의 군 연락망으로 6월 9일(7월 23일) 동별영東別營에 모이도록 연락받았고, 당일 수천 명의 병사들이 동별영에 집결하였다.[83] 이들이 처음부터 폭력적인 방식으로 문제를 해결하고자 했던 것은 아니었다. 이들은 우선 등소等訴를 통하여 사태를 해결하고자 직속상관인 무위도통사武衛都統使 이경하李景夏를 찾아가 민겸호의 부당행위와 동료들의 구명을 호소하였다. 그러나 이들은 민겸호에게 직접 호소하라는 이경하의 권유에 따라 민겸호의 집으로 몰려갔으나, 민겸호가 집을 비운 탓에 만날 수 없었다. 군인들은 때마침 도봉소의 고직이 달아나는 모습을 발견하고 그를 쫓아 민겸호의 집에 난입하기에 이르렀다. 두 차례의 등소 시도가 모두 실패하자, 군인들은 민겸호의 저택을 파괴하고 방화한 후 무력행동에 돌입하였다.[84]

하급군인들은 운현궁으로 대원군을 찾아가 무력행동의 정당성을 확보하고자 하였

---

80 황현, 『梅泉野錄』 권1 상, 갑오이전, 「임오군란」, 壬午 6月 初9日.
81 趙誠倫, 「임오군란」 『개화와 수구의 갈등』(한국사 38), 국사편찬위원회, 1999, 280쪽.
82 趙誠倫, 앞의 논문, 1999, 281쪽.
83 金鍾圓, 앞의 논문, 1993, 30~31쪽.
84 趙誠倫, 앞의 논문, 1999, 282쪽.

운현궁 노안당(서울 종로)

다. 권력을 잃고 기회를 엿보고 있던 대원군은 김장손, 류춘만 등 주동자와 면담하는
한편, 그의 심복인 허욱許煜에게 군복을 입고 그들의 지휘 그룹에 가담하도록 지시하
였다. 이와 같이 군병들은 대원군의 묵인 하에 비로소 본격적인 무장봉기를 전개하였
다.[85] 이들은 다시 동별영에 집결하여 창고를 열어 각종 무기로 무장하고, 어영청 신
영新營의 무기고에서도 무기를 탈취하여 무장을 강화하였다.[86]

　조선 정부는 단순한 난동 정도로만 생각했던 소요가 더욱 확산되자 이경하를 보내
조사하고 회유하여 해산시키려고 하였다. 그러나 이경하가 전교를 내보이며 설득하였
는데도 아무런 소용이 없었고, 오히려 수행했던 무위영 집사執事들이 군병들에게 살
해당하고 그도 쫓겨났다. 사태의 위급함을 깨달은 정부는 우선 책임자인 무위도총사
이경하, 선혜청 당상 민겸호, 도봉소 당상 심순택을 파직시키고, 후임 무위대장에 대
원군의 장자 이재면李載冕을 임명하여 민심 수습을 꾀하는 한편, 무력으로 이들을 진
압할 방법을 찾고자 하였다. 그러나 서울을 수비하는 주력부대인 훈련도감 군병들이

---

85　金正起,「大院君 납치와 反淸意識의 형성(1882~1894)」『韓國史論』19, 서울대학교 국사학과,
　　1988, 482쪽.
86　『승정원일기』2901책, 고종 19년 6월 10일 갑자.

폭동을 일으킨 마당에 이들을 진압할 병력이 있을 리 없었다.[87]

9일 오후 군병들은 3대로 나뉘어 조직적인 무력행동을 개시하였고, 도시 하층민들도 본격적으로 합류하였다. 제1대는 종로로 나아가 포도청을 습격하여 감금된 김춘영·유복만 등을 구출하고 다른 죄수들을 풀어준 뒤, 다시 의금부로 가서 척사유생 백낙관白樂寬을 구출한 후 동별영으로 돌아왔다. 이후 그들은 강화유수 민태호閔台鎬를 비롯한 민씨척족들과 개화파 관료들의 집을 차례로 파괴하는 한편, 민 왕후가 제사를 지내던 서울 근교 주요 사찰들에 방화하였다.[88] 제2대는 교련병대의 훈련장소인 하도감下都監으로 가서 영관領官 정용섭鄭龍燮을 죽이고 양창洋槍을 모두 파괴한 후 동현銅峴·병문屛門 쪽으로 달아난 일본인 교관 호리모토 레이조堀本禮造를 추격하여 살해하였다. 또한 시위대는 오후 3시경 남대문 근처에서 일본공사관으로 가던 일본인 어학생 3인을 구타하여 죽인 뒤, 이들을 구하고자 파견되었던 일본공사관 외무순사 3인도 살해하였다.[89]

제3대는 경기도 관찰사 김보현을 목표로 경기감영을 습격하였지만, 김보현이 보이지 않자 감영을 파괴하고 무기를 탈취하였다. 탈취한 무기로 일반 도시민들까지 무장시킨 시위대는 인접한 일본공사관으로 몰려갔다. 일본공사 하나부사 요시모토花房義質는 만일의 사태가 발생할 경우 조선 정부에서 구원병을 보내줄 것이라고 여기고 경계만 엄중히 하였다.[90] 오후 5시경부터 군병과 하층민들이 일본공사관을 포위 공격하기 시작하였다. 공사관의 수비군들은 우수한 무기로 버텨보고자 하였지만 군병들의 수는 점점 늘어가고 공사관에 방화까지 하자 더 이상 버틸 수 없다고 판단한 하나부사 공사는 서류를 소각한 후 공사관을 탈출하였다. 공사관을 탈출한 하나부사 일행은 구원을 받고자 경기감영과 대궐로 찾아갔으나 실패하고 양화진을 거쳐 인천으로 달아났다.[91]

이튿날인 6월 10일(7월 24일) 시위대의 주공격 목표는 민씨척족 정권의 최고 권력

---

87 趙誠倫, 앞의 논문, 1999, 283쪽.
88 鄭喬, 『大韓季年史』 권1, 고종황제, 19년 임오 夏 6月.
89 金鍾圓, 앞의 논문, 1993, 34쪽.
90 趙誠倫, 앞의 논문, 1999, 285쪽.
91 宮武外骨 編, 『壬午鷄林事變』, 東京, 1932, 28~33쪽.

자이며 상징인 민 왕후였다. 시위대는 흥인군興仁君 이최응의 집을 습격하여 살해한 데 이어 민창식閔昌植마저 죽인 후 창덕궁의 돈의문敦義門으로 몰려갔다.[92] 궁궐로 들어간 이들은 민겸호, 이헌李憲 등의 대신들과 이민례를 비롯한 내시들을 죽였고, 대궐로 급히 들어오던 경기감사 김보현을 금천교에서 살해하였다.[93] 고종은 사태 수습을 위해 대원군에게 입시하도록 명한 후 별전別殿으로 피신하였고, 민 왕후는 무예별감 홍재희洪在羲의 도움을 받아 윤태준尹泰駿의 집을 거쳐 충주목 민응식閔應植의 향제鄕第로 피신하였다.[94]

군란으로 재집권한 대원군은 자신의 하야 이후 개편된 군제와 혁파된 군영을 복구하였다. 6월 10일 군 내부의 갈등과 분란의 원인이었던 무위영을 해체하고, 양영체제를 혁파하여 훈련도감을 비롯한 5군영과 호위청을 복구하였다. 또한 그는 개화정책을 주도하던 통리기무아문을 혁파하고 삼군부를 부활시키는 한편 구금되었던 척사유생들을 석방하는 등의 조치로 폭동을 진정시켰다. 하지만 임오군란은 청·일 양국군의 즉각적인 군사 개입을 초래하였다. 청국은 난을 일으킨 범인들을 규명하여 징벌한다는 명분으로, 일본은 공사관 피격과 자국민 살해에 대한 사죄와 배상, 처벌을 요구하고 자국민 보호에 필요하다는 명분으로 군대를 파견하였다.[95]

청국은 1882년 7월 7일(8월 20일) 광동수사제독廣東水師提督 우창칭吳長慶 휘하의 병력 3천 명을 조선에 급파하였다. 이처럼 청국이 즉각적이고도 강력하게 대응한 것은 대조선 정책의 기조 변화에 따른 것이었다. 당시 일본 메이지 정부는 1874년 대만에 출병한 데 이어 1879년에는 류큐琉球를 병탄함으로써 야심을 드러내었고, 러시아도 이리伊犁 지역 반환을 둘러싸고 청국과 분쟁을 빚으면서 팽창정책을 노골화하였다. 변방 문제가 심상치 않게 돌아가자, 청국 정부는 조선에 대해 '청국의 속방屬邦이지만 내치와 외교는 자주自主·자행自行한다'는 종래의 태도에서 벗어나게 되었다. 조

---

**92** 황현, 『梅泉野錄』 권1 상, 갑오이전, 「亂兵犯闕 李最應死 閔謙鎬死 中宮逃避 金輔鉉死」, 임오 6월 初10日.

**93** 趙誠倫, 앞의 논문, 1999, 286쪽.

**94** 황현, 『梅泉野錄』 권1 상, 갑오이전, 「亂兵犯闕 李最應死 閔謙鎬死 中宮逃避 金輔鉉死」, 임오 6월 初10日.

**95** 裵亢燮, 앞의 책, 2002, 183쪽.

선의 안전이 동삼성東三省의 안전, 나아가 중국 본토의 안전과 직결된다는 인식 속에서 1870년대 후반부터는 일본·러시아의 침략 위협에 대비하기 위해 서양 열강과 입약통상立約通商할 것을 조선에 권하였고, 주일청국공사 허루장何如璋은 청국의 안전을 확보하기 위해 조선에 대한 간섭을 강화할 것을 주장하기도 하였던 것이다.[96]

조선의 중요성에 대한 청국 조정의 인식은 러시아의 남하에 대한 우려가 깊어짐에 따라 보다 강화되고 구체화되었다. 1880년 들어 리훙장은 러시아가 조선을 병탄하면 중국의 동삼성이 직접 위협을 받게 되므로 그 중요성을 월남이나 류큐와는 비교할 수 없다며 조선에 대한 러시아의 침략 위협이 곧 중국의 우환임을 누차 건의하였다. 같은 해 11월 2일(12월 3일) 내각학사內閣學士 메이치자오梅啓照가 중국의 동삼성과 불가분의 관계에 있는 조선의 군계학조軍械學造를 지원해야 한다고 건의하자, 리훙장은 "만약 조선에 문제가 발생하면 병력을 파견하여 응원하거나 혹은 별도의 지원을 하는 등 오직 힘으로써 대처하는 것이 마땅할 것"이라고 하였다. 이처럼 1870년대 후반부터 청국은 조선 문제를 동삼성 및 베이징의 안전과 연결 지어 파악하였으며, 조선에서 문제가 발생하면 '파병응원派兵應援' 또는 '구급지방救急之方'을 써야 한다는 군사 개입론으로 발전하였다. 임오군란은 바로 이러한 기류 속에서 일어난 것이었다.[97]

청국은 조선에 군대를 파견하면서 두 가지를 목표로 하였다. 하나는 무력과 외교를 적절히 구사하여 일본의 개입을 방지하면서 조선에서 청국의 지위를 공고히 하는 것이었고, 다른 하나는 '난당'을 진압하여 조선의 난국을 해결해줌으로써 조선에 대한 영향력을 강화하는 것이었다. 청국은 이를 관철시키기 위해 대원군을 납치하였다. 군란의 배후로 지목된 대원군을 제거함으로써 조선 정부에 대한 일본의 압박을 차단하는 한편, 조선의 정계를 친청세력 위주로 재편하기 위해서였다.[98] 조선에 직접 개입할 기회를 노리고 있던 청국에게 임오군란은 때마침 발생한 좋은 기회였다. 청국은 이를 기화로 적극적인 개입을 통해 조선을 자신의 세력 내로 완전히 끌어들임으로써 의례

96 宋炳基, 『近代韓中關係史研究』, 檀大出版部, 1985, 91~121쪽 ; 李憲柱, 앞의 논문, 2006(b), 300~301쪽.
97 崔炳鈺, 앞의 책, 2000, 197~199쪽.
98 裵亢燮, 앞의 책, 2002, 184쪽.

적이던 조공관계를 근대적인 식민지관계로 전환하려 하였다.[99]

조선에 들어온 청군 수뇌부는 우선 친청파인 김윤식, 어윤중, 조영하趙寧夏 등으로부터 군란의 경위를 상세하게 파악하였다. 7월 13일(8월 26일)에는 답례차 청 군문軍門을 방문한 대원군을 납치하여 청국의 텐진으로 압송하였다.[100] 15일에는 대원군의 장자 이재면李載冕을 청군이 주둔하던 남별궁에 구금하였고, 16일에는 구식군인들이 많이 거주하던 왕십리와 이태원 일대를 공격하여 170여 명을 체포하고 11명을 참수하였다.[101]

청국의 군사력에 의해 군란이 강경 진압되자, 고종은 7월 18일(8월 31일) 혼란해진 정국의 안정을 위하여 사면령을 내리고,[102] 탐관오리의 징벌과 올바른 인재 등용을 천명하였다.[103] 25일에는 대원군이 폐지한 통리기무아문을 대신하여 국정을 총괄하는 기구로 기무처機務處를 설치하도록 하고, 병조판서 조영하趙寧夏, 호조판서 김병시金炳始, 행호군 김홍집金弘集, 부호군 홍영식洪英植, 부사과 어윤중, 교리校理 신기선申箕善에게 매일 기무처에 와서 모든 사안을 영의정과 논의하여 보고하도록 하였다.[104]


## 2. 친군영제의 창설

군란이 진압된 이후 조선의 중앙군은 사실상 와해된 상태였기 때문에 서울의 치안은 우창칭 휘하의 청군이 맡고 있었고, 이들은 부분적으로 궁궐의 파수까지도 담당하

---

99 임오군란 이후 청국의 조선 지배방식의 변화 모습에 대해서는 具仙姬, 『韓國近代 對淸政策史 研究』, 혜안, 1999 참조.
100 청군이 대원군을 납치한 까닭은 평소에 대원군이 斥倭洋을 이끈 장본인으로 군란의 배후에 대원군의 사주가 있었기 때문이고, 군란으로 인한 일본과의 외교문제 처리에도 대원군이 있으면 조정이 난처해진다는 것이었다(金允植, 『陰晴史』 下, 高宗 19년 7월 10日).
101 대원군 납치와 청국의 임오군란 사후처리에 대하여는 權錫奉, 「大院君의 被拉」 『淸末 對朝鮮政策史 研究』, 일조각, 1986 참조.
102 『승정원일기』 2902책, 고종 19년 7월 18일 임인.
103 『승정원일기』 2902책, 고종 19년 7월 22일 병오.
104 『일성록』, 고종 19년 7월 25일 기유.

였다. 청국은 군대를 동원하여 군란을 진압하고 대원군을 청국으로 납치한 데 이어 조정의 요직에 친청적 인물들을 대거 배치하였다. 청국은 더 나아가 조선 정부의 군대 재건 문제에도 적극적으로 간여하기 시작하였다.[105]

고종은 7월 24일(9월 6일) 청군의 총지휘관 우창칭을 접견한 데 이어 8월 6일(9월 17일)에는 딩루창丁汝昌을 만나 조선의 군사문제에 대해 의견을 나누었다.[106] 하지만 실무적 차원에서 조선군의 훈련 문제를 제안한 것은 청군의 영무처營務處를 담당하였던 위안스카이袁世凱였다.[107]

고종은 8월 9일(9월 20일) 편전에서 위안스카이를 한 차례 접견하였고,[108] 같은 달 16일에 다시 위안스카이와 영관領官 허쩡주何增珠를 접견하였는데,[109] 이때부터 군사훈련에 대한 구체적인 의견이 교환되었던 것으로 보인다. 하지만 청국의 이러한 움직임은 단순히 조선군의 양성을 위한 것이 아니라 일본 및 러시아를 견제하고 더 나아가 조선의 군대를 청국의 영향력 아래에 두려는 목적에서 추진되었던 것이다.[110]

이어 고종은 임오군란 직후 정치적 안정과 민심 수습을 위해 향후 조선의 정치개혁 방안으로 〈선후사의육조善後事宜六條〉를 작성하였고, 1882년 7월 16일(8월 29일) 진주사陳奏使 조영하趙寧夏 편에 이를 청국에 보내 리훙장에게 조언을 구하였다. 〈선후사의육조〉는 조선 정부가 추진하고자 하는 개화정책의 방향을 예시한 것으로, 그 세 번째 조항이 군제 정비와 관련된 '정군제整軍制'였다. '정군제'의 내용은 임오군란이 진압되었지만 아직 그 후환을 다 없애지 못했으므로 이를 막기 위해서 군제 정비가 급무急務이며, 해방관잡海防關卡 또한 시의에 맞게 강구한다는 것이었다. 리훙장은 〈선후사의육조〉 중에서도 '정군제'에 가장 큰 관심을 보이며, 조선군의 청국식 훈련을 위해 청국 교관 파견이 가능하며 조선 군제에 영향력을 행사하려는 의지를 표명하였다.[111]

---

105 裵亢燮, 앞의 책, 2002, 185~186쪽.
106 『고종실록』 권19, 고종 19년 7월 무신 ; 『고종실록』 권19, 고종 19년 8월 기미.
107 崔炳鈺, 앞의 책, 2000, 202쪽.
108 『고종실록』 권19, 고종 19년 8월 임술.
109 『고종실록』 권19, 고종 19년 8월 기사.
110 崔炳鈺, 앞의 책, 2000, 203~207쪽.

군제 정비에 대한 고종의 의중과 조선군을 자신의 영향력 아래 두려는 청국의 의도가 맞물리면서 군제 개편은 급속히 실현되었다. 고종은 1882년 9월 16일(10월 27일) 홍재희洪在羲와 박래경朴來卿에게 장정의 선발을 지시하고 위안스카이에게 부대 편성과 군사 훈련을 의뢰하였다.[112] 이에 따라 위안스카이는 9월 19일(10월 30일) 조선 군대를 500명씩 2개 부대로 편성하여 '신건친군新建親軍'으로 개편하였다. 제1부대는 삼군부 자리에서 위안스카이의 감독 아래 부장副將 왕더공王得功이 교육을 맡고, 제2부대는 동별영東別營에서 제독 주셴민朱先民의 감독 하에 총병總兵 허쩡주何增珠가 교육을 실시하기로 하였다.[113]

10여 일 뒤인 10월 3일(11월 13일) 양근군수 이조연李祖淵과 금구현령金溝縣令 윤태준尹泰駿을 지휘관으로 임명하여 각각 1개 부대의 군사 선발 및 훈련에 관한 사무를 맡게 하였다.[114] 이때 삼군부에서 훈련받던 부대를 '신건친군좌영新建親軍左營', 동별영의 부대를 '신건친군우영新建親軍右營'이라고 불렀다.[115] 항간에서는 이들 부대를 청국식으로 훈련받았기 때문에 '청별기淸別技'라고 부르기도 하였다.[116]

처음 각각 500명의 병력으로 구성되었던 친군좌·우영은 1884년 무렵에는 각각 전·후·좌·우·중의 5개 초哨로 편성되었다. 각 초가 8개 대隊로 구성되었고, 각 대의 기본 병력이 16명이었으므로 각 초의 병력 수는 128명 전후였다. 따라서 친군좌·우영의 병력은 각각 640명 정도였던 것으로 이해된다. 여기에 간부 및 기타 병력을 합하면 친군좌·우영의 총원이 각각 780명 수준이었다.[117] 이중에서 '친군우영'의 편성 내역을 그림으로 표시하면 〈그림 3-1〉과 같다.[118]

고종은 친군좌·우영이 훈련을 시작한 지 1개월여 지난 11월 7일(12월 16일) 시범

---

111 具仙姬, 앞의 책, 1999, 65~72쪽.
112 金允植, 『陰晴史』 下, 高宗 19年 9月 16日.
113 金允植, 『陰晴史』 下, 高宗 19年 9月 19日.
114 『고종실록』, 고종 19년 10월 병진.
115 金允植, 『陰晴史』 下, 高宗 19年 11月 10日.
116 尹孝定, 『風雲韓末秘史』, 秀文社, 1984, 113쪽.
117 裵亢燮, 앞의 책, 2002, 191쪽.
118 崔炳鈺, 앞의 책, 2000, 209쪽.

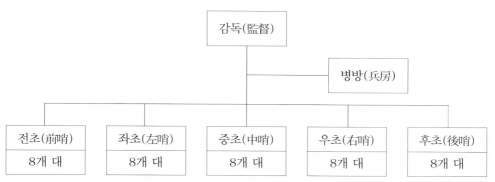

〈그림 3-1〉 친군우영의 편성표

* 각대는 什長 1명, 兵勇 14명, 伙兵 1명으로 합계 16명이었고, 각초의 병력은 128명이었다.

훈련에 친림한 후 군대가 익숙하고 정예롭다고 치하하였고,[119] 이후에도 수시로 훈련을 참관하는 등 친군좌·우영에 적지 않은 관심을 보였다.[120] 하지만 이러한 고종의 관심이 근대적 군사훈련을 통한 정병精兵 양성으로 직결되지는 못하였다. 고종은 아직 훈련단계에 있던 친군들을 수시로 국왕 행차의 시위 임무에 동원하였다. 1882년 12월 15일(1883년 1월 23일) 이조연에게 친군좌·우영군 각 1백 명씩을 차출하여 국왕 행차에 시위하도록 한 데 이어, 20일과 25일에도 국왕 거둥 시에 호위하도록 하였다. 이듬해 1월 28일(3월 7일)에는 친군좌·우영 군병 50명씩을 차출하여 각문閣門 근처에 입직을 서도록 하는 지시까지 내려졌다. 제식훈련과 사격훈련을 위주로 한 초보적 군사훈련을 받고 있던 친군좌·우영 군인들을 시위와 입직 업무에 동원하는 것은 친군의 체계적인 군사훈련을 명백히 저해하는 것이었다.[121]

친군좌·우영은 용호영·금위영·어영청·총융청 등 기존의 전통적 조선군 체제에 청국식 군제를 추가로 설치한 것이었다. 따라서 임오군란 이후 조선에는 전통적 조선군과 청국의 영향 하에 신설된 친군좌·우영이 병존하는 이원적인 중앙군 체제가 형성

---

**119** 『승정원일기』, 고종 19년 11월 7일.

**120** 『승정원일기』, 고종 19년 12월 10일 ; 『승정원일기』, 고종 19년 12월 10일 ; 『승정원일기』, 고종 20년 4월 6일.

**121** 裵亢燮, 앞의 책, 2002, 191~192쪽.

되었다. 이러한 상황 속에서 조직, 편제, 통수의 면에서 통일성이 떨어질 수밖에 없었고, 기존의 중앙 군영과 친군좌·우영 사이에는 갈등 양상마저 빚어졌다.[122] 고종의 친군영에 대한 우대조치로 인해 친군영과 기존 군영 간의 갈등은 더욱 고조되어 물리적 충돌 양상으로까지 번지기도 하였다.[123]

한편, 고종과 신료들 사이에서 임오군란 이후 청국에 대한 일방적 의존이나 청국의 지나친 내정간섭에 대한 반감이 차츰 고조되고 있었다. 1883년 여름 고종이 미국 공사를 만나 군사교관 파견을 요청한 것이나,[124] 1883년 12월 18일(1884년 1월 15일) 신설된 기연해방영畿沿海防營 해방사海防使 민영목閔泳穆이 미국공사에게 병사들의 훈련을 위해 군사교관의 파견을 요청하였던 것도 청국의 지나친 내정간섭에 대한 반발에서 나온 것이었다.[125]

## 3. 친군영체제의 강화

청국의 지나친 간섭에 대한 조야의 불만은 고조되어 갔지만, 친군영에 대한 고종의 관심은 지속되었다. 훈련도감을 비롯한 구 군영 군을 난군亂軍으로 바라보는 인식은 임오군란 이후에 쉽사리 없어지지 않았고, 이러한 분위기 속에서 고종은 친군영체제를 점차 확대 강화해나갔다. 그 첫 번째 사례가 친군좌·우영의 군수 지원을 위해 양향청糧餉廳을 친군영으로 개편한 것이었다. 양향청은 원래 병력의 복색과 무기의 제조·수선을 담당하던 훈련도감의 부속 관청이었지만, 1882년 10월 훈련도감 폐지 이후에는 각종 공화公貨를 관장하는 독립관청이 되었다.

또한 양향청은 같은 해 12월 감생청減省廳의 건의에 따라 친군 양영의 군료軍料를 마련하여 지급하게 된 데 이어, 1883년 4월 5일(5월 11일)부터는 무위영武衛營 관할

122 裵亢燮, 앞의 책, 2002, 193쪽.
123 『승정원일기』, 고종 20년 1월 7일.
124 『尹致昊日記』, 1883년 12월 21일.
125 『尹致昊日記』, 1883년 12월 18일.

의 전미포목錢米布木을 넘겨받아 친군 양영의 운영 경비로 사용하도록 하는 소임을 맡았다.[126]

1883년 6월 24일(7월 27일) 고종은 양향청을 친군영으로 개칭하고 당상堂上을 제조提調로 하되, 제도와 규례는 군국아문軍國衙門과 상의하여 절목을 올리도록 하였다.[127] 이에 따라 마련된 친군영 절목 16개조 가운데 중요한 내용을 제시하면 다음과 같다.

> ① 본 병영은 별고別庫, 양향糧餉, 군수軍需, 별창別倉 등 4색色으로 구성하여 낭청郎廳과 원역員役이 각기 임무를 분장하여 시행한다.
> ② 좌·우영에 대한 지원은 영무처營務處의 공문서에 의하여 본영은 오직 친군을 지원하기 위한 것으로 기타 수용需用은 시행치 않는다.
> ③ 별고는 친군별창親軍別倉이라 칭한다.
> ④ 신영新營은 친군신영親軍新營이라 칭하고 낭청 1명이 돌아가며 입직한다.
> ⑤ 인원은 내별고서리內別庫書吏 10명, 고직庫直 10명 등 136명을 정원으로 한다.[128]

친군영은 과거 훈련도감 또는 무위영을 지원하던 양향청이 명칭을 바꾼 후 동일한 재원으로 친군좌·우영을 지원하는 임무를 맡았던 군수 지원부대였다. 그러나 친군영의 예산은 과거 훈련도감이나 무위영을 지원할 때에 비해 크게 증가하였다. 친군전영親軍前營이 추가로 설치된 1883년 10월 이후의 일이기는 하지만, 1884년 1월 16일(2월 12일)에 친군영으로 하여금 매장량이 풍부한 광산을 채취하여 군수에 쓰도록 하는 조치가 내려졌기 때문이다.[129]

한편, 청국식 군제 개편에 불만을 품은 고종은 개화당의 박영효朴泳孝·윤웅렬을 통해 일본식 신식군대를 양성하려 했으며, 그런 의도는 1883년 3월 17일(4월 23일)의

---

126 裵亢燮, 앞의 책, 2002, 194~195쪽.
127 『고종실록』권20, 고종 20년 6월 임신.
128 崔炳鈺, 앞의 책, 2000, 214쪽.
129 裵亢燮, 앞의 책, 2002, 196쪽.

**윤웅렬**

인사에 반영되었다.[130] 광주부 유수로 부임한 박영효가 수어사守禦使를 겸직하면서 신병 1백 명을 모집하여 일본식으로 군사훈련을 시켰고,[131] 남병사南兵使로 부임한 윤웅렬도 북청北靑에서 470여 명 규모의 일본식 훈련을 받은 신식군대를 양성하였다.[132] 고종은 청국식 군사훈련을 받은 병력뿐만 아니라 일본식으로 훈련된 이들 병력도 친군으로 편제해 나갔다. 민씨척족 등 수구세력은 1883년 10월 1일(10월 31일) 박영효의 정병 양성을 위험시하여 병력을 어영청으로 이속하도록 하였고, 10월 7일(11월 6일)에는 박영효도 광주유수에서 면직시켰다.[133]

고종은 10월 17일(11월 16일) 남한산성에서 온 병력을 위한 교련장소를 정하게 하고,[134] 23일에는 새로 설치한 교련소를 '친군전영'이라 부르고 어영대장 한규직韓圭稷에게 전영감독前營監督을 겸임하게 하였다.[135] 친군전영은 이후 친군 각영 간의 병제를 통일시키기 위해 신설한 조련국操鍊局과 일본 호산학교戶山學校에서 교육받다가 귀국한 사관생도들을 관장하게 되면서 그 규모가 확대되었다.

친군전영은 그 명칭이 청국식인 '친군'이었지만, 앞서 살펴본 바와 같이 박영효가 일본식으로 훈련시킨 병력과 일본에서 교육받은 사관생도들로 구성되었기 때문에 청국의 영향력이 강하였던 좌·우영과는 그 성격이 완전히 다를 수밖에 없었다.

친군전영에 이어 친군후영도 신설되었다. 임오군란 당시 구식군인들은 교련병대의 훈련장소였던 하도감下都監을 습격하여 일본인 교관 호리모토 레이조堀本禮造와 순

---

130 박은숙,『갑신정변 연구』, 역사비평사, 2005, 58쪽.
131 박영효는 이때 양성한 병력수를 천 명이라고 회고하였다. 하지만『윤치호일기』(1883년 10월 7일)와『한성순보』(제3호, 1883년 10월 21일)에 1백 명으로 기록되어 있고, 훗날 남한산성 병력까지 합하여 신설한 친군전영의 병력 수가 5백여 명이었음을 감안하면 1백 명이 사실에 부합한다고 생각된다(裵亢燮, 앞의 책, 2002, 198쪽).
132 박은숙, 앞의 책, 2005, 59쪽. 함경도 지방에서는 윤웅렬이 양성한 신병을 '倭別技'라고 불렀는데, 이는 이들이 일본식 군사훈련을 받고 있었음을 반증한다(裵亢燮, 앞의 책, 2002, 199쪽).
133 『승정원일기』2917책, 고종 20년 10월 1일 무신 ;『승정원일기』2917책, 고종 20년 10월 7일 갑인.
134 『승정원일기』2917책, 고종 20년 10월 17일 갑자.
135 『승정원일기』2917책, 고종 20년 10월 23일 경오.

사들을 살해하였다. 이 과정에서 교련병대는 사실상 해체된 상태였지만, 남아있던 교련병대는 평창의 총융청으로 이속되어 계속 훈련을 받았던 것으로 보인다.[136] 고종은 1884년 7월 평창의 연융대鍊戎臺에 주둔한 부대의 명칭을 친군후영으로 하고 그 지휘관에 도승지 민응식閔應植을 임명한 뒤, 경복궁 옆의 옥동玉洞으로 옮겨오도록 하였다.[137] 신설된 친군후영의 구성원 가운데는 평창에서 훈련받았던 교련병대의 병력이 상당수 포함되었음에 틀림없다.[138] 따라서 친군후영도 전영과 마찬가지로 일본식 색채가 짙은 부대였다고 할 수 있다.

친군 좌·우영과 전·후영이 설치되어 각각 청국식과 일본식으로 조련되었으나, 종래의 병영인 용호영·금위영·어영청·총융청 등도 계속 운영되고 있었다. 임오군란 이후 2년 가까운 기간에는 전통적인 조선 군영인 경4영京四營이 있었던 동시에, 청국식의 좌·우영에다 일본식의 전·후영이 공존하는 3원 체제였다. 1884년 윤5월 19일(7월 11일) 고종은 우의정 김병시의 건의에 따라 각 영의 복장과 훈련 방법을 친군병제로 통일하도록 지시하여 형식적이나마 우선 각 부대의 이질적 요소를 배제하고자 노력하였다.[139] 그러나 "좌·우영과 전영은 서로를 원수처럼 대하고 있었다."는 윤치호의 지적에서 알 수 있듯이 이는 하루이틀사이에 해결될 수 있는 일이 아니었다.[140]

고종은 친군 좌·우영과 군수지원부대인 친군영에 이어 전·후영까지 설치하는 과정에서 친군 각영의 기능과 권한을 강화하여 중앙군제를 친군영 중심으로 전환시켜나갔다. 우선 1884년 3월에 친군 각영의 감독에게 군무사 당상을 겸임하게 하여 친군감독親軍監督을 군무軍務의 핵심으로 끌어들였다.[141] 그리고 5월에는 어영청 소속의 양화진을 친군좌영으로, 화도진花島鎭을 친군전영으로, 장산진長山鎭을 친군우영으로 이속시켜 친군영의 관할지역을 수도외곽까지 확대시키면서 기존 군영들의 기능을 약

---

136 裵亢燮, 앞의 책, 2002, 199~200쪽.
137 『일성록』, 고종 21년 7월 22일 갑자.
138 裵亢燮, 앞의 책, 2002, 199~201쪽 ; 崔炳鈺, 앞의 책, 2000, 218쪽.
139 『일성록』, 고종 21년 윤5월 19일 임술.
140 『尹致昊日記』, 1884년 1월 21일.
141 『승정원일기』 2921책, 고종 21년 3월 22일 정유.

화도진(인천)

화시켰다.[142]

1884년 8월 26일(10월 14일)에는 친군 각영 지휘관의 명칭이 영사營使로 바꾸고 그 지위도 기존 군영대장과 동급으로 격상되었고,[143] 전영사에 한규직韓圭稷, 좌영사에 이조연李祖淵, 우영사에 민영익閔泳翊, 후영사에 윤태준尹泰駿이 각각 임명되었다. 이튿날에는 전영사 한규직이 금위대장과 어영대장, 총융사 모두를 겸찰하게 한 후 구래의 중앙군영을 폐지하여 그 병력을 친군 각영에 분속시키도록 하였다.[144] 또한 친군영사는 원래 군국아문의 독판이나 협판을 겸임할 수 없었지만, 8월 28일 우영사 민영익에게 협판 군국사무를 겸임하게 하면서 감독의 전례에 따라 군무사 당상을 겸임하는 것을 정식으로 삼도록 하였다.[145] 통리군국사무아문統理軍國事務衙門은 군무사軍務司 당상들의 논의를 거쳐 8월 29일(10월 17일) 용호영·금위영·어영청·총융청의 병력을 친군 4영에 이부移付시켰고, 친군 각영의 영사들에게 군무사 당상을 겸하게 하였다.[146] 친군영 체제의 성립에 따라 동가動駕·시위侍衛·배위陪衛, 궐내외 입직·파수 및 도성

<hr />

142 『승정원일기』 2923책, 고종 21년 5월 4일 무인 ; 『승정원일기』 2923책, 고종 21년 5월 6일 경진.

143 『승정원일기』 2927책, 고종 21년 8월 26일 정유.

144 『승정원일기』 2927책, 고종 21년 8월 27일 무술.

145 『승정원일기』 2927책, 고종 21년 8월 28일 을해.

146 『親軍別營謄錄』, 갑신 8월 29일, 龍虎營禁衛營御營廳恩戎廳移付 親軍四營別單.

수비 등의 임무도 친군 4영이 분담하여 거행하게 되었다.[147]

　구래의 중앙군영을 친군 각영에 분속시킴에 따라 조선후기 이래 중앙군의 골격을 이루어오던 5군영체제는 완전히 무너지고 전·후·좌·우영과 친군영으로 구성된 친군 5영체제가 성립되었다. 친군 각영은 모두 청국식 혹은 일본식의 근대적 훈련을 받았다는 점에서는 분명 기존 군영에 비해 진일보한 제도였다. 또 복색을 통일시키고 조련국操鍊局을 설치하여 군사훈련 면에서도 일원화를 도모하였기 때문에 친군 각영은 외형적으로 통일성이 제고되었다. 그리고 구래의 중앙군영이 친군 각영에 분속됨에 따라 친군 각영과 구래의 군영 간에 발생한 알력들도 사라지게 되었다.

　그러나 친군영 내부에는 청국식 훈련을 받은 부대와 일본식 훈련을 받은 부대로 나뉘어져 있어, 양자 간에 전장에서 서로 총부리를 겨눌지도 모른다는 의견이 나올 정도로 갈등과 대립이 심각한 상태였다.[148] 게다가 친군 각영은 숙위를 주요 목적으로 하여 설치되었던 만큼 근본적으로 국가방위와 거리가 먼 군사제도의 개편이었다.[149]

147　裵亢燮, 앞의 책, 2002, 206~209쪽.
148　裵亢燮, 앞의 책, 2002, 209~211쪽.
149　崔炳鈺, 앞의 책, 2000, 219쪽.

# 제3절

# 갑신정변 후 친군영 체제의 강화

## 1. 갑신정변의 발발

임오군란 이후 성립한 친군 각영은 비록 명칭과 복장 등 외형적인 면에서는 통일되어 있었지만 내용면에서는 커다란 차이가 있었다. 좌영과 우영은 청국식으로 훈련되어 친청적 성격을 가진 반면, 전영과 후영은 일본식으로 조련되어 친일적이면서도 친개화당적 성격을 가지고 있었다.[150] 즉 친군 4영은 겉으로는 단일한 체계였으나, 태생적으로 이미 각 군영 사이에 갈등과 대립의 가능성을 잉태하고 있었던 것이다. 이러한 가능성은 갑신정변이라는 비상사태를 맞아 극적으로 드러나게 되었다.[151]

청국은 임오군란 이후 조선에 〈조청상민수륙무역장정朝淸商民水陸貿易章程〉 체결을 강요하고, 외교·재정·군사적으로 적극적인 개입정책을 펼쳐 나갔다. 이에 고종은 청국의 지나친 내정간섭에 불만을 품게 되었고, 급진개화파(변법개화파, 개화당) 세력이 반청이라는 면에서 고종과 이해를 같이 하면서 친청보수파(수구파, 청국당)와 급진개화파 사이의 대립구도가 형성되었다. 그러나 급진개화파는 박영효朴泳孝의 좌천과 김

---

**150** 전·후영의 일부 요원들, 예를 들면 일본에서 군사교육을 받은 이은돌·신복모 그리고 陸軍戶山學校 출신 14명 중 서재필·정란교·임은명·이규완 등은 김옥균·박영효 등 개화당의 중심인물들과 연계되어 있었다(李光麟, 『開化黨研究』, 一潮閣, 1981, 44~46쪽).

**151** 裵亢燮, 앞의 책, 2002, 211쪽.

당하도록 배치하였다.[170] 밤이 늦어 창덕궁의 대궐문을 닫으려 할 때 청국 병영에서 선인문宣仁門을 잠그지 말라는 통보가 왔다. 때문에 선인문을 닫지 않고 전·후영군 4백 명을 불러 각 1백 명씩 나누어 요지를 지키며 청군의 동태를 살피도록 하였고, 일본군도 경계태세에 들어가도록 하였다.[171]

청군에 대한 경계태세에 돌입한 후 김옥균·박영효 등은 개화당의 구체적인 개혁 구상을 담은 정령을 작성하기 시작하였다. 정변 이전부터 집권 후에 실천할 개혁구상을 가지고 있었던 이들은 정령을 반포하여 정변의 의도와 목적을 제시함으로써 정변에 대해 의구심을 갖고 있던 백성들과 다른 정치세력들을 무마하고자 하였다. 정령은 10월 19일(12월 6일) 오전 10시경에 반포되었다.[172] 이때 공포된 정령은 원래 80여 개 조항에 이르렀다고 하나, 현재는 14개 조항만이 『갑신일록』에 기록되어 전한다.[173] 정령은 정변 주도층의 개혁 구상을 구체화한 것으로서 갑신정변의 목표와 성격이 어

---

170 『갑신일록』, 12월 5일.
171 박은숙, 앞의 책, 2005, 145쪽.
172 박은숙, 앞의 책, 2005, 145쪽.
173 『갑신일록』에 기록된 14개조의 정령은 아래와 같다.
  1. 대원군을 가까운 시일 내에 돌려보낼 것, 조공하는 허례를 폐지할 것.
  2. 문벌을 폐지해 평등의 권을 제정하고 사람의 능력으로써 관직을 택하게 하지 관직으로써 사람을 택하지 않을 것.
  3. 전국의 지조법을 개혁하여 간사한 관리들을 근절하고 백성의 곤란을 해결하며 겸하여 국가재정을 유족하게 할 것.
  4. 내시부를 .폐지하고 그 중에서 재능 있는 자가 있으면 등용할 것.
  5. 그 동안 국가에 해독을 끼친 탐관오리 중에서 심한 자는 처벌할 것.
  6. 각 도의 환자제도는 영구히 면제할 것.
  7. 규장각을 폐지할 것.
  8. 순사제도를 시급히 실시하여 도적을 방지할 것.
  9. 혜상공국을 폐지할 것.
  10. 그 동안 유배, 금고된 사람들을 다시 조사하여 석방할 것.
  11. 4영을 합하여 1영으로 만들고, 각 영의 가운데서 장정을 선발하여 근위대를 시급히 설치할 것.
  12. 모든 국가 재정은 호조로 하여금 관할하게 하며 그 밖의 일체의 재무관청은 폐지할 것.
  13. 대신과 참찬은 합문 안의 의정소에서 매일 회의를 하여 정사를 결정한 뒤에 왕에게 품한 다음 정령을 공포하여 정사를 집행할 것.
  14. 정부는 육조 외에 불필요한 관청에 속하는 것은 모두 폐지하고 대신과 참찬으로 하여 토의하여 처리하게 할 것.

떠했는지 보여준다. 그 내용은 정치체계와 국가권력의 운영방안에 대한 비중이 높았으며, 국가 재정의 확보와 군사적 기반조성 그리고 청국으로부터의 독립구상 등이 담겨 있었다.[174]

개화당은 정령을 반포한 직후 청국의 공격 가능성을 염두에 두고 방어력을 긴급히 강화하려 하였다. 먼저 간밤에 청국이 선인문을 닫지 못하게 한 것에 대하여 위안스카이에게 강력하게 항의하고 재발 방지를 요구하였다. 다음으로 각 병영의 무기고에서 미국에서 수입한 최신식 소총을 꺼내어 정변에 참가한 조선군의 무장을 강화하려고 하였다. 그러나 소총들이 제대로 관리되지 않은 탓에 모두 녹이 슬어 있었기 때문에 서둘러 이를 분해하여 소제하도록 명령하였다.[175]

이날 오전 10시경 청불전쟁 때문에 인천으로 갔던 청군 200명이 서울로 돌아와 위안스카이의 군대와 합류하였다. 다케조에는 당초 청군이 섣부르게 정변에 개입하지 않을 것으로 낙관하였지만, 잇따른 청군의 심상치 않은 움직임에 개화당을 도와 창덕궁을 수비한 자신의 행위가 단초가 되어 청·일간의 전쟁으로 비화될까 두려워하였다. 이에 그는 당일 일본군을 창덕궁에서 철수시키겠다는 의사를 이재원·홍영식에게 전달하였다.[176] 김옥균은 군대를 무장시킬 병기를 정비하고 있는 상황에서 일본군이 철수하겠다고 하자 당황하지 않을 수 없었다. 그는 급히 일본공사를 만나 철수를 3일만 연기해 달라고 강력히 요청하였고, 김옥균의 설득에 다케조에도 일단 철수를 미루기로 결정하였다.[177]

개화당은 이날부터 국정 전반에 걸쳐 대개혁을 실행하기로 결정하고, 이날 오후 3시에 고종의 이름으로 '대정유신大政維新의 조서詔書'를 내려 혁신 정령을 기본으로 대개혁을 단행한다고 발표하였다. 그러나 이날 오후 3시경 청군이 1,500명의 병력을 둘로 나누어 돈화문과 선인문을 각각 공격하여 궁궐을 침범해 들어왔다. 이때 창덕궁 바깥의 수비를 맡았던 좌·우영군을 비롯한 조선군이 청군에 합류하여 일본군과 개화

**174** 박은숙, 앞의 책, 2005, 146쪽.
**175** 신용하, 앞의 논문, 1999, 420쪽.
**176** 박은숙, 앞의 책, 2005, 146~148쪽.
**177** 김옥균, 『갑신일록』, 12월 1일.

당 행동대원들을 공격하였다. 전·후영군은 최신식 소총을 분해하여 소제하고 있던 중이라 할 수 없이 구식 무기로 맞서다가 중과부적과 무기 열세로 패퇴하여 흩어지고 말았다. 한편 창덕궁 내부 수비를 맡았던 일본군은 교전 직전 도착한 우편선 치토세마루千歲丸를 통해 일본 외무대신의 훈령이 전해지자, 제대로 된 전투도 벌이지 않은 채 철병하기 시작하였다.[178]

청군의 창덕궁 공격으로 교전이 시작되자 명성왕후와 세자·세자빈은 궁문을 빠져나가 북산北山으로 향하였고, 고종 또한 무감武監과 병정 4~5명만 거느리고 북산으로 향하였다. 김옥균·서광범 등은 후문에서 어가를 발견하고 국왕의 북산행차를 만류하여 다시 궁궐 안으로 모셔왔다. 이들은 개화당 행동대원들로 구성된 내위內衛들에게 국왕을 호위하게 한 후, 인천을 거쳐 강화도로 가서 신정부를 유지하고자 하였다. 그러나 개화당의 이러한 계획은 고종의 강력한 반대에 부딪혔다.[179]

이 사이에도 청군의 공격이 계속되어 개화파와 일본군은 다섯 번이나 자리를 옮겨 창덕궁의 동북쪽 궁문에 이르렀다. 여기에서 개화당은 고종을 강제로라도 인천으로 모실 것을 주장하였지만, 다케조에 공사는 일본군을 철수하려 하였다. 이때 날이 이미 저물기 시작하였고, 청군과 교전하던 일본군들이 도망쳐 산 아래로 모여들었다. 이날 전투에서 조선군과 청군 상당수가 사망 또는 부상당했고, 일본군도 2명이 전사하고 8명이 부상하였다.[180]

고종이 계속하여 왕후가 있는 북산으로 갈 것을 명했고, 개화파는 어쩔 수 없이 국왕을 모시고 북산으로 향하였다. 그러나 궁궐 밖에서 대기하고 있던 청군을 만나 더 이상 국왕을 호위하는 것이 어려워졌다. 정황상 더 이상 정변을 유지할 수 없다고 판단한 일본공사는 김옥균 등의 강력한 만류에도 불구하고 일본군의 철수를 강행하였다. 사태가 이에 이르자 정변 주도층들도 정변의 실패를 자인하였다. 그들 중 홍영식은 정변 직후 민영익을 보호해주었을 뿐 아니라 위안스카이와도 친분이 있었기에 화

---

178 신용하, 앞의 논문, 1999, 421쪽. 외무대신의 훈령은 공사관의 일본군이 개화당의 정변에 절대로 가담하지 말라는 내용이었다. 이는 청·불전쟁이 소강상태로 들어가자 청국과의 관계 악화를 우려한 일본 정부가 개화당에 대한 정책을 적대적인 것으로 선회한 데 따른 것이었다.
179 신용하, 앞의 논문, 1999, 422쪽.
180 박은숙, 앞의 책, 2005, 149쪽.

홍영식

를 면할 수 있다고 생각하여 도승지 박영교朴泳敎와 함께 사관생도 일부를 데리고 고종을 호종하기로 하였다. 그 밖에 김옥균·박영효·서광범·서재필 등은 다른 개화당 인사들 및 사관생도 일부를 데리고 일본으로 망명하기로 하였다.[181]

하지만 홍영식과 박영교 등은 고종을 모시고 북묘에 도착한 직후 재판도 없이 처참하게 살해당하였고, 김옥균 등은 무사히 일본 공사관에 도착하였다. 10월 20일(12월 7일) 재집권한 민씨정권은 일본군의 정변 가담에 대하여 항의하는 공문을 보냈고, 청군과 그 선동을 받은 군중들이 공사관을 습격하기 위하여 몰려들었다. 결국 개화당의 주요 인사들과 일본공사는 이들을 피해 인천으로 탈출하여 일본의 우편선 치토세마루를 타고 일본으로 망명하였다. 개화당의 정변은 이렇게 '3일 천하'로 막을 내렸다.

## 2. 갑신정변 이후 친군별영의 설치

청국은 갑신정변을 무력으로 진압한 이후 제도 및 기구의 개편을 단행하여 반청세력을 축출하고 친청적 인물을 기용하여 조선에 대한 영향력을 강화하고자 하였다.[182] 이에 따라 10월 20일 조선 정부에서는 정변 당시 살해당한 전영사 한규직韓圭稷, 좌영사 이조연李祖淵, 후영사 윤태준尹泰駿, 해방총관海防總管 민영목閔泳穆의 후임으로 전영사에 이교헌李敎獻을, 좌영사에 이규석李奎奭을, 후영사에 이봉구李鳳九를, 총관해방기연사무摠管畿沿海防事務에 이규원李奎遠을 각각 임명하였고, 정변 당시 부상당한 우영사 민영익閔泳翊은 유임시켰다.[183] 그리고 10월 21일에는 통리군국사무아문統理軍

---

**181** 신용하, 앞의 논문, 1999, 423쪽.
**182** 裵亢燮, 앞의 책, 2002, 214쪽.
**183** 『고종실록』 권21, 고종 21년 10월 기축.

國事務衙門을 의정부에 합부시켰다.[184]

조선 정부는 군제와 군비 면에서 재정비 작업을 진행함과 함께 정변으로 흐트러진 민심을 수습하기 위해 노력하였다. 먼저 10월 24일(12월 11일) 정변 진압에 참여하여 공을 세운 별초군을 우영에 배속시키고,[185] 별초군 영관領官에 태안부사 홍재희洪在羲를, 좌·우초관에 전 오위장 김영구金泳九와 김교환金敎煥을 각각 임명하였다.[186] 10월 29일(12월 16일)에는 강화유수가 해방총관을 겸직하지 않게 됨에 따라 진무영의 호칭을 예전대로 되돌리도록 하였다.[187]

또한 11월 3일(12월 19일)에는 정변 과정에서 도성 주민들에게 무기를 탈취당하여 취약해진 군기시軍器寺와 친군 4영의 군비를 강화하기 위해 기연해방영畿沿海防營으로부터 화승火繩 5백 사리, 화약통 5백 개, 이약통耳藥桶 5백 개 등을 옮겨와 친군 각 영에 분배하였다.[188] 11월 5일(12월 21일)에는 양화진과 마포에 각각 전영과 좌영의 병사 350명을 파견하여 지키게 함으로써 민심을 안정시키기 위해 노력하였다.[189]

이와 같이 도성방어를 위한 군비를 재정비해가던 고종은 '제1차 조로밀약 사건'이 발생할 무렵인 11월 7일(12월 23일) 4영에 나뉘어 배속되었던 금위영과 어영청 병사들을 따로 모아 새로이 '친군별영親軍別營'을 창설하였다.[190] 아울러 초대 별영사別營使에는 전영사 이교헌을 전임시켰고, 후임 전영사로 판돈녕 이경하李景夏를 임명하였다.[191] 11월 19일(12월 25일) 마련된 〈제치절목制置節目〉에 따르면 친군별영의 병력 수는 모두 2,288명이었고, 보군과 병정兵丁만 해도 16개 초 1,600명이었다.[192] 이는 1884년 8월 29일 친군 4영으로 분속되었던 금위영과 어영청의 초군 10개초 1,250명보다 많은 수였고, 780여 명 정도였던 좌·우영에 비하여 거의 두 배에 가까운 병력

---

184 『고종실록』 권21, 고종 21년 10월 신묘.
185 『증보문헌비고』 권110, 兵考 2, 고종 21년 10월 別抄軍付之右營.
186 『親軍別營謄錄』, 갑신 11월 3일.
187 『고종실록』 권21, 고종 21년 10월 경자.
188 『親軍別營謄錄』, 갑신 10월 20일 및 11월 3일.
189 『親軍別營謄錄』, 갑신 11월 5일.
190 裵亢燮, 앞의 책, 2002, 215쪽.
191 『일성록』, 고종 21년 11월 7일 정미.
192 『親軍別營謄錄』, 갑신 11월 19일.

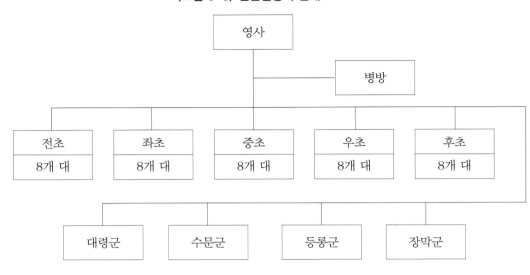

〈그림 3-3〉 친군별영의 편제표

이었다.[193]

친군별영의 편제는 기본편성에서 친군우영과 유사하였지만, 별영에는 대령군待令軍, 수문군守門軍, 등롱군燈籠軍, 장막군帳幕軍 등이 별도로 편제되어 있었다. 또한 친군별영은 그 구성원이 과거 금위영과 어영청의 병력으로 전통적 중앙군이었던 5군영의 후신이라는 성격을 지니고 있었다. 친군별영의 편제는 〈그림 3-3〉과 같다.[194]

병력 수 2,288명을 보유한 친군별영이 창설되면서 각각 1,100~1,200명 정도의 병력으로 편성되었던 것으로 추정되는 친군 전·후·좌·우영 병력과 함께 친군영 체제 하의 조선 중앙군의 총 병력 수는 약 7,500여 명 정도였던 것으로 추정된다. 별영이 창설 이후 도성 외곽의 순찰지역도 친군 5영이 나누어 맡았는데 그 내용은 다음과 같다.[195]

---

**193** 후술하겠지만 고종은 친군별영 설치 이후 별영을 중심으로 친군체제를 운영하였다. 이는 여타 친군 각영이 청국의 영향 하에 있었던 점을 감안할 때 청국의 지나친 간섭을 배제하고자 했던 고종의 정책과 밀접한 관련이 있었던 것으로 보인다(裵亢燮, 앞의 책, 2002, 215~216쪽).
**194** 崔炳鈺, 앞의 책, 2000, 227~228쪽.
**195** 각 영의 영제와 도성파수 분장에 대한 자세한 사항은 裵亢燮, 앞의 책, 2002, 216~219쪽 참조.

전영 : 추모현追慕峴 이북 홍제원弘濟院 수마동水磨洞에서 양철평梁鐵坪 가좌동加佐洞,
　　　서쪽으로는 증산리甑山里 대현大峴 성산城山 서강西江 현호玄湖 마포麻浦까지
　　　담당
좌영 : 숭례문 밖 우수현牛首峴에서 이태원梨太院 보강리保江里 한강두모포漢江豆毛浦
　　　수철리水鐵里 추모현追慕峴, 남으로는 원현圓峴 안현鞍峴 제1·2·3봉峯까지 담
　　　당
우영 : 서쪽으로는 창의문 바깥 조지서造紙署 삼천동三千洞 삼각동三角洞 보토소補土所
　　　로부터 동쪽으로는 청수동淸水洞 미아리彌阿里 가오리加五里 우이동牛耳洞 북한
　　　北漢까지 담당
후영 : 혜화문惠化門 밖 성북동 북편에서 보토소補土所 동편, 불천佛川 묘현墓峴 벌리伐
　　　里 수유현水踰峴까지 담당
별영 : 혜화문 밖 남쪽 안암동安岩洞에서 동으로 마장리馬場里, 남으로는 독서당讀書堂
　　　고개, 북으로는 왕십리까지 담당


　　조선 정부는 중앙군이 친군 전·후·좌·우·별영 등 5개의 군영과 재정 및 군수
를 담당하는 친군영으로 구성된 친군영체제로 완성되자, 군제의 통일을 시도하였다.
1884년 11월 12일(12월 28일)에 일본식인 전·후영의 제도를 청국식인 좌·우영의 제
도로 변경하고, 이때 전·후영의 정령관正領官을 병방兵房으로, 부영관副領官을 영관領
官으로, 참령관參領官을 초관哨官으로 각각 명칭을 바꾸었다.[196] 또한 12월 14일(1885
년 1월 29일)에는 위안스카이에게 전·후·별영의 훈련도 감독해 줄 것을 요청하였
다.[197] 이에 따라 조선의 중앙군은 훈련이나 제도 모두 청국의 영향 하에 청군식으로
통일되었다.[198]

---

196 『고종실록』 권21, 고종 21년 11월 임자.
197 國史編纂委員會, 『高宗時代史』 2집, 고종 21년 12월 14일.
198 당시 청국은 '조러밀약 사건'이 발생하는 등 고종이 중심이 된 '인아거청책'이 노골화되자 고종
　에게 압력을 넣어 국정운영에 대한 고종의 영향력을 제어하고자 하였다. 이에 따라 고종은 11월
　23일 명나라 이래로 상신들이 입각하여 일을 처리하는 예가 있으므로 앞으로 매일 빈청에 모여
　돌아가며 입숙하고 일이 있을 때마다 품의하여 재가를 받도록 하였고, 11월 30일에는 국정의 운

그러나 이는 단지 외형적인 통일이었을 뿐 조선군의 구성은 조선군계朝鮮軍系(별영), 청군계淸軍系(좌·우영), 일군계日軍系(전·후영)로 나뉘어 있었으며, 갑신정변 때의 충돌로 말미암아 각 계열의 적대관계는 더욱 골이 깊어져 있었다.[199]

## 3. 텐진조약 체결 이후 내무부의 신설과 친군영 체제

청·일 양국은 갑신정변으로 조선 내에서 무력으로 충돌을 빚은 후 텐진조약天津條約 체결을 통해 조선문제를 해결하고자 하였다. 이 조약에서 청·일 양국은 ① 한반도 주둔군을 4개월 이내에 철군할 것이며, ② 조선 국왕에게 자위를 위한 군대를 양성하도록 하되 훈련교관은 청·일양국의 교관 대신 조선 국왕의 권한 하에 제3국의 무관을 고용함으로써 해결하고, ③ 장래 조선에 중대한 사건이 있어서 청·일 두 나라 혹은 한 나라가 파병에 응할 때에는 먼저 서면으로 통지해야 하며, 그 사건이 진정되면 즉시 철병하고, 계속해서 주둔하지 못한다는 조약에 합의하였다.[200]

영을 의정부에 위임하는 윤음을 발표하였다. 이러한 조치는 청국이 조선의 내정을 깊숙이까지 간섭하였음을 보여주는 사건들이다(裵亢燮, 앞의 책, 2002, 217쪽). 전·후영의 제도가 청국식으로 바뀌고 위안스카이가 친군 5영의 훈련을 감독하게 된 것도 내정간섭의 연장선상에서 이루어진 것이었다.

199 崔炳鈺, 앞의 책, 2000, 228쪽.

200 『고종실록』권22, 고종 22년 3월 계묘. 텐진조약

大淸國 特派全權大臣(太子太傅文華殿大學士 北洋通商大臣 兵部尙書 直隷總督 一等肅毅伯爵) 李鴻章과 大日本國 特派全權大使(參議兼宮內卿 勳一等伯爵) 伊藤博文은 각기 유지를 받들어 공동으로 토의하여 조약을 체결함으로써 우의를 두텁게 한다. 모든 약관을 아래에 열거한다.

1. 중국은 조선에 주둔시켰던 군대를 철거시키며 일본국은 조선에서 공사관을 호위하던 군대를 철거시키되 수표를 하고 도장을 찍은 날로부터 4개월 내에 각각 모든 인원을 철거시킴으로써 두 나라 사이에 사건이 일어날 우려를 없애되, 중국은 마산포를 통하여 철거하고 일본은 인천항을 통하여 철거한다는 것을 議定한다.

1. 양국은 서로 조선 국왕에게 권고하여 군사를 훈련시켜서 자체로 치안을 유지하게 한다. 그리고 조선 국왕은 다른 나라 武辨을 1인, 혹은 몇 명을 선발해서 고용하여 훈련시키는 일을 맡길 수 있다. 이후에 중·일양국은 서로 조선에 사람을 파견하여 훈련시키지 못한다.

1. 앞으로 조선국에 변란과 중대한 사건이 생겨 중·일 양국이나 혹은 어느 한 나라에서 군사를 파견하려고 하면 우선 서로 공문을 보내어 통지하며, 사건이 안정된 후에는 곧 철거시키고 다시 주둔시키지 못한다.

이상과 같은 조약 내용에 따라 임오군란 이후 약 2년여 동안 청·일 양국의 군사적 영향을 받아온 조선군은 비로소 독자적인 노선을 걸을 수 있게 되었다.[201] 텐진조약 체결 후 리훙장은 고종에게 서한을 보내어 청국군과 일본군이 철수하면서 조선군을 조련하던 양국의 교관들도 역시 철수하게 되었으므로 앞으로 병사들을 훈련시킬 대안으로 ① 서양인 교관을 초빙하거나, ② 병사들을 텐진 군영軍營으로 파견하여 학습시키는 두 가지 방안을 권유하였다. 이에 대해 고종은 이미 미국공사에게 군사교관 몇 명을 요청하였으며 만약 성사되지 않으면 그때 가서 다시 협의하겠다고 회답하였다.[202] 앞서 서술하였듯이 임오군란 이후 청의 간섭이 심해지고 청군이 조선군을 직접 통제하는 상황이 벌어지자, 고종은 이를 자주성에 대한 심각한 손상으로 받아들이고 청군이 조속히 철수하기를 바라고 있었다.[203]

고종은 텐진조약 체결 직후인 1885년 3월 6일(4월 20일) 마군소馬軍所를 용호영龍虎營으로 개칭하여 복설하는 조치를 취하였다.[204] 마군소는 1884년 8월 29일(10월 17일) 구래의 중앙군영을 친군 4영에 분속하면서 국왕의 호위를 위해 존치시켰던 군사조직이었다. 용호영을 복설한 것은 1884년 8월의 군제변통에 따라 발생한 금군禁軍의 약화를 해소하려는 데 직접적인 의도가 있었지만, 고종이 청국의 지나친 간섭에 대해 반발하며 신변의 안전을 확보하려고 했던 데서도 원인을 찾을 수 있다.[205]

고종은 청국의 내정간섭이 강화되는 속에서 국정운영권을 회복하고자 하는 의도에

---

大淸國 光緒 11年 3月 4日.
　特派全權大臣 文華殿大學士 直隸總督 一等肅毅伯爵 李鴻章.
大日本國 明治 18年 4月 18日.
　特派全權大使 參議兼宮內卿 勳一等伯爵 伊藤博文.

201 崔炳鈺, 앞의 책, 2000, 229쪽.
202 『淸光緒朝中日交涉史料』 券8, 「377-附件 李鴻章致朝鮮國王書」.
203 고종은 갑신정변 이전인 1884년 5월에도 미국공사 푸트를 불러 미국으로 하여금 청국에 압력을 가하여 청군을 철수시키려고 시도하였다(崔炳鈺, 앞의 책, 2000, 230쪽).
204 『고종실록』 권22, 고종 22년 3월 을사. 이는 용호영이 4군영으로 분속된 지 6개월여 만의 일이었다(裵亢燮, 앞의 책, 2002, 221쪽).
205 裵亢燮, 앞의 책, 2002, 222쪽. 이와 같이 부활된 용호영은 이후에도 계속 운영되었으며, 1892년 12월에 겸임참하선전관 14명, 부장 15명, 수문장 18명, 어전일산사지 6명 등 104명을 더 증원하여 금군의 병력은 모두 1,300명이 되었다(崔炳鈺, 앞의 책, 2000, 246~247쪽).

서 내무부를 신설하였다. 톈진조약에 따라 청군의 철수가 결정된 직후인 1885년 3월 29일(5월 13일) 고종은 김윤식 대신 민종묵을 병조판서에 임명하였고,[206] 5월 25일(7월 7일)에는 군국서무軍國庶務를 총괄하고 궁내사무까지 관장하는 내무부를 신설하였다. 내무부는 의정부와 동격의 관서로 그 산하에 군무軍務, 사헌司憲, 수문修文, 지리地理, 공작工作, 직제職制, 농무農務 등 7개의 국이 있었다.[207] 고종이 이러한 조치들을 취했던 까닭은 민씨척족 세력을 정부요직으로 진출시키는 동시에, 위안스카이의 지원을 받는 김윤식이 주도하던 통리교섭통상사무아문統理交涉通商事務衙門을 견제하기 위한 것이었다.[208]

내무부 설치를 전후하여 고종은 친군영 체제를 강화·확대하는 한편 적극적으로 병권을 장악하고자 하였다. 고종의 친군영 강화와 병권장악 정책은 전통적인 조선군의 후신으로 다른 4영에 비하여 청·일의 영향력이 약했던 친군별영親軍別營을 중심으로 이루어졌다. 〈내무부신설절목內務府新設節目〉이 마련된 1885년 6월 9일(7월 20일) 고종은 친군별영의 〈영제절목營制節目〉도 다시 마련하게 하였다.[209] 이 날은 청국의 경군사영慶軍四營과 일본 공사관 호위군이 모두 철수하기 하루 전이었다.[210] 새로 마련된 영제營制에 따르면 친군별영의 병력은 1884년 11월 창설될 당시의 편제보다 1천여 명 정도가 늘어난 3,237명이었다.[211] 이렇게 증강된 친군별영은 국왕이 행행行幸할 때, 종묘에 전알展謁할 때, 전시殿試에 친림할 때, 경축일 등에 국왕이 친행親行할 때 등 각종 행사시의 시위侍衛 임무에서 중심적인 역할을 수행하였다.[212]

지방군은 중앙군이 친군영 체제로 재편되는 와중에도 별다른 관심을 받지 못한 채 방치되고 있었다. 지방군제는 전반적으로 진군鎭軍체제가 유지되었으나 일부지방의

**206** 『승정원일기』 2934책, 고종 22년 3월 29일 무진.
**207** 『일성록』, 고종 22년 6월 20일 정해. 내무부의 조직과 기능에 대해서는 한철호, 「민씨척족정권기(1885-1894) 내무부의 조직과 기능」 『한국사연구』 90, 1995 참조.
**208** 裵亢燮, 앞의 책, 2002, 222쪽.
**209** 『親軍別營謄錄』 2책, 을유 6월 초9일.
**210** 裵亢燮, 앞의 책, 2002, 225쪽.
**211** 裵亢燮, 앞의 책, 2002, 226~228쪽.
**212** 裵亢燮, 앞의 책, 2002, 229쪽.

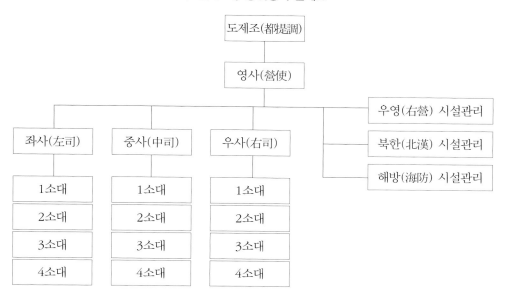

〈그림 3-4〉 통위영의 편제표

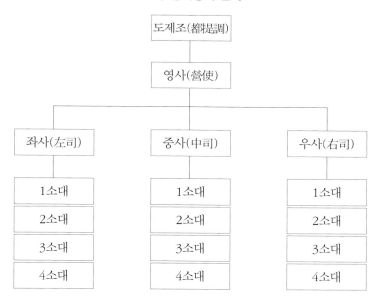

〈그림 3-5〉 장위영의 편제표

리청으로 변화하였다.[243]

1892년에는 용호영, 총어영과 함께 경리청에도 '친군' 칭호를 붙이게 함으로써[244] 중앙군영의 편제는 사실상 임오군란 이전의 편제와 유사하게 5영으로 복구되었다.[245] 이와 같이 3영 체제 하에서도 도성의 방위는 이전에 훈련도감, 금위영, 어영청이 분장했던 체제와 비슷하였다. 이러한 군제개편의 의도는 무엇보다 청국의 지나친 내정간섭을 벗어나고자 하는 데 있었다. '제2차 조러밀약 사건' 이후 위안스카이가 강압적인 내정 간섭에서 더 나아가 고종의 폐위까지 주장하자, 고종도 한성에 주둔하는 군영에서 청국의 영향력을 제거하고 숙위의 기능을 강화하는 방향으로 적극 대처한 것이었다.[246]

당시 고종은 청국의 간섭을 피하기 위해 군무와 관련된 일체의 사항을 비밀리에 독자적으로 추진하거나 극소수의 인사들과만 논의하였던 것으로 보인다. 고종은 1888년 5영 체제를 3영 체제로 개편하면서 일체의 사실을 비밀로 하여 대신들과 갈등을 빚기도 하였다. 1888년 11월 고종이 군사들의 복장을 개정하도록 한 데 대해 좌의정 김홍집이 불필요하다며 반대하자, 고종은 "군사에 대한 일은 비밀로 해야 한다."는 말로 불편한 심기를 드러내었다. 이에 김홍집은 "아무리 비밀이라지만 영문營門의 도상都相도 들어서는 안 되는 것이겠습니까?"라 하였고, 김병시金炳始도 "만인이 눈으로 보는 일을 어찌 끝내 비밀로 할 수 있겠습니까?"라며 반발하였다.[247] 이 사건은 고종의 독단적인 군무 처리로 인해 빚어진 신료들과의 갈등을 보여주고 있지만, 이를 통해 고종이 청국의 간섭을 피하기 위하여 얼마나 부심하고 있었는지도 짐작해 볼 수 있다.[248]

---

**243** 裵亢燮, 앞의 책, 2002, 269쪽.
**244** 『고종실록』 권29, 고종 29년 9월 임인.
**245** 裵亢燮, 앞의 책, 2002, 269쪽 ; 崔炳鈺, 앞의 책, 2000, 248쪽.
**246** 裵亢燮, 앞의 책, 2002, 269쪽.
**247** 『고종실록』 권25, 고종 25년 10월 병신.
**248** 裵亢燮, 앞의 책, 2002, 269쪽.

# 5. 갑신정변 이후 친군영 체제의 성격

문호개방 이후 청·일 양국에 의해 이뤄진 내정과 외교에 대한 개입과 간섭은 사실상의 침략행위나 다름이 없었다. 청·일 양국의 간섭으로부터 벗어나기 위해서는 무엇보다 군사력 강화가 필요하였고, 이 점은 고종을 비롯한 집권관료들도 잘 알고 있었다. 그러나 임오군란 이후 성립된 친군 체제는 청·일 양국의 영향을 받아 군사력의 가장 중요한 요소인 군의 단결을 와해시켰을 뿐 아니라 외세의 침략위협에 직면해 있던 시대적 상황을 외면한 채 국왕의 신변안전이나 도모하는 친위군으로 전락하고 마는 모순을 드러내었다.[249] 그 결과 갑신정변이 일어나자 친군 각 영들은 그 성향에 따라 둘로 나뉘어 충돌하는 상황이 벌어지고 말았다.

갑신정변 이후 조선에 들어온 위안스카이는 조선에서 반청세력을 완전히 뿌리 뽑고자 하였다. 따라서 친청적 인사들을 요직에 등용하고, 민씨척족의 권력기구였던 통리군국사무아문을 폐지하여 의정부에 복속시켰다. 이러한 가운데서도 고종은 정변의 사후처리를 하는 동시에 조선의 전통적 중앙군을 중심으로 친군별영을 만들어 만일의 사태로부터 자신을 보호하려 하였다.

그러나 청국의 내정간섭은 더욱 극심해져 모든 군영의 편제가 청국식으로 바뀌었고, 위안스카이가 모든 군영의 훈련에 간여하게 되었다. 고종의 입장에서는 자신을 지켜줘야 할 군대가 자신의 통치권을 제약하고 있는 위안스카이의 영향력 아래 있었던 것이다. 따라서 고종은 텐진조약 체결을 계기로 내무부를 신설하여 청국의 내정간섭을 피해 국정을 추진해 나갈 방편을 마련하였다. 동시에 금군인 용호영을 복설하고, 상대적으로 청국과 일본의 영향력을 적게 받았던 친군별영을 강화해 나가면서 한성에서 자신을 보호할 수 있도록 하였다.

고종은 대외방어보다는 신변 안전을 우선시하여 연해방어를 목적으로 설립한 기연해방영을 부평에서 용산으로, 다시 남별영으로 이전하여 연해방어가 한층 소홀해 지는 결과를 초래하였다. 임오군란과 갑신정변을 겪은 이후 항시 자신의 주위에서 돌발

---

249 崔炳鈺, 앞의 책, 2000, 259쪽.

사태가 일어나는 것을 두려워한 나머지 지나치게 신변호위를 강화하였다. 따라서 그는 해안이나 국경지역의 방어보다는 한성에서 예상치 못한 사변이 발생하였을 경우 자신을 지켜줄 수 있는 친군의 강화에 몰두하였다. 특히 '제1·2차 조러밀약 사건' 이후 위안스카이가 국왕을 폐위하려는 계획을 제기하는 등 청국의 간섭이 노골화되자, 고종은 국방정책의 방향성을 잃고 말았다.

모든 군정 운영은 궁궐의 수비를 중심으로 이루어졌고, 청국과의 갈등 속에서 각 군영대장들은 수시로 교체되었다. 또한 고종은 '제2차 조러밀약'이 발각된 직후인 1886년 9월 17일(10월 14일)에는 경기 연해의 방어를 목적으로 창설한 해방영 소속 병정에게도 친군 각영과 마찬가지로 시위·배위할 것을 지시하였다.[250] 국방을 책임져야 할 각영들이 국왕의 신변안전을 도모하는 친위군으로 전락하고 만 것이다.[251]

한편, 군제는 친군영 체제로 개편되었지만, 그 내실 면에서는 이전 시기의 군영과 다를 바가 없었다. 왜곡된 국정운영과 안일한 관행이 관료사회에 팽배하여 중앙과 지방을 막론하고 군비가 제대로 갖춰지지 못하였다. 여기에 극심한 재정상의 압박으로 탄환의 공급마저 어려워지면서,[252] 군사력의 강화는 사실상 불가능해졌고 군정도 한층 더 문란해져 갔다.[253]

즉위 직후부터 자신의 왕위에 위협을 느끼고 있었던 고종은 친정 선포 이후 군영의 신설과 개편을 거듭하면서 군사력의 근대화를 시도하였으나 소기의 성과를 거둘 수 없었다. 오히려 군제개편의 방향은 국토방위와는 거리가 먼 국왕 수하의 친위부대의 유지, 강화에 초점이 맞춰졌고 외세가 개입할 빌미를 조성하고 있었다. 하지만 임오군란과 갑신정변 등에서 드러나듯이 궁궐 숙위는 항상 위협받고 있었으며, 동학농민전쟁과 같은 변란도 제대로 진압할 수 없을 정도로 군사력은 허약하였다. 고종은 군사력의 존재를 전제왕권을 공고히 하는 데 필요한 것 정도로 인식하였으며, 해안이나 국경지역 등의 국토방위에는 별다른 관심을 기울이지 않았다. 이 때문에 친정 선포

---

250 『일성록』, 고종 23년 9월 17일 정미.
251 裵亢燮, 앞의 책, 2002, 234~235쪽.
252 『비변사등록』 267책, 고종 23년 12월 10일.
253 裵亢燮, 앞의 책, 2002, 237쪽.

이후 추진된 고종의 군비강화 정책은 시종일관 숙위군宿衛軍의 강화에 집중될 수밖에 없었고, 대원군 집권 10년간 이루어진 제한적인 군비강화 성과마저도 무너뜨리고 말았다.[254]

---

254 崔炳鈺, 앞의 책, 2000, 260~261쪽.

# 제4절

# 연무공원鍊武公園 설치와
# 군사교관 초빙

## 1. 군사교관의 초빙과정

1879년 이후 러시아의 남하정책을 우려한 청국과 일본은 조선에게 근대적인 군대를 양성할 것을 적극적으로 권장하였다. 따라서 1880년대 초에는 청국으로부터 신식무기를 도입하고, 영선사의 인솔 하에 천진기기국에 유학생을 파견하여 신식무기 제조법과 운용법을 학습시켰다. 또, 일본으로는 조사시찰단을 파견하여 메이지 일본의 군사제도와 시설을 시찰시키고, 일본공사관 소속 무관武官인 호리모토 레이조堀本禮造를 초빙하여 교련병대敎鍊兵隊의 훈련을 담당하게 하였다.

이러한 근대적 군대 양성을 위한 조치들은 1882년 7월 임오군란이 일어나면서 일시에 좌절되었다. 군란이 진정된 이후 조선 정부는 서울에 진주한 청국 광동수사제독廣東水師提督 우창칭吳長慶 휘하의 장교들에게 조선 중앙군의 재정비와 훈련을 위임하는 한편, 14명의 청년들을 선발하여 일본 도쿄의 육군호산학교陸軍戶山學校에 유학시켜 근대적인 교육을 받도록 하였다.[255]

그러나 갑신정변 이후 청국의 내정간섭이 점차 노골화되자, 고종은 청국이나 일본 이외에 다른 열강을 끌어들여 청국의 간섭을 견제하고자 하였다. 이러한 사정으로 조

---

**255** 柳永益,「美國 軍事敎官 傭聘始末 片考 -1880~90年代를 중심으로-」『軍史』 4, 국방부 전사편찬위원회, 1982, 111~112쪽.

선 정부 내에서 '영토적 야욕이 없고, 남의 인민을
탐내지 않으며, 남의 정사에는 간여하지 않는' 나
라인 미국으로부터 군사적 협조를 받는 것이 상책
이라는 의견이 나오게 되었다. 이는 당시 조선에
대한 미국의 호의적인 태도에서 기인한 바가 컸
다. 임오군란이 발발하자 직접적으로 자국의 이익

모노카시호

을 위하여 움직였던 청국과 일본은 물론이고, 영국과 독일마저도 군란을 기회로 조선
과 맺은 조약의 비준을 거부하고자 하였다. 반면 미국은 이들과는 다르게 조미조약을
위한 '도덕적 의무'를 성실하게 이행하였다.[256]

  우선, 청국 주재 미국공사로 부임하기 위해 상해를 지나가던 영Young은 그곳에서
군란의 정보를 입수하자, 국무성의 허가도 없이 즉각 군함 모노카시Monocacy호를
조선에 급파하였다. 또한 미국의 아더Arthur 대통령은 영국의 끈질긴 비준 방해에도
불구하고 1883년 1월 9일 조미조약의 비준에 성공하였고, 초대 조선 주재 미국공사
인 푸트Foote의 지위를 특명전권공사特命全權公使로 하였다. 이는 주청駐淸 및 주일駐
日 공사와 같은 등급으로 미국이 조선을 청국이나 일본과 동일한 수준의 독립국으로
대우하였음을 보여주는 것이다. 당시 영국이 주청 공사로 하여금 조선 공사를 겸임하
게 하고 한성에는 대리총영사代理總領事를 두어 베이징에 종속시킴으로써, 조선에 대
한 청국의 종주권을 적극 지원해 주었던 조치와는 대비되는 것이었다. 이러한 미국의
태도는 아시아 진출이 다른 나라에 비해 늦었기 때문에 아시아의 여러 나라들을 분할
하려던 영국과는 달리 한국이 독립을 유지하여 강대국의 독점물이 되지 않는 것이 미
국의 이익과 부합하였기 때문이었다.[257]

  그래서 고종은 1883년 7월 보빙사報聘使 민영익에게 미국으로부터 외교고문과 군
사고문을 초빙하는 임무를 부여하였고,[258] 10월 16일 조선 주재 미국공사 푸트를 접
견하면서 미국 정부에서 외교고문과 군사고문을 보내줄 것을 요청하는 동시에, 만약

256 崔文衡, 「美國의 對韓政策(1882~1905)」 『軍史』 4, 국방부 전사편찬위원회, 1982, 123쪽.
257 崔文衡, 앞의 논문, 1982, 123~124쪽.
258 柳永益, 앞의 논문, 1982, 112쪽.

보빙사 일행(1883년)

고문이 조선에 도착하면 참판에 임명하겠다는 제의를 하였다.[259] 이 같은 부탁을 받은 푸트 공사는 즉각 본국 국무장관에게 보고하였지만 미국 정부는 반년이 지나도록 회답을 보내지 않았고, 고종은 푸트 공사를 접견할 때마다 군사고문의 파견을 독촉하였다.[260]

비슷한 시기에 미국에 파견하였던 보빙사 일행도 귀국하였다. 보빙사 민영익이 미국 국무장관 프레링하이젠Frelinghuysen이 군사교관의 파견에 협조하겠다는 약속하였고, 조미조약 체결에 큰 역할을 하였던 슈펠트Shufeldt 제독이 조선의 군사고문 고빙에 관심을 보인다는 소식을 전해오자, 미국인 군사교관에 대한 고종의 기대는 한층 높아졌다.[261] 이러한 기대감 속에서 조선정부는 1884년 6월부터 1885년 9월까지 장전식Breach-loading 소총 4천 정, 레밍턴Remington 소총 3천 정, 피버디 마티니

259 George C. McCune and John A. Harrison, ed., Korean-American Relations: Documents Pertaining to the Far Eastern Diplomacy of the United States(이하 K.A.R) Vol I, Berkely and Los Angeles: University of California Press, 1963, No. 32, Foote to Freylinghuysen, October 19, 1883.

260 李光麟, 「美國 軍事敎官의 招聘과 鍊武公院」 『震檀學報』 28, 震檀學會, 1965, 8쪽.

261 K.A.R Vol I, No. 105, Foote to Secretary of State, September 3, 1884 and No. 128, Report of information relative to the revolutionary attempt in Seoul, Corea, by Ensign George C. Foulk, December 4-7, 1884.

Peabody Martini 소총 1천 정, 그리고 개틀링Gatling 포 6문 등 많은 미국제 무기를 미국무역회사The American Trading Co.를 통하여 구입하였다.[262]

그러나 조선정부의 기대와는 달리 군사교관의 파견은 쉽게 이루어지지 않았다. 당시 미국은 남북전쟁(1861~1865)이 끝난 지 20년도 되지 않아 전후 복구와 국내 개발에 몰두하고 있었고, 조선과 같이 작고 먼 나라에 군사고문을 파견하는 문제에는 그다지 관심을 보이지 않고 있었다. 게다가 공화당인 아더 대통령의 임기가 1885년 3월 4일로 끝나고 민주당의 클리블랜드Cleveland가 대통령에 당선되면서 대외팽창에 대한 미국의 관심은 현저히 줄어들었다. 따라서 관료들은 물론이고 상·하원도 군사교관의 조선 파견문제에 적극적이지 않았다. 그리고 이후 조선 주재 미국공사가 두 번 교체되고(파커Parker, 딘스모어Dinsmore), 그 사이 임시대리공사도 두 번이나(포크Foulk, 록힐Rockhill) 임명되면서 미국인 군사교관의 파견은 계속 늦어지기만 하였다.

고종은 미국인 군사교관의 파견이 지지부진하자, 외교고문인 독일인 묄렌도르프Möllendorff의 건의에 따라 영흥만永興灣을 조차租借해주는 대신 러시아인 군사교관을 초빙하려고 하였다. 그러나 이 계획은 사전에 폭로되어 톈진조약의 체결 이후 공동철병하기로 한 청·일 양쪽으로부터 비난을 받았고, 또 영국이 러시아의 남하를 저지한다는 명목으로 거문도를 강제적으로 점거하고 있었던 상태였기 때문에 국제문제로 비화할 위험이 있었다. 때문에 고종은 어쩔 수 없이 외무독판外務督辦 김윤식을 통하여 러시아 측에 조선정부는 이미 미국에 군사교관 파견을 요청하였으므로 군사교관 파견을 거절한다는 통고를 함으로써 러시아인 군사교관 초빙계획은 백지화 되었다.

군사교관의 파견문제는 1888년 1월 최초의 주미사절인 박정양朴定陽과 그의 참찬관參贊官 알렌Allen이 워싱턴에 도착한 이후에야 교관의 선정이 이루어지면서 현실화되기 시작하였다. 그동안 미국 의회에서는 현역군인의 파견은 불가능하고 퇴역장교 중에서 적절한 인원을 선별하여 보내기로 결정한 상태였다. 박정양과 알렌의 적극적인 교섭 결과 미국정부는 다이W. M. Dye를 수석교관으로 천거하였고, 다이에게

---

262 柳永益, 앞의 논문, 1982, 112~113쪽.

두 명의 보조교관을 선발하도록 하였다. 이에 다이는 커민스E. H. Cummins와 리J. G. Lee라는 두 명의 퇴역군인을 보조교관으로 선택함으로써 조선이 기대한 세 명의 군사교관 선발을 매듭지었다. 이와 함께 조선 주재 미국공사 딘스모어의 주선으로 일본 고베神戸에서 닌스테드F. H. Nienstead가 보조교관으로 추가 선발되었다. 이들 네 명의 미국 군사교관단은 1888년 4월 10일 마침내 서울에 도착하여 무려 5년을 끌었던 미국인 군사교관의 초빙이 실현되었다.[263]

고종이 미국인 군사교관의 초빙문제의 진척이 지지부진한데도 계속 그것을 원했던 이유는 무엇보다 청국의 내정간섭 때문이었다. 앞서 언급한 바와 같이 당시 조선에는 임오군란 이후 주류하고 있던 청국의 장교들이 조선군의 교련을 담당하고 있었으나 그 횡포가 심하여 조선 관리나 백성들로부터 혐오의 대상이 되었다. 그리고 무엇보다 고종은 하루빨리 청국의 간섭에서 벗어나고자 하였다. 고종은 청의 내정간섭이 강화되면 될수록 이를 타개하기 위하여 미국과의 관계를 굳건히 하고 물적·인적유대를 강화하고자 하였다. 동시에 고종은 미국에게 곧 있게 될 영국, 독일과의 담판에서 공정한 조언과 협조를 원하였고, 조선의 자주권을 위협한다고 생각되는 영국과 러시아의 사이에서 미국의 거중조정을 희망하였다. 또한 2년 전 도쿄에 파견되어 육군교육을 받고 있었던 사관생도 14명이 귀국하여 미국인 교관 밑에서 좀 더 훈련을 받기를 원하고 있었던 것도 하나의 이유였다.[264]


## 2. 미국인 군사교관들의 이력과 대우

다음으로 수석교관 다이와 보조교관 커민스, 리, 닌스테드의 이력에 대해서는 자료의 빈곤으로 자세한 사항을 알 수 없으나 알려진 사실을 개략적으로 정리하는 다음과

---

263 미국인 군사교관 초빙과정과 러시아인 군사교관 초빙계획에 대한 자세한 사항은 李光麟, 앞의 논문, 1965, 8~16쪽 참조.
264 禹澈九, 「韓末 雇聘軍事顧問(教官)이 軍部指導層의 政治的 態度에 미친 영향」『社會科學研究』 1·2, 영남대학교 부설 사회과학연구소, 1981, 11~12쪽.

같다.

우선 수석교관인 다이는 펜실베니아 주 출신으로 웨
스트포인트 육군사관학교를 1853년에 졸업하였다. 그
는 정규군이 아닌 방위군防衛軍의 장교로 수비대守備隊
와 변경지역에서 근무하다가 남북전쟁이 일어나자 아이
오와 주 제20의용군 대장으로 참전하였다. 이후 미주리,
알칸소 주에서 전공을 세워 명예소령이 되었고, 1864년
에는 명예중령으로 진급하였다. 캔서스, 네브라스카, 콜

미국 군사교관 단장 다이 준장

로라도, 다코다 주 헌병차감憲兵次監을 역임하였고, 1865년 전쟁의 공로로 의용군의
준장으로 승진하였다. 그는 같은 해 7월 정규군에 편입되었고 이듬해 1월에 소령으로
임관되어 보병부대에 배속되었다가, 1870년에 자원하여 제대하였다. 제대 후 일시적
으로 농업에 종사하던 그는 1873년부터 5년간 이집트 정부에 초빙되어 참모차장에
임명되었고, 아비시니아Abyssinia 토벌군에 참가하여 부상을 입기도 하였다. 1878년
이집트에서 돌아온 그는 1883년부터 1886년까지 미국 워싱턴 주위의 콜럼비아 특별
지구 시경총감으로 근무하다가 조선에 부임하기 직전에는 연방정부 연금국의 육·해
군부의 부장으로 일하였다.[265]

다음으로 커민스는 버지니아 주 출신으로 남북전쟁 당시 남부 연방군의 소령으로
출전하여 미시시피 강 및 멕시코 만 연안방위대에서 복무하였다. 리는 원래 의사로
한때 필라델피아 방위군에 복무하였고, 조선에 부임하기 전에는 필라델피아 검시관
사무소의 전속의사였다. 이들 미국 동부 출신자들과는 별도로 딘스모어 공사의 주선
으로 조선에 오게 된 닌스테드는 일본으로 부임하기 전 미해군의 일반사병으로 복무
하였고, 보조교관으로 발탁되기까지는 일본 고베 주재 미국영사관 부영사 겸 번역관
이라는 직책에 종사하고 있었다.[266]

이상에서 볼 수 있듯이 수석교관 다이를 제외한 나머지 3명의 교관은 사관학교 출
신이 아니었으며 풍부한 실전경험을 갖추지도 못하였다. 그러나 일단 이들은 조선에

---

265 李光麟, 앞의 논문, 1965, 16쪽 ; 柳永益, 앞의 논문, 1982, 116쪽.
266 柳永益, 앞의 논문, 1982, 116쪽.

보조교관으로 부임하자 조선정부로부터 상당한 대우를 받았다. 이들의 직책과 연봉은 아래와 같다.[267]

〈표 3-1〉 미국인 군사교관의 직위 · 계급 및 봉급

| 이름 | 직위 | 계급 | 연봉(멕시코 달러) |
|------|------|------|-------------------|
| 다이 | 연무공원 수석교관 / 병조참판 | 대장 | $ 5,000 |
| 커민스 | 연무공원 조교관 | 대령 | $ 3,000 |
| 리 | 연무공원 조교관 | 소령 | $ 3,000 |
| 닌스테드 | 연무공원 조교관 / 병조참의 | 대위 | $ 3,000 |

당시 이들에게 약속된 봉급은 당시 조선 주재 미국공사의 연봉 $5,000에 비교해 보거나, 육영공원育英公院의 미국 교사들이 받은 연봉 $1,200과 비교해 볼 때 상당히 고액이었다. 위와 같이 조선에 온 미국 군사교관들의 대우는 그들의 입장에서 상당히 만족스러웠을 것으로 추측된다.[268] 다만 문제는 조선정부가 얼마나 계약조건(특히 봉급의 지불)을 충실하게 이행하는가에 있었고, 이는 그들의 충실한 임무수행과도 직결되는 것이었다.[269]

## 3. 연무공원의 설치와 교육

고종은 미국 군사교관이 도착하면 곧바로 훈련에 착수할 수 있도록 1887년 12월 1일(1888년 1월 13일)에 이미 무관의 자제들 가운데서 학생을 천거하라는 교서를 내린 바 있고,[270] 12월 25일(2월 6일)에는 연무공원鍊武公院을 설치한다는 교서를 내렸

---

**267** 柳永益, 앞의 논문, 1982, 117쪽.
**268** 입국 및 귀국여비 각각 $500지급과 사택의 무료 대여도 초빙 조건에 포함되어 있었다(李光麟, 앞의 논문, 1965, 14쪽).
**269** 柳永益, 앞의 논문, 1982, 117쪽.
**270** 『고종실록』권24, 고종 24년 12월 계미.

두었던 진무영도 점차 위축되어갔다.[295] 1874년 7월에는 무장인 진무사鎭撫使가 강화유수江華留守를 겸임하던 규례가 문신 강화유수가 진무사를 겸임하는 것으로 바뀌었다. 그리고 강화유수가 진무사와 삼도통어사를 겸임하던 것을 진무사와 교동진喬桐鎭병마첨절제사를 겸임하는 것으로, 경기수군우방어사 진무영우해방장京鎭撫營右海防將을 경기수군절도사 겸 삼도통어사로, 진무중군 겸 수성장토포사鎭撫中軍兼守城將討捕使를 강화부중군 겸 수성장토포사江華府中軍兼守城將討捕使로 각각 바꾸도록 하였다.[296] 그 결과 대원군 집권기에 승격되었던 진무영의 지위는 크게 격하되어 버렸다.[297] 뿐만 아니라 고종은 1874년 11월 15일(12월 23일) 경상감사가 예산 부족으로 인해 포항진浦項鎭을 운영하기 곤란하다는 보고를 하자 그 철폐를 지시하였고,[298] 12월 4일 (1875년 1월 11일)에는 통제사의 외등단外登壇도 폐지하였다.[299]

이와 함께 진무영의 운영 경비도 점차 줄어갔다. 우선 1874년 7월에는 진무영에 이미 마군馬軍이 없으므로 제주 공마貢馬를 배정하지 말라는 지시가 내려졌다.[300] 또한 진무영에 지급되어 경비로 사용되었던 포삼세包蔘稅도 1875년부터 무위소로 이관되기 시작하여 늦어도 1881년 11월 이전까지는 전부 무위소로 이관되었다. 이에 따라 진무영에서 각 진의 경비는 물론이고 병사들에게 지급해야 할 봉급을 10개월가량 지급하지 못하는 사태가 벌어지게 되었다.[301] 이밖에도 내수사內需司에 들어가던 철물들을 진무영으로 이송하여 기계를 만들어 비축하도록 하였던 조치도 폐지시키는 등 진무영의 군비는 날로 쇠약해졌다.[302]

게다가 1882년에는 군량이 부족하자 진무영의 병력을 반으로 줄여버려, 진무영에

---

295 裵亢燮, 앞의 책, 2002, 244쪽.
296 『승정원일기』 2804책, 고종 11년 8월 4일 갑술.
297 裵亢燮, 앞의 책, 2002, 245쪽.
298 『일성록』, 고종 11년 11월 15일 갑인.
299 『일성록』, 고종 11년 12월 4일 계유. 고종은 자신의 친정체제의 기반을 다지고 대원군의 영향에서 벗어나기 위하여 대원군 시기에 이루어진 각종 정책이나 규례를 혁파해버렸다(裵亢燮, 앞의 책, 2002, 244쪽).
300 『일성록』, 고종 11년 7월 30일 경오.
301 『陰晴史』, 高宗 19年 壬午 11月 18日.
302 『승정원일기』 2839책, 고종 14년 6월 13일 정유.

남은 병력은 1,300여 명에 불과하였다.[303] 잔여 병력들도 훈련을 참관한 위안스카이가 훈련 내용이 어린아이 놀이 같다고 평가할 정도로 문제를 안고 있었으며, 포대에 거치해 둔 불랑기佛狼機와 지자포地字砲 등의 포들도 불량하였으며, 그마저도 포대에 고정되어 있었기 때문에 상하 좌우로 포열을 조정하는 것이 불가능한 상태였다.[304] 이와 같이 진무영의 쇠퇴로 인하여 조선의 해양방위력이 크게 약화되었고, 이는 결국 임오군란 이후 청국이 조선의 해방을 대신 담당하게 되는 여러 요인 중 하나가 되었다.[305]

## 2. 임오군란 이후 청나라의 해방 대담代擔과 기연해방영畿沿海防營의 설치

임오군란 이후 청국은 조선의 내정에 대한 간섭을 강화하면서 〈조청상민수륙무역장정朝淸商民水陸貿易章程〉(이하 〈조청장정〉) 체결을 통해 조선의 해방海防도 대신 담당하게 되었다.[306] 〈조청장정〉의 제7조에는 병선의 연해순찰권 및 정박권에 대한 내용이 담겨져 있다.

> 지금 바다에 관한 금령이 해제되었으니 자체의 편의에 따라 뱃길로 왕래하는 것을 승인한다. 오늘날 조선에는 군사용 윤선輪船이나 상업용 윤선이 없으므로, 조선 국왕은 북양대신에게 부탁하여 잠정적으로 상국商局의 윤선을 매달 한 번씩 정기적으로 왕래하도록 하고, 조선정부에서는 선비船費로 약간의 금액을 내도록 한다. 이밖에 중국의 병선이 조선의 바다 기슭에 와서 순행하는 동시에 각 지방의 항구에 정박하여 방어를 도울 때에 지방 관청에서 공급하던 것을 일체 면제한다. 식량을 사고 경비를 마련하는 것은 모두 병선에서 자체 마련하며, 해당 병선의 함장 이하는 조선 지방관과 동등한 예

---

303 『陰晴史』, 高宗 19年 壬午 9월 25일.
304 裵亢燮, 앞의 책, 2002, 245쪽.
305 裵亢燮, 앞의 책, 2002, 246쪽.
306 張學根, 「구한말 해양방어정책 -해군창설과 군함구입을 중심으로-」『사학지』 19, 1986, 101~102쪽.

로 상대하고, 선원들이 상륙하면 병선의 관원은 엄격히 단속하여 조금이라도 소란을 피우거나 사건을 일으키는 일이 없도록 한다.[307]

이 조항에는 동아시아의 전통적 국제질서가 해체되어가고 조선에 대한 열강의 위협이 구체화되어가자 청국이 조선을 자국방위를 위한 전방기지로 삼으려는 의도가 깔려있었다.[308] 임오군란 발발 직후 이미 청국의 장패륜張佩綸은 조선 국왕을 폐하고 조선을 중국의 성省으로 만들 것과 군대를 파견하여 그 항구를 청국의 관리 아래에 둘 것을 주장한 바 있다.[309] 〈조청장정〉 제7조의 내용은 바로 조선의 연해까지 자국의 지배하여 두려던 청국의 의도를 실현하기 위한 것으로, 조선 국왕의 요청이 있어야 한다는 단서를 달기는 하였지만 사실상 조선의 해방권을 가져간 것이었다. 실제로 위안스카이는 친청파인 김윤식과 함께 강화도에 가서 병사 500명을 선발하여 자신의 영향 아래에서 훈련시키면서 이러한 의도를 현실화하고 있었다.[310]

한편, 조선군에 대한 청국의 직접적인 통제가 이루어지자, 고종은 이에 대해 강한 거부감을 가지고 병권을 다시 회복하고자 노력하였다. 특히 〈조청장정〉에 따라 해방권이 사실상 청국에 넘어가자, 고종은 이를 회복하고 약화된 해방체계를 정비하기 위하여 기연해방영을 창설하였다. 1883년 12월 5일(1884년 1월 2일) 고종은 경기도 연해지방을 방어할 병사와 포군砲軍 훈련의 시급성을 지적하며 이를 관장하게 할 목적으로 민영목閔泳穆을 총관기연해방사무摠管畿沿海防事務로 임명하였다.[311] 같은 해 12

307 『고종실록』 권19, 고종 19년 10월 경오.
308 裵亢燮, 앞의 책, 2002, 252쪽.
309 장패륜의 조선선후육조(朝鮮善後六條)의 대강은 1) 한사군 건설의 예에 따라 조선 국왕을 폐하고 조선을 청국의 성으로 삼을 것, 2) 조선 국왕을 존치하더라도 주나라의 예에 따라 감국(監國)을 둘 것, 3) 유력한 군대를 파견하여 그 항구를 청국의 관리하에 둘 것, 4) 조선의 내정개혁을 단행할 것 등이다(田保橋潔, 『近代日鮮關係の硏究』上, 朝鮮總督府 中樞院, 1940, 862쪽 참조).
310 위안스카이에 의한 강화도 병사들의 훈련에 대한 자세한 사항은 崔炳鈺, 앞의 책, 2000, 231~233쪽 참조.
311 『승정원일기』 2919책, 고종 20년 12월 5일 신해. 기연해방영에 대하여 윤치호는 당시 외무독판 민영목이 군권을 가지기 위해 만든 불필요한 군영이라고 보았다. 즉, 월남문제로 청국과 프랑스 사이에 전쟁이 일어나면 조선에 주둔하고 있는 청국 군대는 프랑스 군함이 조선 내의 항구에 정박할 경우에 대비하여 연해지방으로 전개 주둔할 것이므로, 이를 예방하기 위하여 미리 조선군을 연해에 주둔시킨다는 것이었으나 그 이면에는 당시 외무독판 민영목이 군권을 가지기 욕구가 있

월 18일(1월 15일)에는 통리군국사무아문에서 〈기연해방병포조련사목畿沿海防兵砲操鍊事目〉을 마련하였으며,[312] 이듬해 1월 4일(1월 31일)에 기연해방영을 부평부富平府에 설치하였다.[313]

해방사무 민영목은 1884년 4월 14일(5월 8일) 상소를 통해 경기 연안의 방어를 위한 의견을 다음과 같이 개진하였다.[314]

① 현재의 임무는 다만 육군 수비뿐이므로 연안의 수군도 통할할 수 있도록 할 것.

② 교동喬桐이 이제 해방영에 속하였으므로 통어사의 직함을 삭제할 것.

③ 남양南陽의 대부도大阜島에 포대를 설치하고 별장別將을 둘 것.

④ 연안의 포군, 총리아문의 포아병礮牙兵, 수어영守禦營의 별파진, 진무영의 신병을 통제하고 임시 징발할 수 있게 할 것.

⑤ 풍덕豐德과 남양 두 곳에서 병사를 선발하여 훈련시킬 것.

⑥ 연안 방어 병력과 간부들이 대략 2,000명이므로 이들을 유지하는 데 필요한 예산을 배정해 줄 것.

⑦ 인천, 남양, 장봉長峰 등지의 목장이 이동하거나 없어졌는데, 그곳에 둔전을 경영할 수 있도록 할 것.

⑧ 지방에 있는 망정결望定結을 경기에 이속하되 공적 비용을 제외하고는 모두 해방영에 배정해줄 것.

민영목은 해방에 관한 상소를 통해 연계수군에 대한 지휘를 해방영에 맡겨야 하며 군사를 때때로 훈련시켜 필요한 때 동원할 수 있도록 준비하자고 건의하였다. 그의 건의는 기연해방영이 창설되는 과정에 반영되어 그동안 육군이 담당하던 수륙방어를 수군이 중심이 되어 방어하도록 시스템을 바꾸었다.[315] 그의 건의에 따라 1884년 5월

====

다고 하였다(崔炳鈺, 앞의 책, 2000, 235~236쪽).

**312** 『승정원일기』 2919책, 고종 20년 12월 18일 갑자.

**313** 『일성록』, 고종 21년 1월 4일 경진.

**314** 『고종실록』 권21, 고종 21년 4월 을축.

**315** 심헌용, 『한말 군 근대화 연구』, 2005, 국방부 군사편찬연구소, 147쪽.

남양, 장봉, 인천의 둔전을 해방영으로 이관되었고,[316] 윤5월에는 해서와 호서의 수군도 해방영에서 일체 관할하게 되었다.[317] 이러한 과정을 거쳐 마련된 〈기연해방사목〉의 주요내용은 다음과 같다.

　① 명칭은 기연해방畿沿海防으로 칭하며 일품아문一品衙門으로 한다.
　② 관할의 연계沿界는 수원, 남양, 광주, 안산, 인천, 화도花島, 부평, 통진, 김포, 양천陽川, 교하交河, 풍덕, 강화, 고양, 교동, 영종의 각 지방과 그 소속 진보鎭堡로 한다.
　③ 포군의 징발은 순무영의 예에 따르고, 전령傳令 지휘指揮는 연계沿界 각 지방으로 한다.
　④ 장관將官은 육군별장陸軍別將, 교위校尉, 군위軍尉 등으로 칭하며 본 아문에서 임명한다.
　⑤ 통어사는 없앤다. 기연지방의 수군이 이미 해방아문에 소속되었으므로 해서, 호서의 수군도 일체 관할한다.
　⑥ 군향軍餉은 심도沁都 소관 연읍의 포량미砲糧米와 탁지度支 소관 해서사환모대전海西社還耗代錢, 기연어전염분선세畿沿漁箭鹽盆船稅의 균청均廳 및 각궁各宮, 각사各司에서 거두는 것을 막론하고 일체 이관한다.
　⑦ 호서포량미湖西砲糧米 6,000석도 해방아문으로 이속하여 군수에 보충한다.[318]

이로 미루어 볼 때 기연해방아문은 경기 연안지방을 관할구역으로 하여 육군과 수군으로 편성되었으며, 해서와 호서의 수군을 관할하는 군영이었음을 알 수 있다. 즉 기연해방영은 경기 병영 예하 진의 일부와 강화영을 통합하여 신설한 영이고, 육군과 수군을 동시에 보유하며, 특히 수군에 대한 작전통제권은 경기 연해는 물론 충청, 황해지역을 포함하는 것이었다. 이는 종전에 경기, 호서, 해서의 수군과 연해 육군을 통할하던 교동喬桐의 통어영統禦營이 없어짐으로써 그 밑에 있던 수군이 해방영으로 이

---

316 『승정원일기』 2923책, 고종 21년 5월 27일 신축.
317 『승정원일기』 2924책, 고종 21년 윤5월 3일 병오.
318 崔炳鈺, 앞의 책, 2000, 235쪽.

속된 것이다. 동시에 해방영이 여타 중앙군영과 달리 1품아문으로 설치되었던 점, 국왕의 최측근인 민영목을 수장으로 삼았다는 점을 통해 해방영이 월등한 지위를 지니고 해군을 총괄하는 아문으로 계획되었음을 엿볼 수 있다.[319]

이러한 점은 해방총관 민영목이 1884년 5월 병조판서에 임명되어 독판교섭통상사무, 총관기연해방사까지 겸임하게 된 것에서도 다시 한 번 확인할 수 있다.[320] 또 같은 해 8월에는 해방총관이 강화유수까지 겸임하게 되었고, 그 결과 진무영의 명칭과 진무사의 자리는 없어지게 되었다.[321] 같은 달 용호영, 금위영, 어영청, 총융청의 병력을 친군 4영에 분속시키면서, 총융청에서 관할하던 파주, 남양주, 장단 등 3개 진의 속오군도 해방아문으로 이속되는 등[322] 해안방어를 위한 기연해방영의 중요도는 점차 커졌다.

## 3. 갑신정변 이후 해방영의 이전과 통위영으로의 통합

갑신정변 이후 청국은 제도개혁을 통하여 반청세력을 축출하고 친청적 인물을 기용하여 조선에 대한 영향력을 강화하고자 하였다. 고종은 이러한 청의 의도에 대응하여 내무부를 설치하고, 친군별영을 창설하는 등의 조치를 통해 청의 지나친 간섭을 배제하고 군사적 위협으로부터 자신을 보호하도록 하였다. 그러나 신변 안전을 우선시한 고종의 이러한 조치로 인하여 경기 연안의 방어를 목적으로 설치했던 기연해방영마저 숙위를 위해 서울로 이전되면서 연해 방어에 커다란 문제점을 노출하게 되었다.

제1차 조러밀약 직후인 1885년 3월 7일(4월 21일) 고종은 해방영의 이설 장소를 한강 일대에서 찾아보도록 하였고,[323] 3월 20일(5월 4일)에는 해방영을 부평에서 용산

---

319 裵亢燮, 앞의 책, 2002, 255쪽.
320 『일성록』, 고종 21년 5월 4일 무인.
321 『일성록』, 고종 21년 9월 1일 임인.
322 『親軍別營謄錄』 1책, 갑신 8월 29일.
323 『승정원일기』 2934책, 고종 22년 3월 7일 병오.

만리창萬里倉 터로 옮겼다.[324] 5월 5일(6월 17일)에는 해방아문을 이설하여 경기 연안의 방비가 취약해졌으니 향병鄕兵들을 우선 해산하여 돌려보내어 포군에 다시 충당시키고, 친군별영에서 모집하였던 병정들을 해방영으로 이속하여 훈련시키도록 하는 지시가 내려졌다.[325] 같은 해 8월에는 국왕의 행행行幸 시에 해방영사가 도성에 머물도록 하였으며,[326] 1886년 2월에는 민영환을 총관기연해방사무摠管畿沿海防事務에 임명하였다.[327]

1885년 말 주차조선총리교섭통상사의駐箚朝鮮總理交涉通商事宜로 조선에 부임한 위안스카이는 〈조청장정〉 내의 군사조항을 보충하는 〈병선장정兵船章程〉 6조의 체결을 조선에 강요하였다.[328] 이에 조선 정부는 1886년 2월 4일(3월 9일)에는 해방경아문海防京衙門을 용산에서 남별영으로 옮겼으며, 개성에서 새로 선발하여 훈련시키던 병사들도 해방영으로 이속시켰다.[329] 같은 달 20일에는 용산에 있던 해방영 병정 600명 가운데 500명도 남별영으로 옮겨 한성에서의 군비를 강화하였다.[330] 3월 6일(4월 9일)에는 해방영에도 친군의 칭호를 붙여 친군기연해방親軍畿沿海防營으로 개칭하고 총관기연해방사무의 직함도 기연해방사畿沿海防使로 바꾸었으며, 해관총관 민영환을 해방사에 임명하였다. 이때 해방사의 직책은 총융사의 예를 따르도록 하고, 영제도 여타 다른 영들과 동일하게 하였다.[331]

이후 고종은 제2차 조러밀약 사건이 일어나고 위안스카이가 고종의 폐위음모를 획책하는 등 시국이 점점 더 불안해지자, 친군해방영의 병사들도 임금의 가마나 수레가

---

324 『승정원일기』 2934책, 고종 22년 3월 24일 계미.
325 『승정원일기』 2936책, 고종 22년 5월 5일 계묘.
326 『親軍別營謄錄』 3책, 乙酉 8월 24일.
327 『승정원일기』 2945책, 고종 23년 2월 2일 병인.
328 청국의 수병들이 청국의 군함을 이용하여 빈번히 밀수행위를 하자 해관에서는 이를 근절시키기 위해서 수사를 강화하였다. 이에 위안스카이는 '병선은 해관장정을 지키지 않는다.'라는 조항이 포함된 〈병선장정〉 6조를 조선정부에 강요하였다. 이에 대하여는 金正起, 「兵船章程의 强行 〈1888.2〉에 대하여」『韓國史研究』 24, 한국사연구회, 1979 참조.
329 『親軍別營謄錄』 4책, 병술 2월 초4일.
330 『승정원일기』 2945책, 고종 23년 2월 20일 갑신.
331 『승정원일기』 2946책, 고종 23년 3월 6일 기해.

이동할 때 다른 영의 병력들과 함께 시위, 배위(陪衛)하도록 하였다.[332] 또한 12월 15일 (1887년 1월 8일)에는 해방영의 병사들도 다른 군영의 숙위군들과 마찬가지로 입직하는 임무가 부여되었다.[333]

1888년 2월에 오게 되면 미국인 군사고문이 내한하면서, 고종은 이들을 이용하여 청국의 내정간섭으로부터 벗어나고자 하였다. 미국인 군사고문의 내한으로 자신감을 얻은 고종은 이를 계기로 친군 내에 청국의 영향력을 제거하기 위하여 군제개혁을 시도하였다. 그러나 이에 따라 기존의 친군영들을 3개의 영으로 통폐합되면서 해방영이 친군 전영, 우영과 함께 통위영으로 통합되어 버렸다. 애초에 경기 연해의 해방을 담당하기 위해 창설되었던 해방영이 군영의 통폐합으로 도성방위와 궁궐수비에 투입됨으로써 해방을 위한 조선의 군사력은 사실상 없어지고 만 것이다.[334]

이처럼 고종은 해방영의 위치를 부평에서 용산으로, 다시 용산에서 남산의 남별영으로 옮기면서, 해방영의 군사들에게 시위는 물론 궁궐 입직 임무까지 부여하였다. 이는 당시 중앙군의 핵심세력인 친군이 모두 청국의 영향아래에 있었기 때문에 고종으로서는 이들에게만 궁궐 숙위를 맡기기에 불안했기 때문이었다. 그러나 이렇게 외세에 침입에 대비하여 수도권 외곽방어에 충실해야할 기연해방영까지 서울로 불러들여 시위임무를 담당하도록 함에 따라 해양방위력은 붕괴되었고 이러한 점은 국방상 커다란 실수가 아닐 수 없다.

## 4. 해연총제영의 설치와 총제영학당

지방군에 친군의 호칭을 부여하여 점차 지방에서도 군비를 강화해 가는 가운데, 고종은 1893년에 이르러서야 연안의 방어에 다시 관심을 기울이기 시작하였다. 1893

---

332 『승정원일기』 2952책, 고종 23년 9월 17일 병오 ; 『승정원일기』 2952책, 고종 23년 9월 26일 을묘.
333 『親軍別營謄錄』 4책, 병술 12월 15일.
334 裵亢燮, 앞의 책, 2002, 270쪽.

년 1월 26일(3월 14일) 고종은 민응식閔應植을 통어사에 임명하면서 각도에 육군은 설치되어 있으나 연해 요충지에는 방비가 소홀하기 때문에 통어영統禦營을 남양부로 옮겨서 해연총제사海沿總制使라고 칭하라는 지시를 내렸다. 동시에 새로 임명된 총제사 민응식이 총리대신과 함께 의논하여 해연총제영海沿總制營의 절목을 올리도록 하였다.[335]

내무부에서 해연총제영의 절목을 마련하여 보고한 것은 2월 7일(3월 24일)의 일이었다. 내무부는 이와 함께 이전에 해방영에서 관할하던 통진, 풍덕, 영종, 장봉에 있는 둔전을 모두 총제영으로 이관하여 군수에 쓰도록 요청하여 재가를 받았다.[336] 이어 3월 16일(5월 1일)에는 총제영의 국방상 중요성과 책임이 보통 외적을 방어하는 군영에 비할 바가 아니며, 강화 역시 해안에 있으므로 총제영에서 통할하도록 하고 총제사가 강화유수도 겸임하도록 조치하였다.[337] 4월에도 인천을 총제영에 소속시켜 인천의 군사 120명을 이속시켰고, 5월에도 전국적으로 심도포량미沁都砲糧米를 1결結당 5승升씩 총제영의 재정에 보태도록 하였다. 또 9월에는 통어영에서 관할하던 남양, 안산 등지에 있는 각 궁방의 면세전도 모두 총제영으로 옮기도록 하였다. 이것으로 총제영은 이전의 해방영과 마찬가지로 진무영과 강화유수를 포괄하는 해방영으로서의 면모를 갖추게 되었다.[338]

1893년 1품 관리인 독판내무부사 민응식을 총제사로 임명한 것 그리고 조선 정부에서 총제영을 해군아문海軍衙門이라고 부른 것 그리고 총제영을 강화하기 위해 취한 일련의 조치로 볼 때 해연총제영의 설치는 장차 독자적인 해군을 육성하고, 그것을 총괄하기 위한 포석이었다고 할 수 있다.[339] 이점은 조선 정부가 총제영을 설치하기 한 달 전부터 수군을 훈련시키기 위하여 영국에서 수군 교사를 고빙하려 했다는 것에서도 확인된다. 조선 정부는 1892년 12월 경기 연해 어딘가에 장소를 정하여 수군 몇 개 소대를 훈련시킬 계획을 세우고 이에 필요한 교관을 영국총영사 힐리어Walter.

---

335 『일성록』, 고종 30년 1월 26일 경술.
336 『고종실록』 권30, 고종 30년 2월 경신.
337 『고종실록』 권30, 고종 30년 3월 무술.
338 裵亢燮, 앞의 책, 2002, 272쪽.
339 裵亢燮, 앞의 책, 2002, 274쪽.

C. Hillier에게 요청하였다.[340] 이에 영국총영사는 2년의 계약기간과 5천 원의 연봉, 왕복여비의 조선정부 부담, 총세무사에 의한 봉급 지급 등의 조건을 제시하였고, 조선정부는 이러한 조건들을 수락하였다.[341]

그러나 이후 영국 정부로부터는 별다른 대답도 없이 해군교관의 파견은 차일피일 미뤄지기만 하였다. 이에 조선 정부는 총영사를 통해 교관의 파견을 독촉하는 한편 총영사에게 조선 정부의 계획을 좀 더 구체적으로 제시하였다. 조선 정부에서는 이미 해연총제영을 설립하였으며, 총제사인 민응식이 해방학당海防學堂 혹은 해군학당海軍學堂을 세워 학도를 선발한 후, 대포와 수뢰에 관한 기술을 가르치려 한다는 것과 윤선輪船 1척을 구입하려 한다는 것, 그리고 영어교사를 고빙하여 수군 교사가 도착할 때 까지 학도들에게 영어를 가르쳐 이후에 교육을 받는 데 편리하도록 할 계획이라는 것 등이 그것이다.[342] 이때에 이르러 영국인 해군교관의 영입이 단순히 총제영의 수병 몇 개 소대를 훈련시키기 위한 것이 아니라 해군 사관을 양성하고 군함을 구입하여 근대적인 해군을 육성하기 위한 것으로 한걸음 나아갔음을 알 수 있다.[343]

조선 정부에서는 애초에 15세 이상 20세 이하의 생도 50명과 수병 5백 명을 모집하여 훈련시킬 계획이었다. 그러나 응모한 학도는 38명에 불과하였고 이에 총제영에서는 지방 중등관리의 자제를 중심으로 14~20세의 학도를 무시험으로 모집하고, 매월 식료비와 수당을 지급하며, 통학 가능한 자에게는 통학을 허용하고, 군복이 아닌 한복을 착용하도록 하는 등의 조치를 취하여 겨우 50명을 모집할 수 있었다.[344]

한편, 수병도 1893년 9월부터 각도에서 17세 이상 23세 이하의 신체 건강한 청년 1천 명을 선발하여 올리도록 하였으나, 결국 3백 명만 모집하게 되었다. 그러나 이들이 강화도로 소집명령을 받은 것은 양력으로 2월 중순이었으나, 3월 2일까지도 집합

---

340 「水軍敎師雇聘依賴事」『舊韓國外交文書 13(英案 1)』.

341 「同上水軍敎師雇聘依賴事」『舊韓國外交文書 13(英案 1)』;「水軍敎師의 雇聘依賴와 同條件提示事」『舊韓國外交文書 13(英案 1)』.

342 「水軍敎師 雇聘條件의 再通報 및 周旋催促事」『舊韓國外交文書 13(英案 1)』;「水軍敎師의 雇聘周旋 要請 및 同雇聘合同抜稿의 送交事」『舊韓國外交文書 13(英案 1)』.

343 裵亢燮, 앞의 책, 2002, 275쪽.

344 裵亢燮, 앞의 책, 2002, 276쪽.

# 제4장

# 동학농민군 봉기, 청일전쟁과 군제의 변화

# 제1절

## 동학농민군의 봉기와 청일전쟁

### 1. 동학농민군의 제1차 봉기와 관군의 대응

1894년 발생한 동학농민군의 봉기는 개항 이후 19세기 후반 농민수탈의 가중, 정권의 부패상과 더불어 열강의 정치·경제적 침략의 심화라는 객관적 조건에 의해 발생한 것이었다. 더불어 농민 대중의 반봉건·반침략 역량의 성장과 동학의 교세확장을 통한 종교운동에서 정치운동으로의 전환도 주체적 조건으로 작용하였다. 따라서 동학의 반침략·반봉건의 주창은 당시 봉건적 수탈과 열강의 정치·경제적 침탈에 저항하고 있던 농민들의 큰 호응을 얻어 전봉준 등 지도부의 봉기에 농민대중이 참여하게 되었다.

동학농민군은 고부군수 조병갑의 탐학에 못 이겨 1894년 1월 봉기하여 고부군아를 습격하였다. 전봉준의 지휘 아래 무기고를 파괴하고 무기를 빼앗았고, 세금으로 걷은 곡식을 창고에서 꺼내어 농민들에게 나누어주고 만석보를 파괴하였다. 이 소식을 들은 정부는 조병갑을 체포하고 장흥부사 이용태를 안핵사로 삼아 사태를 조사케 하였다. 그러나 이용태가 모든 잘못을 동학농민군에게 떠넘기고 탄압하였다. 이에 전봉준을 중심한 동학농민군은 격분하여 3월 20일 무장茂長에서 동학창의 취지를 다시 천명하는 포고문을 발표하고 보국안민輔國安民의 기치로 봉기할 것을 선언하였다.

이들은 처음에는 고부읍 북쪽의 백산을 점령하였는데. 이때 수만명이 모여 전봉준

을 대장으로 추대하니, 그는 강령을 선포하고 격문을 사방에 띄워 호응을 얻었다. 이어 전봉준은 부안군아를 점령하고 다시 돌아와 도교산에 진을 쳤다. 전라감사 김문현은 부안이 점거 당했다는 소식에 급히 별초군 250명과 많은 보부상을 이끌고 동학농민군 토벌에 나섰다.

동학농민군은 4월 6일 어둠을 틈타 보부상을 가장하여 정읍 황토현黃土峴에 진을 친 관군을 살피고, 관군이 깊은 잠에 빠진 이튿날 새벽에 군대를 2대로 편성한 뒤, 한 부대는 서쪽과 남쪽의 정면에서 들이치고, 다른 한 부대는 동북쪽의 뒤쪽에서 기습 공격하였다. 이 전투에서 수백명의 관군은 목숨을 잃고, 많은 무기와 곡식의 손실을 보게 되었다.

황토현 전투 직후인 4월 7일경 부안 근처 13읍의 수령들은 모두 전라감영으로 도피하였으며, 무기와 전곡錢穀은 동학농민군에게 탈취되었다. 동학농민군은 이날 정읍 및 인근 고을을 이어 4월 16일에는 함평을 점령하였다. 4월 22일에는 전봉준의 주력 부대가 장성으로 진군하여 전주에 주둔하고 있던 홍계훈의 경군京軍을 유인하여 그 예봉을 꺾고 전주 점령계획을 세웠는데 그 최적 장소로 장성을 택하였다. 4월 23일

전주성 풍남문(전북 진주)

오후 2시경 동학농민군은 장성 황룡촌黃龍村을 중심으로 정부군과 최초의 전투를 벌였다. 동학농민군은 황룡촌과 인근의 삼봉산과 황룡장터 등에서 이학승의 선봉대와 싸워 관군을 참패시켰다. 이 과정에서 동학농민군에 의해 선봉장 이학승이 사망하고, 대포 2문과 양총洋銃 1백여 점을 탈취하였다.[1]

원평과 정읍으로 대오를 옮긴 동학농민군은 4월 27일 아침부터 전주성을 압박하기 시작하였고 오전부터 서문, 북문, 남문 등을 공격하여 전주성을 함락하였다.[2] 이날 전라감사 김문현은 동학농민군이 공격해 온다는 소식을 듣고 달아나 버렸고,[3] 전주성이 함락되는 시각 초토사 홍계훈은 영광에서부터 계속 동학농민군을 추격하다가 태인현에 도착하였다.[4]

그러나 전주성을 점령한 뒤 관군이 날로 증가하고, 사방이 포위되어 외부로부터의 도움이 끊겼으며, 몇 차례 전투에서 패배하고 군량은 바닥이 났다. 이에 따라 성을 타

---

1 「發 第85號 東學黨에 관하여 5월 15일 받은 各 報告」, 1894년 5월 15일, 『駐韓日本公使館記錄(이하 公使館記錄으로 줄임)』(국사편찬위원회 번역본), 1990, 8쪽.

2 「梧下記聞」『東學農民革命史料叢書(이하 叢書로 줄임)1』, 史芸研究所, 1990, 73쪽 ; 「南遊隨錄」『叢書 3』, 205쪽 ; 「固城府叢瑣錄」『叢書 4』, 138쪽 ; 「東匪討錄」『叢書 6』, 180~181쪽 ; 『全州府史』 1943, 113쪽 ; 「發 第129號 東學黨彙報」, 1894년 6월 1일, 『公使館記錄』, 31~32쪽.

3 『全州府史』 113쪽.

4 「兩湖招討謄錄」『叢書 6』, 17~18쪽.

민군의 '소동'은 일본의 권위에 영향을 주는 것으로 따라서 청국병사가 출동하면 자신들도 출동하여야 할 것이라 주장하였다. 후쿠자와는 그 방법으로 군함 외 별도의 보호 조처가 있어야 할 것, 병대兵隊를 파견할 것 등을 제안하고, 전쟁준비를 암시하는 표현인 "임기臨機의 공풍工風이 있지 않으면 안된다"고 하였다.[22]

특히, 결론 부분에 '당국자의 주위를 요하는 바'라 하여 처리에 신중성을 기할 것까지 역설하였다. 『반조우보萬朝報』 역시 조선문제 '해결'과 대청전쟁 수행의 또 다른 명분으로 메이지明治 10년 세이난西南의 난亂 이래 '20여 년간에 걸친 일본의 태평'을 들고 이는 필연적으로 전쟁을 요구하게 되는 상황이라고 주장하고 있었다.[23] 이러한 여론과 더불어 전쟁준비의 본격화가 이루어진 이즈음 일본정부는 5월 4일 「육해군성령陸海軍省令」을 공포하여 보도관제를 선포하였다.[24] 이날 일본 내의 '대외경파對外硬派'는 파병응원을 선언하고,[25] 5월 7일 자유당은 시찰원을 조선에 파견하여 동학농민군 봉기의 사정을 조사 보고토록 하였다.[26] 5월 14일에 이르면 국권주의자들은 스스로 민병대를 구성하여 민간차원에 이르기까지 농민전쟁에 적극 개입하려는 움직임을 보이고 있다.[27] 이렇듯 전운이 감도는 가운데 일본정부는 청일전쟁을 준비하는 과정에서부터 시종일관 제3국의 개입을 우려하고 전쟁을 청일 양국간으로 한정시키고자 하는 노력을 보이고 있었다.[28] 재야에서도 여타국의 개입을 강력 대응하겠다고 결의하였다.[29]

반면 청국은 일본 조야의 조선침략과 대청정책을 제대로 인식하지 못하고 과거 임오군란과 갑신정변 시 일본을 압도했던 사실을 회상하면서, 그 연장선상에서 만약 전쟁이 벌어지는 형국에 도달하더라도 당연히 일본에 승리할 것이라고 생각하고 있었다. 이와 같은 안이한 인식은 외국관리는 물론 상인과 동학농민군을 포함한 우리나

22 『時事新報』, 명치 27년 5월 30일.
23 『萬朝報』, 명치 27년 6월 13일.
24 『國民新報』, 명치 27년 6월 9일.
25 「명치 27년 최고의 일록」『郵便報知新聞』, 명치 27년 12월 30일.
26 『萬朝報』, 명치 27년 6월 10일.
27 『大阪每日新報』, 명치 27년 6월 17일.
28 陸奥宗光, 『蹇蹇錄』, 岩波書店, 1941, 17쪽.
29 『萬朝報』, 명치 27년 6월 13일.

라 대다수 사람에게도 마찬가지였다. 이들 역시 양국이 전쟁을 치르게 된다면 당연히 청국이, 그것도 최초의 1·2차전에서 승리하게 될 것이라고 예견하고 있었다.[30] 동학농민군의 봉기에 대한 청·일 두 나라의 인식 차는 큰 차이가 있었다. 이는 일본 대표인 고무라 슈타로小村壽太郎와 청국 대표인 쑨류우원孫毓汶의 대화에서도 확연하게 나타난다. 고무라는 동학농민군은 청·일병 출동소식을 듣고 각처에 잠복하고 있는 것이므로 일본과 청국은 양국 병사의 주둔 필요성을 의논해야 한다고 주장하였다. 반면 쑨류우원은 전라도의 내란은 전부 진정되었고 동학농민군도 대부분 항복하였다 라고 하며[31] 이를 양국의 동시철병을 주장하는 근거로 내세웠다.

사태의 심각성을 인식하지 못하고 있으나 그럼에도 불구하고 청국정부는 다가올 지도 모를 전쟁에 대비하고자 하였다. 그와 같은 사실은 청국의 최고 실력자인 북양 대신 리훙장李鴻章이 "우리의 군대가 조선에 파병되면 곧 일본에 알려야 되니 우리는 일본과 무력적인 대결도 불사하게 될 결정적인 시기에 봉착할 것이다. 이때를 위하여 우리는 만반의 자세로 임해야 할 것이다. 위안스카이袁世凱에게 일을 보아가며 살피 도록 해야 한다"고 훈령한 데서 알 수 있다.[32] 제1차 동학농민군 봉기를 구실로 조선을 둘러싼 청·일 양국이 이와 같은 조선정책을 전개하고 있는 급박한 상황에서 조선은 내부적으로 동학농민군의 활동이 활발해지고 있었다.

일본이 조선에 군대를 파견한 이유는 정치군사적 요인에만 있었던 것은 아니었다. 일본 내의 전쟁 도발 여론은 경제적 측면에서도 작용하고 있었다. 『오사카마이니치신 문大阪每日新聞』은 6월 중순 「동학당 반란이 일한무역에 미치는 영향」이라는 제목의 기사에서 인천항의 5월 중 무역 상황을 설명하고 '동학당의 요란'으로 인해 해초와 우피牛皮의 무역 수량 감소가 현저하다고 통계를 비교 분석하여 주장하였다.[33]

『반조우보萬朝報』도 '계림鷄林의 난亂'이 일본경제에 미치는 영향으로 ① 상선商船 이 결핍하여 정기항해를 중단하기까지 하고, ② 운임은 점차 등귀하고, ③ 생산지의

---

30 陸奧宗光, 『蹇蹇錄』, 岩波書店, 1941, 32쪽.
31 「7월 9일 오후 4시 조선사건에 관해 總署 王大臣과의 면담개략」『日韓外交資料集成 4』, 77~78쪽.
32 「北洋大臣來電」『淸光緖朝中日交涉史料 1』3-5, 北京, 文海出版社, 1963.
33 『大阪每日新報』, 명치 27년 7월 15일.

청일전쟁은 이른바 '청·일 각축기'의 최종분기점이라 할 수 있다. 일본이 청일전쟁을 일으킨 계기는 조선의 정치적·군사적 지배와 시장의 장악에 있었다. 따라서 일본은 자신들의 '이익선' 확보를 위해 군비확장정책을 지속적으로 추진하였다.[48]

6월부터 조선의 '내정개혁'에서 '종속'으로 명분을 전환한 일본은[49] 왕궁점령과 청일전쟁 도발 직전인 6월 14일 영국과 「영일개정조약」을 조인하는 등 조선 침략 시 영국의 협력을 얻는데 성공하였다. 영국측 조약대표인 킴벌리Kimbelry 외상은 이 조약은 "청국의 대병을 패주시키게 하는 것보다 오히려 우세한 것이 된다"고 하면서 다가올 청국과의 전쟁에서 일본의 승리를 전망하였다.[50] 영국은 청일전쟁뿐만 아니라 이후 러일전쟁 시기에도 일본과의 몇 차례의 조약을 체결하여 일본의 전쟁승리와 조선 지배정책 강화에 결정적으로 기여할 정도로 청일전쟁과 러일전쟁 당시 일본의 대조선 침략 파트너로 역할을 하고 있었다.

영국의 외교적 지원에 고무된 일본정부는 6월 17일 오오토리 공사에게 청국을 상대로 한 개전방법을 일임하였다. 이날부터 경부 군용전신선 가설에 착수하였다. 이어 오오토리는 6월 18일 조선측에 청국군 퇴거 요청과 굴욕적 불평등 무역조약으로 악평이 높던 「조청상민수륙무역장정」의 폐기를 강하게 요구하였다.

6월 21일 경복궁 침입을 전후로 한 기간 청일군의 동향을 살펴보면, 먼저 다수의 청국군은 평양을 중심으로 조선 북부지역에 포진하고 있었다. 충청도에서는 동학농민군 토벌을 위해 각처로 파견되었던 일부 군사들도 아산으로 귀환하고 있었다.[51] 반면 왕궁을 점령한 일본군은 이후 곧바로 교전을 위해 청국군 주력이 주둔하고 있던 아산지역으로 전함을 대거 급파하는 형국이었다. 6월 23일 오오토리 공사는 조선정부에 압력을 가해 그로부터 청국군의 축출을 의뢰하는 공식 입장을 확인할 수 있었다. 이날 일본 해군은 아산 앞바다 풍도 일원에 있던 청국함대를 기습적으로 선제공격함으로서 청일전쟁은 본격화되었다.

48 中塚明, 『近代日本と朝鮮』, 三省堂, 1977, 54~55쪽 ; 藤原彰·今井清一·大江志乃夫 編, 『近代日本史の基礎知識』, 有斐閣, 1983, 139~140쪽.
49 朴宗根, 앞의 책, 1992, 册2, 43쪽.
50 『岩波講座 世界歷史 近代 9-10』東洋篇 Ⅶ, 1978, 426쪽.
51 參謀本部 編, 『明治二十七·八年 日淸戰爭 1』, 東京印刷株式會社, 1904, 117쪽.

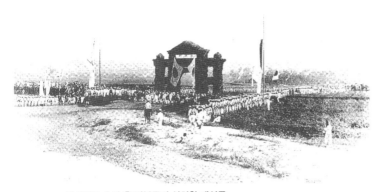

**아산전투 승리 후 일본군이 설치한 개선문**
출처 : 檜山幸夫, 『日淸戰爭』, 講談社, 東京, 1997, 60쪽.

일본 외무대신 무츠 무네미스陸奧宗光는 청일교전의 원인은 '조선의 독립'과 '내정개혁'[52]에 있다고 주장하였다. 한편 그는 아산전투도 조선정부의 위탁을 받아 청국군을 쫓아내는 일로부터 발단된 것이라고 일본정부가 국제적으로 표명하였지만, 실제로는 일·청 양국 간의 문제라고 보았다.[53] 여기서 무츠는 일본측의 궁극적 목표는 청국과의 전쟁을 통한 동아시아 제패에 있음을 분명히 밝히고 있다.

청국군은 일본군의 우세한 화력 공격을 막아내지 못하고 결국 패배하였다. 7월 4일 성환은 일본군에게 함락되었고, 청국군은 조선 남부에서 축출되었다. 이 싸움에서 일본군 전사자는 34명, 부상자는 54명(후일 5명은 입원 치료 중 사망),[54] 청국군은 약 5백 명의 사상자를 남겼다.[55] 청국은 전쟁으로 다가올 결과를 오판하고 자국의 승리를 당연한 것으로 전망하고 있었다.[56] 아산과 성환의 전투에서 패한 청국병의 다수는 예치차오의 인솔 아래 관동과 관북으로 우회 퇴주하여[57] 평안감사 민병석의 적극적 원조로 평양에서 합류하게 된다. 7월 4일 영하진寧夏鎭 총병總兵 위여귀衛汝貴와 스촨四川 총병總兵 마옥곤馬玉崑이 평양에 도착하였고, 6일에는 고주진高州鎭 총병總兵 좌보귀

---

52 陸奧宗光, 『蹇蹇錄』, 岩波書店, 1941, 121쪽.

53 陸奧宗光, 『蹇蹇錄』, 岩波書店, 1941, 140쪽.

54 原田敬一, 『日淸戰爭』, 吉川弘文館, 2008, 83쪽.

55 일본군은 이 전투에서 청국군이 남기고 간 대포 8문, 대미 50백 포, 군기 및 탄약을 전부 회수하여 백석포에서 인천으로 옮겼고, 7월 5일 서울에서 대대적인 환영의식을 열었다(戚其章, 『甲午戰爭史』, 人民出版社, 2005, 71~72쪽).

56 "현금 倭奴는 궁성을 점거하고 畿近에 주둔하여 좌우를 엿보고 있다. 인천·공주·평양의 해륙 부근을 넘지 못하고 있다. 생각건대 天兵에 피해를 입을 것 같아서이다."(『淸季中日韓關係史料 6』, 중앙연구원근대사연구소, 臺北, 3,606쪽).

57 『東學亂記錄 上』, 「甲年實記」, 國史編纂委員會, 1959.

左寶貴, 9일에는 펑텐지린奉天吉林 부통령副都統 풍승하豊升阿가 도착하여 총 13,526명의 4대군의 주력이 평양에 집결하였다.[58] 여기에는 경복궁에서 왕실호위를 하다 일본군에 의해 무장해제 당하고 쫓겨난 일부 조선군대도 합세하였다. 아산·성환전투의 패배에도 불구하고 7월말 이후에 이르기까지도 즉각 전면전을 구상하지 않고 완만한 작전을 전개하며 청국군은 평양에 장기 주둔하고 남하할 기미를 보이고 있지 않았다.[59] 이러한 장기주둔책은 일본에게 다음 전투를 준비할 수 있는 시간을 벌 수 있게 하여 이후 일본군대는 계속 조선에 증파되었다.

아산·성환전투 후 7월부터 일본은 한편으로는 강경진압책을 다른 한편으로는 회유와 동화정책을 채택하였다.[60] 이는 제2차 농민전쟁 이전 일본군의 대 동학농민군 정책의 골격을 수립한 것이며, 종래의 견제적 작전에서 공세적 작전으로 변화하는 계기가 되었다.[61]

7월 17일 일본 각의에서는 갑을병정甲乙丙丁의 조선정략 4개 안이 수립되었다.[62] 이는 아산·성환전투 직후 오오토리 공사의 새로운 정세에 대처할 일본의 대조선 정책 요구에 의한 것이다. 그 골자를 보면 갑안甲案은 '일본 승리 후 자치론', 을안乙案은 '보호국화론', 병안丙案은 '일청제휴론', 정안丁案은 '조선중립화론'이라 할 수 있다. 일본정부는 일단 을안乙案을 채택하기로 결정하였는데 이는 보다 강력한 조선침략 정략을 채택하자는 것이다. 그러나 조선에 이해관계를 가진 외국의 간섭이 우려되는 등 위험부담이 따를 수 있는 것이었다. 결국 전쟁에서 일본이 승리한다면 조선정책은 열강의 반응을 예의 주시하는 선에서의 '보호국화' 정책을 추진하겠다는 것이다.

이 기간 일본의 일부 언론에서는 중국과의 전쟁을 '문명과 야만의 전쟁'[63]으로 규

---

58 戚其章, 앞의 책, 2005, 82~83쪽.

59 「機密 第176號 本100, 조선정부 내정개혁의 전반적 진행상황」, 1894년 8월 31일, 『公使館記錄』.

60 「朝鮮國內戰後警察ニ關スル上申」, 명치 27년 8월, 『秘書類纂 朝鮮交涉資料 中』(伊藤博文 編), 秘書類纂刊行會, 1936, 405쪽.

61 日本陸軍省 편, 『明治軍事史』, 原書房, 1966, 913쪽.

62 陸奧宗光, 『蹇蹇錄』, 岩波書店, 1941, 134~139쪽.

63 『時事新報』, 1894년 7월 29일. 이는 당시 일본 내의 정신적 지주 역할을 하던 후쿠자와 유기치(福澤諭吉)가 언급한 것인데, 이러한 입론은 이후 일본인들에게 큰 영향을 미쳤다.

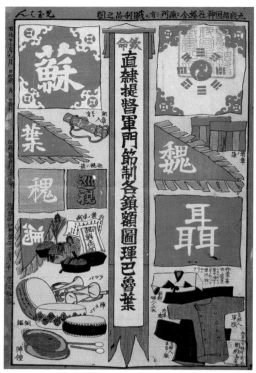
야스쿠니 신사에 있는 평양전투시 일본군의 전리품 묘사 그림

정하고, 즉각적인 전쟁을 주장하였고 조선은 이 호기를 이용하여 크게 폐정을 바꾸고 중국과의 관계를 단절하여 독립국의 실을 다하기에 분주해야 할 것이라 하였다.[64] 이를 놓치면 조선정부는 반드시 '크게 후회할 날'[65]이 있을 것으로 보았다.

평양전투 이전인 7월 10일부터 평양 근방 중화中和에서는 청·일군 사이에 국지전이 있었다. 그러나 성환전투 이후 전투력을 완전히 회복하지 못한 상태에서 일본군은 '한민韓民'의 거센 반항에 직면하고 있었으며 이곳의 여단은 중요 정찰기관을 상실하였다.[66] 이는 일본군 활동의 취약성을 보여 주는 것으로, 일본의 의지와는 달리 평양전투가

지연되는 한 원인이 되었다. 여기서 '한민'은 동학농민군인지 일반민인지 자료상으로는 확인되지 않는다. 그러나 당시 동학농민군의 계통적 활동이 파악되지 않는 이곳의 지역적 특성상 후자일 가능성이 높다. 한편 청국군의 7월초 평양 도착 후 일본인에 대한 그곳 인민들의 적개심은 더욱 증가하였다 한다.[67]

청국은 전쟁이 장기 지연될 것으로 판단하고 제3국의 개입을 유도하기 위한 외교적 방면에 노력을 기울었다. 조선문제는 열강간의 이해관계와 긴밀한 관련이 있기 때문이었다. 반면 인력이나 경제적인 면에서 여력이 없던 일본은 이를 간파하고 속전속

64 『時事新報』, 1894년 7월 20일.
65 『時事新報』, 1894년 7월 21일.
66 参謀本部 編, 『明治二十七·八年 日淸戰爭 2』, 東京印刷株式會社, 1904, 3쪽.
67 「機密 第160號 本89, 旅團 凱旋後의 景況」, 1894년 8월 11일, 『公使館記錄』.

결주의를 채택하여 빠른 시일 내에 전쟁을 승리로 종결짓고자 하였다. 이를 위해 일본은 평양전투 직전인 8월 중순부터는 중국인과 조선인으로 변장한 첩자를 서북지역에 침투시켜 청국군의 동태를 파악하고 각종 문서류를 수집하여 이를 병참부 등에 보고하였다.[68]

전쟁의 대세는 일본 쪽으로 기울어지고 있었다. 일본군 제3사단은 7월 27일부터 30일 사이 원산항에 상륙하였으며 8월 2일 평양을 향해 출발하였다. 용산을 출발, 북진을 시작한 일본군 선행대는 8월 7일 황주를 점령하였다. 이어 8월 15일부터 16일까지 평양을 공략하여 8월 17일 새벽 일본군 삭령지대와 원산지대는 현무문으로부터 평양성에 진입하였다.[69] 당시 평양성의 모란대와 현무문 전투에서 일본군 전사자는 189명, 부상자는 516명, 합계 705명으로 이날 사망한 청국군은 일본군 보다 적었다.[70] 통념과는 달리 평양전투 시 병력집중, 보급능력 등에서 일본군의 작전계획은 많은 문제를 내포하고 있었기에 실력을 통한 승리라기보다는 청국군의 결함에 의한 승리였다고 하는 것이 사실에 가까웠다는 평가가 있다.[71] 실제 예치차오는 "우리는 탄약이 갖추어져 있지 않고, 지세地勢도 익숙하지 못하기 때문에 각 대오를 정비하여 잠시 대오를 후퇴했다가 정예병을 만들어서 후일을 도모하자"고 주장하여 싸우지 않고 평양을 떠날 것을 주장한 바 있다. 이에 따라 당시 청군장수들 간에 찬반이 오갔다. 좌보귀가 힘써 말하기를 "만약 싸우지 않고 후퇴한다면, 어떻게 조선에 대해 우리나라에 보답하라고 할 것인가?"라 하여 대일전의 방향으로 선회하였다.[72] 패전 후 평양을 탈출한 청군 주력은 압록강 방면으로 향하였고, 8월 17일 오후 9시에 일본군 전 병력은 평양성에 진입했다.[73]

이보다 앞서 7월 26일 일본은 조선 정부를 강제하여 「조일양국맹약朝日兩國盟約」을 체결하였다. 「조일양국맹약」은 일본 특명전권공사 오오토리 게이스케大鳥圭介와 조선

---

68 「변복간첩일기 7」『二六新報』, 1894년 12월 27일.
69 戚其章, 앞의 책, 2005, 109쪽.
70 戚其章, 앞의 책, 2005, 107쪽.
71 藤村道生, 『청일전쟁』(허남린 역), 도서출판 小花, 1997, 154쪽.
72 戚其章, 앞의 책, 2005, 85쪽.
73 原田敬一, 앞의 책, 2008, 119쪽.

외무대신 김윤식 사이에 체결된 군사동맹조약으로 그 요지는 일본군의 선제공격으로 시작된 청일전쟁을 조선정부로부터 의뢰받은 것으로 합리화시키고, 조선정부에 인력과 물자를 대도록 강요한 것이다. 당시 일본 외무대신 무츠 무네미스陸奧宗光에 의하면 이 조약을 조선에 강요한 사정을 알 수 있다. 그는 "지금 하나의 국제조약의 효력에 의해 일면으로는 그들(조선)이 일개 독립된 나라로서 공공연히 어떤 나라와도 공수동맹을 맺을 권리 있음을 표창함과 동시에, 일면으로는 견고히 그들을 우리(일본) 수중에 긴밀하게 두어 감히 딴 생각을 하지 못하게 하기 위해 일거양득의 책략으로 나온 것"이라 하였다. 일본군은 아산전투부터 징발문제를 우려했는데, 평양회전을 앞둔 시점에서 일본군 작전수행 시 어려운 점은 병참의 미확립과 일본침략군에 대한 조선인들의 반일감정과 비협조·저항, 지방관의 일본군 지령회피 등 여러 점에서 문제가 있었다.[74] 이를 해결하기 위해 조선정부에 '맹약'체결을 강요하였다.

조약은 전문 3개조이다. "제1조는 청병을 조선국의 국경 밖으로 철퇴시켜 조선국의 자주독립을 공고히 하고 조일 양국의 이익을 증진한다. 제2조는 일본국은 청국에 대해 공수의 전쟁을 담당하고 조선국은 일본군의 진퇴와 그 식량준비 등의 사항을 위해 반드시 협조하여 편의를 제공해야 한다. 제3조는 청국에 대한 평화조약이 이룩됨을 기다려 폐기한다"는 등이었다. 이 '양국맹약'을 근거로 첫째, 일본은 청국과의 평양회전에 조선군 일부를 동원시킬 수 있었다. 둘째, 조선인민의 반항을 중지시키고 방대한 군수품 운반을 위해 인부와 식량의 징발에 최대한 협력시킬 수 있었다. 이를 위해 각처에 선유사宣諭使를 파견하여 독려하였다. 셋째, 약 20만을 넘는 방대한 일본군·군속 등의 식량 중 대부분을 일본군이 직접 마련하던 것에서 벗어나 조선정부의 책임아래 현지에서 징발할 수 있게 되었다.

8월 17일 평양전투에서 이두황이 이끄는 조선의 장위영병과 평양감사 민병석 휘하의 위수병은 일본군과 청국군 양편에 각기 참가하여 전투를 전개하였다.[75] 일본의 대

---

**74** 일본 측은 수송수단 확보에 고심하여, 심지어는 "무릇 통행하는 우마는 화물의 유무를 불문하고 이를 압수 장악한다."는 비상수단까지 동원하였다(藤村道生, 앞의 책, 1997, 150쪽).

**75** 參謀本部 編,『明治二十七·八年 日淸戰爭 2』, 東京印刷株式會社, 1904, 200쪽 ; 平壤民團役所,『平壤發展史』, 1914, 512쪽.

조선 정책에 평양전투 승리가 미치는 영향은 심각한 것이었다. 일본은 이를 계기로 노골적인 내정간섭 정책으로 전환하였으며 따라서 개화파의 개혁정책도 후퇴 내지는 희석화되고 있었다.[76]

평양전투 이전까지 일본의 조선지배는 안정된 것도 아니었고 당시 전국戰局 형세도 예측하기 어려운 상황이었다. 식민지화에 대한 위기의식이 팽배해가는 시기는 평양전투의 결과가 전국적으로 알려진 이후로 보아야 할 것이다. 평양의 청국군 후퇴는 일본군이 동학농민군과 전면전을 전개할 수 있게 되는 계기가 되었다. 평양전투 후 일본군은 '폭도토벌'을 명분으로 동학농민군에게 방향을 돌렸다. 일본은 이미 2차 봉기 발발 이전부터 본격적인 진압체제를 취하였다. 그 이유는 ① 동학농민군이라는 위협요소의 존속은 '조선보호국화'정책과 대청전쟁 진행에 중대한 장애로 그 여파가 북부에까지 확대되기 이전에 뿌리를 뽑고, ② 동학농민군을 신속히 진압함으로써 열강의 '성가신' 간섭요소를 미연에 저지하는 데 있었다.[77]

조선정부도 온건책을 견지하던 전라감사 김학진을 파면하고 동학농민군 토벌에 강력한 입장을 취하던 충청도 홍주목사 이승우를 일시 감사로 임명하였다. 이와 더불어 동학농민군 진압에 앞서 일본은 서울을 비롯한 각처에 방을 붙여 평양전투의 승리를 지속적으로 홍보하였다. 일본군의 평양전 승리 이후 노골적으로 일본 편향으로 방향을 세우는 지방관도 생겨났다. 예를 들면 9월 초 해주부사 조희일은 관내에 방을 걸어 평양전투의 일본군 승리를 떠들썩하게 알려 황해도 동학농민군 무마의 효과를 기대하고자 하였다. 그는 해주의 농민들에게 일본군에 협조할 것을 당부하면서 일본군을 비방하거나 평양에서의 일본승리를 패배라 말하는 자를 체포하여 엄형을 가하고 있었다.[78]

북양함대 정원호와 진원호

---

76 鄭昌烈, 앞의 논문, 1991, 249쪽.
77 朴宗根, 앞의 책, 1992, 211쪽.
78 『大阪朝日新聞』, 명치 27년 10월 17일.

일본군은 평양전투 다음날인 8월 18일 세계 역사상 처음으로 증기선 함대 사이의 해전인 황해해전에서의 승리를 통해 청국의 북양함대를 궤멸시켰다. 그 결과 청국함대는 전투력의 거의 30%를 상실하고, 나머지 함대들도 큰 피해를 입었다.[79] 일본군의 평양점령과 황해해전의 서해안 제해권 획득 결과 청국군의 전투력은 치유될 수 없을 정도로 약화되었다. 반면 일본군은 자유로이 조선 연안을 항해하면서 병력과 군수물자 수송을 할 수 있게 되었다.[80]

이 일련의 전투 승리로 일본은 대륙으로의 진로를 열고, 동학농민군에 대한 탄압을 단계적으로 가중시킬 수 있게 되었다.[81] 8월 18일 외무대신 무츠는 전승지역에 조선군 고급 장교를 파견하여 민심을 복종케 하라고 지시하였고, 8월 19일 오오토리 공사는 평양승리의 전말을 조선인과 재외국인에게 알리도록 지시하였다.[82] 이는 전쟁에서 일본이 승리하고 있음을 알림으로써 힘의 우위를 과시하는 한편 동학농민군을 무력화시키기 위한 선무홍보전의 일환이었다. 7월 17일 채택된 을안乙案 즉, '보호국화' 정책은 이때부터 본격적으로 시작된다고 할 것이다. 평양전투와 황해해전에서 승리한 일본군은 지속적인 대청전쟁을 위해 계속 북상하였고 나머지는 동학농민군 진압을 위해 대거 남하하고 있었다.

평양의 청국군 후퇴 결과 9월 중순 일본 병참부는 히로시마의 대본영에 동학농민군 토벌에 전념할 군대 특파를 요청하였다. 오오토리 공사도 전라도와 충청도의 동학농민군이 연합하여 서울로 올라온다는 보고를 접하고 9월 19일 대본영 육군참모에게 정벌병력의 증강을 요청하였다.[83] 이는 동학농민군 세력에 대한 강한 위기의식을 반영한 것으로 일본은 곧바로 응원병을 조선에 파견하였다.[84] 일본은 9월 중순부터 동학농민군의 전면적인 재봉기 구도로 파악하고 있었다. 이에 대본영은 동학농민군에 대한 대대적 토벌작전으로 전환코자 하였다. 이는 청일전쟁 진행과정에서 일본이 계속적으

79 藤村道生, 앞의 책, 1997, 155~156쪽.
80 田保橋潔, 『近代日鮮關係の硏究 下』, 朝鮮總督府 中樞院, 1940, 346쪽.
81 「日本軍 戰勝地域으로 朝鮮軍 將校派遣 指示」, 1894년 9월 17일, 『公使館記錄』.
82 「平壤戰勝 顚末 詳報 要望」, 1894년 9월 18일, 『公使館記錄』.
83 「東學黨 征討를 위한 兵力增强 要請」, 1894년 10월 17일, 『公使館記錄』.
84 博文館 編, 『日淸交戰錄 13』, 1894년 10월 20일.

로 승리함에 따르는 자신감에 연유하는 바 크다.

청일전쟁 초기 일본의 목적은 조선지배에 국한되어 있었던 제한적 전쟁의 의미가 강하였다고 할 수 있다. 그런데 전쟁 수행과정에서 예상 밖으로 무기력한 청국군의 모습을 보자 본래의 정책을 대폭 수정하지 않을 수 없었다. 이에 따라 평양과 황해전투 직후 제2군의 편성에 착수하고, 청국 본토의 분할을 목적으로 대륙침략전쟁에 박차를 가하게 되었다. 9월 26일 일본군의 청국 영토 진입이후 전쟁은 성격변화를 보이게 된다. 일본군이 압록강을 넘어 청국 영토로 진입하기 직전까지 당시 우리나라에서는 청일전쟁과 동학농민군 봉기라는 2개의 전쟁이 병행되고 있었다.[85] 이 양자는 성격이 서로 다른 종류의 전쟁이나 상호 밀접한 관련과 영향력을 가지면서 전개된다. 그러나 이제 청국군이 사라진 조선 내에서는 일본은 동학농민군의 활동 저지에 주력할 수 있게 되었다.

9월 27일 새로 부임한 일본공사 이노우에 가오루井上馨는 대부분의 조선정책을 본국의 훈령에 따라 하고 일등서기관 스기무라 후카시 등 강경파의 견제에 의해 개인적 입지가 약했던 오오토리와는 달랐다. 전직 내무대신이자 일본 정계의 원로로서 본국 정부로부터 막강한 권한을 위임받은 이노우에는 흥선대원군 추방작전을 전개한다. 이노우에는 11월초 흥선대원군의 '동학당 선동'과 청국군 지원 요청 서한 등을 문제 삼고, 나아가 대원군의 종손자 이준용李埈鎔과 동학농민군이 관련되었다는 설 등을 제기하여 결국 대원군을 정계에서 추방하였다. 일본군이 청국 영토로 진입한 직후로 청일전쟁의 종반이었던 이 기간에 일본이 대원군을 추방한 것은 국가원로로서의 그의 상징성과 '대민안집對民安集'이라는 이용가치가 소멸되었다고 보았기 때문이었다. 이후 거칠 것이 없어진 일본은 고종을 위협하여 친일내각을 재구성하고, 각종 새로운 형식의 조약을 강요하고 이권 침탈을 자행하였다. 즉, 일본의 입장을 대변할 친일정부를 앞세워야만 동학농민군 진압의 효율성을 기할 수 있기 때문이었다. 조선에서 치러진 대청전쟁에서의 승리는 일본이 조선지배 정책을 노골화하는 직접적 계기가 되

---

85 동학농민군 활동의 실태를 알 수 있는 한 자료에 의하면 "客擾連至本倅"라 하여 조선 내에서의 청국과 일본과의 전쟁을 '客擾', 즉 남들의 소란(전쟁)으로 평가하고 있다(金若濟, 『金若濟日記』 권3, 갑오 11월 20일, 조선사편수회 필사본, 1929).

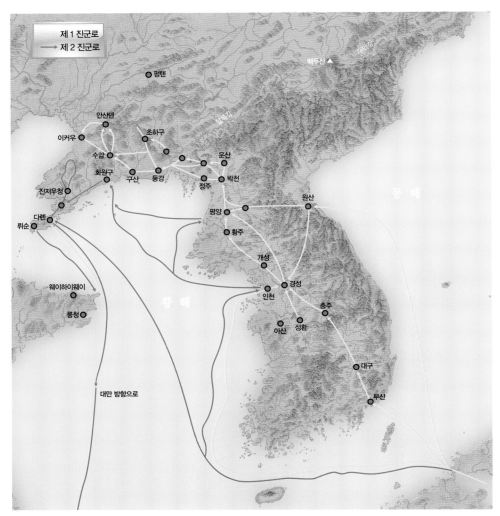

청일전쟁도

었다.

    10월 12일과 13일 양일간 일본군은 랴오닝 성의 진저우金州와 다롄만大連灣을 함락하였다. 청국 관내 동북부에서의 청국과의 전투는 일본군을 조선의 동학농민군 진압에 투입시키는 데 많은 어려움이 따르는 것이었다. 그렇지만 이제 진저우·다롄만 함락으로 청국 관내에서 청국군과 전투를 벌이던 병력을 동학농민군 토벌에 집중적으로 투입시킬 수 있었다.

청일전쟁 말기 일본측은 청국군이 동학농민군을 소집하여 관군과 더불어 일본군과 개화파를 살육코자 한다는 여론을 환기시켜 동학농민군 토벌명분을 계속 축적하고 있었다. 또한 흥선대원군과 그 손자 이준용이 동학농민군을 이용하여 일본 공사관을 습격할 것이라는 설을 유포하였다.[86] 따라서 더 적극적인 동학농민군 토벌책이 지속적으로 있어야 할 것이라 주장하였다.[87]

청일전쟁 막바지인 1895년 1월초 일본은 온건책으로 이른바 '귀순반정歸順反正'의 동학농민군 설득방안을 마련함과 동시에 강경책으로 청일전쟁을 치르던 병사 중 일부를 지방관과 연합하여 동학농민군 초토화에 힘을 집중시켰다.[88] 이는 동학농민군의 잔여세력까지 완전히 토벌하겠다는 것이다. 따라서 한 달 후가 되면 지방에 출정했던 일본군은 목적을 달성하고 서울로 속속 귀환하고 있었다.[89] 정월 말 호남으로 내려갔던 중앙군과 일본군은 모두 철수하였다. 이 시기에 가면 대다수 동학농민군은 궤멸되거나, 각 지역으로 은둔하고 있었다. 잔여세력 초멸에 노력하는 기간이 되는 것이다. 그리고 그해 2월에는 동학농민군 잔여세력의 재발방지를 위해 각 요충지에 일본군을 주둔시켰다.[90] 또한 대청전쟁의 최종승리를 확인하는 「시모노세키조약」 체결 즈음인 3월 일본군 수비대 1만 명을 조선에 배치하였다.[91] 청일전쟁 시 일본이 동원했던 병력은 총 24만 616명과 그 외 군부軍夫 15만 4천명이었고, 이 중 조선과 중국 등 국외로 파견한 군대는 17만 4,017명으로 상비 병력의 1.4배였다.[92]

---

86 『二六新報』, 1894년 12월 7일.
87 『二六新報』, 1894년 12월 15일.
88 「츠쿠바함 승선 병사로서 東學黨 討滅力方의 件」, 1895년 1월 26일, 『日韓外交資料集成 4』, 326쪽.
89 「札移電存案」, 을미 정월 11일, 『各司膽錄 63』, 293쪽.
90 「동학당 토벌을 위하여 일본군대의 각 요지 분지에 관한 건」, 1895년 3월 12일, 『日韓外交資料集成 4』, 354~355쪽.
91 「日淸평화 후에 있어서 對韓방침을 정하는 건에 붙인 內申의 건」, 1895년 4월 8일, 『日韓外交資料集成 4』, 361~362쪽.
92 藤村道生, 앞의 책, 1997, 232쪽.

## 4. 동학농민군 제2차 봉기와 조·일 연합군의 진압

청·일군의 조선파병과 관련한 이 시기 동학농민군의 동향을 보면, 전주성을 철수한 동학농민군은 집강소에서 각처에 통문을 돌려 거병을 절제하고, 사태추이를 관망하고 있었다. 6월 중순경 태인·담양 등의 동학농민군은 집강소의 농민적 지배를 더욱 강화하고 있었다. "태인 담양간 촌락은 서로 연결되어 있었으며 토민土民은 대개 도인道人 아닌 자가 없었다. 문두門頭에 '도인이 아니면 이 문에 들어오는 것을 허가하지 않는다'는 표찰을 걸은 두, 세 가옥이 있어 이 지방의 인기를 알 수 있"을[93] 정도로 이 지역 대다수의 농민은 동학농민군에 편입되어 있었다.

그러나 일본군의 경복궁 무력 점령 소식이 호남일대에 전해지면서 동학농민군 일부가 동요하였다. 갑오왜란甲午倭亂 혹은 후일 '경복궁 쿠데타'로 불리는 일본군의 왕궁점령은 중앙정부는 물론 재야 모두 일본에게 국권이 종속될 바람 앞의 등불과 같은 위기로 인식되었던 중대한 사건이었다. 이에 따라 동학농민군의 활동도 이전과는 다른 새로운 방향으로 전개될 수밖에 없었다.

일본인 여행객의 보고에 따르면 집강소 활동에 주력하고 있던 전봉준·손화중 등 동학농민군 지도부는 청일 양국의 파병이 불가피하다는 사실과 각국 공사에게 군함 및 군대의 철회를 유세할 목적으로 공주를 거쳐 서울에 진출코자 한다는 풍문이 있었다 한다.[94] 전봉준 등은 적어도 가을에 다시 봉기하려고 계획하였고,[95] 대일전 준비에 노력하고 있었다는 것을 감지할 수 있다. 9월의 제2차 동학농민군 봉기에 대비한 전봉준 진영의 준비상황은 크게 3가지 방향 즉, ① 30여 명의 장교(지도부)로 하여금 동학농민군 무장대를 훈련시키고, ② 재정적 준비, ③ 민심의 수습[96]을 통한 물리력 확보에 치중하고 있었다.

이전부터 일부 국지적 형태를 보이고 있었지만, 전면적인 2차 농민봉기로 승화되

---

93 海浦よし編, 『初齋遺稿』「東學黨視察日記」, 85쪽. 初齋는 우미우라 도쿠미(海浦篤彌)의 호(號)다.
94 「臨庶 第48號, 5월 14일부터 전라·충청지방을 여행한 상인 白木彦太郎의 聞取書 要點」, 1894년 7월 23일『公使館記錄』, 215~217쪽.
95 海浦よし編, 『初齋遺稿』, 91쪽.
96 海浦よし編, 『初齋遺稿』, 91쪽.

는 것은 삼례의 대도소를 거점으로 한 전봉준의 활동으로부터 시작되었다. 전봉준이 주장하는 재봉기의 목적은 중앙관료를 갈고, 일본병과 접전하여 이를 물리쳐 쫓아내는 데 있었다.[97] 재봉기의 시점은 일본군이 청국 영토로 진입하는 시기와 같다. 조선 지배권을 둘러싸고 전개된 청·일군의 파병은 조선인 모두에게 국가적 위기로 작용하게 되었다. 이즈음 동학농민군들은 청·일의 군사적 동향과 사태의 추이를 지켜보면서 2차 전쟁 준비를 하고 있었다. 특히, 평양전투 이후 일본의 '보호국화' 정책에 대항하여 대일 항전의 전면화로 전화하였다.

이러한 시기에 일본은 동학농민군의 활동을 무력화시키고자 하였으며, 일련의 청일전쟁 승리과정에서 대 동학농민군 정책은 토벌에서 살육·초토·박멸로 변화되고 있었으며 이에 따라 동학농민군의 활동 또한 이전의 국지적 차원에서 탈피하여 전면전으로 바뀌어 나가고 있었다.

평양전투 일본군 승리 이후 동학농민군은 재봉기 움직임을 보였고 정부는 적극적 토벌방침을 천명하였다. 8월 24일 정부는 종전의 동학농민군 대책, 즉 한편으로 타이르고 한편으로 탄압한다는 양면책에서 벗어나 의정부, 탁지아문, 각 영에 토벌을 준비하고 군무아문으로 하여금 토벌작전을 마련해야 한다는 방침을 제시하였다. 갑오정권이 개혁정치를 실시하여 동학농민군을 설득해내려는 선무책이 사실상 실패한 것이다.[98]

정부에서는 9월 14일 동학농민군에 대한 '용무用武', 즉 진압의 방침을 정식으로 확정하였다.

> 상고할 것. 동요東擾가 하나같이 어찌 이렇게 되었는가. 유교諭敎와 묘칙廟飭을 이미 여러 차례 내려 보냈는데도 모이고 흩어짐이 일정치 않으니 언제나 그치게 할지 모르겠다. 이제 추수할 때를 맞이하여 많은 민생들이 안도하지 못하고 있으니 이를 생각하면 놀랍고 탄식함이 그지없다. 도道의 수신帥臣과 읍진邑鎭 관리들은 진정 협심하여 대

---

97 『東學亂記錄 下』, 「全琫準 初招 問目」; 『東京朝日新聞』, 1895년 3월 5일.
98 왕현종, 「갑오정권의 개혁정책과 농민군 대책」 『1894년 농민전쟁연구 4』, 역사비평사, 1995, 503~504쪽.

책을 마련하고 초무勦撫의 방안을 갖추었으면 저 무리들의 경화梗化가 어찌 여기까지 이르렀겠는가. 이제 한편으로 은무恩撫를 행하는 것은 불가하니 그치고, 마침내 부득이하게 용무用武해야 할 것이다. 그리고 가만히 생각건대, 도당 중에 반드시 강압에 못 이겨 참여했으나 아직 양심이 남아있는 자가 다수 있을 것이니 모름지기 그른 길을 버리고 바른 길을 향하는 의리로써 포고하여 각기 해산케 하라. 만일 우두머리를 잡아들이는 자가 있으면 먼저 영읍에서 중히 논상論賞해 주고 조가朝家에서는 또한 각별히 녹용錄用하도록 해야 한다. 만일 이와 같이 다시 묘칙廟飭을 내린 후에도 또한 여전히 아무런 조처를 취하지 않는다면 마땅히 돌아갈 바가 있을 것이다. 두려워하는 마음으로 거행할 일이다. 초포勦捕 사항을 일일이 보고함이 마땅할 것.[99]

즉, 구체적인 진압방법은 아직 중앙에서 군대를 파견하여 진압할 수 없으므로 각 지방의 감영 병영에 위임하였으며, 강박에 못 이겨 가담한 자를 타이르고 설득하여 해산케 하고 주모자에 대한 포상을 강조하여 상을 주고 등용할 것 등의 조건을 내세우며, 최대한 회유하면서도 이에 따르지 않는 동학농민군은 철저하게 토벌할 것을 지시하였다. 이 훈령은 충청감영과 경상감영뿐만 아니라 경기도 수원부와 전라도 병영에도 하달되었다.[100]

한편, 일본군은 9월 18일 동학농민군 정벌에 조선정부가 반드시 협조해야 한다는 최후통첩을 보냈다.

……지난날 본사本使(일본공사)가 누차 귀 대신께 선유사를 파견하여 그들을 불러 위유慰諭를 하도록 하고, 그들은 그래도 귀순하지 않으면 병력을 동원하여 토벌을 감행하도록 하여, 그때 우리도 병력을 파견하여 초토剿討를 돕게 하도록 권고하였습니다.……더욱이 본년 7월 26일 우리 양국은 맹약을 체결하고 청병淸兵을 국경 밖으로 물리칠 것을 주지로 합의하였으나, 지금 비도들이 패전한 청병과 결탁하여 우리 병사들과 인민들을 물리치자는 명분을 내세우고 있습니다.……경성과 부산 두 곳에 우리

99 의정부 기록국, 『關草存案』「訓令」, 甲午 9月 14日.
100 왕현종, 앞의 논문, 1995, 513쪽.

병사 약간 명을 파견하여 귀국 병사와 합세한 후……그 비당匪黨들을 소탕하여 한 나라의 화근을 영원히 제거코자 하오니……우리 병사들과 마음을 함께 하고 또 죽을 힘을 다하여 비도들을 초멸하도록 하여, 이들이 큰 전공을 세운다면 우리 양국은 더없이 다행스러울 것입니다.[101]

일본은 동학농민군을 진압하겠다고 우리 정부에 통고하였고, 21일 이를 정부가 수락하였다. 이는 7월 26일에 조인된 조일 '양국맹약'에 근거한 것이다. 일본군이 동학농민군 토멸에 본격적으로 투입되는 것은 평양전투 한달여 후부터였다. 9월 21일 동학농민군 초토를 위해 일본은 새로 구성된 갑오개화파 정부와 결탁, 신정부는 이를 수락하고 동학농민군에 대한 대대적 '살육정책'을 공식적으로 취하기 시작하였다.

정부는 전봉준 부대의 북상이 시작되기 전인 9월 초부터 경기도 안성과 죽산지역의 동학농민군 진압을 위해 죽산부사에 장위영 영관 이두황, 안성군수에 경리청 영관 성하영을 임명하였고, 9월 21일 경에는 양호순무영을 설치하고 호위부장 신정희를 도순무사로 삼았다. 또한 9월 26일 국왕은 교서에서 삼남三南의 동학농민군 토벌을 재천명하였다.

백성의 소요가 일어난 것은 탐학으로 인한 고통……그 정상이 애절했기 때문에 국가가 차마 토벌을 하지 않고 위무에만 주력. 이제 저들의 행동이 창란倀亂에 있다고 한다. 대중을 현혹시켰고 무기를 빼앗아 성을 공격하는데 양민들이 거리낌 없이 행동. 지난번에 순무사를 나누어 보내 계속해서 포고했는데, 정말 완고하게 패역을 뉘우치지 않고 날로 심해지니 이를 양민으로 볼 수 없다. 이제 장차 출사出師의 명을 내려 요상한 기운을 깨끗이 쓸어낼 터이니 비도匪徒들은 무기를 버리고 귀화하여 각기 자기의 본업으로 돌아가라. 혹 그 괴수를 잡아 바친다면 마땅히 죽음을 면하고 상을 받을 것이다.[102]

---

101 「東徒鎭壓兵 派遣通報와 同趣旨佈諭依賴」, 1894년 10월 16일, 『公使館記錄』.
102 『일성록』, 고종 31년 9월 26일 기해.

9월 27일 새로 부임한 이노우에 공사는 일본 대본영에 동학농민군을 완전 소탕할 1개 대대 병력을 요청하였고, 9월 29일에는 히로시마 대본영 가와카미 소로쿠川上操六 병참총감의 '동학당을 모조리 살육' 하라는 내용의 전보가 인천 남부 병참감에 전달되었다.[103] 대본영에서는 후비보병 독립 제19대대에게 동학농민군을 모두 살육하라고 훈령하였다. 이노우에 공사는 10월 1일 대원군과 마주한 자리에서 일본의 토벌군 파견은 조선정부의 청원에 의해 부득이 이루어진 것으로 명분화하고 있다.[104]

후비보병 제19대대의 운영계획을 보면, 용산에서 서로·중로·남로 세 길로 나누어 각각 전라·충청·경상도 방면으로 군대를 내려 보내되, 특히 동로 분진 중대를 조금 먼저 가게 해서 동학농민군을 동북쪽에서 서남쪽으로 곧 전라도 방면으로 내몰아 포위 공격한다는 전략이었다. 남북접 연합군이 10월 23일 경부터 공주성 공격을 개시하였을 때, 이에 맞서는 충청감영에 모인 병력은 감영군과 경군을 합친 조선관군이 약 3천 2백명에 일본군이 2천명 정도였다.[105] 도순무사 신정희에 의해 다시 순무영 우선봉으로 임명된 이두황은 장위영 병정을 이끌고 9월 20일 서울을 출발, 용인-죽산-음성-청주를 거쳐 10월 11일 경 보은 장내리에 도착하였다. 그는 10월 21일 천안 목천 세성산에서 전투를 치른 후 10월 27일 경 공주에 도착하였다. 10월 2일 좌선봉으로 임명된 별군관 이규태는 교도중대와 통위영 2중대를 이끌고 10월 11일 서울을 출발하였다. 이규태는 과천-수원을 거쳐 일본군 3중대와 합류, 진위-성환-안성과 평택, 아산-천안을 거쳐 내려오다 공주의 급보를 듣고 10월 24일 공주에 도착하게 된다.[106]

한편, 미나미 고시로南小四郎 소좌가 이끄는 후비보병 독립 제19대대는 10월 2일 일본을 출발하여 9일 인천에 도착하였다. 동학농민군 토벌 전담부대인 제19대대 파

**103** 井上勝生, 「갑오농민전쟁과 일본군」『동학농민혁명의 동아시아사적 의미』, 서경문화사, 2002, 327쪽.
**104** 두 사람의 대화내용은 伊藤博文 編, 『秘書類纂 朝鮮交涉資料 下』, 비서류찬간행회, 1936, 263쪽 참조.
**105** 서영희, 「1894년 농민전쟁의 2차봉기」『1894년 농민전쟁연구 4』, 역사비평사, 1995, 157~158쪽.
**106** 서영희, 앞의 논문, 1995, 156~157쪽.

견의 목적은 명분상 조선군을 응원하는 것으로 되어 있었다. 그러나 일본군의 원래 목적은 ① 조선의 군대를 그들의 지휘하에 두고 일본군법을 적용, 절제에 복종케 하고, ② 남원 지역을 중심으로 하는 전라도 동학농민군의 근거지를 진압, 이들을 소탕하고, ③ 향후 이 지역 동학농민군이 강원·함경 및 경상도 방면으로 도주하는 것을 방비함에 있었다.[107] 10월 15일 제19대대는 동학농민군의 본격토벌을 위해 남하하였다. 서로분진대는 10월 24일, 미나미 고시로 소좌의 중로분진대는 26일 공주에 도착하였다. 이 무렵 조선정부에서는 각도 지방 관리와 대소인민에게 동학농민군 초멸剿滅을 위해 3로路로 진군한 일본군에 적극 협력과 주선을 권유하는 취지의 「칙유」 포고를 발표하였다.[108] 칙유에서는 일본을 우방으로 간주하면서 일본의 침략성을 부정하고 동학농민군 토벌의 정당성을 주장하였다

이보다 앞서 10월 6일 외무대신 김윤식은 충청도 홍주·태안·서산·청주 지역에 동학농민군의 세력이 치열해서 평정하기 어렵다고 하는 충청 감사 박제순의 급보를 받고 일본군의 지원을 요청하였다.[109]

10월 논산에 대도소를 설치한 남북접 연합군은 10월 20일 경 논산을 출발하여 본격적인 공주공격을 시작하였다. 10월 25일 전봉준과 동학농민군은 충청도 웅치에서 관군에 대항하며 일대 접전을 벌였다. 일본군과 관군은 세 갈래로 나누어 동학농민군을 공격하였다. 대관 조병완은 휘하의 병정을 거느리고 북쪽에서 동학농민군의 오른쪽을, 참령관 구상조는 휘하 장졸을 거느리고 일본 병사 30명과 함께 남쪽에서부터

---

**107** 「機密 第210號, 동학당진압을 위한 제19대대 파견에 따른 훈령」, 1894년 11월 9일, 『公使館記錄』.

**108** "지난번에 우리 정부에서 일본 군사의 원조를 요청하여 세 방면으로 진격하였는데, 그 군사들은 분발하여 자신을 돌아보지 않고 적은 수로 많은 적을 친 결과 평정될 날이 그리 멀지 않다. 일본으로서는 절대로 다른 생각이 없고 순전히 우리를 도와 난리를 평정하고 정치를 개혁하며 백성들을 안정시켜 이웃 국가와의 우호 관계를 돈독하게 하려는 호의라는 것을 명백히 알 수 있다. 너희들 지방 관리들과 높고 낮은 백성들은 이런 뜻을 확실히 알고 무릇 일본 군사가 가는 곳에서 혹시라도 놀라서 소요를 일으키지 말고 군사 행동에 필요한 물자를 힘껏 공급함으로써 전날 의심하던 소견을 없애고 백성을 위하여 한데에서 고생하는 수고에 감사하도록 하라. 너희들 모든 사람들이 아직도 깨닫지 못하는 것을 걱정하여 간절한 마음으로 특별히 포고하니 엄격히 지키고 어기지 말도록 하라(『高宗實錄』 권32, 고종 31년 11월 병자)".

**109** 「湖西東學徒로 인한 日本軍 支援 要請」, 1894년 음 10월 6일, 『公使館記錄』.

동학농민군의 왼쪽을, 서산 군수 성하영은 전면을 향해 공격하였다. 전봉준은 가마를 타고 일산을 펴고 깃발을 날리며 나팔소리와 함께 동학농민군을 지휘하였다. 반 나절 동안 치열하게 싸웠으나 승부를 가리지 못하였다. 동학농민군은 일본장교가 보기에도 병법을 아는 자가 있다 할 만큼 민첩하게 대응하며 항전하였으나, 해질 무렵 관군에 의해 70여 명이 전사하고 2명이 생포되었고 일부 군기도 뺏긴 채 후퇴하여 들판 건너편의 시야산時也山 능선에 진을 쳤다. 관군과 일본군 역시 해는 이미 저물고 병정들도 피로하여 교전하기가 어렵기 때문에 군사를 거두었다.[110]

논산 일대에 다시 결집한 동학농민군은 2만여 명에 이르렀다. 전봉준은 노성과 경천으로 다시 진출하여 군량을 나르고 포대를 설치하며 전투를 준비하였다. 감영에서는 일본군과 관군이 3개의 부대로 나누어, 두 부대는 판치와 이인으로 나가 주둔하고 하나는 감영에 남아 있는 방식으로 서로 순환하며 동학농민군의 공격에 대비하고 있었다.

전투는 11월 8일 오후 2시쯤 시작되었다. 동학농민군은 두 갈래로 나누어 하나는 논산에서 곧장 고개를 넘어 오실산 옆길을 따라 이인을 향하여 공격했고, 다른 부대는 노성현 뒷산과 경천 쪽에서 판치와 효포를 공격하였다. 경천에서 판치로 진격한 동학농민군은 판치를 지키고 있던 구상조의 경리청병을 공주쪽 산 위로 밀어붙이고 효포, 웅치 일대의 산위로 올라가 깃발을 꽂고 진세를 과시하며 관군과 대치하였다. 이인으로 진격한 동학농민군은 이인에 주둔하고 있던 성하영의 경리청군을 우금치牛禁峙까지 후퇴시키며 공세를 펼쳤다. 이에 모리오森尾 대위가 일본군을 이끌고 와서 지원하며 맞섰으며, 성하영과 함께 이인에 나가 진을 치고 있던 백낙완은 동학농민군에 포위되었다가 저녁 늦게 포위망을 뚫고 감영으로 돌아왔다. 우금치가 위급해지자 그날 밤 모리오 대위는 우금치 옆의 가장 높은 봉우리로 올라가 진을 쳤다.[111]

11월 9일 아침 동학농민군은 동쪽으로는 판치板峙 뒷산으로부터 서쪽으로는 봉황

---

110 「巡撫先鋒陣謄錄」『叢書 13』, 153~155쪽 ;「巡撫使呈報牒」『叢書 16』, 317~318쪽.

111 「巡撫先鋒陣謄錄」『叢書 13』, 114~115쪽 ;「巡撫先鋒陣謄錄」『叢書 13』, 153~162쪽 ;「巡撫先鋒陣謄錄」『叢書 13』, 256~264쪽 ;「先鋒陣日記」『叢書 16』, 85~90쪽 ;「巡撫使呈報牒」『叢書 16』, 312~321쪽 ;「巡撫使呈報牒」『叢書 16』, 326~329쪽 ;「公州附近 戰鬪詳報」, 1894년 12월 4~5일, 『公使館記錄』, 246~248쪽.

산 뒤 기슭까지 3, 40리에 걸쳐 마치 병풍을 펴놓은 듯한 진세를 펼치며 세력을 과시하고 있었다. 이에 대응하기 위해 관군은 금학동에 통위영 대관 오창성과 교장 박상길을, 웅치에는 경리청 영관 홍운섭, 구상조, 대관 조병완, 이상덕 등을, 효포 봉수대에는 통위영 영관 장용진, 대관 신창희 등을, 우금치에는 성하영, 우금치 견준봉에는 8일 이인에서 동학농민군의 포위망에 포위되어 있다가 탈출해온 백낙완을, 주봉에는 영장 이기동 등을 배치하였다. 동학농민군은 11월 9일 오전 10시쯤 이인에서 우금치 방향과 오실 뒷산 방향으로 나누어 공격하였다. 오후 8시경까지 양측은 치열한 공방전을 40~50차례나 펼쳤다. 결과는 동학농민군의 패배였다. 이들은 많은 손실을 입고 퇴각하였다.[112]

우금치의 서쪽과 남쪽 2곳의 동학농민군이 공격하는 형세이기 때문에 서산 군수 성하영, 경리청 영관 윤영성·백낙완이 일본군과 함께 동학농민군과 교전하였다. 사시 巳時(오전 9시부터 11시까지) 경에 교전이 시작되었다. 미시 未時(오후 1시부터 3시까지) 경이 되어도 동학농민군을 격퇴시키지 못하였다. 참모관 전 도사 권종석과 참모사 전 주서 이규백, 유학 정도영 등이 동학농민군 진영으로 전진하였다. 별군관 이달영·송

---

112 「公山剿匪記」『叢書 2』, 420쪽 ; 「巡撫先鋒陣謄錄」『叢書 13』, 114~115쪽, ; 「巡撫先鋒陣謄錄」 『叢書 13』, 153~162쪽 ; 「巡撫先鋒陣謄錄」『叢書 13』, 256~264쪽 ; 「先鋒陣日記」『叢書 16』, 85~93쪽 ; 「巡撫使呈報牒」『叢書 16』, 312~321쪽, 「巡撫使呈報牒」『叢書 16』, 326~329쪽.

체포되어 서울로 압송되는 전봉준

흠국, 전 만호 이지효, 전 감찰 이재화, 전 중군 이종진, 전 수문장 유석용, 전 부장 박
정환, 사과 이흥교, 군관 전 오위장 황범수, 유학 이주서, 사과 이선, 경리청 교장 김명
환·정재원·장대규·정인갑 등이 많은 동학농민군을 사살하였다.[113]

  우금치 전투에서 크게 패한 동학농민군은 11월 15일 일본군과 관군의 공격으로 전
주로 퇴각하였다. 이날 오후 2시경 논산으로 후퇴하여 대촌 후원의 봉우리[소토산]
에 진을 치고 있던 전봉준과 김개남 휘하의 동학농민군 3천여 명은[114] 추격해온 일본
군과 관군의 공격을 받고 오후 3시 30분경 은진의 황화대로 후퇴하였다. 황화대는 범
연히 커다란 들판 중앙에 우뚝 서있어서 천연의 성벽과 같았다. 일본군과 통위영병은
동쪽에서, 장위영병 1소대는 북쪽에서, 장위영병 나머지 부대는 동남쪽에서 공격하
자, 동학농민군은 결국 오후 4시 10분경 전주 쪽으로 퇴각하였다. 이 날 밤 노성으로
회군하던 관군은 동학농민군의 화약 제조장이 있던 은진 묵동을 수색하여 파쇄시켰

---

113 「先鋒陣日記」『叢書 16』, 92~94쪽 ; 「巡撫使呈報牒」『叢書 16』, 327~328쪽.
114 관군 측에서는 이때 동학농민군의 수를 1만여 명이라 하였다(「巡撫使呈報牒」『叢書 16』, 355쪽).

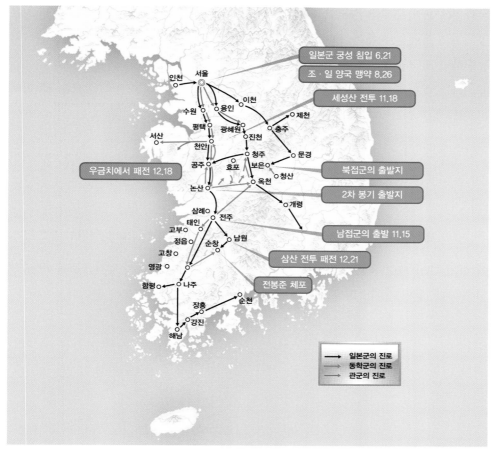

일본군 궁성 침입 6.21
조·일 양국 맹약 8.26
세성산 전투 11.18
우금치에서 패전 12.18
북접군의 출발지
2차 봉기 출발지
남접군의 출발 11.15
삼산 전투 패전 12.21
전봉준 체포

일본군의 진로
동학군의 진로
관군의 진로

동학농민군 제2차 봉기도

다. 이 전투에서 동학농민군 수백 명이 전사하였고 목인木印과 대장기도 빼앗겼다.[115]

중국의 뤼순만 함락 기간에 일본은 조선정부와 「조일공수동맹朝日共守同盟」을 체결하여 청국군을 축출하는 방안을 마련하였다.[116] 이 조약의 명분은 양국이 동맹하여 청

---

**115** 「巡撫先鋒陣謄錄」『叢書 13』, 323쪽 ; 「巡撫先鋒陣謄錄」『叢書 13』, 339~355쪽 ; 「兩湖右先鋒日記」『叢書 15』, 138~143쪽 ; 「先鋒陣日記」『叢書 16』, 98~101쪽 ; 「先鋒陣呈報牒」『叢書 16』, 200~201쪽 ; 「巡撫使呈報牒」『叢書 16』, 337~338쪽 ; 「論山 戰鬪 詳報」, 1894년 12월 11일, 『公使館記錄』.

**116** 「조선국 내정개혁에 관한 보고의 건」, 明治 27년 11월 24일, 『韓外交資料集成(4) –日淸戰爭編–』 (金正明 편), 巖南堂書店, 1967, 238~240쪽.

국과 싸우는데 있다고 하지만 실제는 동학농민군 토벌에 주안점을 두고 있었다. 일본
공사 이노우에 가오루는 11월 1일 외무대신 김윤식에게 보내는 전보문에서 양국이
동맹하여 청국군과 싸우고 있는 이러한 '비상시기'임에도 불구하고 일본군을 경내에
서 쫓아버리려고 동학농민군은 누차 군용전신선을 방해하고 사관을 살해할 뿐 아니
라 병참부를 습격한다고 하였다. 따라서 이들은 일반 범죄인과 다른 것으로 '수괴'와
관련인 심문시 일본영사의 입회를 요구하였다.[117]

이제 남은 것은 정부군과 민보군民堡軍[118] 등 반反동학농민군 및 일본군의 패잔 농
민군에 대한 잔혹한 살상행위만이 뒤따를 뿐이었다. 전국 각처에서 패잔 농민군에 대
한 대대적인 체포와 색출이 진행되었다. 이후 12월 27일 국왕은 남도의 '비적'들이
차례로 평정되어 가니 순무영을 없애고 같이 토벌에 참가한 일본군사들이 추운 계절
에 한지寒地에서 고생한 노고를 치하하면서 군무참의를 파견하여 일본군들과 각 진의
선봉 부대, 중앙과 지방의 장수들과 군사들을 위문하고 잘 먹이도록 하였다.

117 「東學黨 審判에 日本領事 입회 요구」, 1894년 11월 27일, 『公使館記錄』.
118 당시의 민보군은 양반, 지주, 토호, 아전, 상인 등으로 구성된 지방의 개별 민병대를 말하는 것이
다. 이들은 대개 '의병'으로 자칭하였다.

# 제2절

# 갑오개혁과 근대식 군제의 도입

## 1. 일본의 '내정개혁' 강요와 갑오개혁

이미 일본공사 오오토리는 청국군 파병에 우선하여 자국정부에 1천명 규모의 군사를 조선에 파병시키고자 주장하면서, 청국군과 더불어 민란을 진압할 것과 조선에 대한 주도권을 장악하자고 제안한 바 있었다.[119] 그러나 5월 5일 일본군 조선파병 문제에 관한 공사관 1등 서기관 스기무라와의 회견에서 외무독판 조병직은 동학농민군의 활동으로 ① 약간의 소요는 있지만 서울은 안전하고 동학농민군도 조만간 진정될 것이니 일본병을 파견 주둔시킬 필요는 없다고 하여 과거 임오군란 시와 차별성을 부각시키고, ② 일본이 군사를 파견하면 각국이 모방하여 조선은 물론 동양 전체에 큰 해가 될 것이며, ③ 일본병이 서울에 들어오게 되면 인심이 흉흉해질뿐더러 '의외의 폐'를 일으킬 우려가 있다[120]고 하여 일본군의 파병을 사실상 거절하였다. 그럼에도 불구하고 일본은 전주화약 성립 직후 '내정개혁'의 명분으로 대규모의 혼성여단을 조선에 진주시켰다.[121] 이는 일본의 침략의지를 극명하게 알 수 있는 것으로, 오오토리 공

---

119 藤村道生,「日淸戰爭」『岩波講座日本歷史 16-近代 3』, 岩波書店, 1980, 15~16쪽.
120 「公使館護衛兵派遣ノ義通知顚末」, 명치 27년 6월 9일, 『秘書類纂 朝鮮交涉資料 中』(伊藤博文 編), 비서류찬간행회, 1936, 372~373쪽.
121 朴宗根, 앞의 책, 1992, 22쪽.

사도 다수의 호위병을 필요로 하지 않는다고 본국정부에 상신하고 있었음에도 불구하고 일본정부는 군사를 조선에 대거 상륙시켰다.

일본의 '내정개혁' 제안에는 상당한 계산이 깔려 있었다. 일본은 첫째, 당면의 긴급 과제였던 철병을 회피하고 주둔을 계속하기 위한 구실을 마련하고, 둘째, '내정개혁'에 의해 청을 도발케 함으로써 개전에 끌어넣고자 하였다. 당시 일본은 조선에 '내정 개혁'을 권고하고 이로 인해 청·일 양국군의 진쟁을 촉진하게 된다면 오히려 다행한 일이라고 생각하고 있었다.[122] 셋째, '근대화'를 명분으로 미국과 영국의 지지를 얻고, 넷째, 조선에서 일본의 정치·경제적 지배를 강화하는데 목적이 있었다.[123]

결국 이는 피상적 '개혁'을 빌미로 동학농민군의 요구를 희석화 내지 무력화하기 위한 기도에 불과한 것이다. 4월 말~5월 초의 어느 기간에 외무대신 무츠는 오오토리 공사에게 훈령하여 병사를 계속 주둔시키고 동학농민군의 조사에 지연책을 쓸 것과, 동학농민군의 활동이 치열하게 전개되고 있는 양 허위보고서를 작성할 것을 지시하였다. 그것은 일본군의 철수를 지연시키는 한편 주둔 명분을 억지로라도 찾으려는 계책에서 나온 것이다.

> 우리 군대의 철수가 지연되는 이유로 삼기 위해 각하는 공공연한 방법을 써서 공사관의 직원이나 영사관의 직원을 폭동이 일고 있는 지방에 파견하여 실황조사를 하도록 하여야 한다. 그리고 그 실황조사는 될 수 있는 대로 느리게 천천히 할 것이며, 그 보고서는 고의로라도 평화로운 상태와는 반대가 되도록 작성케 할 것을 절망한다. 만약 시찰원을 보호하기 위해 필요하면 순사를 수행케 하여도 무방하다. 또한 조선정부가 평화와 질서가 회복되었다고 말하면서 우리 군대의 철수를 요구해 올 경우에는 제국정부와 각하가 만족할만한 바가 있어야 하기 때문에 실황조사차 특별히 파견한 관리의 보고를 기다려야 한다고 답변해야 한다.[124]

---

122 「동학란 변란 시 한국군대 보호에 관한 일청교섭관계 1건」, 1894년 6월 15일, 『公使館記錄』.
123 朴宗根, 앞의 책, 1992, 37쪽.
124 「동학당 변란 시 한국군대 보호에 관한 일청교섭관계 1건」, 1894년 6월 15일, 『公使館記錄』.

그러나 조선 내 일본 외교당국자 사이에 의견이 반드시 일치되어 있었던 것만은 아니었다. 전쟁수행 방침도 일사분란하게 진행되지 못하였다. 공사 오오토리는 온건정책을 취하였던 데 반해 간혹 공사의 업무도 대행했던 1등 서기관 스기무라는 강경책을 견지하였다. 당시 정부측의 강경론은 대본영의 방침에 의거한 것으로 스기무라와 군참모들이 수행하고 있었다.[125] 처음에 일본군 출동문제에 관하여만해도 공사 오오토리와 오오시마 요시마사大島義昌 제5혼성여단장 간에 불화가 있었다. 그러나 공사의 철병안을 일본정부가 받아들이지 않자 그 역시 대세를 간파하고 곧바로 강경노선으로 표변하였다.

「전시대본영조례」에 근거하여 1894년 5월 2일(양 6월 5일) 도쿄 참모본부 내에 대본영大本營을 설치한[126] 일본군은 오오시마 요시마사 여단장과 휘하 해군 육전대 488명과 순사 20명을 야에야마八重山 호에 태워서 요코스카 항을 출발하였다. 이들은 5월 6일 인천에 도착하였고, 다음날인 7일 서울로 들어왔다. 이 기간 일본은 여러 척의 군함을 인천에 집결시켰고, 연이어 보병 제11연대 1천여 명이 인천에 도착하였다.

그런데 청일양국의 군사배치 목적은 각기 달랐다. 그것은 파병과정을 보면 어느 정도 이해될 수 있을 것이다. 동학농민군 진압과 종주권 강화에 주안점을 두고 있었던 청국은 동학농민군의 근거지와 인접지인 아산에 주둔하였다. 반면 인천과 왕궁이 있는 경성에 주둔한 일본군은 조선의 내전에 따른 영사관과 자국 신민 보호를 명분으로 하지만 실제는 정권전복을 통한 대청 우위와 조선지배에 목적이 있었다.

이러한 시기에 일본은 6월 21일 새벽 그들의 무력으로 경복궁을 점령, 궁궐수비 조

---

125 朴宗根, 앞의 책, 1992, 32쪽.
126 천황 아래 최고 통수권을 가진 지휘중추 역할을 하는 대본영은 천황을 보좌하고 그의 명령을 집행하는 전쟁지도 최고 권력기관으로 청일전쟁과 이후 러일전쟁, 만주사변 및 태평양전쟁 기간에 설치된 임시기구였다. 1894년 5월 설치시기 대본영의 막료는 참모총장을 장으로 육군참모관, 해군참모관, 육군부관, 해군부관으로 구성되었다(대본영의 설치와 운용, 추이 등에 대해서는 森松俊夫, 『大本營』, 敎育社, 1980 참조). 그런데 이렇듯 전시가 아님에도 대본영을 개설하였던 것은 법의 오용이지만, 그 결과 동원계획, 출동병력 수, 수송계획 등은 전부 통수사항으로서 대본영에서 결정하게 되고, 국무대신은 법적으로 전혀 관여할 수 없었다(藤村道生, 앞의 책, 1997, 83쪽). 대본영은 청일전쟁 진행과정에서 8월 16일(양 9월 15일) 히로시마(廣島) 제5사단 사령부로 이전 개설하였고, 일본육군과 해군은 다음 날인 8월 17일 평양을 점령하고, 18일 황해해전에서 제해권을 확보하였다(森松俊夫, 앞의 책, 81~82쪽).

히로시마에 설치된 대본영

선군을 무장 해제시키고, 곧이어 기존의 정부 구성원을 축출하는 한편 새롭게 친일 개화정권을 수립시켰다. 혼성여단을 통해 오오토리 공사의 지시를 받은 보병 제21연대장 다케다 히데노부武田秀山 중좌는 경복궁 점령계획을 실행에 옮겼다. 이보다 며칠 앞선 6월 18일 오후 1시 오오토리 공사는 오오시마 제5혼성여단장에게 보병 1개 대대를 입경시켜 왕실을 위협하고 왕궁을 포위한 후 흥선대원군을 추대하여 그를 정부의 수반으로 하고 또한 아산의 청국병사의 격멸을 일본에게 위탁시키라고 제안한 바 있었다.[127]

6월 21일 오전 2시인 새벽에 일본군 혼성여단의 보병 제11연대 제1·2대대, 보병 제21연대 제1·2대대, 기병 제5대대 제1중대, 야포 제5연대 제3대대, 공병 제5대대 제1중대는 용산을 출발하여 서울로 향하였다.[128] 이들 중 보병 21연대의 2개 대대가 경복궁 영추문迎秋門을 부수고 난입하자 시위 군사들이 총을 쏘면서 막았다. 일본군은 이들에게 격렬하게 포격을 가했고, 그 결과 양측간에는 공방전이 전개되었다. 그러나 일본의 압력을 받은 국왕의 전투중지 명령이 하달되자 결국 평양에서 선발되어 궁궐시위를 위해 특별히 파견된 기영병箕營兵 5백 명은 전투를 중단하고 무기를 버리

---

127 原田敬一, 『日清戰爭』, 吉川弘文館, 2008, 32쪽.
128 原田敬一, 앞의 책, 2008, 33쪽.

고 도주할 수밖에 없었다. 그 과정에서 수십명의 병사가 사망하였다.[129] 일본 군사들은 마침내 궁문宮門을 지키고 오후에는 각 영營의 무기고에 보관되어 있던 대포 30문, 기관포 8문, 모젤, 레밍턴, 마티니 등 신식소총 2천정, 수많은 화승총, 궁시弓矢와 군마 15필 등을 탈취하였다.

그런데 서울에 들어간 일본군 10여 명은 당일 한성전보총국을 장악하였다. 이는 대본영의 방침에 따른 것으로, 이미 그해 5월 2일 참모본부 내에 대본영이 설치되는 날 참모차장 가와카미 소로쿠川上操六는 히로시마의 제5사단을 통해 조선에 파견되는 혼성 제9여단 참모장 육군소좌 나가오카長岡外史에게 청국과의 전쟁에서 전신선의 결정적 역할을 강조한 바 있었다.[130] 청국과의 일전을 앞둔 일본 군부는 선전포고 이전에 조선의 전신선 확보를 중요한 전략과제로 설정하였다. 이러한 군사작전은 왕궁점령을 은폐할 목적까지 포함된 것이었다. 1894년 5월 이전 조선의 전신선로는 4선으로 서울을 중심으로 남북으로 부산부터 의주, 동서로 원산부터 인천까지 약 1,330km 정도에 달했는데, 대본영 기획에 의한 통신선 우선확보 작전은 이후 7월 5일 원산에 상륙한 일본군 제5사단 잔류부대 중 제22연대 제2대대에 의해서도 자행되었다. 원산 상륙 직후 일본군은 "보초를 배치하고 국원局員의 도주를 막고, 전기기계電氣器械 등을 봉쇄했다." 일본군은 진군 경로의 전신선을 강탈하여 자신의 것으로 만들었다.[131]

일본 군사가 궁궐을 점령한 6월 21일 이날 흥선대원군도 국왕의 명을 받고 입궐하여 개혁을 실시할 문제를 주관하였다. 국왕은 6월 22일에는 전교를 내려 "각국의 사례를 보면 군무軍務는 다 친왕親王의 관할로 되어 있으니 본국의 해군과 육군의 사무

---

129 朴宗根, 앞의 책, 1992, 62~63쪽.

130 金文子, 『朝鮮王妃殺害と日本人』, 高文硏, 東京, 2009, 350~352쪽. 이 때 가와카미는 "용병상 전신이 없는 것은 장님에게 지팡이가 없는 것보다도 더욱 불안하다."라는 글을 보냈다.

131 金文子, 앞의 책, 353~356쪽. 이같은 형태의 일본군 전신선 탈취에 대해 충청도의 북접계열 동학농민군 3천 명이 9월 28일 새벽 6시 충북 안보의 병참부를 습격하고 전신선을 절단하여 일본 공사가 본국 외무대신에게 보고할 정도로 일본군 통신체계에 큰 타격을 준 사실이 있었음은 최근의 연구(신영우, 『『均庵丈 林東豪氏 略歷』에 나타난 北接農民軍의 移動路와 海月 崔時亨』 『새로운 자료를 통해 본 동학농민혁명의 동아시아적 의미』, 동학농민혁명기념재단/한국사연구회 국제학술대회 발표문, 2010. 10. 22, 85~86쪽)에서도 확인된다.

를 대원군 앞에 나아가 결정하여 결재를 받으라"[132]하였다. 당일 별도의 전교를 내려 총제영總制營을 혁파하고 해군의 절제를 강화진무영에 이속시키라 명하였다.

일본군이 경복궁을 점령한 목적은 국왕을 '포로'로 삼고 대원군을 떠받들어 정권을 잡게 하고 그로부터 향후 전개될 청일전쟁 과정에서 청국군 축출을 '의뢰'토록 하기 위한 것이었다. 또한 현재의 정권을 일본에 종속된 친일적인 정권으로 바꾸고자 하는 데 있었다. 일본은 서울의 조선군대를 무장 해제시켜 서울의 안전을 확보하고 전쟁수행 시 조선정부의 전폭적 협조를 기대하였다. 일본군의 왕궁점령 계획은 참모본부 수뇌부와 조선주재 일본공사를 제하면 철저하게 비밀에 부쳐졌고, 왕궁점령에 대한 조선병사들의 격렬한 저항도 왜곡된 기록으로 남겼다.[133]

그들은 궁극적으로 조선을 일본의 보호국화 테두리 내에서 지배하려하였지만 오랫동안 경복궁을 점령하고 조선군의 무장해제를 지속시키기 어려웠다. 그 이유는 일본이 조선이 자주국自主國이라는 점을 내외에 공표한 점, 러시아 같은 외국의 간섭을 두려워하였기 때문이다.[134] 결국 일본공사 오오토리는 7월 20일 외무대신 김윤식과 「잠정합동조관」을 채결하면서 "시의를 참작하여 대궐 호위 중인 일본병을 한꺼번에 철퇴撤退시킨다"는 항목을 넣어 일본군을 궁궐에서 철수시켰다.

갑오개혁은 1894년 청일전쟁 과정에서 그해 6월 21일 일본군의 경복궁 점령 하에 시행된 것이다. 쿠데타를 통하여 친청 민씨정권을 뒤엎고 친일 개화파 정부 수립을 구상하고 있던 일본정부는 청국과의 개전이라는 급박한 사안에 효율적으로 대처하고자 하였다. 갑오개혁의 제반 사업은 갑신정변 이래 개화파가 제기한 근대화 구상이 반영된 것이었다. 그것은 조선사회 안에서 성숙된 반봉건적 근대화 개혁의 필연적 요구를 수용하지 않을 수 없었기 때문이다. 집권 개화파는 일본의 무력을 배경으로 종

---

132 『일성록』, 고종 31년 6월 22일 정묘.

133 朴宗根, 앞의 책, 72쪽 ; 中塚明, 『歷史の僞造をただす』, 高文研, 1997(『1894년, 경복궁을 점령하라』(박맹수 역), 푸른역사, 2002, 65, 153, 185~189쪽). 외부대신 무츠 무네미스(陸奧宗光)는 일본군 보병 1개 연대와 포병, 공병이 입성하려 할 때 왕궁 근방에서 조선군이 발포하였기에 이를 추격하여 궁궐로 들어갔다고 하였다. 참모본부도 이를 '韓兵의 暴擧'라 하면서 우발적 사건으로 축소하여 공식 기술하고 있다(參謀本部 編, 『明治二十七·八年 日淸戰爭 1』, 東京印刷株式會社, 1904, 125쪽).

134 鄭求福, 『韓國軍制史-近世朝鮮後期篇』, 陸軍本部, 1977, 345쪽.

군국기무처는 7월 26일 5개 항의 의안을 올렸다. 그 중 세 번째가 친위영 설치에 따른 하사관 교육과 양성의 중요성을 지적한 것인데, 건장한 장정 2백 인을 선발한 후 교관을 초빙하여 훈련시킬 것을 건의하여 재가를 받았다. 그런데 여기서 초빙한 군사교관은 일본인 교관을 말하는 것으로, 이는 경찰제도의 도입과 함께 조선의 국방과 치안 일부를 일본인 교관을 통해 조선의 무력을 일본이 장악하려는 의도가 반영된 것이다.[142]

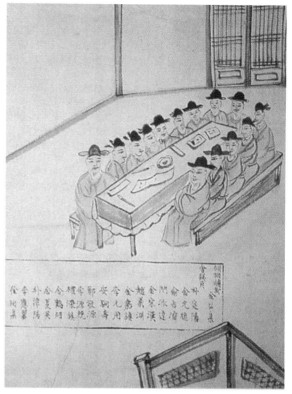

군국기무처의 회의 모습(일본 삽화)

같은 해 8월 16일 군국기무처는 각도에서 도시都試와 취재取才 규정을 일체 혁파하도록 하고, 군무아문에서 따로 군인을 선발하는 규례를 정하여 국왕의 재가를 받았다.[143] 24일 군국기무처에서는 다시 따로 설치한 친군영 외에는 각 군영을 통합하여 대장 1명을 두어 지휘체계를 단일화 시키도록 하였다. 또한 각 군영에서는 매 5일마다 한 번씩 군무아문에 모여 군무대신과 함께 각 군영에서 해야 할 일을 서로 참고하고, 제반 군영의 규례, 군사 규율, 군량, 편제 등에 속하는 문제를 빨리 협의토록 하는 의안을 올려 국왕의 재가를 받았다.

군국기무처는 8월 26일, "근래의 지방병제가 갈수록 해이해져 완급한 때에 하나도 믿을만한 것이 없다"라며 지방 군사제도의 해이상태를 우려하였다. 그 해결책으로 군무아문과 탁지아문에서 특별히 위원을 각 도에 파견하여 진영과 보루, 산성을 순시하고 전곡錢穀을 받아들여야 할 것과 내주어야 할 것 등의 문제 및 장교와 군사 정원수

---

142 서인한, 『대한제국의 군사제도』, 도서출판 혜안, 2000, 37쪽.
143 『일성록』, 고종 31년 8월 16일 경신.

를 하나하나 성책成冊하여 가지고 오게 하여 결재하자고 주장하였다.[144] 또한 8월 28일에는 "본국 군졸들은 교양教養을 받지 못하여 체조와 총을 메는 것이 직분인 줄만 알고 나라를 지키고 백성을 보호한다는 것이 무슨 일인지를 알지 못합니다. 기율이 이 때문에 엄하지 못하고 담력이 이 때문에 굳세지 못하니, 군무아문에서 '군졸 교과서'를 국문으로 편찬하여 날마다 시간을 정하여 가르쳐 주는 사안입니다"[145]라며 국문으로 교과서를 편찬하여 군사들을 교육시키도록 하여 재가를 받았다.

11월 21일에는 칙령 제5호로 호위부장·통위사·장위사·총어사·경리사를 모두 감축하고 소속되어 있던 장수와 군사들 및 금군·무예별감·별군관과 전 친군영의 이예吏隸 중 명령을 기다리는 사람은 군무아문에서 법에 따라 편제토록 하였다. 이어 12월 4일에는 「육군장관직제陸軍將官職制」를 칙령 제10호로 반포하여 대장(정1품이나 종1품), 부장(정2품), 정령, 부령, 참령, 정위(이상 3품), 부위, 참위(이상 6품), 정교, 부교, 참교(이상 품계 외) 등의 직제를 마련하였다.

경복궁 쿠데타 이후 취해진 제도 개혁의 문제점은 일본에 의해 강요된 것이었다는 데 있다. 군사제도의 개편도 예외는 아니었다. 특히 갑오년 간 군무아문의 한계성은 그러한 점을 명징적으로 보여주는 것이라 할 수 있다. 군무아문은 실제 장악할 군대가 당시 없었을 뿐만 아니라 모든 권한이 일본군이 장악하고 있었기 때문에 하등의 실효를 볼 수 없었으며,[146] 군국기무처 설치 직후 군무아문이 장악할 수 있었던 군대는 구식인 영초제營哨制의 군대로 군부로 개정될 때까지도 그 편제를 그대로 가졌다. 다시 말해 형식적인 군제개편으로 이 때 반포된 군무아문 군제는 일본의 군사제도를 이식시켜 놓은 것에 지나지 않았다.[147]

뿐만 아니라 군무아문 대신은 과거 병조판서와 같은 큰 권한이 없었다. 새로 부임한 공사 이노우에 가오루井上馨는 10월 군제개편에 관해 "군무아문 대신은 군대의 행정사무 즉 군대의 피복, 병기, 곡식, 장교의 진급 등과 같은 것을 맡게 하고, 참모관은

---

**144** 『일성록』, 고종 31년 8월 26일 경오.
**145** 『일성록』, 고종 31년 8월 28일 임신.
**146** 鄭求福, 앞의 책, 1977, 345쪽.
**147** 林在讚, 「開化期 軍制改編에 대하여」『考古歷史學誌』 5/6합집, 동아대학교, 1990, 372쪽.

군대의 편제, 병사의 훈련 교육 병제와 같은 것을 관장케 하여 이 두 가지가 잘 되어야 완전을 기할 수 있다. 이 두 가지 일에 적당한 인물을 고문관으로 추천하겠다"라고 건의하였다. 이노우에 공사의 요청에 따라 군무아문에서는 1895년 정월 27일 일본인 전 포병 소좌 오카모토 류우노스케岡本柳之助와 육군 포병중좌 구스노세 유키히코楠瀬幸彦를 고문관으로 초빙할 것을 정부에 요청하였고, 이를 외무아문 대신 김윤식이 다음 날인 정월 28일 일본 공사에게 의뢰하는 형식을 취하였다.[148]

이는 조선정부의 군무아문을 행정사무만 담당하게 하여 무력화시킴과 동시에 일본의 영향력을 직접적으로 받는 참모관이 실질적 권한을 행사하려는 의도였다. 그러나 이러한 일본의 계획은 1896년 2월 아관파천으로 중단되고 식민지화의 기초 작업이 공고화되는 러일전쟁 직후인 1904년 9월경에 가서야 시행할 수 있게 되었다.


## 3. 훈련대·시위대의 설치와 구식 지방군영의 폐지

일본은 군국기무처를 중심으로 일본식의 군제개편을 꾀하지만, 광범위한 실질적인 개편은 동학농민군의 활동이 무력으로 진압되고 청일전쟁에서 일본의 승리가 확실시되는 기간인 1895년 초 이후에 가서야 이루어졌다. 군제개혁의 방향은 1894년 12월 이노우에 가오루 공사의 건의로 다음해 1월 새로 조직된 훈련대訓練隊를 중심으로 한 새로운 근대적 군사조직을 설치함과 동시에 기존 군조직의 해체에 중점을 두고 있었다. 훈련대는 일본공사의 권유에 따라 조선 군부의 위촉을 받은 일본군 포병중좌 구스노세가 훈련하여 편성한 것이다.[149]

---

148 "어제 귀 대신의 조회를 받아보니 '우리 군무아문에서는 현재 새로이 군제를 편성하여 條規를 제정하고 있는데 귀국의 육군포병중좌 楠瀬幸彦과 귀국인 岡本柳之助가 군제에 정련하다는 것을 익히 듣고 우리 정부에서는 그들을 초빙할 것을 대단히 원하고 있으니 번거롭지만 귀 백작 공사께서는 이들이 초빙에 응하여 고문으로 이바지하도록 적극 권고하여 주시기 바랍니다'라고 하였습니다."(「軍務顧問官으로 岡本柳之助와 楠瀬幸彦의 雇聘 依賴」(2), 1895년 2월 23일, 『公使館記錄』).
149 「朝鮮에 관한 井上公使의 意見書 寫本 廻付」, 1895년 7월 2일, 『公使館記錄』.

훈련대

훈련대의 설치 과정과 편제를 보면 다음과 같다. 1894년 12월 22일 알현 시 이노우에 공사는 국왕에게 군대를 소집하여 새로운 편제를 제정하기 전에 기존의 병정 중에서 장정을 뽑아 훈련대를 조직하여 당분간 근위병에 충당할 것과 더불어 군무아문 고문관 구스노세를 소견하여 군사상의 자문을 받을 것과 훈련대 연습에도 친히 참관할 것을 건의하였다. 이에 따라 이듬해인 1895년 1월 18일 구 군영 병정 중의 일부를 선발하여 훈련대를 편성하였다.[150] 현재 확인할 수 있는 자료가 없기 때문에 창설 당시 훈련대의 편제는 알 수 없으나 처음 중앙의 2개 대대로 편성되었으며, 그해 4월 27일 평양에 제3대대와 윤 5월 16일 청주군에 제4대대의 설치를 국왕으로부터 재가받은 내용이 확인된다.[151] 그해 5월 16일에는 「훈련대 사관양성소 관제」를 마련하였고, 같은 달 20일에는 훈련대 대원들의 월급을 정교 10원, 부교 9원, 참교 8원, 병졸 5원 50전. 제3, 제4, 제5, 제6훈련대 소속 병졸의 급료는 3원으로 확정하였다.[152]

훈련대가 연대급 규모로 편제되는 것은 그해 7월 23일부터로, 훈련 제1대대, 제2대대로 훈련 제1연대를 편제하고, 훈련 제1대대, 제2대대에 속한 기관旗官은 폐지하였다. 이때 훈련 제1연대 본부는 연대장(정령 혹 부령) 1명, 연대부관(정위) 1명, 연대기수(참위) 1명, 무기주관(부위 혹 참위) 1명, 본부 하사 3명(정교 1, 부교 1, 참교 1)으로 구성하였다.[153] 이 편제는 같은 날 시위대에도 적용되었다. 그러나 대대와 중대급까

---

150 「參內謁見記」 1895년 1월 17일, 『日本外交文書』 ; 「內謁見始末筆記」, 1895년 2월 12일, 『日本外交文書』.

151 그러나 청주의 제4대대는 그해 8월 14일 전주로 이전되었다(「奏本, 훈련 제4대대를 전주군으로 이속하는 건」, 1895년 8월 14일, 『韓末近代法令資料集(이하 法令資料集으로 줄임)』.

152 「칙령 제96호, 훈련대 하사, 병졸의 급료에 관한 건」, 1895년 5월 20일, 『法令資料集』.

153 「칙령 제149호, 훈련연대 편제에 관한 건」, 1895년 7월 23일, 『法令資料集』.

굳이 이것을 주청하는 것은 괘씸하다"라고 하며 격노하였다. 이 내용을 박영효가 내각에 돌아와 그대로 전하였다. 내각대신 가운데 크게 이것을 책망하는 사람이 있어서 그 결과 총리는 결국 사표를 제출하였다. 그런데 당시 소문은 박영효가 근위병 교체를 단행할 것이며 그 방법으로는 먼저 훈련병을 들여보내 궁궐을 지키게 하고 구 호위병을 축출한다는 것이 지배적이었다. 그러나 윤 5월 10일의 각의에서 근위병 교체논의는 당분간 관망하기로 의결되어 외간外間의 경황은 크게 안정되고 민정民情 또한 점차 조용해졌다고 한다. 윤 5월 11일 국왕 또한 일이 무사히 수습된 것으로 간주하고 안심하였다. 당시 일본 측에서는 만에 하나라도 국왕이 러시아 공사관으로 몰래 행차하게 되면 큰일이므로 국왕의 잠행을 예방하려는데 만전을 기하고 있었다.

그러던 중 윤 5월 14일 밤 박영효에 대한 면직 사령장과 그가 반역음모를 꾀했다는 조직이 발포되었고 한밤중에 그 방문이 성안 곳곳에 붙여졌다. 이는 국왕의 승낙이 없는 데도 불구하고 억지로 근위병을 교체시키려고 꾀하여 국왕과 왕비로 하여금 두려운 생각을 갖게 하였고, 그 결과 '음도불궤陰圖不軌'의 반역모의죄로 파직 당하고 체포령이 내려졌던 것이다.[159] 윤 5월 15일 경무사 임명을 받은 안경수는 경무청에 가서 박영효의 체포 준비에 착수하였지만, 전 경무사 이윤용이 바로 옆집 사는 박영효를 불러 체포령이 내려졌음을 몰래 알렸다. 박영효는 급히 의복을 차려입고 나귀를 몰아 일본인 거주지인 니현泥峴(현재의 명동과 충무로 일대)으로 갔다. 그는 이규완·신응희 등 핵심측근 및 일본인 몇 명과 일본공사관으로 가서 도주를 협의하였고 일행은 공사관 뒷문을 빠져나가 샛길을 거쳐 용산으로 가서 작은 기선으로 인천으로 도피했다. 여기서 그는 다시 일본으로 건너갔다.

이처럼 국왕이 신임하던 왕궁호위대를 훈련대로 교체하여 한국에 의한 독자적 군제개편을 용납하지 않으려는 일본의 기도는 국왕의 강력한 반대로 일시 중지되었다. 그런 데도 중앙군의 편제는 훈련대에 준하여 조직되었고 각도 외영外營 병정은 윤 5월부터 폐지되기 시작하였다. 지방군의 무력화는 여러 면에서 전개되었다. 일본인들

---

159 「1895년 6,7월 중 朝鮮王宮 호위병 交替事件으로 宮中과 內閣 사이에 충돌을 일으키고 끝내 사건이 일변하여 朴泳孝가 그 職에서 罷職당하고 체포령이 내려질 때까지의 日記」, 1895년 7월 12일, 『公使館記錄』.

부산 좌수영지 남문 홍예

에 의하여 시작된 개혁은 기존 수군의 조직에도 미치게 되었다. 이 기간 삼도수군통
제영과 병영, 수영이 폐지되었다.[160]

이렇듯 일본에 의해 군권軍權이 박탈되는 현상에 대해 3품 이순범李舜範은 6월 24
일 상소에서 국제國制를 경장更張함은 좋으나 우리나라의 구제舊制를 전부 폐하고 외
국의 제도만을 모두 따르는 것은 불가하다면서 "순검을 감하고 병정을 증액하는 것은
나라의 군제인데 오히려 구래의 군액을 감소시키고 생소한 순검을 신설하는 것은 실
로 그 효과가 없고 헛되이 월급만 낭비하는 것이다"[161]라 하면서 감군에 대한 반대론
을 제기하였다. 이순범은 근대적 군제개혁을 주장하지는 않았지만 군액증가론을 강하
게 주장하며, 이 시기 일본에 의해 추진되던 군제개혁에 대한 자주적 군제의 필요성
을 암시한 것이다. 하지만 당시 정황에서는 받아들이기 어려운 내용을 담고 있었기에
그의 의견은 당연히 묵살되었고 군의 감축은 예정대로 진행될 수밖에 없었다.

일본의 지시와 군부대신 안경수의 주도로 1895년 7월 15일에는 지방 각도에 있는

---

160 『軍部請議書』(奎 17718).
161 『고종실록』 권33, 고종 32년 6월 계사.

통제영·병영·수영·진영은 모두 폐지되었다. 이는 그해 3월 29일 군부에서 지방군 현황 조사와 수영 및 하삼도의 수영을 관장하는 통영의 폐지와 관련한 조사의 후속조치였다.[162] 즉, 전라, 경상, 충청도의 수군을 총괄하는 삼도통제사의 자리가 폐지되고 아울러 통제영 소속 장교와 병졸을 해체시켰다. 또한 통제영에 속해있던 군물, 선박과 이에 관한 장부는 군부로 이속시켰고, 토지, 금전, 미곡, 건물 및 선박과 장비는 경상도 고성군수의 관할로 이관되어 탁지부가 관리케 하였다. 동시에 각도의 수군절도사 자리도 폐지되었다.[163]

이렇게 되자 해방된 구 각 영의 병정과 서예胥隸(아전)들이 문제를 제기하며 반발하였다. 이에 대해 8월 2일 군부에서는 "구 각영에 속했던 병정과 서예들 중에서 해방된 자가 급료 혹은 기타 사항으로 호소할 사안이 있으면 전일 그 관할 두목을 통하여 본부에 와서 고하되 2인을 넘지 말고, 또한 어떠한 종류의 사건을 막론하고 예전 영속營屬 10인 이상이 모이다가 발각되면 그 주도자를 조사하여 죄의 경중에 따라 징치할 것이니 알기 바람"[164]이라는 내용의 「군부령 제1호」를 내려 해산군인의 반발을 강력하게 막고자 하였다. 이를 통해 해산 시 철저하게 폭력성이 수반되고 있음을 알 수 있다. 같은 날 「군부령 제2호」로 해산군인이 휴대하였던 군장비와 무기도 빠짐없이 반납토록 하였다.[165]

---

162 「京外舊新兵의 調査에 관한 건」 開國 504년 3월 29일, 『議奏 5』.
163 『官報』, 開國 504년 7월 18일 ; 러시아 대장성편, 『КОРЕИ』, 1900(한국정신문화연구원 편, 『國譯 韓國誌』, 1984, 682쪽).
164 『官報』, 開國 504년 8월 2일.
165 『官報』, 開國 504년 8월 2일.
　제1조 舊 各營 병정의 복장을 營費로 製給받았던 자는 新舊를 물론하고 다음을 來納함이 가함.
　　○ 軍裝 上下 一襲
　　○ 革帶 및 彈藥入繡囊
　제2조 구 각영 장졸이 帶持하였던 銃刀와 鐵槌 등물도 隨存來納함이 가함.
　제3조 이상 제물 외에 군물 중 銅爐口 등 취반기구라도 각 영에서 遺漏된 물건을 藏置한 자는 모두 내납케 함.
　제4조 본년 칙령 제110호 제5조에 정한 바 호신도총이라도 경무청 허가보증이 없으면 본부에 몰입함.
　제5조 병액에서 해방된 자가 軍器를 사장하던지 軍衣를 冒着하다가 발각되면 중률로 다스림.
　제6조 병액에서 해방된 자가 軍器, 軍衣를 사장한 것을 확실히 사탐한 후에는 순검이 그 인가에 直入하여 拿獲할 수 있음.

구식 지방군의 폐지 및 급작스러운 해산과정은 지방 군사력의 공백과 국방의 대일 예속화를 초래하지 않을 수 없었다. 정부는 막대한 비용을 투여하여서라도 군대해산을 추진하고자 하였다. 1895년도의 정부예산 320여 만원 중 해산군인에 대한 위로금 조로 군부예산 50만원 보다 많은 60만 4천원이 별도로 책정된 이유는 그것을 말해주는 단적인 예이다.

1895년 처음에는 군부대신 안경수에 의해 근대적 군제개혁이란 명목 하에 군사기구를 대폭 축소 내지는 폐지하는 기간이었다. 그것은 이후 8월 22일부터 군정의 책임을 맡게 되는 조희연에 의해서도 지속적으로 추진되었다.

---

제7조 본령은 게재일로부터 실행함.

# 제3절

## 아관파천 전후 군제의 변화


### 1. 왕후 시해사건과 훈련대의 폐지

이른바 '을미사변'은 1895년 8월 20일 일부 일본군과 소시壯士 무리의 경복궁 옥호루 무장난입에 의해 왕후가 살해되는 전대미문의 사건이었다. 그런데 일본 측은 이 사건을 당시 해산 위기에 있던 훈련대가 왕후 민씨를 살해하고 흥선대원군을 추대하고자 일으킨 사건으로 축소하고 있었다. 이에 따르면 이 기간 훈련대 제1대대는 궁궐의 각 문을 수비하였고, 훈련대 제2대대와 궁중 시위대 사이에 충돌이 있었다는 것이다. 훈련대는 1895년 이전 교도중대敎導中隊를 근간으로 하여 새로 병사를 선발하여 만든 부대로 일본군 장교가 배속되어 있었고, 조선인 장교들도 제2대대장 우범선처럼 일본 측과 입장을 같이하는 자들이 많았다. 그러나 이들이 주도적으로 왕후 살해에 관여하였다는 일본 측의 주장은 자신들의 행위를 전가하는 것으로 전혀 설득력이 없다.

그해 윤 5월 25일 군제개편 과정에서 훈련대 연대장에 홍계훈이 임명되었다. 왕후 민씨의 측근인 그가 임명된 것은 훈련대의 주요인사가 친일적 인물들로 포진하고 있었던 상황에서 훈련대의 성격을 일변시키려는 의도가 있었던 것으로 추측할 수 있다. 당시 훈련대를 장악하고 있었던 대대장 우범선과 이두황 등의 위기의식은 증폭되지 않을 수 없었다. 그러나 홍계훈은 광화문에서 일본군과의 전투 중 피살되었다.

왕비 시해 사건 2년 뒤 황호로 격상하여 거행된 국장 행렬(부분)
『명성황후국장도감의궤』

왕후 살해 이후에도 훈련대는 존치되었고 그들의 무력동원에 의해 국왕은 연금상태로 있게 되었다. 그러나 당시 훈련대에 대한 반대여론은 확산일로에 있었다. 김홍집 정권과 일본 측도 훈련대 해산을 통해 자신들에 대한 비난화살을 이 일로 돌리면서 난국을 돌파하려는 계획을 갖고 있었다. 처벌을 두려워한 우범선 등은 9월 12일 일본으로 도주하였고, 13일 훈련대는 해산되었다. 그 대안으로 친위대親衛隊가 조직되었다. 그렇지만 조희연, 권형진 등이 친위대를 주도하면서 계속해서 친일적 성향의 군대로 남게 되었다.

민왕후 시해 이후에도 친일인사가 정국을 여전히 장악하는 과정에서 구 시위대의 조직적 저항이 있었다. 10월 12일 국왕 측근인 이범진 등은 비밀리에 구 시위대 860여 명과 마공대馬工隊를 동원하여 왕궁을 습격하고 내각을 탈취하려 하였다. 이를 탐지한 일본 변리공사 고무라 슈타로는 당일 왕궁으로 가서 총리대신 김홍집과 군부대신 대리 어윤중과 면담하였다. 김홍집과 어윤중은 고무라에게 구 시위대 병사와 장사로 보이는 조선인 수백 명이 오늘 아침 1시 반경 춘생문春生門과 북장문北墻門 두 곳으로 밀어닥쳐서 어떤 자는 담을 넘고 또 어떤 자는 문짝을 파괴하고 궁내로 침입하였다고 말하였다. 또한 친위대 5개 소대가 이를 맞아 잘 방어하였으며 그 선두에 섰던 중대장 2명, 구 대대장 1명, 병졸 5명 및 예리한 칼을 휴대한 자객으로 보이는 자 4명을 포박하였고, 기타는 모두 궁문 밖으로 쫓아냈고, 그러자 그들은 크게 낭패한 모습으로 일부는 시위대 병영으로 돌아갔으며 나머지는 흩어져 그 후 궁궐 안은 평온해졌다는 것이다. 이 사건에 서양인 중 2, 3명도 가담한 것으로 고무라는 추측하였다.[166]

한편, 당시 군대의 핵심이라 할 수 있는 훈련대는 왕후시해 사건을 계기로 폐지되는 방향으로 결정되어 갔다. 1895년 왕후살해 직후에도 훈련대의 영향력은 막강하였다. 이들은 왕명에 의해 움직이기 보다는 일본인 군사교관이나 이를 배경으로 하는 몇몇 친일장교들에 의해 지도되었다. 왕후시해 직전인 7월에는 훈련연대 편제를 시위대에도 적용하였고, 시해 직후인 8월 22일에는 군부고시로 시위대를 훈련대에 이속·편입시켰다.[167] 군부편제는 신임 군부대신 조희연에 의해 대폭 개편되는 듯하였으나, 시행되기 직전 훈련대 대대장 이하 지휘관 및 병사들이 일본에 협조하여 왕후살해에 가담하였다는 소문이 퍼지면서 조야의 여론이 비등하게 되자 흐지부지되었고, 오히려 훈련대의 폐지가 결정되었다.

그런데 이와 관련하여 조선주재 러시아 공사와 외국대표들이 협의하여 훈련대를 해체시키고 군부대신도 해임할 것을 협의하였고, 그 내용을 9월 7일 변리공사 고무라에게 통보한 바 있다. 이에 일본공사는 의견을 달리 하지는 않겠으나 현재 조선에서는 훈련대를 완전히 제압할 정도로 강력한 다른 군대가 없는 만큼 또 다른 소동을 초래할 것이므로 그 제안을 당장 수락할 수 없으므로 신중히 실행하자고 회답하였다. 일본공사는 다음날인 9월 8일에도 재차 독촉을 받았음에도 불구하고 그 해산은 시일이 요구되는 사안이므로 각국 사신들의 적절한 주선을 부탁한다고 말하였다.[168]

이러한 정황에 따라 9월 13일 칙령 제169호로 훈련대 폐지 칙령[169]을 내림과 동시에 같은 날 칙령 제170호 「육군편제강령」을 통해 친위·진위대의 편제를 만들었다.

166 「舊 侍衛隊의 王宮襲擊에 關한 報告」, 1895년 11월 28일, 『公使館記錄』.
167 「칙령 제157호, 시위대를 훈련대에 이속 편입하는 건」, 1895년 8월 22일, 『法令資料集』.
168 「訓鍊隊 해체에 관한 小村公使의 견해를 駐露公使에게 통보」, 1895년 10월 26일, 『公使館記錄』;
    「李俊鎔의 日本行과 訓鍊隊 解散 및 皇帝奉位式 件」, 1895년 10월 27일, 『公使館記錄』.
169 「칙령 제169호, 훈련대 폐지에 관한 건」, 1895년 9월 13일, 『法令資料集』.

이에 의하면 국내 육군을 2종으로 나누어 친위대는 도성수비를, 진위대는 지방 진무와 변경수비를 전담케 하여 평양과 전주에 우선적으로 각 1대대씩 설치하였다. 친위대는 2개 대대로 편제되었고, 각 대대에는 4개 중대, 도합 8개 중대로 편제되었다. 진위대는 2개 대대로 편제되었는데, 친위대와는 달리 1개 대대에 2개 중대, 총 4개 중대로 편제되었다. 그해 10월의 정원표에 따르면 친위대 1개 대대의 장교와 병졸은 884명으로 2개 대대의 총원은 1,768명이었다. 진위대 1개 대대는 444명으로 2개 대대에는 총 888명으로 편제되었다.[170] 친일적인 훈련대는 폐지되었으나 군제개혁은 아직까지 조희연 등을 중심으로 하는 친일 관료들에 의해 좌우되었다.[171] 따라서 명목상 친위대라는 편제가 마련되었지만 병사들은 과거 훈련대 소속 그대로였고 왕실호위는 구 훈련대의 인원들이 담당하였다.

민왕후 시해 이후 혼란한 정국과 군대의 동요를 막기 위해 국왕은 그해 10월 10일 "친위대親衛隊 장졸將卒들의 무죄함은 짐이 다 알고 있는 것이고 여러 달 동안 호위한 수고가 매우 가상하므로 이에 명령을 선포하여 각기 짐의 뜻을 받들어 더욱 충성을 다하게 하라"[172]하여 왕후시해 이후의 거동을 문제삼지 않겠다는 점을 확인시켜주는 한편 지속적인 충성을 당부하였다. 나아가 11월에는 군부대신 서리 어윤중의 주청에 따라 친위대 3대와 4대 병졸 중에서 기술이 우수한 자를 선발하여 이전의 해안 방어의 병영 지대에서 사격 연습을 시행하도록 하였다.[173]

일본은 왕후시해 직후 일정기간 여전히 갑오개혁의 연장선상에서 군제를 개혁하고자 하였다. 따라서 제도를 일부 개편하는 것 외에는 그 틀이 그대로 남아 있었다. 이는 훈련 제1연대 제1대대장이던 이범래, 제2대대장이던 이진호를 각기 친위 제1대대장, 제2대대장으로 임명한 것이나, 10월 6일 친위대대의 편제 및 정원도 훈련대대와

---

**170** 서인한, 앞의 책, 2000, 64쪽.

**171** 훈련대 폐지의 칙령이 내려지는 그날 내각총리대신 김홍집과 군부대신 조희연은 오히려 신설 공병대 중 장건한 병졸을 차출하여 훈련1대대를 증설하자는 내용으로 상주한 바 있다. 그러나 재가 여부와 처리과정은 알 수 없다(「奏本, 訓練大隊를 增設하는 件」, 1895년 9월 13일, 『法令資料集』).

**172** 『고종실록』 권33, 고종 32년 10월 정축.

**173** 『고종실록』 권33, 고종 32년 11월 정유.

같은 등 단지 명칭만이 변경되었을 뿐이었다.[174]

일본정부는 일본인 군사교관의 지도를 통해 군부에 대한 영향력을 강화하고자 하였다. 이에 부응하여 1895년 11월 12일 외부대신 김윤식은 일본 변리공사 고무라에게 조선군 훈련을 전담할 일본인 육군교사 24명의 초빙을 의뢰하였다. 김윤식은 현재 증설 중인 조선의 친위대와 진위대 교습을 위해 대좌 1인, 군부 상사 9인(이 중 4인은 친위대, 2인은 진위대, 3인은 사관양성소 소속으로), 하사 12인(이 중 8인은 친위대, 4인은 진위대 소속으로), 기병교사 2인 등 합계 24인을 지명하였다. 그러나 고용의 목적이나 교습 분과 등은 기재하지 않았다.[175] 그로부터 얼마 후인 1896년 1월 3일 김윤식은 정정한 인원요청을 다시 일본공사에게 송부하였다.

이에 따르면 군부에는 사관 2인, 대좌참모관 1인, 사관 하사 2인, 사관포병과 1인(체조에 숙달된 자), 군리軍吏 1인, 진위대에는 회계서기 1인, 하관 사관 2인, 총공장銃工長 1인, 하사 4인, 제철장蹄鐵長 1인(이들 중 2명은 체조에 숙달된 자), 사관양성소 기병중대에는 사관 13인(이중 1명은 기병사관), 하사 1인, 하관 3인(사관과 하사는 양성소 교관 및 조교 겸임, 이중 1인은 체조, 1인은 마술馬術이 능한 자), 친위대에는 하사 13인을 배치하도록 하였다.[176] 1월 16일에는 군의軍醫(사관) 1명, 간호장(하사) 1명을 추가로 요청하였다. 1896년 2월 9일 이전 군부대신 조희연이 일본에서 제조한 무라다 총村田銃 3천 자루와 탄환 60만발을 구입코자 변리공사 고무라와 상의한 바 있다. 그러나 일본 군사교관의 초빙은 협상과정 중인 2월 11일 아관파천이 발생함에 따라 무산되었다.

## 2. 근대적 육군편제와 지방군의 개혁

갑오·을미 년간의 군제개혁은 일본이 조선을 보호국화 하기 위해 군사권을 무력

---

174 車俊會,「韓末 軍制改編에 對하여」『歷史學報』22, 1964, 89쪽.
175「陸軍教師 雇聘 件」, 1895년 12월 31일,『公使館記錄』.
176「軍事教官 招聘件」, 1896년 1월 3일,『公使館記錄』.

을미의병봉기기념탑(강원 원주)

화 시키는데 목적이 있었다. 그를 위해 구식군대를 해산하였으며 다수의 병력을 일본의 지휘 하에 두었다. 일본식의 군제개혁에 대한 근본적 변화는 이듬해인 1896년 2월 국왕이 정동 소재 러시아 공사관으로 도피하는 사건인 아관파천 이후의 일이다. 아관파천은 그간 일본의 위협과 조종에 의해 국왕이 발표한 긴급명령 대다수가 취소되는 한편 중앙 권력에 일대 변화를 가져오는 커다란 사건이었다. 친일 세력들은 그 와중에서 살해되거나 일본으로 망명하였고 이전의 조칙과 고시 등은 대폭 개정되고 군제 역시 대대적 개편이 요구되었다.

특히, 왕후살해에 가담 혐의가 있었던 조희연·권형진·이두황·우범선·이범래·이진호 등은 모두 군부 및 경찰의 전직 현직 최고책임자들로서 이들에 대한 특별한 조치가 없고서는 새로운 정치세력의 구성도 쉽지 않은 형국이었다. 이에 국왕은 이들의 체포 및 처단령을 내렸다.[177] 하지만 이들은 모두 일본으로 달아났고, 이들의 망명 이

---

177 『舊韓國官報(이하 官報로 줄임)』, 建陽 元年 2月 15日. "내각에 칙유하기를, '이달 11일에 역모가 드러났는데 그 흉악한 무리들은 모두 내각과 군부의 장관이다. 그중 몇 사람은 짐에 대해서 불충할 뿐만 아니라 바로 작년 8월 20일 왕후 살해 음모에 관계한 역괴임이 의심할 바 없으므로 즉시 엄령을 내려 그 역적의 이름을 공개하는 것이 합당하다. 그 역괴의 우두머리 중 조희연, 권형진, 이두황, 우범선, 이범래, 이진호 등은 모두 현직 혹은 교체된 무관과 경관이므로 참수를 명하였더니, 그 칙령이 해당 역괴들을 놀라게 하여 관할하던 마을을 떠나 도주하여 군사를 선동하거나 혹은 어긋나는 명령을 내리지는 못하였으나 또한 병사와 경관들의 짐에 대한 충성심도 변하지 않았다. (중략) 그 범인들을 생포하는 대로 법정에 해송하라고 하였다. 이제 그 명령을 거듭 밝히니 만약 범인들이 혹 묶이면 상해를 가하지 말고 즉시 법정에 압송하고, 해당 법정에서는 공명정대한 공판(公判)으로 확증에 근거해서 적당한 형벌에 처하라'".

후 군제 상에도 약간의 변화가 있었다.

당시는 왕후살해 이후 그 책임을 묻고 우리의 원수를 갚자는 이른바 '국모보수國母報讐'와 단발령 및 복제개혁 등에 대한 반발로 각지에서 의병이 일어나는 시기였다. 전국적인 의병봉기에 대해 정부는 중앙의 친위대를 지방 각지에 파견하였다. 그러나 적은 수의 친위대로서 많은 의병을 감당하기는 현실적으로 어려웠다. 따라서 정부는 지방군의 증강을 통하여 이를 진압하고자 하였다.

그 일환으로 정부에서는 그해 5월부터 중앙의 친위대를 증강하는 한편 갑오개혁 때 폐지한 과거의 구액병舊額兵을 모아 지방대地方隊라 칭하고 진압 군사를 확충하였다. 지방대는 을미년의 친위대·진위대 편제를 모방하여 편성하였다. 지방대는 통영·대구·강화·청주·공주·해주·북청·춘천·강계 등 주요지 9개 처에 설치되었으며 장교 및 병졸의 액수는 도합 2,300명이었다. 또한 칙령으로 진위대 및 지방대 대대장이 지방관과 문첩 왕래 시 대대장은 관찰사 및 각 항港의 감리와 대등한 위치에서 할 수 있었으며, 부윤·목사·군수 및 각 항 경무관에게는 훈령과 지령을 내릴 수 있도록 하여[178] 그 권한이 강화되었다. 그리고 8월에는 충주·홍주·상주·원주군에 도합 6백 명의 지방대를 증치하였다. 지방대의 증강은 의병과 각 지방에서 발생하는 민란에 대처하려고 한 것이었지만, 이는 다른 한편으로는 당시 위약한 군주권을 강화시킬 수 있는 전제를 제공하였던 것이다. 또한 지방대의 설치로 인해 갑오·을미년간 해산된 군인들이 다시 등장할 수 있었다.

지방의 치안유지와 의병진압을 위해 전국 각 읍에 산재한 포수砲手도 활용되었다. 정부는 1896년 6월 11일 의병이 발생하는 지방 각 군에 포수 설치를 칙령 제28호로 반포하였고 이어서 15일 군부 제2호로 그 세칙을 발포했다. 그 요지는 군을 5등으로 나누어 1등은 50인 이내로 하고, 4등에서 5등까지는 매 등마다 5명씩 체감하여 5등은 30명으로 정하여 1읍마다 두령頭領 1명을 두고 이를 분담시킨다는 것이다. 포수는 우등優等·보호保護 두 종류로 나누었는데, 우등포수는 매월 1일·15일 이틀은 군청에 나와 검열을 받고, 보호포수는 봄·가을 2회의 사격 소집에 응하며, 우등포수와 보호

---

178 「칙령 제58호, 각 진위대 및 지방대 대대장이 지방관과 교섭하는 체제에 관한 건」, 건양 원년 8월 18일, 『法令資料集』.

포수 모두 평소에는 자유롭게 직업에 종사하도록 허가하였다. 별도로 우등포수에게만 수당으로 복역한 해의 호포전戸布錢 및 전지田地 10두락에 대한 조세를 면제하고, 만약 토지가 10두락 미만이거나 혹은 전혀 없을 때는 40부負(1백 부負를 1결結로 한다. 1 결의 세를 화폐로 환산하면 대략 5원圓이므로 1부는 약 2원이다) 이내로 지급하는 것으로 하였다. 또 긴급한 일이 있을 경우에는 상기上記한 검열·소집기일에도 불구하고 임시로 징발·복역시키기로 했다.[179]

## 3. 러시아 군사 교관의 고빙과 일본과의 갈등

삼국간섭, 아관파천 이후 왕실은 시위대를 설치하여 궁내 시위를 담당하게 하고, 미국인 군사교관을 고빙하여 군사를 훈련시켰다. 이는 일본의 영향에서 벗어나 독자적으로 근대식 군대를 양성하고, 동시에 왕권의 친위세력을 강화하기 위한 조치였다. 이러한 왕실의 움직임은 아관파천 이후 러시아 군사교관단의 고빙으로 이어졌다. 이것은 일본식 편제와 다른 러시아식 군대 편제와 훈련체계의 도입으로 향후 대한제국 군대 인맥과 정계에 친러적 성향의 군인들이 등장하는 계기가 되었다.[180]

아관파천 직전 조선 국왕의 비밀요청에 의해 러시아 측에서는 총참모부 소속 카르

---

179 이 칙령의 발포는 표면상 의병정벌용으로 충당한 것처럼 보이지만, 실제로는 당시 의병이 주로 구 포군들이므로 이런 '비류'가 증가될까 두려워하여 그 예방책을 강구했던 것이라는 소문이 있었다 한다(「砲手의 設置 等 報告」, 1896년 6월 20일, 『公使館記錄』).

180 그런데 이미 1884년 갑신정변 후 맺어진 텐진조약에 따라 중국과 일본군대가 철수한 직후 통리교섭통상사무아문 참판으로 고빙된 묄렌도르프(Paul Georg von Möllendorff, 穆麟德)가 조선 자체의 군대조직을 위해 제3국 즉, 러시아의 장교와 하사관을 조선에 파견하는 문제를 고려한 바 있었다. 그는 '충분한 수'의 러시아 군사교관들을 초빙해서 신뢰할 수 있는 군대로 수 개의 연대를 만들 것을 국왕에게 설득하였다. 이에 따른 협상을 위해 동경 주재 러시아공사관 비서관 시페이에르(von Speyer)가 서울에 왔지만 조선 정부 내의 대신들의 반대로 이는 성사되지 못했고, 결국 미국인 군사교관들을 초빙하는 선에서 마무리되었다(김재관 편, 『묄렌도르프』, 玄岩社, 1984, 96~99쪽 참조). 그러나 이듬해인 1885년 4월 조선군의 훈련을 위한 러시아 장교와 하사관 파견 문제가 러시아 황제의 명령에 의해 다시 큰 틀에서 준비되고 있었다(제정러시아 대외정책문서보관소(А В П Р И) 자료, Ф.150,о п ,493,д .214,п .27-52 о б ).

네예프 대령에 의해 군사교관 파견을 통한 신식군대 조직에 관해 준비되고 있었다. 이때 카르네예프는 서울에 머물면서 조선의 현지조건과 조선 군대의 역사 조사, 지역 답사를 행했고 그 결과를 보고서로 남겼다. 보고서에서 그는 조선의 재정형편상 당분간 대규모 병력 유지는 어렵지만 3개의 보병대대, 1개의 포병중대, 군의부대 창설은 가능한 것으로 보고, 교관으로 필요한 인원

대한제국 시기 러시아 공사관

은 참모장교 1명, 위관 11명, 군의관 1명, 간호사 1명, 하사관 63명으로 잠정하고 이들을 5년간 조선에 파병할 것을 주장하였다. 이들의 봉급으로 장교 1명에게는 일률적으로 100$, 책임자는 200$, 상사와 기병원사는 12$, 하사는 10$을 지급하고, 총책임자는 시설을 갖춘 방 6개짜리 주택, 장교들에게는 1인당 방 4개짜리 주택, 하사들에게는 방 2개짜리 주택을 조선정부가 공급하도록 하였다.[181]

그간의 일본식 군제에 대신한 러시아식 군제의 도입은 아관파천 이후 민영환의 러시아 황제 대관식 참석을 계기로 본격화되었다. 특명전권공사 민영환은 러시아 황제 니콜라이 2세의 대관식 참석을 계기로 러시아 군사교관단의 초빙 협상을 추진하였다. 민영환 일행은 모스크바에서 1896년 6월 5일 러시아 외부대신 로바노프를 방문, 군사교관단의 초빙 문제 등을 교섭하기 시작하였다. 방문목적은 조선정부의 당면과제인 다음과 같은 다섯 가지 제안을 러시아 정부로부터 승인받고자 하는 것이었다. 즉, ① 조선군대가 믿음직한 군대로 조련될 때까지 왕의 호위를 위한 경비 지원, ② 군사교관 지원, ③ 궁내부 및 광산·철도를 담당할 고문관의 파견, ④ 조선과 러시아 간의 전신가설, ⑤ 일본에서 빌린 국채를 상환하기 위한 3백 만엔의 차관 제공이 그 요점이

181  АВПРИ, Ф.150, о п ,493, д .214, л л .203-205 о б., 서울주재 대리공사의 1896년 2월 7일자 no 13 보고서의 사본 및 Ф.150, о п ,493, д .214, л л .206-213 о б., 조선과 러시아의 군사협력에 관하여.

었다.[182]

현재의 러시아 공사관

당시 로바노프는 일본으로부터 조선의 독립과 평화를 지키기 위해 조선의 국왕은 그가 원하는 기간 동안 러시아공사관에 머물 수 있고, 보호를 받을 수 있다는 점을 언급하였다. 이에 대해 민영환은 국왕이 항상 러시아 공사관에만 머물 수 없고 가능한 한 빨리 궁전으로 돌아와야 한다고 말하면서 러시아 정부가 궁궐호위 병사를 파견해줄 것을 재차 요구하였다. 이에 로바노프는 궁궐에 병사를 파견하면 영국과 독일이 반대할 것이라며 난색을 표명하였다. 그렇지만 고종이 환궁하면 러시아로부터 안전을 위한 '도덕적 보장(심적 지원)'을 받을 수 있을 것이라는 점을 부연하였다. 이에 다시 민영환은 2백 여 명의 군사교관을 보내어 이들로 하여금 국왕을 보호하고 조선 군대를 훈련시켜야 한다는 점을 역설하였다. 그러나 로바노프는 그들은 일본병사와 서울에서 마찰을 일으키게 될 것이라고 말하였다. 이어서 ① 러시아인 군사고문관은 파견할 수 있고, ② 차관은 신중히 고려해 볼 것이며, ③ 한러 간의 전신선에 관해 러시아는 서울과 블라디보스토크 간 해저전선을 기꺼이 개설할 필요를 느끼고 있으나 청국과의 관계를 고려해 볼 때 당장 계획을 세우기는 어렵다고 하였다.[183] 결국 로바노프는 민영환의 요구 가운데 일부를 받아들이고 나머지는 정중히 거절하였다.

그러던 중 6월 30일 외무대신 로바노프가 민영환에게 5가지 요청에 대한 서면 답변을 보내왔다. 군사문제와 관련하여 요지는 ① 국왕은 그가 원하는 한 러시아 공사관에서 머물 수 있다. 만약 궁중으로 돌아갈 경우 러시아 정부는 그의 안전을 보장할 것이다. 경비병은 러시아 공사관에 남아 있는다. ② 러시아 정부는 군사고문 문제에 관해 한국 정부와 협상하기 위하여 숙련된 고위관리를 서울에 파견할 것이다. 그의

---

**182** 『尹致昊日記(英文)』, 5th, Jun, 1896.
**183** 『尹致昊日記(英文)』, 13th, Jun, 1896.

첫 번째 임무는 한국의 국왕을 보호할 수 있는 경비병을 조직하는데 있다.[184] 이는 러시아 정부의 최종 결론으로, 조선 측은 군사고문과 더불어 재정고문 파견을 확약받은 것이었다. 결국 조선 측이 제기한 다섯 가지 제안은 국제정세를 고려한 러시아 측의 소극적인 태도로 두 가지만 타결되었던 것이다.

푸챠타Putiata 대령 등 3명의 러시아 군사교관단은 1896년 10월 9일 민영환과 함께 조선으로 들어왔다. 이무렵 서울의 군대는 총병력 3,315명(보병)을 헤아리는 5개 대대로 편성되어 있었다. 이렇게 되자 병사들의 봉급이 비교적 많았기 때문에 군에 입대하려는 지원자가 많았다.

러시아 군사교관단은 곧바로 새로운 부대창설 준비에 착수하였다. 당시 친위 각 대대의 장교 중 일부는 러시아 해군사관 흐멜레프 중위 등으로부터 러시아 군대식의 전습傳習을 받았고, 이후 규모가 늘어 같은 달 28일부터 수업생 33명을 모집하고 러시아 공사관 뒤편에 붙어있는 러시아어 통역관 김홍륙의 집에서 수업을 시작하였다. 이들 생도들은 짙은 쪽빛 색깔의 한복을 입고 러시아제 베르딩 총을 가지고 군사훈련을 하였다. 흐멜레프로부터 그간 3개월 간 훈련된 7명의 사관 중에 1명은 러시아어로 생도에게 명령하였다. 생도의 매일 매일의 군사훈련 일정은, 아래와 같은 순으로 진행되었다.[185]

오전 6시 : 기상　　　　　　　오후 12시~3시 : 점심과 휴식
6시 30분 : 세수 · 점검　　　　3시~5시 : 연병
7시~8시 : 조반　　　　　　　5시~6시 : 휴식
8시~10시 : 연병練兵　　　　　6시~7시 : 저녁식사
10시~12시 : 무기손질 및 장치　9시 : 취침

11월 1일부터 본격적인 훈련이 시작되었다. 교육은 제식훈련, 기총법, 조준법, 소총조작법, 사격, 총검술, 체조훈련 등으로 이루어졌고, 훈련병 중 33명은 매일 러시아

---

184 『尹致昊日記(英文)』, 30th, Jun, 1896.
185 「러시아 陸軍武官 來韓 件」, 1896년 10월 31일, 『公使館記錄』.

러시아 군사교관과 훈련 사진

어 수업을 받았다.[186] 이들의 훈련은 국왕과 궁궐의 호위병 양성에 우선적인 목적이 있었다. 그 내용은 우선 현재의 군사 중에서 기예가 숙달된 1천 명 내외를 선발하고, 이 가운데서 다시 가려내어 8백 명을 합격시킴으로써 일대一隊를 편제하여 국왕이 환궁하면 이들을 왕궁호위에 충당할 계획이었다.[187] 1897년 1월 조선정부는 러시아 측과 사관과 하사의 초빙에 관한 계약서를 체결하였다. 그 내용은 다음과 같다.

一. 사관과 하사 등을 조선에 1년 고용할 것.

一. 본 약정에 속하는 교관이란 사관 2명, 군의軍醫 1명, 군악대관 1명, 하사 10명이라는 것.

一. 사관과 군의 및 군악대관의 월 수당은 매달 1인당 양은洋銀 150원元으로 하고 조선 정부에서 지급함. 숙사·땔나무·기름값 및 그 기구는 수당 외에 이것을 급여할 것.

一. 하사의 월급은 매달 1인당 양은 20원으로 하고 조선 정부에서 지급함. 숙사·땔나무·기름값 및 그 기구는 본봉 외에 급여할 것.

---

186 아파나스예프 1세, 「주한러시아 군사 교관단(1896-1898)」, 하바로프스크 연아무르 군관구 참모본부, 1898(沈憲用 역, 「발굴자료」『軍史』 48호, 2003, 361~362쪽 참조).

187 그런데 일본 측에서는 이들의 훈련이 성공리에 완결된다면 향후 왕실근위의 범주를 벗어나 러시아가 조선의 일반 병제까지도 간섭할 것을 우려하였다. 그 예방법으로 일본공사는 본국 외무대신에게 차제에 "(1) 다시 러시아와 조선병정의 훈련에 대한 것을 협의하여 결정하자고 촉구하든가, (2) 이의를 제기해서 훈련을 중지시키든가, (3) 아니면 국왕의 환궁을 조건으로 하여 미리 훈련 담당 기한과 구역을 확정해서 그 범위 안에서 이것을 승인하든가 하는 어느 하나에 있다고 생각합니다."라며 현재의 사정으로 볼 때 (3)의 방법이 적합한 것으로 판단하여 의견을 보고하였다 (「러시아 陸軍士官의 朝鮮兵 訓練에 關한 件」, 1896년 11월 18일, 『公使館記錄』).

一. 위에 기재한 사관과 군의, 군악대관의 월 수당 및 하사의 월봉은 서력 1896년 러시

　　아력俄曆 10월 1일부터 시작하여 월별로 지급할 것.

　一. 사관의 여비 및 비품비는 4백원으로 하고 군의 및 군악대관의 여비와 비품비는 2

　　백원으로 하며 하사下士의 여비 및 비품비는 2백원으로 하고 아울러 러시아 은으로

　　계산할 것(단, 이 조항의 은은 계약할 때 이미 지급하였음).

1897년 1월 　일[188]

　이후 몇 달 간 새로운 부대창설 준비작업을 마치고 1897년 3월 시위대가 정식으로 창설되었다. 그러나 초기 훈련과정에서 러시아 교관과 조선 측 지휘관 사이에 일부 의견대립과 알력이 있었던 것으로 보인다. 이전 러시아 교관단을 초빙하기 위해 진력하던 민영환은 군부대신에 임명된 후 한 번도 푸챠타 대령을 찾지 않았고 항상 그를 냉담하게 대했다. 친위대 대대장 이남희는 군율을 어긴 병사를 옹호하는 한편 러시아식 군사훈련을 비난한 일이 문제되어 결국 사표를 내게 되었다. 푸챠타도 러시아 황제의 명예를 훼손하는 행위가 있을 시에는 무력으로 응징할 것을 취중醉中에 천명하기도 하였다.[189]

　또한 4월 24일자 보고를 받은 러시아 황제 니콜라이 2세가 주한 러시아공사 베베르에게 조선군대의 훈련사업을 이쯤에서 중단하라는 명을 내린 사실도 있었다.[190] 당시 러시아 본국 정부는 일본의 문제제기와 열강의 간섭을 우려하면서 이 문제를 더 이상 진척시킬 의향이 없다는 점을 베베르 공사에게 주지시키고 당분간 수동적 자세를 유지코자 하였다. 그러나 이 명령은 전보의 시차로 인해 곧바로 베베르에게 전달되지 못하였고, 조선국왕의 권력 강화와 북변수비, 일본인 방어, 국내소요 진압의 효율성을 제시한 베베르 공사의 5월 3일자 보고에 따라 공식 철회되었고, 예정대로 추진될 수 있었다.[191]

---

188 「露國士官 雇入契約書 報告 件」, 1897년 3월 31일, 『公使館記錄』.

189 「當國 親衛隊와 러시아 士官과의 軋轢 件」, 1897년 3월 12일, 『公使館記錄』.

190 А В П Р И, Ф.150, о п ,493, д .49, л .158 с о б., 베베르에게 보낸 서신.

191 А В П Р И, Ф.150, о п ,493, .7, л .42-50 с о б., К.베베르가 М.Н 무라비요프 백작에게 보내는 보고서.

4월 18일과 21일 군부대신 심상훈은 러시아 공사 베베르에게 두 개의 문서를 보내 다음의 내용을 보장하였다. 첫 번째 문서는 러시아 장교들의 임무로 주요 항목은 아래와 같다.[192]

① 조선군대의 수를 6천 명까지 끌어 올린다.

② 조선군대의 전반적이고 체계적인 건설을 위해 러시아 교관들을 3년간 초빙하며, 기간은 추후 연장될 수 있다. 베베르는 러시아 측이 맺은 협정 가운데서 이 조항은 가장 중요하고 이 문제에 다른 나라들이 간섭하는 것을 배제해야 한다고 주장하였다.

③ 조선 국왕 휘하의 러시아 군사 고문관이 교관단장이 된다.

④ 교관의 임무는 군대의 교육과 통솔, 육군유년학교와 사관학교의 건설이다.

⑤ 병기공장 사업을 확대하고 병기작업장 및 군사병원을 설립한다.

⑥ 국가방위와 수호의 조건들을 확정하기 위해 즉시 필요한 탐사를 행한다(이 목적을 위해 크지 않은 규모의 탐사단을 파견할 수 있다. 이는 북쪽지방에서 마적들을 몰아내기 위해서도 필요하다).

⑦ 군사고문관의 자문에 따라 작성되는 군비예산은 국고 수입 전체의 1/4 이하로 책정한다.

두 번째 문서는 4월 21일자로 작성하여 제시한 것인데, 이는 총 160명의 러시아 사관 및 하사 초빙과 봉급 등에 관한 근무조건과 일람표, 그들에게 제공해야 할 구체적인 내용을 담은 조약서였다.[193]

제1관 : 교련사관 등은 조선의 청빙請聘에 응하여 사무에 복무함은 5개년 기한으로 한다. 그리고 이 기한 내는 매인 각각 6개월 휴가를 받을 수 있다. 단, 그 월봉은 지급할 것.

---

192  А В П Р И, Ф .150, о п ,493, д .7, л л .42-50 с о б ., K.베베르가 M.H 무라비요프 백작에게 보내는 보고서.

193 「露國士官 聘用에 관한 露國密約一件」, 1897년 4월 26일, 『公使館記錄』.

제2관 : 이 인원의 월봉은 아래 목록을 살펴보아 조선 정부가 러시아력으로 매월 1일에 지급한다.

제3관 : 이 인원 중 지방의 교련을 위탁받는 자가 있을 때 그 받아야 할 월봉액은 재경在京 교사의 수령금액에 비하여 마땅히 그 반액을 증가 지급할 것.

제4관 : 이 인원의 숙사宿舍는 모름지기 조선 정부가 공급한다. 단 이 인원 등의 사무소 부근이 적당하다고 본다. 그 고등 사관에게는 거실 4개의 방을, 2등 사관에게는 2개의 방을, 하사는 매 3인에 1개 방을 공급한다. 단 이 방옥房屋 안에는 반드시 하인방과 기타 필요한 방옥을 부속시킬 것. 이 방옥내의 가구비는 고등 사관에게 150원元을, 2등 사관에게 75원을, 하사에게 15원을 지급할 것. 여러 방옥 내의 땔나무, 기름 등은 조선 정부가 지급할 것. 혹은 그 대전代錢으로 그 소용에 따라 지급하는 일이 있을 것이다.

제5관 : 이 인원 중 혹은 기마騎馬를 공급할 필요가 있을 때는 즉, 매 사람에 대하여 승마 1두를 공급한다. 그렇지 않으면 대전 30원을 지급한다. 그리고 매월 사육료로 5원을 지급할 것.

제6관 : 이 인원 중 임시로 지방에 파견되든가 혹은 다른 사무에 임명되는 경우는 고등 사관에게는 매일 5元, 2등 사관에게는 매일 3원, 하사에게는 매일 1원을 가급加給할 것.

제7관 : 이 인원 등이 러시아를 출발할 때 수장비修裝費는 모름지기 조선 정부가 지급하는 것으로 하여 즉, 고등관은 매 사람당 4백원, 2등관은 매원 250원, 하사는 매인 150원을 지급할 것.

「아사관고빙약정서부록俄士官雇聘約定書附錄」에 의하면 고빙인원은 하사 97명, 사관학교 교사 상하등 합 7명, 군악교사 3명, 취곡교사 3명, 군의 상중하등 합 5명, 사관 15명, 참위대위參尉代位 10명, 포공국 기계교사 5명, 영관領官 2명, 장관長官 3명, 포대하사砲臺下士 10명 등 모두 160명이었다. 또한 이들을 위한 경비는 1년 예산 9만 3천여 원이었고, 별도로 함경도인 45명으로 러시아어 통역을 두었다.

러시아 교관의 훈련과정을 거친 병사들로 조선정부는 왕궁호위를 위한 1개 부대를 조직해서 시위대라고 이름 붙였고, 이를 내외에 공표하였다. 러시아 사관이 훈련시킨 시위대의 주 임무는 궁중수비로 과거 1개 대대-4개 중대-3개 소대로 편성된 일본식 군사편제와는 달리 1개 대대-5개 중대-4개 소대인 러시아식을 따라 개편되었다. 5개 중대로 편제된 대대는 대대장에 참령 1명, 향관餉官에 1·2·3등의 군사軍司 중 2명, 부관에 부위 2명, 기관旗官에 참위 각기 1명, 중대장에 정위 5명, 소대장에 부참위 20명, 정교 5명, 부참교 70명, 기졸旗卒 5명, 병졸 9백명을 두고, 그 곡호대曲號隊에 부교 1명, 곡호수 5명, 고수 10명, 양마소養馬所에 양마병 4명을 두었다. 동시에 사관을 임명하고 사관 30명 중 러시아식 훈련을 받은 사관생도 17명, 기타 절반 이상은 러시아어 통역 또는 함경도 출신자로 충당했다.[194]

당시 시위대에는 함경도 출신이자 러시아파의 영수격인 김홍륙의 영향력이 강하게 작용하고 있었다.[195] 러시아식 군사훈련과 교육은 지방대 및 진위대에서도 실시되었다. 프랑스 장교들이 참석한 가운데 5월 5일에는 푸차타 대령 지휘 하에 일제사격 시범이 있었고, 5월 28일 국왕이 지켜보는 가운데 사열이 진행되었다.[196]

몇 달간의 연기와 지연 끝에 서울에 있는 모든 조선군대는 1897년 9월 15일과 16일 러시아 교관들에게 인계되었다. 러시아 교관에게 배속된 4개 부대는 총 1500명 남짓한 인원이었는데, 엄격한 심사절차를 거쳐 훈련에 적합한 991명만 선발하였고, 군역에 부적합한 인원들은 받아들이지 않았다.[197]

그런데 러시아 군사교관에 의한 새로운 시위대 편제에 위기의식을 느낀 일본측은 조직적으로 방해공작을 벌였다. 일본공사 가토 마츠오加藤增雄는 4월 26일 조선 국왕 알현 시에 갑신정변과 을미사변 이후 일본에 망명한 4~5명의 망명자를 거론하면서 조선정부가 바라던 이들의 송환을 협조하겠다며 조선정부에 대한 러시아식 군제개편을 무마시킬 협상카드로 활용하고자 상주上奏하였다. 이에 국왕은 그에게 일찍이 우리나라에서 외국인에 의한 군대훈련은 일본 측의 호리모토 레이죠掘本禮助 중위를 고

**194** 「侍衛大隊 新設에 關한 件」, 1897년 4월 26일, 『公使館記錄』.
**195** 「侍衛隊 新設의 件」, 1897년 4월 26일, 『日本外交文書 30』, 1085~1086쪽.
**196** 앞의 「주한러시아 군사 교관단(1896-1898)」, 371~372쪽.
**197** А В П Р И, Ф.150, о п .493, д .7, л .132~133 с о б., 시페이예르가 무라비요프에게 보내는 보고.

빙한 것이 효시였고, 그 후 갑신정변 결과 텐진조약이 체결된 후 미국 사관 즉, 다이 William Dye 외 2명을 고빙해서 훈련에 종사시킨 바 있다는 점을 상기시켰다. 또한 갑오년 이래 거듭 일본식을 따랐지만 불행하게도 1895년 10월의 사변(왕후시해사건)이 일어났고, 이어서 작년 2월에는 조선병정이 일본병정과 공모해서 반역을 도모했다는 변란을 내보內報하는 자가 있어 창황히 후환이 두려워 러시아 공사관으로 피신하였다면서, 이후 러시아식 군대훈련을 따르게 되었고 이와 연계되어 오늘의 고빙문제로 되었던 것이다고 하였다. 국왕은 현재의 병력을 반수로 줄일 수는 있지만 공사의 말을 따를 수 없다고 일축하였다.

이렇듯 국왕의 의지가 단호하자 일본공사는 또 다른 방법으로 김병시·조병세·정범조 등 원로대신들을 자극해서 러시아 군사교관 빙용聘用 배척운동을 부추기고자 비밀리에 내부대신 겸 의정 남정철, 법부대신 서리 조병직에게 내의內意를 전해 내각 회의에서 동의하지 말도록 하였다. 그 결과 공사의 의지 그대로 4월 30일 및 5월 1일의 내각회의 석상에서 남정철과 조병직은 러시아 군사교관 고용에 반대의사를 표명하였다.[198]

나아가 공사 가토는 1897년 7월 19일 외부대신을 통해 러시아 교관단의 초청이 러시아의 강요에 의한 것이 아니냐는 내용을 조선정부에 공식 문의하였다. 이에 군부대신은 그에게 '필요한 경우에 교관을 초빙하는 문제'에 대해 "어느 나라 사람이든지 초빙할 수 있으며 그 선택에서 우리는 완전한 독립이다. 하물며 이를 위해 무슨 이유가 있을 수 있겠는가?"라고 공식답변을 하였다.[199]

그러나 문제는 러시아에 의한 조선정부의 군제개편도 제도적으로 잘 정착되어 있지 않았다는 점에 있다. 이에 대해 의정 김병시는 "지금의 군제는 모두 다른 나라의 법을 채용하고 있고 또 지휘계통이 통일되지 않아 장령 졸도들이 사당화하여 점차 시기하고 어그러지는 바가 되고 또 후박厚薄의 구별이 있음으로서 교만·원수하는 바가 되었다"[200]라 하였다. 또한 『독립신문』 1897년 5월 25일자 논설에서는 지방 각처의

---

198 「露國士官 聘用問題에 관한 續報」, 1897년 5월 20일, 『公使館記錄』.
199 А В П Р И, Ф.150, о п .493, л .7, л .85~86 с о б., 베베르가 무라비요프에게 보내는 보고.
200 『승정원일기』, 建陽 2년 2월 14일.

민중운동을 진정시킬 정도의 군사력만 유지하면 충분하다고 주장하였다. 전자가 당시 군제의 무질서와 과도적 성격을 제대로 표현한 것이라면, 후자는 무리한 군사력 강화는 조선의 현실에 적합하지 않다는 견해이다.

갑오·을미 년간의 정치적 상황변화에 따라 군사제도 또한 일본식 편제와 러시아식 편제로 급격히 교체되는 과정에서 많은 차이가 있었고, 양자의 혼재로 인한 군대 지휘계통상에도 문제를 초래하였다. 결과적으로 갑오·을미 년간의 근대식 군제 도입으로 중앙군은 수도방어를 전담하는 친위대와 왕권을 직접 호위하는 시위대로 개편되었고, 지방군은 진위대 혹은 지방대라는 이름으로 근대식 편제가 이루어졌다. 그러나 일본과 러시아의 영향이 혼재되었고, 구 해산군인들을 재소집하여 재편하는 과정에서 왕후시해, 아관파천, 의병항쟁 등 혼란을 겪으면서 치안 불안과 국방력 약화라는 문제점을 안게 되었다. 그러나 제도적 혼용 속에서도 근대적 군사편제의 도입과 그로 인한 외형적 기틀은 이때부터 마련되는 것이었으며, 그것은 구식군대에서 근대적 신식군대로의 전환을 뜻하였다.

그렇지만 당시 군제개편은 주체적 입장에서 이루어진 것이라기보다는 일본과 러시아라는 제국주의 국가의 압력이 지배적으로 작용하고 있었고 그로 인하여 군제의 자주적 개혁이라는 점에 있어서 치명적인 결함을 가지고 있었다. 그 점은 이후 대한제국 시기에 극복되어야 할 과제로 남겨지게 되었다.

# 제 5 장

# 대한제국의 체제 확립과 군비강화

# 제1절

## 대한제국의 수립과 자주적 군제개편

### 1. 황제권 강화와 군비강화책

#### 1) 대한제국의 수립과 황제권 강화

아관파천으로 국왕이 러시아 공사관에 있는 동안 홍종우 등의 칭제건의稱帝建議 및 환궁으로 왕실의 권위회복과 열강간섭 배제를 주장하는 상소를 통한 조야의 분위기가 고조되는 상황에서 고종은 경운궁(현 덕수궁)으로 돌아오게 되었고, 칭제를 주장하는 각계각층의 상소운동이 새롭게 전개되었다. 이러한 여론을 토대로 정부 측에서도 국가의 품격을 높임과 동시에 대외적으로 자주적 의지를 표명하기 위한 일환으로 칭제를 적극 추진하게 되었다.

이를 대변한 의정부 의정 심순택은 1897년 8월 14일 고종에게 건원建元 연호 후보로 광무光武와

**경운궁**
2층 중화전은 1904년 4월 화재로 타고 1층으로 복원되었다.

경덕慶德을 올렸다. 국왕은 다음날 15일 조서에서 연호를 '광무'로 정하고 8월 17일부터 거행할 것을 지시하였으며, 칭제 여론에 못이기는 듯하다 10월 3일 재가를 내려 황제를 칭하는 것을 결정하였다. 곧바로 황제 즉위식을 위한 준비에 들어갔다. 과거 조선 초기 몇 차례의 기우제 등을 제외한다면 조선왕조 5백 년 동안 중화의식에 사로

환구단

잡혀 거의 기능을 행하지 못하였던 환구단을 구 남별궁南別宮에 다시 축조에 들어갔다. 마침내 10월 12일, 환구단에서 천자국 중국의 예에 준해 황제즉위식을 거행하였다. 다음날 각국 외교사신을 초청하여 이 사실을 대외적으로 공표하였다. 같은 달 13일 1392년 왕조 개창 이래 사용해오던 '조선'이라는 국호를 '대한'으로 개정·반포함으로써 드디어 대한제국의 성립을 보게 되었다.

대한제국은 여타 제국을 칭하는 열강들과 동일한 급을 설정함으로써 상호 대등한 국가임을 세계 열방에 선포하였다는 점에서 중요한 의미를 갖는다. 또한 제국의 출범은 황제국가로서 근대화를 이루어 나가겠다는 표징이었다. 따라서 황제의 전제권 확보는 필연적이었다. 이를 위해 과거와는 다른 형태의 권력 장악과 이를 대내외에 공포할 필요성이 있는 것이었다. 대한제국 정부는 갑오년 이래의 개혁방안을 재조정할 필요가 있었다. 대군주를 황제, 왕후를 황후, 왕세자를 황태자로 바꾸고 원수부와 무관학교, 평리원·경무청을 설치하는 등 군제 및 사법·치안의 개편·증강을 통해 황권의 절대화를 추구하였다.

이 시기는 신구사상을 절충하는 가운데 비교적 자주적 입장에서 근대화를 위한 여러 가지 개혁이 추진되었고 개항 이후 일련의 근대화 과정은 1899년부터 본격화되는 이른바 '광무개혁光武改革'으로 제도적으로 마무리되었다. 광무개혁은 옛 것을 근본으

환구단 옆 태조 고황제 등 추존 황제들의 신위를 모신 황궁우(서울 중구)

로 하고 새로운 것을 참작한다는 뜻의 '구본신참舊本新參'을 그 기본이념으로 하여 부
국강병의 전제를 마련하고자 하는 것으로, 이는 갑오개혁기 개화파의 급진적이고 외
세의존적인 개혁을 거부하면서 점진적·주체적 입장의 근대화에서 새로운 방향을 모
색하는 것이었다.[1] 근대 국민국가 수립을 위한 기회를 모색하던 시기인 19세기 말부
터 20세기 초반의 대한제국 시기는 구래의 내적 모순을 극복하는 것과 더불어 자주
적 근대화를 확립해야 하는 문제가 큰 관심거리로 부상하고 있었다. 또 다른 한편에
는 외세의 침략에 의해 국가존망의 위기가 첨예화되었다. 그러나 아직 국민국가를 형
성해나가는 초기 단계였기 때문에 대한제국 정부는 서구처럼 완결한 형태의 구조를
마련하지 못하였다. 다만 기존의 제도를 토대로 하면서 새로운 서양의 근대문물을 도
입하여 양자간을 절충하면서 개혁의 방안을 마련하지 않을 수 없었다.

---

1 金容燮, 「書評 -『獨立協會研究』-」『韓國史研究』 12, 한국사연구회, 1976 ; 宋炳基, 「光武改革研究」
『史學志』 10, 단국대학교 사학회, 1976 ; 姜萬吉, 「大韓帝國의 性格」『創作과 批評』 48, 창작과 비평
사, 1978 ; 한국역사연구회 광무개혁연구반, 「'광무개혁' 연구의 현황과 과제」『역사와 현실』 8, 한
국역사연구회, 1992 ; 나애자, 「대한제국의 권력구조와 광무개혁」『한국사 11』, 한길사, 1994.

그러나 갑오·을미 년간의 군제와 그 운용의 주체는 일본의 입장에 철저하게 구사되는 믿기 어려운 군대였다는 점에 문제가 있었으며, 대한제국 초기과정에 이르기까지도 과거 군의 인맥이 일정하게 영향력을 발휘하고 있었다.[2] 이의 해결책으로 1898년 6월 육해군을 친히 통솔하겠다는 조서를 발표한 황제는 군부로 하여금 새로운 군사편제를 마련 시행케 하였다. 하지만 독립협회·만민공동회 등의 민권운동이 활발하던 시기에 황제가 직접 고위직 군인의 인사권과 각 부대에 대한 군령권에 큰 힘을 발휘할 수 없었다. 예컨대 '대한청년애국회사건' 등에서 보이는 것처럼 군부 일각에서는 쿠데타의 움직임이 있었지만[3] 현실의 군사편제로는 이를 제어하고 강력한 군권을 확립하기에는 어려운 점이 적지 않았다.

1899년 8월 17일 황제의 육해군 통솔과 계엄선포권 등을 규정한 「대한국국제大韓國國制」를 선포하였다. 황제는 같은 해 6월 22일 황제직속의 법률제정 기관인 교정소校正所를 설치, 7월 2일 법규교정소法規校正所로 개칭하고 이곳에서 8월 17일 전문 9개조의 「대한국국제」를 제정하여 내외에 공포하도록 하였다.

「대한국국제」는 대한제국의 성격을 파악하는데 가장 기초가 되는 법률체계로, 고종이 황제로서 위치를 부각시킬 수 있는 시기는 1899년 이후부터라 할 수 있다. 정부는 1898년 12월 강제로 해산시킨 독립협회·만민공동회 등의 경험을 되돌아보고 재야민권운동을 통한 황제권에 대한 간섭과 견제를 완전히 배제하려고 하였다.

이 기간에는 군권의 확립과 더불어 통치기강의 확립도 강조될 수 있을 만큼 황제권이 비약적인 성장을 보였다. 그 일환으로 황제를 중심으로 하는 만세불변의 법률제정

---

2 실제로 서울과 지방에서 유지되고 있는 비교적 소수의 부대들은 우리(러시아)의 개념으로 볼 때는 전투단위라기 보다는 정치적인 성격을 띠고 있는 부대들이다(『國譯 韓國誌』(한국정신문화연구원 편), 1984, 666쪽).

3 이 사건은 1898년 여름부터 정국을 뒤흔든 사건으로 독립협회의 전 회장이었던 안경수가 주도하고 김재풍(전 경무사), 윤효정(독립협회 회원), 이용한(대위), 이용한(참령), 김기황(전 광주지방대 부위), 이조현(거제군수), 이충구(중추원의관, 전 경무사), 이종림(참령) 등이 이에 동조, 황제를 퇴위시키고 황태자에게 국정을 대리케 하자는 익명투서를 작성해 7월 1일 각처에 발송한 일이었다. 여기에는 물론 자신들이 중심이 된 '개혁정부'를 수립하려는 목적도 있었다. 황태자 추대 모사는 칭제를 선포하고 대한제국을 출범시킨 지 불과 1년도 안 돼 일어난 사건으로, 전국에 큰 파문을 일으켰다(『독립신문』, 광무 2년 7월 16일 ; 『고종실록』 권37, 光武 2년 8월 14일 ; 『고종실록』 권37, 光武 2년 8월 16일 참조).

을 통하여 그것을 공고히 할 필요가 제기되었다. 이에 그해 3월 의정부에서는 1896년 건양 연간부터 그해까지 반포된 주요 법규를 모아 『법규류편法規類編』이라는 자료집을 간행, 각계에 보급하여 현실 업무에 적용코자 하였다.

갑오년(1894년) 이래 여러 정치적 사변을 겪으면서 큰 문제가 되었던 것은 군주권君主權의 법적, 제도적 뒷받침이 없었다는 점이다. 특히 대한제국 선포 이후 일정 기간이 지난 시점에서 황권의 안정과 정착화의 필요는 통치권자의 입장에서는 매우 절실한 문제로 다가왔다. 이에 법규교정소에서는 옛 법을 버리고 새로운 제도를 많이 채용하여 법률을 제정하기로 하였는데 그것은 대한제국의 헌법이라 할 수 있는 모두 9개 조로 구성된 「대한국국제」를 반포함으로써 완수되었다.[4] 각 조의 내용과 의미를 살피면 다음과 같다.

제1조는 국호를 통한 자주독립의 황제국이라는 정체를 밝힌 것이다. 제2조는 대한제국이 조선왕조 개창 이래 근 500년간 지속되어 온 세습군주 통치의 연결선상에 있음을 표현한 것이라 하겠다. 즉, 여기에서 말하는 '전제정치'는 군주의 통치권이 제한을 받는 입헌정치가 아니라 황제의 권한이 절대적인 정치체제를 표명한 것이다. 제3조는 황제의 통치권은 어떠한 제한을 받지 않는 무한한 것이며, 또한 대한제국이 국제공법國際公法에 기초하여 다른 나라의 간섭을 받지 않고 스스로 정치체제를 법률로서 제정할 수 있는 권한을 가지고 있다는 것을 천명한 것이다. 제4조는 황제의 의지에 따라서 신민臣民에 대한 총체적 제약을 가할 수 있다는 것을 규정한 것이다. 즉, '신민=군주국가의 인민'으로 「대한국국제」에 신민의 권리규정이 없고 전반적으로 군주의 대권사항만 규정한 것으로 미루어 의무주체, 통치대상으로서의 신민의 지위를 명백히 한 것으로 보인다. '대황제의 향유하옵신 군권'이라는 것은 통치권, 즉 군주주권하의 황제 친정親政의 정치체제를 의미하는 것이다. 제5조는 육해군에 대한 통수의 대권을 규정한 것이다. 이는 그해 6월 22일 과거와는 달리 군령권을 황제에 귀속시켜 그의 칙령이나 조칙을 통하지 않고서는 어느 누구도 명령을 발할 수 없다는 「원수부규칙 元帥府規則」을 추인하는 것이다. 제6조는 입법·사법권의 발권의 주체와 사면권

---

4 『舊韓國官報(이하 官報로 줄임)』, 광무 3년 8월 22일.

을 규정한 것이다. 즉, 황제 1인이 법률의 제정, 반포, 집행 등 모든 입법, 사법적 권한을 가지는 것이며, 사면, 감형, 복권 등에 이르기까지 황제 스스로 법률과 규례를 제정하는 권한을 행사하겠다는 것이다. 제7조는 행정명령권으로 자주적으로 통치와 행정행위를 하겠다는 것을 의미한다. 각 부 관제의 제정과 개정, 칙령의 권한을 발휘할 수 있는 황제 고유의 권한을 규정한 것이다. 제8조는 임면대권과 상벌권을 규정한 것이다. 제9조는 외국과 이루어지는 모든 사항에 대해 황제가 권한을 가지는 즉, 외교대권을 규정한 것이다.

대한제국의 헌법의 의미를 갖는 「대한국국제」에는 황제의 육해군 통수권, 계엄·해엄령 발포권, 법률의 제정·반포 등 일체의 법률권을 황제에 귀속시키고, 문무관의 출척·임면권, 외국과의 조약·선전·강화·사신파견 등을 규정하고 있다. 이에 따라 입법·사법·행정권과 군사권의 모든 절대적 권한을 황제 1인에게 집중시킬 수 있게 되었다.[5]

특히, 「대한국국제」 제5조는 "대한국 대황제 폐하께옵서는 국내 육해군을 통솔하옵셔 편제를 정하옵시고 계엄해엄戒嚴解嚴을 명합시나니라"로 되어 있다. 「국제」 선포 다음날인 1899년 8월 18일 군부관제를 개정하여 군부의 개편에 곧바로 착수하였다.[6] 먼저 군부대신의 권한은 군비를 관리하고 각 관해館廨와 요새를 감독하는 것에 한정시키고, 대신 및 협판은 문관도 임명할 수 있게 하였다. 이는 협판 이하 군부 임원에게도 똑같이 적용되었다. 29일에는 조詔를 내려 군부 직원 봉급을 원수부 봉급예에 따라 시행케 하였으며 이와 더불어 대신관방에서는 군인의 봉급, 장교 병적과 문관명부, 인사 및 문관임명, 외국유학생 등 외국과 관계된 사무만 볼 수 있도록 하였다. 이와 같은 군부권한의 축소는 원수부의 권한강화와 대비되는 일이다. 황제의 명령발동과 주요 군사정책의 결정은 원수부의 보좌에 의해 이루어졌고, 이후 군령기관인 원수부元帥府와 군정기관인 군부軍部의 이원화 체제로 나가게 되었다.[7] 11월 21일

---

5 田鳳德, 「大韓國國制의 制定과 基本思想」 『法史學研究』 창간호, 한국법사학회, 1974 참조.

6 「詔勅, 軍部官制 改正」, 광무 3년 8월 18일, 『韓末近代法令資料集(이하 法令資料集으로 줄임)』.

7 이같은 군사기구의 이원적 구조는 러일전쟁 직후인 1904년 7월까지 지속되었다. 그러나 군령과 군정이 명확히 구분된 것은 아니었고, 군사권력 및 정치적 역학관계 등 여러 측면에 따라 가변성이 있었다.

조칙에 따라 새로 구성된 무관학교의 교장 또한 원수부 검사국장의 명령에 따를 것을 규정하였다.

## 2) 국방정책 및 군비확충 논의

대한제국 시기에는 황제권 강화 차원에서 군령권이 확립되고 군비가 대폭 강화되었는데, 이 시기 근대화 사업의 대부분이 무기 도입과 군비 확충에 집중되었다. 아관파천 직후 국왕은 조칙을 내려 이른바 '을미역괴乙未逆魁'를 처단하고 그간의 강압에 의해 이루어진 조칙과 고시를 개정하였다. 이후 조선의 정국은 갑오개혁을 추진하던 친일개화파가 대부분 정치일선에서 물러나게 되고 비교적 보수적인 인물을 중심으로 개혁이 이루어졌다.

이 시기는 일본의 영향력이 약해지면서 「베베르-고무라小村각서」(1896.5.14, 일명 「경성의정서」), 「로바노프-야마가타山縣의정서」(1896.6.9, 「모스크바의정서」), 「로젠-니시西협정」(1898.4.25) 등 국제정세 속에 조선을 중심으로 하는 열강간의 상호견제 속에서 세력균형이 이루어지는 시기였다. 특히 러시아와 일본 간에 서로 한국의 내정에 직접 간섭하지 않기로 한 「로젠-니시협정」을 계기로 황제권력 강화정책도 무르익게 되었다.

그러나 대한제국이 출범되자마자 곧바로 황제권이 강화되는 모습을 보여주는 것은 아니었다. 아직까지 부국강병의 목표는 지향점에 불과하였으며, 현실적으로 취약성을 면할 수 없었다. '강병'이라는 목표 달성의 관건을 쥐고 있는 군대는 특히 더 그러하였다. 이에 따라 가장 시급한 문제는 갑오년 이후 약화되었던 군사기구를 자주적 입장에서 강화시키는 일이었다.[8] 당시의 정황을 보면 한국 내정에 막강한 영향력을 가지고 있던 러시아 공사 및 푸차타 대령은 환궁 직전 국왕 및 군부대신에게 새로 시위대 1천명을 모집하여 러시아 사관의 주관 하에 훈련에 참여시키라고 주장하고 있었다. 환궁 직후에도 러시아 세력은 궁중 내에 엄연히 존재하고 있었고 적어도 1898년

---

8 조재곤, 「대한제국기 군사정책과 군사기구의 운영」『역사와 현실』 19, 한국역사연구회, 1996 참조.

초까지 대한제국 정부에 영향력을 강하게 행사하여 고종의 군통수권도 제대로 이루어지지 못하였다. 그러나 러시아 사관 초빙과, 환궁 이후에도 계속되는 정부의 이권 양여는 이 시기 독립협회 등을 중심으로 반러 감정이 가중되는 원인이 되었다. 또 한편으로 러시아는 극동정책 방향선회와 본국 내부의 강·온파의 대립에 따라 한국에서 발을 빼고 만주에 집중코자 하였다.[9] 러시아 정책에서 한국이 부차적인 것으로 바뀌게 되자, 이에 조응하여 강경파 시페이에르A. Speyer 공사가 물러나고 비교적 온건한 인물로 평가되는 마튜닌N. Martunine이 주한 러시아공사로 부임하였다.

이러한 기회를 이용하여 한국정부는 대외정책적 측면에서 황제권 강화의 움직임을 본격화하였다. 그 대표적인 예가 친러 계열의 대표적 인물인 김홍륙金鴻陸 모살미수 사건에 대한 대처였다.

러시아어 통역관 출신인 김홍륙은 1896년 이범진, 이완용 등과 국왕의 러시아공사관 피신을 추진하였고 이곳에서 국왕과 러시아 공사 베베르K. Weaber와의 통역을 담당하였다. 이 때 국왕은 김홍륙에게 외교교섭의 임무를 독점시키니 그는 종횡으로 세력을 구사하여 곧바로 국왕을 모시는 최고수장인 시종원시종이 되었다. 이후 더욱 총애를 받아 차례로 비서원승, 학부협판, 귀족원경 등의 지위에까지 올랐다. 그러나 그의 정국독주는 많은 사람들로부터 지탄을 받았다. 급기야 재야에서는 한선회 등이 일부 대신들과 김홍륙 살해 모의를 한 일이 있었고, 정부 내에서도 1897년 3월 총호사 조병세와 궁내부특진관 정범조 등이 '궁금숙청宮禁肅淸이 가장 급한 일'이라 면서 김홍륙, 이용익을 권좌에서 축출하라고 요청한 적도 있었다. 그러나 그의 권세는 대한제국 출범 이후에도 당분간 계속되어 고종황제가 그를 제거하려고 해도 러시아공사를 두려워하여 못할 정도였다.

그러나 이즈음 신임 러시아공사 마튜닌의 내정불간섭 정책에 고무된 황제는 1898년 2월 은밀히 측근인 규장각학사 이재순으로 하여금 중추원의관 송정섭과 밀의하여 김홍륙을 살해하도록 하였지만 그는 가벼운 상처만 입고 생명에는 지장이 없었다. 이 같은 상황에서 같은 해 3월 김홍륙이 내정과 외무 모두 간섭 조종하는 등 폐해가 극

---

9 박 보리스 드미트리예비치, 『러시아와 한국』(민경현 역), 동북아역사재단, 2010, 550쪽.

심하다는 방서謗書가 서울 거리에 나붙기도 하였다. 같은 달 황실세력인 법부대신 이유인은 이대준과 더불어 김홍륙 처단을 위한 밀의를 하였다. 그러나 후일 발각되어 이유인은 종신유형에, 이대준은 15년 유배에 각기 처해졌다.

1898년 3월 17일 김홍륙 모살미수 후 러시아 공사 마튜닌은 "한국 황제 및 그 정부는 러시아의 원조를 필요하다고 인정하는가 아닌가와 사관 및 고문관을 쓰지 않겠다면 이에 러시아는 그것에 대한 필요한 조치를 할 것이다. 24시간 내에 결정할 것을 바란다"라는 조회를 통해 한국정부에 압력을 가하였다. 마튜닌의 조회에 대해 정부에서는 군사교관은 오직 군대교련에 그치게 하고 재정고문도 실권을 장악할 수 없는 단순한 고문관으로 하기를 희망한다고 답신하였다.[10] 이를 보아 황제는 대외적으로는 단연 사절의 뜻을 확정하였고, 정계의 원로 김병시金炳始를 비롯하여 다수의 의견을 들어 사절을 단행하는데 의견일치를 보았다.[11] 또한 독립협회를 비롯한 재야에서도 사절론을 주장하였다.

1898년 3월 러시아 재정고문 알렉세예프와 푸차타 군사교관단 철수 이후에 이르러서야 비로소 주체적 입장의 군제개혁이 실시될 수 있었다. 황제는 곧바로 그간 시행해 온 러시아식 군사교육이 일정한 효과를 보았다고 판단하고, 이제 러시아 사관이 철수하였으므로 '군용軍容을 더욱 장壯하게 할 것'을 군부에 지시하였다.[12]

갑오·을미 년간에 도입된 근대식 군대가 일본과 러시아 등 외세의 영향을 받아 자주 국방을 위한 군대로서 정립되어 있지 못한데 대한 반성을 거쳐 본격적인 군제개혁이 추진되었다. 그 결과 1898년 4월 군부대신 이종건이 전년 협판 주석면의 건의에 부연하여 무관학교 설립을 청의하여 재가받았고, 같은 달 26일 군부에서는 참장 백성기白性基를 군법기초위원장으로 임명하고 참령 신태휴申泰休, 법부 참서관 신재영申載

---

10 「輓近韓國事情」, 1898년 12월 31일, 『日本外交文書 31-2권』, 452~456쪽.
11 그러나 고종은 이후 그해 12월 20일 러시아 공사관을 통해 극비리에 니콜라이 2세에게 서신을 전달하면서 3월에 이루어진 러시아 재정고문과 군사교관의 해고조치는 자신의 의지에서 나온 것이 아닌 '역도와 간사한 무리들이 계략을 꾸려 인심을 선동'한 '간악한 흉계' 때문이며, 그 사건이 양국관계를 결정하는 변수가 되지 않기를 바란다는 점을 표명한 바 있었다. ΑΒΠΡИ,Ф.150,оп.,493,д.8,пп.358-359/361 об., 친애하는 형제 러시아 황제폐하께(敬白朕之良兄弟俄國皇帝陛下).
12 『고종실록』 권37, 光武 2년 3월 24일.

대한제국 보병 정위의 예복(좌)과 참장 예복(우) (육군박물관)

永, 고등재판소 검사시보 윤성보尹性普, 군부 마정과원馬政課員 정위 김학언, 군부 군법국원 이사 홍우형洪祐亨, 전 주사 어윤적魚允迪을 군법기초위원으로 삼아 군법제정을 담당케 하였다.[13] 6월에는 '육해군 친총親總'에 관한 조칙을 내려 각국 대원수 예에 의거하여 황제가 친히 육·해군을 총관하고 황태자로 원수를 삼아 일체를 통솔케 하되 출정할 때가 아니고서는 비록 황자·황손皇孫이라도 대장을 삼을 수 없도록 하여 황제 중심의 군사편제를 마련하였다.[14]

이에 따라 7월 2일 '육군증설과 해군정제定制'에 관한 조칙을 내려 군부로 하여금 상비군 준비와, 육군 10개 대대 증설, 해군편제 방법 및 그 경비 확충에 관한 제도적 기반을 마련토록 하였다.[15] 이는 그동안 명목상으로 유지되어 오던 황제의 군사통수권을 계통적으로 확립하려는데 목적이 있었다.

그러나 군제개편과 군비확충의 과제에서 가장 큰 문제는 재정마련이었다. 대한제

---

13 『軍部來文』(奎, 17786) 제3책, 광무 2년 6월 21일.
14 「詔勅, 陸海軍 親總에 관한 건」, 광무 2년 6월 29일, 『法令資料集』.
15 『國譯 韓國誌』(한국정신문화연구원 편), 1984, 682쪽 ; 「詔勅, 陸軍增設과 海軍定制에 관한 건」, 광무 2년 7월 2일, 『法令資料集』.

국 성립 직후인 1897년 11월 군부협판 주석면朱錫冕은 '군정軍政의 최 선무는 재곡財穀'에 있는 것이므로, 현재의 규칙을 개정하여 탁지부에서 1년에 두 차례 경비를 획정하여 군부에 지급하면 당장의 어려움을 면할 수 있을 것으로 보았다.

그러나 현실에서 특히 군부의 경비마련 문제는 탁지부의 재정형편이 넉넉해질 때까지 몇 년간은 우선적으로 궁내부에서 비용을 획정할 정도로 절박한 당면과제로 대두되었다.[16] 당시 황실의 군비확충 정책은 재정을 어떻게 마련하느냐에 따라 그 운용의 효율성도 기대될 수 있는 것이었으므로 군부재정의 정리와 일원화가 필수요건이었다. 이에 황실에서는 조칙을 내려 같은 해 11월 13일 군부 소관 역둔토 및 어염선박 등의 세를 탁지부로 되돌리고 군비는 별도 예산을 편성하여 지급하라고 하였다.

또한 군제개혁과 관련하여 그것을 주도할 지속적인 논의기구가 절대적으로 필요하였다. 따라서 1899년 1월부터는 군부 부장副將과 참장參將을 거친 사람들이 매월 3차례 정기적으로 모여 군무와 군제개혁의 방향을 논의하였다.[17] 곧바로 2월의 군부회의에서 제출된 사안은 ① 휴직사관을 수용하고 다시 액외額外인을 선용치 아니할 것. ② 전에 정지하였던 무관학도를 현재 설치한 학교에 붙여 졸업 수용할 것. ③ 동학東學과 의비義匪 초토 시 군공이 있는 사람을 수용할 것. ④ 군부 내에 교육국을 설치하고 매주일에 1차씩 각 위관尉官의 기예를 시험할 것 등이었다.[18] 특히 휴직사관의 재기용 문제는 갑오개혁 이전 인물의 등용이란 점에서 향후 정책방향의 선회를 예고하였다. 이에 따라 1902년까지도 군부에서는 과거 통위영·장어영 대관 등 갑오이전 군인의 이력을 살피면서 추천을 받아 복직시키고 있었다.[19]

한편, 군부에서는 의정부의 협조를 얻어 군부대신 서리 주석면의 주관 하에 1899년 6월 13일부터 각 군수와 부윤에게 군부의 규정 전반을 잘 이해하고 있는가를 알아보는 이른바 '면강순통面講純通'에 관한 시험을 실시하였다.[20]

---

16 장차 신설될 시위 제3대대의 설치비용을 1899년 11월 궁내부 내장원에서 탁지부에 빌려주는 사례(『訓令照會存案』(奎 19143) 제4책, 광무 3년 11월 24일).
17 『皇城新聞』, 광무 3년 1월 27일.
18 『皇城新聞』, 광무 3년 2월 23일.
19 『皇城新聞』, 광무 3년 3월 4일 ;『皇城新聞』, 광무 6년 7월 9일.
20 『軍部來文』 제6책에 나와 있는 각 군수, 부윤 명단 및 이들에게 부과된 시험과목은 다음과 같다.

대한제국이 성립되면서 황제의 절대권 확보와 관련하여 그 물리력으로 작용하는 강력한 군대 건설의 필요성은 황제뿐만 아니라 정계 및 재야에서도 제기되었다. 1897년 11월 군부협판 주석면[21]은 엄격한 군률 제정, 무관학교 설립, 지방 진위대의 증액과 탁지부로 하여금 1년 2차의 군부 경비를 지급케 하고, 재능에 따른 인재선발 등을 주장하였다.[22] 당시 독립협회에서도 기왕의 군제에 대한 비판과 자강을 위한 군사력 정비를 건의하였다.[23] 군제개혁에 대한 필요와 군사력 강화의 요구는 곧바로 황제권의 절대화를 바라는 황실의 입장과 결부되어 이후 광무 년간의 군사정책이 추진되었다고 할 수 있다.

========

6월 13일 고부군수 조규희「육군복무규칙 제4조」.
6월 14일 초산군수 이민긍「군부처무규정 제24조」.
7월  6일 평해군수 홍일섭「군부관제 제10조」.
7월  6일 동복군수 김영학「군부관제 제25조」.
7월  6일 고양군수 구본순「군부관제 제10조」.
7월  6일 시흥군수 이병의「군부관제 제12조」.
7월  8일 청도군수 이건용「군부관제 제11조」.
7월  8일 신계군수 성석영「군부처무규정 제26조」.
7월  8일 해남군수 마준영「군부관제 제8조」.
7월  8일 대정군수 채구석「육군복장규칙 제6조」.
7월 12일 이천군수 이교영「군부처무규정 제23조」.
7월 12일 강진군수 정인국「군부관제 제22조」.
7월 12일 영덕군수 권종철「군부처무규정 제23조」.
7월 12일 완도군수 신관희「군부관제 제7조」.
7월 15일 순천군수 이재현「군부처무규정 제13조」.
7월 15일 인천부윤 하상기「군부관제 제12조」.

21 대한제국 시기 주석면(1859~?)의 주요 약력은 다음과 같다(『大韓帝國官員履歷書』 25책, 645쪽).
1897년 4월 법부 형사국장, 8월 육군참령, 10월 군부협판.
1898년 7월 법부협판 겸 고등재판소 판사.
1899년 2월 군부대신 서리, 8월 원수부 군무국총장 서리, 군부대신 서리, 9월 탁지부협판.
1900년 3월 탁지부대신 서리, 10월 원수부 검사국총장, 12월 겸임 서북철도국 의사장.
1902년 9월 원수부 기록국총장, 원수부 검사국총장.
1903년 2월 겸임 임시혼성여단장, 5월 원수부 검사국총장, 7월 충청도관찰사, 8월 경기도관찰사.
1904년 1월 의정부 찬정.
22 『승정원일기』, 光武 원년 11月 6일.
23 『독립신문』, 건양 2년 2월 27일 ; 『독립신문』, 건양 2년 6월 1일 ; 『독립신문』, 광무 원년 9월 21일.

대한제국 신식 군대 훈련모습(『서울의 근대사』, 2011, 30쪽)

이러한 기초 작업을 통해 대한제국의 군대는 어느 정도 구색을 갖출 수 있게 되었다. 그러나 아직까지 체계적으로 완비된 것은 아니었다. 이 시기 군사문제 전반에 관해 무관출신으로 군부협판을 역임한 육군참장 백성기는 1900년 4월 상소를 통해 당시까지 완성된 군대의 수준과 문제점을 언급하고 그 해결책을 제시하였다.[24]

백성기는 ① 경외京外 각대의 규모를 균일하게 하여 명령체계를 일원화할 것, ② 군법을 시급히 제정하고 별도로 예식을 정해 군의 기강을 바로 잡을 것, ③ 군사의 식량확보책으로 경京 각대 1년 향미조餉米條를 계산하여 삼남빈해三南瀕海 생곡生穀을 각 군에 분배하여 이를 비축 사용할 것, ④ 갑오이전 구식군인의 휴직, ⑤ 군인 녹봉의 교정校正과 연금제 시행의 강화, ⑥ 각처의 순찰병정은 일체 철폐하고 친위 각대 병정 중 문필을 아는 자를 차출하여 헌병을 설치하여 군법국에 부속시킬 것, ⑦ 향관餉官의 일을 바르고 엄격하게 하여 군비軍費를 허비하지 말 것, ⑧ 군부 포공국에서는 탄환부터 일체 제조하고 철을 제련하고 총을 만드는 일은 차제에 학습하여 스스로 제조하여 쓸 것, ⑨ 외국 직물을 수입하여 쓰지 말고 우리 면사로서 복장을 스스로 만들 것, ⑩ 정병주의精兵主義에 입각하여 부대증설을 정지할 것 등을 주장하였다. 황제도 비답에서 이와 같은 문제점을 수긍하면서 마땅히 원수부를 경유해서 조처할 것이라

---

24 대한제국 시기 백성기(白性基, 1860~1929)의 주요 약력은 다음과 같다(『大韓帝國官員履歷書』 17책, 432쪽 및 30책, 717쪽).
　　1898년 4월 군법기초위원장.
　　1899년 7월 평리원검사, 평리원재판장.
　　1900년 9월 육군법원장.
　　1901년 10월 무관학교장 서리.
　　1902년 1월 육군법원장, 9월 원수부 기록국총장 서리, 원수부 군무국총장 서리.
　　1903년 5월 원수부 기록국총장, 7월 원수부 군무국총장, 10월 평북관찰사, 12월 충북관찰사.

府부, 부部, 원院 소속 칙임관의 가족과 친척 4촌을 단자單子를 올려 사실을 확인하여 응시케 한 후 100명을 뽑아 외국 해군학교에 유학을 보내려 했으나, 재정 부족으로 일시 정지한 사실만이 확인될 뿐이다.[36]

1903년 3월 15일 황제는 각국의 징병제 문제를 언급하면서 그들의 육군과 해군 제도를 참작하여 장점을 채택

양무호

하여 일대 경장更張하자는 원론적인 주장을 제기하였다.[37]

더 나아가 1903년 7월에는 군부대신 윤웅렬尹雄烈의 주관 아래 일본 미츠이三井물산으로부터 3천여 톤 규모의 군함 양무호揚武號를 구입하는 한편, 1895년에 폐지되었던 해군영과 통제영을 고쳐 해군을 창설하고자 하였다. 윤웅렬은, "지금은 천하 각국이 서로 관계를 가지며 경쟁하고 있으므로 해군海軍과 전함戰艦이 제압을 하고 방어를 하는 좋은 계책이라고 여기지 않는 나라가 없습니다. 그런데 당당한 우리 대한제국은 삼면이 바다인데도 한 명의 해군과 한 척의 군함도 없어 오랫동안 이웃 나라에게 한심스럽다는 빈축을 사고 있으니 무엇이 이보다 수치스러운 것이 있겠습니까?"[38]라고 하며 해군 창설을 강조하였다.

그러나 광무 년간의 양무호 구입은 국방강화 차원이라기보다는 재정파탄을 노린 일본의 간계와 대한제국 위정자들의 허세가 결부된 일종의 해프닝이었다.[39] 1차분 대금만 20만원이라는 거금을 지불하면서 추진된 양무호는 일본이 영국에서 구입한 강철선박을 순양함 또는 연습함 목적으로 변경시키기 위해 선체와 선구를 군용에 알맞

---

36 『皇城新聞』, 광무 5년 4월 6일 ; 『皇城新聞』, 광무 5년 4월 26일.
37 앞의 각주 30) 참조.
38 『고종실록』 권43, 光武 7년 7월 29일.
39 張學根, 「舊韓末 海洋防衛政策-海軍創設과 軍艦購入을 中心으로-」 『史學志』 19, 단국대학교 사학회, 1985, 118쪽.

도록 '적당히 무장'한 것에 지나지 않았다.[40] 또한 해군 기예에 통달한 자가 1명도 없었던 현실에서 해군창설의 구체적 계획안도 마련되어 있지 않았다.

같은 해 8월 7일 의정부 회의 결과 양성해 놓은 병졸도 없고 경비도 구차한 마당에 해군을 설치한다는 것은 매우 타당치 않다는 결론을 보았고, 군함 구입은 군부로 하여금 따로 방략을 세워 조치하자는 의견을 황제에게 제시하여 윤허를 받았다.[41] 후일 1904년 7월 의정부 찬정 권중현도 1903년 12월 군부에서 구입한 총과 탄알을 만들기 위한 기계와 군함 '양무호'의 문제를 언급하면서, 경비가 고갈되고 경상적인 지출도 어려움을 겪고 있는 시기에 거액을 소비하는 것에 대한 문제를 제기하였다. 그러나 러일전쟁 진행과정에서 이러한 내용은 묻히고 결국 근대적 군함 마련과 해군창설 계획도 유야무야되었다.


## 2. 원수부의 설치와 운용

대한제국 초기 당시 정치·사회적 불안은 황제가 군의 인사권과 군령권에 강력한 힘을 발휘할 수 없었던 요인이 되었다. 그러나 1898년 12월 경찰과 군사력의 동원에 의해 독립협회와 만민공동회를 강제 해체시킴으로써 황실과 정부정책에 대한 견제세력을 제어하는데 성공한 이후부터 절대주의 국가에서 볼 수 있는 황제 중심의 강력한 군대육성의 움직임은 전면에 대두되었다. 그 일환으로 황실에서는 과거 군부대신이 가지고 있었던 권한을 대폭 축소시키면서 이들에게 군령권 보다는 일반 사무행정의 권한을 주었고 군령권을 황제에게 귀속시켜 황제의 칙령이나 조칙을 통하지 않고서는 어느 누구도 명령을 발할 수 없게 하였다. 그것의 구체적인 표상은 1899년 7월 원수부元帥府의 설치로 나타난다.[42]

---

40 「5월 27일 현재 韓國軍部와의 軍艦契約에 관한 교섭전말 통보 건」, 1903년 5월 27일, 『公使館記錄』.
41 『고종실록』 권43, 光武 7년 8월 7일.
42 원수부의 기능과 구성에 관한 개략적인 이해는 鄭夏明, 「韓末 元帥府 小考」『陸士論文集』 13, 1975이 참고된다.

1899년 6월 22일 조칙으로 제정된 「원수부규칙」은 황제직할의 계통적인 군 통수권 확립의 일환이었다. 그중 특징적인 것은 다음과 같다.[43] 먼저 원수부는 국방과 용병·군사에 관한 명령을 모두 관장하며 군부와 중앙과 지방 각 부대를 지휘 감독할 수 있는 조항을 두어 황제가 강력한 권한을 소유할 수 있도록 하였다. 그리고 궁성 내 설치한 원수부의 관원은 모두 무관으로 선임토록 하고 문관은 원수부 구성원이 될 수 없다고 명문화하였다. 「원수부규칙」에 의하면 원수부는 국방 및 작전계획, 군대편성, 군대교육, 부대검렬, 군인상벌, 존안, 회계 등에 걸치는 광범위한 기능을 가졌다. 체계는 군무국·검사국·회계국·기록국의 4국을 두고, 각 국장은 칙명을 받아 각부 대신에게 지조통보知照通報하고 중앙 및 지방 각 부대에 명령할 수 있는 권한을 가졌고 군부대신에게는 추후 통보하도록 규정하였다. 이에 따라 종래 군령사항을 관장하던 군부의 군무국은 폐지되고 군부에는 포공·경리·군법·의무의 4국만 존치하게 되었다.

황궁 안에 설치된 원수부의 핵심부서는 군무국과 검사국이었다. 군무국의 주요 사무는 군사에 관한 조칙과 공문을 군부와 중앙 및 지방 각 부대에 발포하는 것과 국방과 용병 및 평시와 전시 군대편성, 전투준비와 군비軍備 지급, 육군대학교와 육해陸海측량, 군부와 중앙 및 지방 각 부대의 일기와 보고를 접수하여 개략을 초록抄錄하여 황제에게 아뢰는 사항 등이었다. 검사국의 주요 사무는 군사에 관한 상사賞賜와 승서陞敍 및 징계, 각 군사학교의 교육, 중앙과 지방 각 부대 소속 장교의 근만勤慢을 심사하는 것이었다. 또한 원수부의 군대교육 감독기능이 강화됨에 따라 검사국에서는 매일 시위대에 속한 장교 중 1인을 위임하여 궁성호위병과 중앙 및 지방 각 부대를 시찰케 하고 심사보고서를 원수인 황태자를 경유한 후 대원수인 황제에게 보고하였다.

이후 원수부에서는 각 진위대를 시찰하여 영·위관의 근무태도, 병정수, 군물파손, 군근전軍根田 조사, 군과 민 사이의 분쟁, 지출장부 조사 등을 행하였다. 기록국은 군사 관련 조칙과 문서장부 및 도서의 보존 등이 주요 임무였고, 회계국은 경비와 예산 및 결산, 회계와 심사, 인가 등에 관한 사항을 관장하였다. 각국 국장들은 장관將官급으로 임명하였지만, 기록국과 회계국의 경우 인원이 부족할 경우 영관領官으로도 둘

---

43 「元帥府規則」, 광무 3년 6월 22일, 『法令資料集』.

수 있다는 조항을 병기하였다. 이와 같이 원수부의 권한과 기능이 강화된 반면 상대적으로 군부의 권한은 대폭 축소되었다.

1900년 3월 20일 원수부관제가 다시 개정되면서 원수부의 기능은 이후 더욱 강화되는 추세였다. 각 국장의 칭호가 총장으로 격상되었고, 민영환·이학균·조동윤·이종건·백성기·이도재·민병석·윤웅렬·신기선 등 대한제국 시기 정계의 실력자이자 황제의 측근세력 중 다수가 총장에 임명되었다. 이들 각 총장은 의정부에 제의할 사항이 있으면 직접 의정대신義政大臣에게 청의할 수 있었으며 칙지勅旨를 받아 각부 대신에게 지령指令할 수 있었다. 이는 정부 부서의 기능보다 황제의 의지를 중시하는 것으로 원수부는 각 부에 우선하는 것이므로 정부회의를 거칠 필요 없이 독자적인 집행구조를 가질 수 있게 된 것이다. 또한 원수부의 각 총장은 경무사나 관찰사·한성부재판소 및 각 재판소 판사 이하에게는 훈령이나 지령을 할 수 있었다. 지방관에 대한 명령지휘계통도 원수부→군부→관찰사→군수의 순서로 이루어지게 되었다.[44] 이처럼 황제 친위세력으로서의 원수부의 위상은 일반적인 행정관부의 범위를 넘어서는 독자적인 것이었다.

같은 해 6월 30일에는 군사경찰, 행정경찰, 사법경찰의 임무를 담당할 육군헌병사령부가 창설되어 원수부에 예속되었고, 9월 다시 군부관제를 개정하여 군법국과 의무국을 폐지하고 포공국과 경리국만 잔존시켰다. 대신관방의 임무도 축소시켜 단지 외국과 외국유학생에 관한 사항만 관장하도록 규정하였다. 1899년 8월의 「군부관제」 당시는 병적 및 인사임명권이 군부에 있었고 무관이 주로 관방장이 되었는데 반해, 이제는 문관으로만 임명하여 군부를 무력화시키고 원수부를 주축으로 군령을 대행케 하였다. 군부는 군정사항만 관장하였다. 「관제」에서 군부대신은 군수 및 군물에 관한 사무를 관리하고 군대의 각 해사廨舍를 관장하는 임무를 담당하였고 문관으로도 임명할 수 있도록 하였다. 따라서 원수부의 총장을 겸직하지 않는 한 군부대신의 권리는 약해질 수밖에 없었다.

1901년 4월 원수부에서는 다시 관제를 개정하였다. 그 중요 골자는 첫째, 원수부

---

44 「非章訓學存案」 제2책, 광무 5년 2월 24일, 『各司謄錄 37권 -평안도편 9-』, 357쪽.

에 순열巡閱을 두어 순열로 하여금 각 군대의 군기와 복무태도, 교육의 조정精粗, 급량
등을 시찰 감독케 함. 둘째, 순열사 및 부사副使는 원수부 각국 총장 혹 육군 장관將官
으로 위임하고 결과를 대원수 폐하게 품주하도록 함. 셋째, 순열사 및 부사는 시찰·
감독 후 그 의견을 각 단대장團隊長에게 훈시. 넷째, 품주稟奏된 안건 중 필요한 사항
은 순열사 및 부사가 각국 총장 및 군부대신에게 조회하는 것이었다.[45]

이 시기 원수부의 특징적인 활동을 살펴보면 다음 〈표 5-1〉과 같다.

〈표 5-1〉 원수부의 특징적 활동

| 연 월 일 | 내용 | 출전 |
|---|---|---|
| 1899. 9. 2. | 기병 1개 대대를 설치하고 말 600필을 구입하는 문제를 논의 | 『皇』 |
| 1900. 10. 19. | 경상도 진주관찰부에서 내부로 전보하여 의령, 창령, 단성, 함양 등에 '적경(賊警)'이 크게 일어나 원수부에 조회하여 병정을 파견할 것을 청함 | 『뎨』 |
| 1900. 11. 12. | 군무국에서 전 남소영(南小營) 앞에 장충단(奬忠壇)을 세우고 갑오년 이후 전망사졸(戰亡士卒)을 제사 | 『季』 |
| 1900. 12. 3. | 원수부의 주청에 따라 일본 유학 중인 참위 노백린 등 18명의 귀국을 명함 | 『官』 |
| 1901. 4. 6. | 칙임관의 족·척 4촌 중 100여 명을 뽑아 외국 해군학교에 유학시키고자 하였으나 재력부족으로 임시 정지 | 『皇』 |
| 1901. 4. 27. | 『한청아노정기책(韓淸俄路程記册)』을 인쇄하여 각 부부원(府部院)에 송부 | 『皇』 |
| 1901. 6. 4. | 훈련원을 수리하여 육군중학교를 설치하고자 함 | 『皇』 |
| 1901. 8. 26. | 의무병역제 시행을 기획 | 『皇』 |
| 1901. 11. 19. | 월남[安南]의 사이공 말[西貢馬] 300필을 구입 | 『皇』 |
| 1901. 12. 11. | 육군병원을 건축하고 군의관제를 제정 | 『皇』 |
| 1901. 12. 11. | 이전 군부에서 각국 공사관 한국인 고용인 등을 위해 발행하던 야행목패(夜行木牌)를 원수부에서 발급 | 『元』 |
| 1902. 11. 8. | 야전포·군마를 외국에서 주문구입 차 10여 만원의 거액을 탁지부로 하여금 지불토록 함 | 『皇』 |
| 1903. 3. 18. | 징병조례 반포 | 『皇』 |
| 1903. 8. 6. | 상병(商兵)편제를 발표하여 보부상 등 상인 8천명을 모집하여 8개 대대로 편성 | 『皇』 |

※『皇』:『皇城新聞』,『뎨』:『뎨국신문』,『官』:『官報』,『季』:『大韓季年史』下,『元』:『元帥府來
去案』제2책

---

**45** 『元帥府來文』(奎 17783) 제4책, 광무 5년 4월 18일.

당시 원수부의 활동은 대한제국의 황제권 강화와 맞물려 내부적으로는 치안강화를 통한 황권 확보에 진력하는 모습을 보이면서 대외적 입장에서도 일정하게 자주성을 견지하고 있었다.

그것은 다음과 같은 몇 가지 사례를 살펴보면 어느 정도 짐작할 수 있다. 첫번째 사례는 1901년 6월 3일 일본공사 하야시 곤스케林權助의 항의를 받은 외부대신이 원수부 군무국총장에게 다시 조회한 내용이다. 조회에서 외부대신 박제순朴齊純은 경상도 밀양–물금간 전신 감리병 일본인 이토오伊東 상등병과 인부 하라 오카原岡가 강도를 만나 부상을 입은 사건에 '외국인 보호는 우리 정부의 책임이라'면서 이러한 심히 놀라운 사건에 지방대를 파견하여 초멸케 하자고 하였다. 이에 원수부에서는 밀양 부근에는 초병이 있으니 마땅히 토벌하겠으나 지방경찰이 이 일과 관계된 까닭에 직접 경부警部에 조청照請하여 조처하는 것이 타당하다고 답하였다.[46]

또한 같은 달 1일 흉기를 휴대한 '적賊' 30명이 창원의 구룡산九龍山 일본인 마키馬木健三의 구리광산에 난입하여 마키 및 일본인 갱부 2명에게 중상을 입히고 금품 1,100원을 강탈한 사건에도 같은 방식으로 조회가 오자 원수부는 경부로 하여금 조처케 하라고 회답하였다.[47] 당시 활빈당活貧黨 등 지방의 각종 치안사건에 적극 대처하고 있었던 것에 비하면 외국인과 한국인 사이에서 분쟁이 생길 때 외국의 입장을 반영하려 하지 않았고 또한 그것에 개입치 않고자 하는 등 원수부의 적극적 태도는 외부外部의 대외 의존적 입장과는 일정하게 차별을 보였다.

뿐만 아니라 때로는 외국인의 불법행위에도 단호히 대처하기도 하였다. 1902년 6월 22일 평남영平南營 입직入直 파수병정이 미국공사관 후원의 울타리를 부수었다면서 미국인 몇 명이 졸지에 병영에 돌입하여 병정을 무수히 난타한 일이 있었다. 이에 원수부에서는 검사국총장 명의로 조사한 결과 이는 사실무근이라 하면서 외부로 하여금 미국공사관에 조회하여 불법행위를 저지른 미국인들을 징계하라고 강력히 요청한 사실이 있었다.[48] 또한 일본 상인의 도성 내외의 불법행위에 대해서도 강력히 제어

---

46 『元帥府來去案』(奎 17809) 제2책, 광무 5년 6월 7일.
47 『元帥府來去案』(奎 17809) 제2책, 광무 5년 6월 18일.
48 『元帥府來去案』(奎 17809) 제3책, 광무 6년 7월 2일.

하였다. 같은 해 12월에는 서대문 수비병이 빙표憑標(신원증명서) 없이 홍삼 22타駄를 싣고 도성으로 들어오는 일본상인 기다사토北里好平의 물건을 압류하는 사건이 일어났다. 이에 대해 일본공사가 외부대신 조병식을 경유해서 원수부에 조회하여,

> 병정이 행정사무에 간섭함은 매우 위험하다. 병정이 평시에 행정사무에 간섭하는 것은 각국 모두 그 예가 없은 즉 매우 기괴한 일이다. 귀국은 이미 경찰을 설립하여 이에 관한 행정사무를 담당하고 있는 바 병정으로 하여금 직책 이외의 활동으로 도량跳梁케 하는 것은 실로 소양과 경험이 없는 것이다.……귀 정부는 평시에 병력을 사용하는 것을 계속하고 고치지 않는다면 우리 정부도 부득이 평시에 병력을 사용하지 않을 수 없고 그 책임은 마땅히 귀 정부에 있다.

라고 엄포하면서 경찰권이 있는데도 불구하고 군대가 이를 대신한다고 강한 반발을 보였다. 이에 원수부에서는 군무국총장 심상훈沈相薰 명의로 서울 부근 도로 통행자는 내외국인을 막론하고 반드시 빙표를 휴대해야 하는 규정이 있음에도 불구하고 한 사람도 휴대하는 자가 없이 통행하려 하자 파수병정이 당연히 규정에 따라 막은 것일 뿐이라 일축하였다.[49]

이처럼 원수부 설치 이후 외국인의 불법행위에 대처하는 양상은 과거 개항 이후부터 이 시기에 이르기까지 보이던 것과는 판연 다른 형태를 띠었다. 이는 대한제국이 출범 초기부터 대외자주성을 일정하게 표방하고 그러한 상징적 작업을 계속 추진해왔던 것과도 무관하지 않은 것이었다.[50]

---

49 『元帥府來去案』(奎 17809) 제3책, 광무 6년 12월 25일.
50 그 대표적인 사례가 광무 2년 11월 「依賴外國致損國體者處斷例」인데, 친러인사 김홍륙을 처형한 후 법률 제2호로 제정한 것이다. 이는 민왕후 살해사건 후 일본으로 도주했던 망명객들의 움직임을 봉쇄하는 한편, 이 시기 외세와 결탁해 황제권에 도전하는 세력을 제거하기 위한 대한제국 황실의 방어 장치였다.

# 제2절

# 중앙군·지방군의 편제와 역할

## 1. 중앙군의 편제와 역할

1895년 이후 중앙에는 시위대侍衛隊와 친위대親衛隊, 호위대扈衛隊 등이 있었고 지방에는 지방대地方隊와 진위대鎭衛隊가 설치되기 시작하였다. 군제개편과 연관하여 중앙군과 지방군의 개편도 상당 부분 진행되었다. 왕실이 있는 서울에는 도성경비와 궁중숙위를 위하여 시위대와 친위대가 개편 증강되었다. 특히 군권軍權강화의 움직임은 중앙과 지방의 군사조직 확대를 통해서 나타났다.

### 1) 시위대

1895년 윤 5월 25일 군부대신의 감독을 받아 도성경비와 궁궐수비를 전담하기 위해 연대급 2개 대대로 시위대가 편성되었고 군부대신이 이를 지휘하였다. 시위대 간부는 연대장 1명(부령), 대대장 2명(참령), 부관 2명(부위), 향관 2명(정위), 중대장 4명(정위), 소대장 14명(부참위)으로 구성되었다. 편제는 2개 대대이며, 각 대대에는 2개 중대, 중대에는 3개 소대를 두었다. 시위대 영, 위관 및 병졸의 급료는 훈련대에 준하여 지급되었다.[51] 1895년 8월 민왕후 살해사건 때 훈련대와의 충돌을 이유로 8월 22일 한때 훈련대에 강제 편입되었던 시위대는 아관파천 이후 1897년 3월 16일 조

경운궁 대안문 앞 행렬(1900)

칙에 의해 친위 1, 2, 4, 5대에서 선발한 정예병사를 훈련시켜 1개 대대급 규모로 다시 창설되었다. 이때 군부에서는 편제를, 탁지부에서는 예산을 마련하였다. 같은 해 9월 30일 시위대는 기존 1개 대대(제1대대)와 새로 선발한 병사를 1개 대대(제2대대)로 모두 2개 대대로 증편하였다. 시위대는 대한제국이 성립된 이후인 1898년 5월 27일 기존의 2개 대대에 1개 대대를 추가하여 총 3개 대대 규모의 시위연대로 확대 편제되었다.

〈표 5-2〉 시위연대 본부 편제(1898. 5. 27)

| 관등 | 정/부령 | 정위 | 부/참위 | 1,2,3등 군의 | 정교 | 부교 | 참교 |
|------|---------|------|---------|--------------|------|------|------|
| 직명 | 연대장 | 부관 | 무기주관 | 의관 | 하사 | 하사 | 하사 |
| 정원 | 1 | 1 | 1 | 1 | 1 | 1 | 1 |

당시 시위연대 산하 각 대대 및 중대의 직제는 자료상 확인할 수 없지만 같은 해 7월 2일 칙령 제 22호에 "시위대의 예에 따라 친위 각대 편제를 마련하고 직원과 병액을 다음과 같이 한다"[52]는 내용으로 보아 시위대대와 중대 이하의 편제는 다음 표와

---

51 「勅令, 侍衛隊 新設에 關한 件」, 고종 32년 윤 5월 25일, 『法令資料集』; 「勅令, 侍衛隊 給料에 關한 件」, 고종 32년 윤 5월 25일, 『法令資料集』.

52 「勅令 제22호, 親衛 各隊 編制 改正」, 光武 2년 7월 2일, 『法令資料集』.

| 구분 | 관등 | 직명 | 인원 | 5개 중대 인원 |
|------|------|------|------|----------------|
| 대대본부 | 참령 | 대대장 | 1 | |
| | 1,2,3등 군사 | 향관 | 2 | |
| | 부위 | 부관 | 1 | |
| | 정교 | | 1 | |
| | 부교 | | 3 | |
| | 계 | | 8 | |
| 중대 | 정위 | 중대장 | 1 | 5 |
| | 부/참위 | 소대장 | 4 | 20 |
| | 정교 | | 1 | 5 |
| | 부/참교 | | 14 | 70 |
| | 병졸 | | 180 | 900 |
| | 계 | | 200 | 1,000 |
| 곡호대 | 부교 | | 1 | |
| | 곡호수 | | 10 | |
| | 고수 | | 10 | |
| | 계 | | 21 | |

같이 이루어졌음이 명백하다.

　같은 날 시위대는 보병 중 1개 중대를 차출하여 포병을 설치하였다. 이 때 처음 설치된 포병은 참령(포병대장) 1명, 정위(중대장) 1명, 부참위(소대장) 4명, 정교 2명, 부교 5명, 참교 8명, 병졸 185명으로 구성되었는데, 처음 설치시에는 당분간 군부 포공과장의 지휘를 받도록 하였다. 포병이 다루는 화기는 회선포回旋砲와 크라프克盧伯였고, 이들 부대는 시위 제1연대에 부속시켰다.[53] 시위연대 소속의 포병은 1900년 12월 19일 2개 대대로 증설 개편하였는데,[54] 포병 1개 대대는 산포山砲 2개 중대, 야포野砲 1개 중대, 합 3개 중대로, 1개 중대는 3개 소대로 편성하였다.

　1899년 8월 시위기병 1개 대대를 편제하라는 칙령에 의해 원수부 군무국장 조동

---

**53** 「勅令 제23호, 砲兵擧行事」, 光武 2년 7월 2일, 『法令資料集』.
**54** 「勅令 제56호, 砲兵大隊를 設置하는 件」, 光武 4년 12월 9일, 『法令資料集』.

〈표 5-4〉 포병대대 편제(1900. 12. 19)

| 구분 | 관등 | 직명 | 인원 | 2개 중대 인원 |
|---|---|---|---|---|
| 대대본부 | 참령 | 대대장 | 1 | |
| | 부위 | 부관 | 1 | |
| | 1,2,3등 군의 | 의관 | 1 | |
| | 1,2,3등 수의 | | 1 | |
| | 1,2,3등 군사 | 향관 | 1 | |
| | 정교 | 서기 | 1 | |
| | 부/참교 | 서기 | 3 | |
| | 계 | | 9 | |
| 산포중대 | 정위 | 중대장 | 1 | 2 |
| | 부/참위 | 소대장 | 3 | 6 |
| | 정교 | | 1 | 2 |
| | 부교 | | 4 | 8 |
| | 참교 | | 6 | 12 |
| | 상등병 | | 40 | 80 |
| | 1,2등병 | | 78 | 156 |
| | 나팔수 | | 4 | 8 |
| | 계 | | 111 | 222 |
| 야포중대 | 정위 | 중대장 | 1 | |
| | 부/참위 | 소대장 | 3 | |
| | 정교 | | 1 | |
| | 부교 | | 4 | |
| | 참교 | | 6 | |
| | 상등병 | | 12 | |
| | 1,2등병 | | 64 | |
| | 나팔수 | | 4 | |
| | 계 | | 95 | |

윤은 그해 11월 총 424명의 인원을 갖춘 시위기병 1대대를 구성하여 보고하였다.[55]

---

55 「奏本, 侍衛騎兵大隊 職員表」, 光武 3년 11월 3일, 『法令資料集』.

<표 5-5> 시위기병대대 편제(1899. 11. 3)

| 구분 | 관등 | 직명 | 인원 | 4개 중대 인원 |
|---|---|---|---|---|
| 대대본부 | 참령 | 대대장 | 1 | |
| | 부위 | 부관 | 1 | |
| | 1,2,3등 군사 | 향관 | 2 | |
| | 정교 | | 1 | |
| | 부교 | | 2 | |
| | 참교 | | 9 | |
| | 계 | | 16 | |
| 중대 | 정위 | 중대장 | 1 | 4 |
| | 부위 | 소대장 | 2 | 8 |
| | 참위 | 소대장 | 2 | 8 |
| | 정교 | | 1 | 4 |
| | 부교 | | 5 | 20 |
| | 참교 | | 9 | 36 |
| | 병졸 | | 82 | 328 |
| | 계 | | 102 | 408 |

한편 군악대는 1900년 12월 2개 대로 편성되어 1개 대는 시위연대에, 1개 대는 시위기병대에 부속시켰다. 설치 직후 당분간 군악대장은 정위 혹은 부위로 임명토록 하였다.[56] 2개 대의 총 인원은 102명이었다. 군악대는 이후 1904년 3월 시위 제1연대 부속의 1개 중대 2개 소대 규모로 재편되었으며 인원은 총 104명으로 구성하였다.[57]

<표 5-6> 군악대 1개 대 편제(1900. 12. 19)

| 관등 | 1등군악장 | 2등군악장 | 부/참교 | 상등병 | 병졸 | 병졸 | 참교 | 계 |
|---|---|---|---|---|---|---|---|---|
| 직명 | 대장 | 부장 | 1등군악수 | 2등군악수 | 악수 | 악공 | 서기 | 51 |
| 정원 | 1 | 1 | 3 | 6 | 27 | 12 | 1 | |

56 「勅令 제59호, 軍樂隊를 設置하는 件」, 光武 4년 12월 19일, 『法令資料集』.
57 「勅令 제6호, 軍樂 1個 中隊를 設置하는 件」, 光武 8년 3월 12일, 『法令資料集』.

1900년 9월 경 서울의 병정 수효는 친위대 3천 명, 시위대 2천 명, 평양병 1천 명, 포병대 4백 명, 마병 1백 명이었다 한다.[58]

황제의 칙령을 받은 원수부에서 1902년 10월 19일 시위대에 1개 대대를 추가로 설치하여 시위 제1, 제2대대는 시위 제1연대로, 시위 제3대대와 추가 설치된 1개 대대는 시위 제2연대로 하여 총 2개 연대 규모를 갖출 수 있었다.[59]

## 2) 친위대

대한제국 시기 친위대도 더욱 증강되는 모습을 보인다. 일찍이 1895년 9월 13일 시위대와 친위대를 증설하고 편제를 마련하라는 「육군편제강령陸軍編制綱領」에 따라 왕궁 숙위를 주요 업무로 설치된 친위대는 그해 10월 6일 4개 대대 884명의 대대 편제를 갖추고 있었고, 이어 1896년 3월 4일 5개 대대로 증설하였다.[60] 친위대는 1897년 7월 각 대의 편제를 마련하고, 그해 9월에는 기존의 친위 제1·제4 양 대를 합하여 친위 제1대대로, 친위 제2·제5 양 대를 합하여 친위 제2대대로 정비하였다. 다시 1898년 7월 1개 대대 1,029명으로 하는 3개 대대 총 3천여 명으로 친위연대가 편성되었다.[61]

친위대는 1896년 1월과 6월 공병대와 친위기병대를, 1900년 12월에는 치중병대를 산하에 부속시켰다. 먼저 공병대는 1896년 1월 27일 친위대 증편 시 친위 제3대대 구성원을 중심으로 설립하기로 된 것으로, 친위 제3대대는 공병대로 편성하고 잉여인원은 친위 각 대대에 보충케 하되 그 세칙은 군부대신이 정하기로 하였다. 그 후 속조치로 군부에서 그해 2월 1일 공병대 영위관은 보직순서에 따라 점차로 친위대의 보결에 충당하고, 공병대 하사 병졸은 신체검사를 시행하여 합격자는 추첨으로 재차 선발하여 친위대에 보결하고 나머지는 예비 징병으로 후일 보충을 기다리게 하였다.[62]

58 『뎨국신문』, 광무 4년 9월 19일.
59 「勅令 제16호, 侍衛聯隊, 親衛聯隊를 다시 編制하는 件」, 光武 6년 10월 19일, 『法令資料集』.
60 「勅令 제15호, 親衛隊 2大隊 增設에 관한 件」, 建陽 원년 3월 4일, 『法令資料集』.
61 「勅令 제22호, 親衛 各隊 編制 改正」, 光武 2년 7월 2일, 『法令資料集』.
62 「軍部令 제1호, 工兵隊 處分規則」, 건양 원년 2월 1일, 『法令資料集』.

### 〈표 5-7〉 친위 1개 대대본부 및 중대, 곡호대 편제(1898. 7. 2)

| 구분 | 관등 | 직명 | 인원 | 5개 중대 인원 |
|---|---|---|---|---|
| 대대본부 | 참령 | 대대장 | 1 | |
| | 부위 | 부관 | 2 | |
| | 1,2,3등 군사 | 향관 | 1 | |
| | 정교 | | 1 | |
| | 부교 | | 3 | |
| | 계 | | 8 | |
| 중대 | 정위 | 중대장 | 1 | 5 |
| | 부/참위 | 소대장 | 4 | 20 |
| | 정교 | | 1 | 5 |
| | 부/참교 | | 14 | 70 |
| | 병졸 | | 180 | 900 |
| | 계 | | 200 | 1,000 |
| 곡호대 | 부교 | | 1 | |
| | 곡호수 | | 10 | |
| | 고수 | | 10 | |
| | 계 | | 21 | |

### 〈표 5-8〉 공병대편제(1900. 12. 19)

| 관등 | 정위 | 부/참위 | 정교 | 부교 | 참교 | 상등병 | 1,2등병 | 나팔수 | 계 |
|---|---|---|---|---|---|---|---|---|---|
| 직명 | 중대장 | 소대장 | | | | | | | |
| 정원 | 1 | 3 | 1 | 7 | 6 | 24 | 129 | 4 | 175 |

### 〈표 5-9〉 치중병대 편제(1900. 12. 19)

| 관등 | 정위 | 부/참위 | 정교 | 부교 | 참교 | 상등병 | 1,2등병 | 喻卒 | 나팔수 | 계 |
|---|---|---|---|---|---|---|---|---|---|---|
| 직명 | 중대장 | 소대장 | | | | | | | | |
| 정원 | 1 | 3 | 1 | 5 | 5 | 18 | 69 | 92 | 4 | 198 |

그러나 공병대는 곧바로 설치되지 않았고, 1900년 12월에 가서 1개 중대, 3개 소대 규모로 구성하여 친위연대에 부속시켰다.

　군부에서는 1896년 6월 8일 그간의 마병대를 폐지하고 친위대 산하에 친위기병대

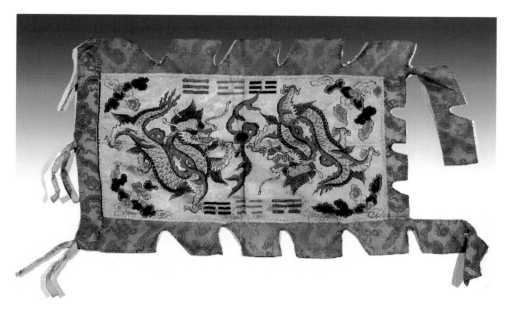

1개 중대를 설치하는 법령을 마련하였다.[63] 같은 날 기존의 마병대원 중에서 치중마병輜重馬兵 1백 명을 선발하여 군부 마정과馬政課가 관할하여 각 군대에 운수사역을 편하게 하였는데, 치중마병에 하사 2인(부교 1, 참교 1)을 두고 지휘 단속하였으며 치중마병의 급료는 전 마병대 예에 따라 지급토록 하였다.[64] 그러나 공병대와 마찬가지로 치중병대輜重兵隊 역시 곧바로 설립되지 않고 1900년 12월 19일 공병대 설치 당일 1개 중대, 3개 소대로 설치되어 친위연대에 부속되었다.

이후 군사력 증강의 일환으로 원수부는 1902년 8월 시위·친위 양 연대를 1개 여단으로 편성하고 이근택을 여단장에 임명하였다.[65] 친위대는 다시 개편되어 그해 9월 1개 대대가 증치되었고, 10월 30일 친위 제1, 제2대대를 친위 제1연대로, 친위 제3대대와 추가 설치된 1개 대대는 친위 제2연대로 하여 총 2개 연대 규모를 갖추었다. 이날 시위대와 친위대는 각 1개 여단 및 2개 연대, 도합 4개 연대로 편제와 인원이

---

**63** 「勅令 제24호, 馬兵隊를 폐지하고 親衛騎兵隊를 設置하는 件」, 건양 원년 6월 8일, 『法令資料集』.
**64** 「勅令 제25호, 輜重馬兵을 設置하는 件」, 건양 원년 6월 8일, 『法令資料集』.
**65** 『皇城新聞』, 광무 6년 8월 27일.

강화되었다.[66]

## 3) 호위대

한편 황제 주변과 거둥시의 호위 문제는 호위대屬衛隊가 담당하였다. 1897년 9월에 가면 이전 갑오개혁 시기 해체된 공병대원을 뽑아 호위군屬衛軍이라 칭하였다.[67] 시종원 산하의 호위군의 경비는 군부의 역도전驛賭錢과 농상공부의 포사세庖肆稅로 마련하였다.[68] 호위군은 11월 합 632명의 정원과 4만 6천 원의 경비예산을 가진 호위대로 편제를 갖추게 되었으며 호위대총관은 군부대신 이종건이 겸임하였다. 1898

〈표 5-10〉 호위대 편제와 급료(1900. 6. 17)

| 관등 | 인원 | 월급 | 총액 |
|---|---|---|---|
| 총관 | 1 | 100 | 100 |
| 영관 | 1 | 75 | 75 |
| 정위 | 2 | 34 | 68 |
| 부위 | 2 | 28 | 56 |
| 참위 | 2 | 24 | 48 |
| 향관 | 1 | 28 | 28 |
| 정군관 | 6 | 10 | 60 |
| 부군관 | 6 | 8 | 48 |
| 참군관 | 12 | 7 | 84 |
| 상등병 | 14 | 4 | 56 |
| 병졸 | 688 | 3원 50전 | 2,408 |
| 계 | 735 | 321원 50전 | 3,031원 |

---

66 앞의 각주 59) 참조.
67 『고종실록』 권35, 建陽 2년 6월 30일, "궁내부대신 이재순이 아뢰기를, '대체로 動駕할 때와 動輿할 때 挾輦軍, 挾輿軍 등의 군사는 각 營軍들로 마련하였으며 개혁 후에도 역시 군부의 工兵隊를 데려다 썼습니다. 그런데 지금은 이것을 혁파하여 거행할 수 없게 되었으니 어떻게 하면 좋겠습니까?' 하였다. 제칙을 내리기를, '공병대를 해산한 만큼 시종원으로 하여금 정예 군사를 뽑아서 屬衛軍이라고 부르게 할 것이며, 영솔하는 관리가 없을 수 없으니 해당 院의 侍從 한 명을 總管이라고 개칭하고, 무관 2품 이상 군부의 將領官 가운데서 칙임하라.' 하였다".
68 『各部請議書存案』(奎 17715), 광무 2년 7월 2일.

년 12월 호위대 경비는 군부 산하 각대 예에 의거하여 마련토록 하였다. 이를 위해 1899년 이후 10월 황해도 해주군, 재령군, 평산군에 걸친 철현鐵峴 둔전屯田에서 나오는 지세地稅와 호전戶田을 호위대에서 수납토록 한 바 있었다.[69] 1900년 6월에 가면 황실의 구성원인 청안군淸安君 이재순李載純으로 하여금 호위대를 총관케 하였는데 병력은 735인으로 증가되었다.[70]

## 4) 헌병대

이상의 시위대, 친위대, 호위대 등의 중앙군과는 차원을 달리하는 별도의 조직으로 헌병대를 설치 운영하였다. 헌병대의 설치는 1900년 4월 17일 육군참장 백성기의 상소를 받아들인 5월 31일의 황제의 칙령에 의한 것으로, 그해 6월 「육군헌병조례」에 따라 육군헌병사령부를 설치하면서 시작되었다. 그 「조례」에 의하면 육군헌병사령부를 원수부에 예속하여 군사경찰, 행정경찰, 사법경찰을 관장토록 하였는데, 헌병사령관은 군사경찰은 군부대신의 요청에 응하고, 행정경찰은 내부대신과 각 관찰사의 요청에 응하고, 사법경찰은 법부대신과 경부대신의 요청에 응하도록 하였다. 헌병사령부는 경성에 두고 경성 및 각 지방의 긴요함에 따라 헌병대를 설치하고, 헌병대호는 지방 명에 따라 ○○헌병대라 칭하도록 규정하였다. 창설 당시 헌병대는 헌병사령부, 본부 및 2개 중대, 1개 중대는 2개 소대, 1개 소대는 4개 분대로, 1분대는 하사 1명, 상등병 10명으로 편성하였다.[71]

「조례」에 규정한 헌병대의 각 직급별 직무를 보면, 헌병사령관은 전국의 헌병대를 통할하여 사령부의 사무를 총괄하고 헌병대의 군기, 풍기, 훈련, 교육, 복무, 경찰 등을 규정하며, 헌병대장은 대隊의 사무를 총괄하고 소관 지방의 정세 등을 엄밀히 살펴 긴급하거나 긴요한 사건이 있으면 신속히 사령부에 보고한 후 소관 관찰사에게 통

---

**69** 「訓令存案」, 광무 3년 10월 5일, 『各司謄錄 -近代編-』. 그러나 이후 각종 둔토는 황실재정이자 내장원 소관이라는 내장원의 반박조회가 있었다(『訓令照會存案』(奎 19143), 광무 4년 9월 2일 ; 『訓令照會存案』(奎 19143), 광무 4년 9월 13일 ; 『皇城新聞』, 광무 5년 2월 22일).

**70** 「奏本, 扈衛隊 職員表, 俸給表 改正」, 광무 4년 6월 17일, 『法令資料集』.

**71** 「勅令 제123호, 陸軍憲兵條例」, 광무 4년 6월 30일, 『法令資料集』.

<표 5-11> 헌병대 편제(1900. 6. 30)

| 구분 | 관등 | 직명 | 인원 | 5개 중대 인원 |
|---|---|---|---|---|
| 사령부 | 장관 혹 정령 | 사령관 | 1 | |
| | 참령 혹 정위 | 부관 | 1 | |
| | 1,2,3등 군사 | 향관 | 1 | |
| | 정교 | 서기 | 1 | |
| | 부교 | 서기 | 1 | |
| | 참교 | 서기 | 2 | |
| | 계 | | 7 | |
| 대대본부 | 영관 | 대장 | 1 | |
| | 부위 | 부관 | 1 | |
| | 1,2,3등 군사 | 향관 | 1 | |
| | 판임 | 군의보 | 1 | |
| | 정교 | 서기 | 1 | |
| | 부교 | 서기 | 2 | |
| | 참교 | 서기 | 1 | |
| | 계 | | 8 | |
| 중대 | 정/부위 | 중대장 | 1 | 2 |
| | 부/참위 | 소대장 | 2 | 4 |
| | 정교 | 서기 | 1 | 2 |
| | 부참교 | 분대장 | 8 | 16 |
| | | 상등병 | 80 | 160 |
| | 계 | | 92 | 184 |

보하며, 헌병중대장은 관할 지방의 정세를 살피고 부하를 지휘하여 업무를 처리하고 사안에 따라 경찰관 및 지방관과 상호 업무 연락을 하며, 헌병소대장은 중대장의 명을 받아 부하의 훈련교육과 분대장 이하의 복무근만服務勤慢과 제반 경찰사무를 지시 감독하며, 헌병분대장은 상등병의 근무를 감독하며 관내를 매일 순찰하여 정세를 엄밀히 하며, 상등병은 순찰 및 경찰사무를 하여 사안에 따라 엄밀히 조사하도록 되어 있었다. 헌병대에 대한 대우는 특별하여 정교 이하 상등병까지 월급도 호위대보다 높게 책정되었다(정교 14원, 부교 11원 50전, 참교 9원 50전, 상등병 6원 50전). 이후 헌병대는 1901년 6월 2개 중대를 증편하여 총 4개 중대로 개편하였다.[72]

대한제국 시기 중앙군의 활동은 황실의 친위부대로서 각종 쿠데타 및 민권운동 진압 등 정치적 역할에 치중되어 있었다. 1898년 10월부터 독립협회와 만민공동회의 대정부 성토집회가 종로에서 치열하게 전개되었다. 이러한 상황에서 대한제국 정부는 이들을 '난당亂黨'으로 규정하고 시위대 병력을 활용하여 탄압

**독립문(서울 서대문)**
조선시대 중국 사신을 영접하던 영은문과 모화관을
허물고 독립협회가 1898년 건립하였다.

하였다. 그 과정에서 외부대신 민종묵은 외부 교섭국장 이응익李應翼 등을 시켜 각국의 공사들에게 보내는 공문을 조회토록 한 바 있다. 그 내용은 "지금 나라에 난당이 있어 나라가 이로써 바름을 얻지 못하였다. 군사로서 위협하지 않으면 억제할 수 없어 비록 탄환을 사용하지는 않지만 위세를 보이지 않을 수 없다. 청컨대 공사들은 놀라거나 의심을 품지 말라"는 것이었다. 그런데 일부 대신의 우려와 반대로 이렇게 아뢰려다 그만 두었다 한다.[73]

그해 12월 23일 독립협회와 만민공동회 해산을 위해 무력탄압을 결정한 정부는 경무청 순검과 시위대 제2대대 병정을 동원하였다. 다음 날인 24일에는 시위대 병사들이 종로를 비롯한 서울 중심의 주요처를 총검으로 파수하였고 이날부터 지도자들에 대한 체포가 시작되었다. 12월 25일 황제는 조칙을 내려 독립협회의 행위를 불법으로 규정하고 해산을 명하였고, 거리에서 서로 모여 얼굴을 맞대고 이야기하거나, 모임을 구성하는 자들은 순검과 병정이 철저히 규찰 엄금하겠다고 천명하였다. 이때 경무청의 순검과 더불어 '공'을 세운 시위대는 이듬해 초부터 계엄 상황이 연출되는 분위기 속에서 민권운동에 참여했던 잔여세력 색출에 집중하였다.

---

72 「詔勅, 憲兵 2中隊를 增設하여 編制하는 件」, 광무 5년 5월 15일, 『法令資料集』 ; 「勅令 제12호, 陸軍憲兵增額編制件」, 광무 5년 6월 1일, 『法令資料集』.
73 鄭喬, 『大韓季年史 下』, 광무 2년 11월.

1899년 1월 15일에는 몇 가지 특징적인 조치가 취해졌다. 먼저 기전畿甸(서울과 인근 수도권 지역) 안의 도적을 엄금하는 방략을 마련하고 범법자는 '군률軍律'로 결단하는 조칙을 내리고, 전년에 해체된 독립협회가 지회 등을 통하여 활동하는 것을 일체 엄금토록 하였다.[74] 그 탄압책을 군부로 하여금 진위대와 지방대에 훈령하였다. 또한 진위대·지방대 편제를 개정하여 이들 지방군으로 하여금 지방의 각 요해처에서 '지방진무와 변경수비'에 전임할 것을 조목으로 규정하였다. 긴요한 구역에는 그 지역의 사정에 따라 각 지방대의 분견대를 적당히 분치分置할 수 있게 하였다.

같은 해 6월 시위연대 소대장 이동휘李東輝와 참교參校 엄석주嚴錫柱 등은 일본인 거주지인 진고개 등지를 순찰하다가 만민공동회 복설을 모의하는 한편 신기선·조병식 등 정부 대신들의 집에 폭발물을 투척한 혐의를 받고 도주 중에 있던 강인필姜仁必·최영화崔榮華를 체포·구금하였다. 또 소대장 이인팔李寅八은 원동院洞 근처에서 임병길林炳吉 등 3인을 체포, 공초供草를 받은 후 경무청으로 압송하였다.[75]

1900년 9월 제정된 「육군법률」 제34, 제203조에도 대내외 치안과 군인의 내란방지 규정을 두었다.

> 제34조 : 적敵이라 칭함은 외구外寇를 말함이니 내란內亂의 반도反徒도 또한 같음이라.
> 제203조 : 군인이……정부를 전복하거나 군기를 문란하거나 기타 인명재산을 침손할 목적으로 당을 결하여 난亂을 일으킨 자는 사형에 처하되 당黨에 이르지 못한 것도 같이 논함이라. [76]

또한 1901년 3월에는 원수부검사국총장 임시서리 장예원경 육군부장 신기선에 의해 정부가 판단한 '국사범'으로서 외국공관에 도피중인 자의 치죄문제 등도 원수부 검사국령 제1호로 규정하였다.

---

**74** 「詔勅 畿甸의 竊盜를 禁戢하는 件」, 광무 3년 1월 15일, 『法令資料集』 ; 「詔勅 支會를 禁戢하는 件」, 광무 3년 1월 15일, 『法令資料集』.
**75** 『軍部來文』 제6책, 3-232.
**76** 「법률 제5호 陸軍法律」, 광무 4년 9월 4일.

제3조 : 피고 혹 증인이 외국공관에 거주하거나 부속에 속하는 자는 육군재판장관이
　　　　그 사유를 기록하여 원수부검사국총장에게 보고할 것.

제4조 : 원수부검사국총장이 전 조의 보고를 접한 시는 초인招引 혹 나인拏引할 이유를
　　　　해 공관에 설명하고 승낙한 시는 해 재판장관에게 지칙指飭할 것.

제5조 : 육군재판장관이 전 조의 지칙을 받은 시는 승낙을 경經한 지旨를 검찰관에게
　　　　통지하여 해 공관 이관吏官에게 전시轉示하고 집행케 할 것.

제17조 : 유형의 배소는 육군법원장이 지정하여 원수부검사국총장에게 질보質報할
　　　　　것.[77]

　　시위대와 친위대, 호위대 군사에 대한 대우는 특별하였는데 여타 정부부서의 관리
들에 대한 대우와는 달리 이들 중앙군에게는 수시로 월급을 인상하거나 특별수당을
지급하였으며 연체되는 일은 극히 드물었다. 예컨대, 1903년 9월 당시 외획外劃[78] 등
으로 국고가 탕진되었는데 인천전환국에서 주조한 백동화를 가져와 황실비, 군부, 경
부에만 사용하고 나머지 각부는 월급을 줄 생각도 못하였다는 여론의 비판이 있었
다.[79] 같은 해 황제는 군부와 탁지부에 명하여 중앙의 원수부·헌병대·시위대·친위
대·호위대·징상 각대 및 지방 각 부대에 월급을 일원반一元半씩 올려줄 것과 부식에
각별히 힘을 쓸 것을 당부한 바 있다.[80]

---

**77** 「원수부 검사국령 제1호 陸軍治罪規則」, 광무 5년 3월 9일.
**78** '외획'은 지방관이 징수한 조세를 국고에 납부하기 전 제3자에게 직접 지급하라는 탁지부대신의
　　명령서로 주로 정부가 상인에게 차입한 금액을 지불할 경우, 관리의 지방 출장 시 출장비의 일부
　　를 출장지의 세금 중에서 교부할 경우, 상인이 지방에 송금할 때 국고에 금액을 선납하고 지방관
　　이 송금 의뢰자에게 지급할 경우 등에 이용되었다.
**79** 『皇城新聞』, 광무 7년 9월 26일.
**80** 『官報』, 光武 7년 12월 15일.

## 2. 지방군의 편제와 역할

대한제국은 중앙군의 확대와 증원에 비례하여 지방군도 계속 증강하였고, 이 시기 확충된 군사는 주로 지방의 치안유지와 변경수비에 집중되었다. 이에 따라 군대 편제와 예산 운용의 대다수는 지방군의 활동에 투여되었다.

### 1) 지방대

처음 을미 년간 지방군은 평양부와 전주부에 진위대 1개 대대씩이 있었을 뿐이었다. 그러던 중 이듬해 1896년 5월 북청·강계·해주·춘천·강화·청주·공주·대구·통영에 지방대를 설치하였다.[81] 지방대는 각 지방 병정을 소재 지방에 따라 ○○대라 칭하였고, 각 지방대는 친위, 진위대 편제하는 규례를 모방하여 장교 약간을 두고 병액과 향료餉料를, 향관餉官은 각 지방대 위관 중 1명으로 겸임케 하였다. 각 지방대 소재처에 진위대를 설치할 경우에는 그 지방대를 폐지하고, 지방대의 장령將領은 관할 지방 관찰사 혹 군수가 편의에 따라 겸임케 하였다. 통영지방대는 그해 6월 고성지방대로 개명하였다. 이어 8월 충주·홍주·상주·원주에 지방대를 설치하고 인원과 급료 및

〈표 5-12〉 각 지방대 장교와 병졸 수(1896. 5. 30 ; 1896. 8. 26)

| 지역<br>관등 | 통영 | 대구 | 강화 | 청주 | 공주 | 해주 | 북청 | 춘천 | 강계 | 충주 | 홍주 | 상주 | 원주 | 계 |
|---|---|---|---|---|---|---|---|---|---|---|---|---|---|---|
| 참령 | 1 | 1 | 1 | 1 | 1 | 1 | 1 | 1 | | 1 | 1 | 1 | 1 | 12 |
| 정위 | | | | | | | | | | 1 | 1 | 1 | 1 | 4 |
| 부위 | 2 | 1 | 1 | 1 | 1 | 1 | 2 | 1 | | 1 | 1 | 1 | 1 | 14 |
| 참위 | 2 | 2 | 2 | 1 | 1 | 1 | 2 | 1 | 1 | 1 | 1 | 1 | 1 | 17 |
| 정교 | 2 | 1 | 1 | 1 | 1 | 1 | 2 | 1 | | 1 | 1 | 1 | 1 | 14 |
| 부교 | 3 | 3 | 3 | 2 | 2 | 2 | 4 | 2 | 1 | 2 | 2 | 2 | 2 | 31 |
| 참교 | 3 | 3 | 3 | 2 | 2 | 2 | 4 | 2 | 1 | 2 | 2 | 2 | 2 | 31 |
| 병졸 | 400 | 300 | 300 | 200 | 200 | 200 | 400 | 200 | 100 | 150 | 150 | 150 | 150 | 2,900 |

81 「勅令 제23호, 各 地方 舊額兵 措處에 關한 件」, 건양 원년 5월 30일, 『法令資料集』.

〈표 5-13〉 지방대 장교와 병졸의 급료(1896. 5. 30 ; 1896. 8. 26)

| 직명 | 참령 | 정위 | 부위 | 참위 | 정교 | 부교 | 참교 | 병졸 |
|------|------|------|------|------|------|------|------|------|
| 월액 | 77원 35전 | 46원 75전 | 28원 5전 | 28원 5전 | 7원 | 6원 | 5원 | 3원 |

〈표 5-14〉 각 지방대 경상비(1896. 5. 30 ; 1896. 8. 26)

| 지역 | 급료 | 피복비 | 應費 | 여비 | 합계 |
|------|------|--------|------|------|------|
| 통영 | 17,513원 40전 | 1,600원 | 179원 43전 | 120원 | 19,412원 83전 |
| 대구 | 13,289원 40전 | 1,200원 | 142원 49전 | 120원 | 14,751원 89전 |
| 강화 | 13,289원 40전 | 1,200원 | 142원 49전 | 120원 | 14,751원 89전 |
| 청주 | 9,220원 80전 | 800원 | 124원 2전 | 120원 | 10,264원 82전 |
| 공주 | 9,220원 80전 | 800원 | 124원 2전 | 120원 | 10,264원 82전 |
| 해주 | 9,220원 80전 | 800원 | 124원 2전 | 120원 | 10,264원 82전 |
| 북청 | 17,513원 40전 | 1,600원 | 179원 43전 | 120원 | 19,412원 83전 |
| 춘천 | 9,220원 80전 | 800원 | 124원 2전 | 120원 | 10,264원 82전 |
| 강계 | 4,068원 60전 | 400원 | 87원 88전 | 120원 | 4,676원 48전 |
| 충주 | 7,981원 80전 | 600원 | 124원 2전 | 120원 | 8,825원 82전 |
| 홍주 | 7,981원 80전 | 600원 | 124원 2전 | 120원 | 8,825원 82전 |
| 상주 | 7,981원 80전 | 600원 | 124원 2전 | 120원 | 8,825원 82전 |
| 원주 | 7,981원 80전 | 600원 | 124원 2전 | 120원 | 8,825원 82전 |
| 합계(13처) | 134,484원 60전 | 11,600원 | 1,724원 6전 | 1,560원 | 149,368원 66전 |

예산을 설정하였다.[82]

　그러나 당시 지방대의 주요활동은 왕후시해와 단발령, 복제개혁이라는 대내외 모순이 첨예화되는 시점에서 일어난 반일의병 토벌에 있었기에, 의병이 점차 진압되자 그해 9월 24일 칙령으로 공주·춘천·강계·충주·홍주·상주와 원주지방대가 폐지되었다. 1897년 6월에 종성·안주·황주·수원·원주·안동·광주·공주 등 8개 지방대를 다시 설치하였다. 이중 강계지방대는 1896년 8월에 폐지되어 15개 지방대만 남게 되었다. 그러다가 1899년 1월 15일 진위대·지방대 편제가 개정되면서 춘천지방대가 폐지되어 지방군은 아래와 같이 2개 진위대대 및 14개 지방대대로 편제되기에 이르렀

---

82 「勅令 제59호, 忠州, 洪州, 尙州, 原州郡에 地方隊를 設置하는 件」, 건양 원년 8월 26일, 『法令資料集』.

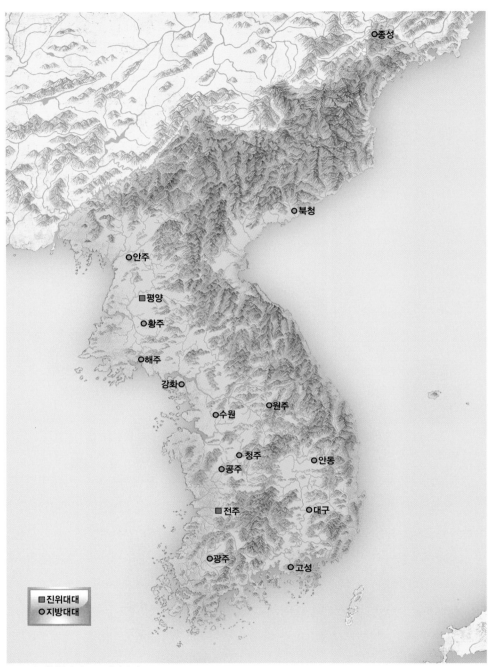

종성

북청

안주

■평양

황주

해주

강화

수원        원주

청주        안동
공주

■전주       대구

광주        고성

■진위대대
○지방대대

1899년 1월 현재 지방군 대대편제

다.[83] 당시 각 지방대는 5개 중대, 진위대는 2개 중대로 편성되어 있었다.

지방대의 재정은 해당 지역 군郡의 역토·둔전 등을 군부·탁지부로 하여금 적당히 헤아려 기획 할당토록 하였다.[84] 진위대의 관제와 경비는 중앙의 친위대의 예를 원용하였다. 이 시기 지방군의 대우문제를 살펴보면 지방대 위관의 월급은 판검사, 1·2·3등 군사, 일반 관리와 같게 산정되었고[85] 별다른 변동이 없이 대부분 중앙군과 거의 동일할 정도로 대우는 좋은 편에 속하였다. 이는 1896~1897년 즉, 건양 연간 때 낮은 대우를 받던 것과는 다른 모습이었다.

1897년 11월 29일 군부협판 주석면은 지방대와 진위대를 더 설치하여 해당 지방에 있게 한다면, 지역의 풍습을 익히고 노정路程에 익숙하게 하여 만일 급한 사변이 있을 때에도 방수防守가 편리할 것이며 도적과 강도무리들도 체포 진압할 수 있을 것으로 보았다.[86]

그러나 지방대는 진위대의 편제가 정착될 때까지만 존재하는 임시 과도적인 성격의 것이었다.[87] 따라서 군제가 어느 정도 완비되어 가는 가운데 '진위대-지방대 병렬 체제'는 '진위대 체제'로 흡수되었다. 지방대가 완전한 편성으로 존속한 것은 짧은 기간에 불과하였다.


## 2) 진위대

대한제국 시기 지방의 군대는 지방대를 대신하여 확대 개편된 진위대가 담당하였다. 1900년 6월에는 서북 경계인 평안북도 의주와 강계, 함경도의 북청과 종성의 4개처에 각 5개 중대로 편성된 진위대대를 편성하였다.[88] 이는 국경지역을 넘어올 우려가 큰 의화단을 방지하기 위한 목적에서 나온 것이다. 새로 편제된 평안도와 함경도 진

---

83 「勅令 제2호, 鎭衛隊, 地方隊 編制 改正」, 광무 3년 1월 15일, 『法令資料集』.
84 그러나 이는 군부와 탁지부 간 토지소유 분쟁의 주요 원인이 되었다.
85 『皇城新聞』, 광무 3년 12월 23일.
86 『承政院日記』, 光武 원년 11월 6일.
87 『國譯 韓國誌』(한국정신문화연구원 편), 1984, 674쪽.
88 「勅令 제22호, 平安北道, 咸鏡南道에 鎭衛隊를 設置하는 件」, 광무 4년 6월 30일. 『法令資料集』.

〈표 5-15〉 평안북도, 함경도 진위대 편제(1900. 6. 30)

| 구분 | 관등 | 직명 | 인원 | 5개 중대 인원 |
|------|------|------|------|----------------|
| 대대본부 | 참령 | 대대장 | 1 | |
| | 1,2,3등 軍司 | 향관 | 2 | |
| | 부위 | 부관 | 1 | |
| | 부/참위 | 무기주관 | 1 | |
| | 정교 | | 1 | |
| | 부교 | | 3 | |
| | 계 | | 9 | |
| 중대 | 정위 | 중대장 | 1 | 5 |
| | 부/참위 | 소대장 | 4 | 20 |
| | 정교 | | 1 | 5 |
| | 부/참교 | | 14 | 70 |
| | 병졸 | | 180 | 900 |
| | 계 | | 200 | 1,000 |
| 곡호대 | 부교 | | 1 | |
| | 곡호수 | | 10 | |
| | 鼓手 | | 10 | |
| | 계 | | 21 | |

위대대의 경우 각 중대는 2백 명, 5개 중대 인원은 모두 1천 명, 경비는 12만 5254원 20전이었다.

다음 달인 7월 20일 원수부에서는 지방대의 호칭을 폐지하고 지방군은 모두 진위대로만 편성하였다. 진위대는 7월 25일 다시 6개 연대로 확대 편제되었다. 이때의 「진위대편제」에 의하면 그간 지방대 편제 개정과 평북, 함남 진위대 설치 칙령은 모두 폐지하고 새롭게 경기도·충청북도·전라북도에는 2개 연대, 경상남북도에 1개 연대, 평양에 1개 연대, 강원도 및 함경남북도·평안북도의 국경지방에 2개 연대가 위치하게 되었다.

당시 전국 진위대는 6개 연대, 17개 대대로 편성되었는데 1연대 총원은 3,094명으로 연대본부 경비는 4,517원, 1개 대대 경비는 합계 125,254원 20전, 1개 연대 경비 총계는 380,279원 60전으로 6개 연대의 1년 총 예산지출은 약 216만원 정도로 추산

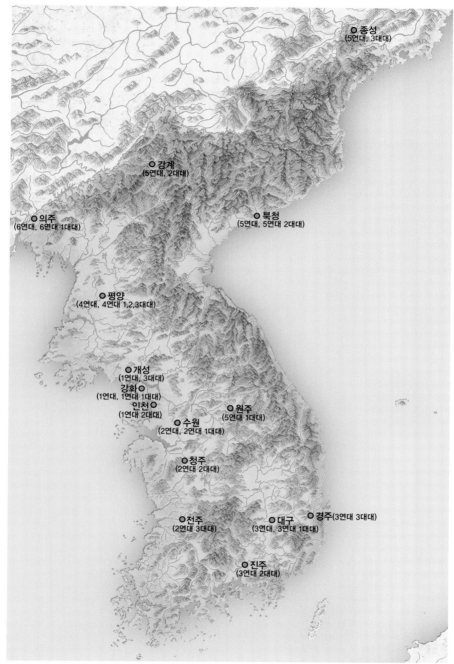

○ 종성
(5연대, 3대대)

○ 강계
(5연대, 2대대)

○ 의주
(6연대, 6연대 1대대)

○ 북청
(5연대, 5연대 2대대)

○ 평양
(4연대, 4연대 1,2,3대대)

○ 개성
(1연대, 3대대)
강화○
(1연대, 1연대 1대대)
인천○
(1연대 2대대)

○ 원주
(5연대 1대대)

○ 수원
(2연대, 2연대 1대대)

○ 청주
(2연대 2대대)

○ 전주
(2연대 3대대)

○ 대구
(3연대, 3연대 1대대)

○ 경주(3연대 3대대)

○ 진주
(3연대 2대대)

1900년 7월 전국 진위대 편제

<표 5-16> 진위대 직원 봉급(1900. 7. 25)

| 직명 | 정령 | 부령 | 참령 | 정위<br>1등군사 | 부위<br>2등군사 | 참위<br>3등군사 | 정교 | 부교 | 참교 | 병졸 |
|---|---|---|---|---|---|---|---|---|---|---|
| 월액 | 106원<br>25전 | 91원<br>80전 | 77원<br>35전 | 46원<br>75전 | 34원 | 28원<br>5전 | 9원 | 7원<br>50전 | 6원<br>50전 | 3원 |

<표 5-17> 진위 1개 연대 편제(1900. 7. 25)

| 구분 | 관등 | 직명 | 인원 | 3개 대대 인원 |
|---|---|---|---|---|
| 연대본부 | 정령 | 연대장 | 1 | |
| | 정위 | 부관 | 1 | |
| | 부/참위 | 무기주관 | 1 | |
| | 부/참위 | 기관 | 1 | |
| | 정교 | 본부하사 | 1 | |
| | 부교 | 본부하사 | 1 | |
| | 참교 | 본부하사 | 1 | |
| | 계 | | 7 | |
| 대대 | 참령 | 대대장 | 1 | 3 |
| | 1,2,3등 군사 | 향관 | 2 | 6 |
| | 부위 | 부관 | 1 | 3 |
| | 정위 | 중대장 | 5 | 15 |
| | 부/참위 | 소대장 | 20 | 60 |
| | 군의보 | 판임 | 1 | 3 |
| | 정교 | | 6 | 18 |
| | 부/참교 | | 73 | 219 |
| | 병졸 | | 900 | 2,700 |
| | 계 | | 1,008 | 3,024 |
| 곡호대 | 부교 | | 1 | 3 |
| | 곡호수 | | 10 | 30 |
| | 고수 | | 10 | 30 |
| | 계 | | 21 | 63 |

된다.[89] 이러한 예산 지출은 인원과 군사비의 측면에서 볼 때 군대의 축소가 이루어졌

---

89 『皇城新聞』, 광무 6년 2월 3일 및 2월 4일자에 의거한 개략적인 산출 근거는 다음과 같다.
   1개 대대 경비 : 12만 5254원 20전.

던 갑오·을미년간에 비해 상당히 증강되었음을 알 수 있다.

이와 같이 진위연대의 편제가 완비됨에 따라 예하 소대에 이르기까지 재편작업이 계통적으로 이루어졌다. 그와 같은 사실은 1900년 11월 경에 가면 관서진위대 사령관이 영변진위대 소대장에 보내는 "본대本隊의 군용軍容은 점차 모양을 갖추어 가고 있다. 교감 병정 등을 시상할 것"[90]이라는 훈령내용에서도 어느 정도 짐작할 수 있다. 진위대의 병력은 이후에도 계속 부분적으로 증가되는 추세였다. 같은 해 12월에는 제주목에 진위 1개 대대를 신설하였고, 1901년 5월 평양에 1개 진위대대를 증설하였고, 7월에는 인천과 강화진위대에서도 신병을 증액 모집하였다.

예산편성에서도 알 수 있듯이 진위대는 많은 경비를 필요로 하였다. 이 문제를 해결하려고 진위대에서는 각처에 있는 군근토軍根土(군전軍田)를 농민에게 경작시켜 도조賭租를 받아 재정에 보조케 하였다.[91] 게다가 각 진위대 경비를 탁지부 예산 외에 부근 군의 공전公田 중에서 외획外劃으로 충당하였고,[92] 진위대 향비餉費를 해당 지역의 결호전結戶田으로 획하劃下하여 군민이 기근에 허덕이는 경우도 많았다.[93] 경비를 인접한 다른 군에 부담시키고, 평안도 의주義州와 같은 국제시장에서는 상인들에게 거래세를 걷어 부대의 경비를 조달하는 경우도 있었다.[94]

이 시기 내장원과 탁지부의 징세를 통한 황실과 정부의 지속적인 세입확충 정책에도 불구하고 군사비의 지출은 지나칠 정도로 많아 정부의 예산회의에서도 논란이 되었다. 예산부족으로 1902년 단계에 가면 탁지부에서 진위대 병정 수를 반으로 줄이고 시위·친위대는 매일 반씩 출근하여 식비를 삭감함으로써 총 예산 부족액을 보충하자고 제의하여 이 문제가 논의되기도 하였다.[95] 경상북도의 경우 대구진위대 병

---

연대본부 경비 : 4517원.

1개 연대 총 경비 : 38만 279원 60전.

전국 진위대 총 경비 : 5개 연대 경비+6개 연대 본부 경비+2개 대대 경비=215만 6423원 40전.

90 「非韋訓學存案」 제4책, 광무 4년 11월, 『各司謄錄 37권 -평안도편9-』, 405쪽.

91 『官報』, 光武 4년 11월 29일.

92 『皇城新聞』, 광무 3년 10월 13일 ; 『皇城新聞』, 광무 5년 11월 27일.

93 『皇城新聞』, 광무 5년 12월 17일.

94 『皇城新聞』, 광무 4년 9월 12일.

95 『皇城新聞』, 광무 6년 1월 31일.

력 100명의 감액 문제를 둘러싸고 원수부와 관찰사 간의 알력이 생기는 경우도 있었다.[96] 그렇지만 병력은 감축되지 않았고 오히려 계속 증가되는 추세에 있었다.

군대의 증설은 지속적으로 추진되었다. 그 결과 1900년 7월에는 총 병력 수 1만 7천여 명의 전국 진위대 편제를 갖출 수 있었다. 이는 독립신문에서 1897년 2월 현재 군부 병정의 수를 4천여 명으로 추산한 것과 대비할 때 상당한 증액임을 알 수 있다.[97] 이 시기에 이르면 군사기구의 조직도 체계적으로 정비되어 갔다. 1902년 황성신문의 「논설」에 의하면 이 기간 군사의 현황과 군사비 지출규모를 자세히 알 수 있다.

신문에서 말하는 당시의 병액은 시위·진위 6천, 지방대 7,600, 평양병 3천, 원수부 9백 계 17,560명이다. 1902년 군사비는 3,594,911원으로 군사비가 정부 예산의 거의 절반을 차지하는 것임에도 불구하고 군사가 단지 토비土匪탄압과 적도賊徒방어에 있을 뿐, 우수한 병기사용의 미숙성으로 수만금의 거액을 소비하고 있다고 한다. 따라서 감병減兵은 국고를 절감하는 좋은 방법일 뿐만 아니라 식산생재殖産生財의 원천이라 하면서 신문에서는 감군안減軍案으로 서울 수위守衛 약 1천 명, 지방 주둔 1천 명, 변경 마적馬賊방어 1천 명의 총 3천 명이면 족하고 그 나머지는 영업 분야에 돌릴 것을 주장하였다.[98] 그러나 군대감축과 식비삭감 등의 문제에 대해 원수부 군무국총장 이종건李鍾健도 의정 윤용선尹容善에게 조회하여 그 부당성을 논하면서 강력히 반발하여 결국 타결을 보지 못하였다.[99]

건양 연간에는 의병 진압을 위해 정부는 친위대와 지방대를, 이후 대한제국 시기에는 주로 진위대를 파견 진압하였다. 진위대의 주요 활동은 활빈당活貧黨·영학당英學黨·'동비여당東匪餘黨'·민요民擾·화적·비도 등 지방의 민란이나 소요의 철저한 진압, 범죄자 포착, 지역순찰 등에 있었다. 이 시기 황성신문 등에 나타난 진위대의 지방 진무 사례를 요약하여 살펴보면 다음과 같다.

---

96 『高宗實錄』, 光武 7년 6월 25일.
97 『독립신문』, 건양 2년 2월 13일.
98 『皇城新聞』, 광무 6년 2월 3일 및 2월 4일.
99 『元帥府來文』(奎 17783) 제6책, 光武 6년 2월 18일.

1899년 3월 25일 : 전라도 전주 등 7개 군에 민요民擾가 발발하자 전주진위대에서 1개 소대를 발하여 총을 쏨.

1899년 6월 4일 : 전북 고부, 흥덕 등지에 영학당英學黨이 발생하자 이를 진압하기 위해 강화지방대가 출동.

1900년 3월 21일 : 남도 활빈당活貧黨으로 인해 전주진위대 위관이 경부警部에 조회하여 각 지방대로 토벌케 해달라고 청하였고, 내부는 충남관찰사에게 사태파악을 명령.

1900년 3월 23일 : 충북관찰사 서리가 근일 활빈당 4~50명이 부민富民재산을 약탈한다고 공보하였고, 청주지방대는 적당賊黨을 당할 수 없다고 군부에 보고.

1900년 3월 27일 : 해주지방대에서 군부에 청하길 동학여당東學餘黨이 일어나니 본대병을 파송하여 변을 막자고 청함.

1900년 4월 12일 : 최영호가 지방대병을 거느리고 활빈당을 진멸하라는 원수부 위임장을 가지고 대구로 출발.

1900년 4월 14일 : 청주지방대병이 속리산에서 활빈당 20여 명을 체포.

1900년 4월 14일 : 전주진위대에서 '동학 수괴' 고문선을 포착.

1900년 5월 1일 : 청주지방대에서 동학당 이영원 등 9인을 체포하였으나 무죄방면.

1900년 8월 24일 : 원수부에서 함경도 성진민요城津民擾 진압 차 북청지방대 1·2소대를 보내어 주동자 허현, 한진직, 한정우를 잡아오라 명함.

1900년 9월 7일 : 경북 청도, 경산, 경주, 영천 등지에서 육혈포 등으로 무장한 화적 90명이 출몰하자 내부에서 군부에 조회하여 진위대 파견을 요청. (『뎨국신문』)

1900년 9월 24일 : 경남에 활빈당이 '창궐'하자 원수부에서 진위대 1소대를 증파.

1900년 10월 19일 : 경남관찰사가 의령, 창령, 단성 등에 도적이 많다며 원수부에 조회하여 진위대 1소대를 주둔시켜 달라 청함.

1900년 11월 17일 : 진남진위대 병정 11명이 활빈당 5명을 경부警部로 압송.

1900년 11월 26일 : 진위대 병정 4명이 활빈당 5명을 경부로 압송.

1900년 12월 11일 : 원수부에서 도적 진압을 위해 경남에 군대를 파견하였고, 함북진
　　　　　　　　위대에는 청비淸匪와 토비土匪를 섬멸하라는 명령을 내림.
1900년 12월 20일 : 경남에 도적 들끓어 원수부에서 장교들을 파견하여 울산에서 진
　　　　　　　　위대병을 훈련.
1901년 1월 8일 : 고성진위대 병정 10명이 활빈당이라는 6명을 체포하여 경부로 압
　　　　　　　　송.
1901년 6월 17일 : 창원군에 화적이 출몰하여 내외국인을 겁탈劫奪하자, 일본공사가
　　　　　　　　정부에 체포를 요청하여 고성진위대를 파견하기로 함.

　　진위대의 각 대장은 주둔지 및 부근지에 비상한 사변이 있을 때는 파병진압과 국내
안녕질서를 위해 주도자와 참여자를 '초토·포착·진정·초멸'하는 일을 주요한 임무로
삼고 있었다.

　　「진위별칙鎭衛別則」
　　一. 진위 각 대대장은 인명재산에 보호하난 직책이 유有하니 해 주둔지 및 부근지에 비
　　　　상한 사변이 유한 시는 이를 진압 혹 무타無綏함이 가할 것.
　　二. 비도와 적도와 다른 나라 비도가 군당群黨을 결하고 수륙에 출몰하여 인명을 상해
　　　　하며 공사재산을 약탈하며 국내 안녕질서를 소란하난 각 대장은 이를 초토하며 혹
　　　　포착하여 진정하는 일을 행할 것.
　　三. 비도·적도 및 외국비도가 국가의 체면과 법률을 오손汚損하며 지방 정제政制를 침
　　　　범하거나 혹 관병을 저항하여 무기를 상교相交하는 시에는 즉시 초멸할 것(四조 이
　　　　하 생략)[100]

　　지방군의 활동 중 특별한 내용으로는 북변지역 간도유민들과 의화단(자료상 '청비淸
匪')의 분쟁에 진위대와 포군 등이 관여한 사실이 주목된다. 대한제국 시기 군사의 임

---

**100** 「訓謄册」 제7책, 경기도 보유편, 광무 9년 8월, 『各司謄錄 47권』, 266~268쪽.

무는 중앙군은 황실수비와 도성순찰이었으며, 진위대에 별도로 변경수비 조항을 두어 북쪽의 국경수비에 일부 충당하고 있었지만, 그것은 국경 일대의 청비淸匪 방어도 힘들 정도였고 간도유민과 청국주민들의 분쟁을 조정하는 등 지엽적인 문제를 해결하는데 불과하였다.

따라서 서북과 관북의 국경치안은 심각한 수준이었다. 이 지역은 한국과 중국, 러시아의 접경지역이자 중앙의 통제로부터 느슨해진 지역상황에서 국경을 넘나드는 홍후즈紅鬍賊 등 각종 마적단들과 이후 1900년 무렵에는 의화단의 잔여 세력들이 수시로 출몰하여 주민들은 극도로 불안하였다.

당시 변경 방위의 실태는, 서북의 경우 1899년 10월 평북관찰사 조민희趙民熙가 원수부에 보고한 바에 따르면 '보호포수' 혁파 이후 이 지역 치안을 유지하는 자는 민정民丁에 불과하나 민은 병에 비할 바가 전혀 못되고, 갑오 이후 진채鎭寨를 모두 폐지하여 단지 군에는 4~5명의 순교巡校와 6~7명의 사령使令이 있을 따름이므로 청국인의 돌입과 약탈을 방어할 수 없다고 하였다.[101] 진위대 병정의 군사력으로는 청국비도를 막을 수 없자 포수로 유명한 강계지역에서는 부득이 사설 포수부대인 충의사忠義社와 합력하여 방어에 주력하였다.[102]

관북의 경우 1898년 3월 함남관찰사가 청국 변경에 사는 청국인 '양재'와 '범금'이 무기를 쌓아두고 비도匪徒를 모은다고 내부에 정탐보고를 하면서 그 대비책으로 북청지방대 병정 100명을 삼수·갑산에 더 파병시켜 달라 요청할 지경이었다.[103] 이듬해 청비淸匪가 다시 국경을 넘어와 삼수·갑산 주둔 대와 교전하는 한편 민가 17호에 방화하고 주민과 우마 및 재산을 약탈해 감에 군수가 각기 사포私砲 30~40명과 해당 지역에 주둔한 위관을 이끌고 합력하여 적당 100여 명과 교전하였지만 역부족이었다.[104] 1902년에는 무산茂山군수 지창한池昌翰의 건의로 산포山砲 300명을 모집하여 포계砲契를 만들어 이에 대항하였다.[105]

101 『元帥府來文』(奎 17783) 제1책, 光武 3년 10월 10일.
102 『元帥府來去案』(奎 17809) 제3책, 光武 6년 9월 5일.
103 『독립신문』, 광무 2년 3월 26일.
104 『元帥府來文』(奎 17783) 제1책, 光武 3년 10월 10일.
105 『皇城新聞』, 광무 6년 12월 6일.

번경 방어에 대한 해결책은 이미 1894년 이후 이 지역 주민들로부터 계속적으로 제기되고 있었다. 고종도 1896년 6월 11일 칙령 제28호로 서북과 동북의 치안을 위해 포군砲軍 설치를 재가하였다. 그 내용은 압록과 두만강변 9개 읍에 20명씩 보호포군을 설치하고, 갑산甲山·삼수三水 양군에는 각기 40명을 설치하여 계엄 방수防守하자는 것이다. 이때부터 해체된 포군은 복설추세에 있었다.[106]

그러나 이 문제는 제대로 시행된 것 같지 않다. 이에 그해 11월 갑산 유생 조정국趙鼎國, 삼수의 출신出身 엄주하嚴柱夏 등 동북민들이 상소하여 중국 비적(호적胡賊)의 침입에 대비하여 부府를 설치하고 병사를 두어 방비할 것을 청하였다. 11월 5일 조정국 등은 "관찰부를 복설하고 지방대를 환원하고 평일에 장수를 키우고 상시에 조병操兵하면 안으로는 가히 그 본을 공고히 하고 밖으로는 가히 그 후회하는 바를 막을 것이다"[107]라고 하였다. 같은 달 23일 평북 강계군 전 주사 김봉송金奉松 등이 상소하여 강계江界 등 6군에 폐지된 관찰부를 다시 설치하고 해산된 순검과 병정을 다시 둘 것을 청하였다.[108]

한편으로는 1901년 3월 전국 해안 방어요새에 포대를 설치하였다. 이는 갑오개혁 시기 일본에 의해 철거된 포대를 다시 보완 증설한 것이다. 경기도는 인천부 해안, 남양군 제부도, 강화부 해안, 충남은 당진군 송도, 보령군 전 수영, 태안군 안면도, 전북 옥구군 고군산, 부안군 변산, 전남 해남군 해안, 진도군 해안, 완도군 해안, 여수군 해안, 돌산군 거문도, 지도군 고하도, 경북 연일군 해안, 경남 진해군 해안, 거제군 해안, 남해군 해안, 창원부 마산포, 동래부 절영

**덕진진 남장포대(인천 강화)**
덕진진에 소속된 포대로 신미양요 때 미국 아세아 함대와 포격전을 전개하였다.

---

106 『近代中韓關係史資料彙編 제1책』(胡春惠·張存武·趙中孚 편), 國史館, 臺北, 1987, 91쪽.
107 『高宗實錄』, 建陽 원년 11월 5일.
108 『官報』, 建陽 원년 11월 10일 ; 『官報』, 建陽 원년 11월 25일.

압록강 변에 설치한 진위대 지도(1902년도 전후 작성 추정)
『關西關北鎭衛隊分駐隊坐地圖形』(규장각한국학연구원)

도, 울산군 해안, 황해도 예천군 해안, 옹진군 해안, 해주군 해안, 평북 의주군 압록강안, 강원도 통천군 해안, 함남 영흥군 해안, 정평군 해안, 홍원군 해안, 함북 경흥부 웅기 지역에 설치하였다.[109]

1900년 6월 16일 황제는 평안도와 함경도 국경지역에 군사를 증강 배치하여 경계를 강화할 방법을 원수부에 마련하라고 지시하였다. 이에 따라 6월 23일 평안북도와 함경 남북도에 진위대대가 새로 편제되었다.

1900년 6월 원수부 군무국 총장 이종건이 의정대신 윤용선에게 평북 의주, 강계 양군과 함남 북청군, 함북 종성군에 각각 진위 1대대씩 2개 대대를 설치하여 연변 요해의 수비에 대처케 하지고 요청하여 의정부 회의에 제출하였고 칙령으로 반포되었다. 이는 의화단 사건으로 청나라 변경의 유민들이 압록강을 넘어오면 지방대로서는 방어할 수 없으므로 군제를 개편하여 더욱 강화한 것이다. 또한 강화병江華兵 120명을 함북으로 파견하여 진위대를 보충하였다.[110]

---

109 「각 도 연해 요새지에 포대를 설치하는 것에 대한 청의서와 칙령」, 광무 5년 3월 4일, 『各司謄錄』 근대편.
110 「평안북도와 함경남북도에 진위 설치에 대한 칙령」, 광무 4년 6월 23일, 『各司謄錄』 근대편.

이렇듯 서북과 동북에 진위대대를 증설한 것은 당시 동북과 만주에서 치열하던 의화단義和團의 활동으로 우리나라 변경도 화를 입을 염려가 있으니 서울과 지방의 각 대 정예병을 차출하고 지방 재사才士와 포수砲手 등을 잘 훈련시켜 연강 요처에 주둔시켜야 할 것이라는 여론에 부응한 측면이 있었다.[111] 이는 주한 일본공사 하야시 곤스케林權助가 외무대신 아오키 슈죠靑木周藏에게 "한국 정부는 평양의 군사력을 현재의 두 배로 하여 2대대에 증원하고 지방에서 3대대의 병력을 창설하여 국경에 주둔시키기로 결정하였음. 이러한 증원의 목적은 한국 땅에 들어오는 의화단의 침입을 막기 위한 것이라고 주장되고 있음"이라는 보고에서도 확인된다.[112]

이러한 변경치안 문제에 대해 무예가 뛰어난 사람을 선발하여 등용하고 변경지역에서는 집집마다 강무講武하여 국방을 강화하는데 국력을 기울여야 한다는 주장이 제기되기도 하였다.[113] 전 중추원의관 강홍대康洪大는 서북 연변에 구제舊制대로 보堡·채寨·진鎭을, 가장 요지에는 방어영防禦營을 설치하되 병졸의 경비는 둔전屯田을 개간하면서 방변防邊을 시행할 것을 청하였다.[114] 전 관찰사 이병휘와 전 시종 이유형이 인민 조직의 방침과 민병民兵창설의 계획을 정부에 제출하여[115] 국방강화의 시급함을 호소하고 정부의 대책마련을 촉구하고 있었다.

여러 사례에서 보이는 것처럼 진위대의 활동은 주로 국내 치안유지에 있었다. 일반적으로 한 나라의 군사력 편성은 국방체제 강화가 가장 큰 임무인데, 대한제국 시기 지방 군사제도는 방대한 예산 투입에도 불구하고 정작 힘을 쏟아야 될 국방문제에는 소홀한 측면이 적지 않았다. 오히려 군사의 확충은 황실수비와 지방치안 등 주로 내부적인 문제에 집중되었다.

경제적 문제와 결부되어서도 많은 문제가 파생되고 있었고 또 다른 한편으로는 지방대·진위대 군사의 월권행위나 이권개입도 심각한 문제였다.

매천 황현黃玹에 의하면 "장수들은 완고하고 병사들은 교만하여 백성들을 힘들게

---

111 『皇城新聞』, 광무 4년 6월 25일 「論說」.
112 「平壤鎭衛隊 增强에 관한 件」, 1900년 6월 18일, 『駐韓日本公使館記錄』.
113 『고종실록』 권43, 光武 7년 7월 19일, 중추원의관 金聖基의 상소.
114 『고종실록』 권43, 光武 7년 7월 22일.
115 『皇城新聞』, 광무 7년 9월 4일.

하는 것만 일로 삼았다. 토비土匪를 토벌할 일이 생겨도 약한 고양이가 강한 쥐를 피하듯 하여 아무런 힘이 없었다"[116]고 하였고, "그들은 어떤 소요가 발생하여 출정할 경우 적도만 보아도 먼저 도주하였으며, 오직 평민들만 착취하고 사족을 경멸하였으므로 온 나라가 소란하였지만 고종은 그들을 비호하였고, 간혹 군관軍官이 그들 중 더욱 행패가 심한 자들만 골라 법으로 다스렸지만 그때마다 조서를 내려 그들을 용서하였으므로 군의 기강이 더욱 문란하였다"[117]는 것이다.

지방군인의 직무유기도 지적되는 문제였다. 일부 지방대 위관 중에는 근무지를 떠나 한두 달씩 상경하여 머물기도 하고 혹은 몇 개월씩 집에서 있는 경우가 있었다. 그럼에도 군부는 벌을 주지 않았기 때문에 이런 행태가 태연하게 벌어졌고, 도리어 승진을 위해 중앙 권문에 출입하기도 한다는 것이다.[118]

1898년 1월 남원 진사 이강원이 역토驛土의 이권문제로 자신을 지방대로 잡아가 매질을 하고 돈 1백 량을 토색하였다고 광주지방대 대대장 우기정을 군부에 정소하였고,[119] 전남 능주군 인민들이 도조賭租를 위해 자신들이 만든 사토私土를 속공屬公하겠다는 광주지방대의 무단 침학으로 지탱할 수 없어 모두 흩어질 지경에 이를 정도가 되었다고 호소할 지경이었다.[120] 이러한 문제에 대해 군부에서는 각 진위대와 지방대에 훈령하여 민정에 간섭하지 말고 지방관들의 권리를 침범하지 말아 갈등되는 폐단이 없도록 하라고 하였다.[121] 그러나 대민피해는 여전하였다. 강화도의 경우 둔민屯民이 이 지역 지방대의 방조로 2년간이나 강화부 소관 둔토세 납부를 거부하는 경우가 생길 정도였다.[122] 경상도 안동지방대의 경우 범죄자 체포시 족채전足債錢을 징수하는 경우도 있었다. 안동지방대에서는 관하 각군 부민에게 "내 죄를 내가 알렸다"하며 잡기죄목을 씌어 돈과 재물을 토색하였다.[123] 이 시기 신문 논설에서도 중앙군과 지방

---

116 『梅泉野錄』, 건양 원년 丙申, 「지방대의 병력 정원」.
117 『梅泉野錄』, 광무 원년 丁酉, 「수원, 원주 등지의 지방대 증설」.
118 「論說」 『皇城新聞』, 광무 3년 1월 16일.
119 『독립신문』, 광무 2년 1월 4일.
120 『독립신문』, 광무 2년 5월 19일.
121 『독립신문』, 광무 2년 5월 24일.
122 『訓令照會存案』(奎 19143) 제5책, 光武 3년 12월 20일.
123 『皇城新聞』, 광무 4년 5월 14일 ; 『皇城新聞』, 광무 4년 6월 9일.

군의 오합지졸과 같은 형편을 말하고, 특히 지방 병졸들의 횡포가 극심하다고 비판한 바 있다.[124]

이러한 문제를 우려한 황제는 그 대책으로 1900년 8월 1일 조서를 내려 원수부로 하여금 서북 양계에 신설한 진위대를 엄중 단속하여 지방에 민폐가 없도록 할 것을 지시하였다.[125] 그럼에도 불구하고 평안도 정주에서는 전 마름[사음舍音] 이병모李炳模가 이 지역 진위대의 완문을 믿고 현 마름 김유득金順得을 진위대에 잡아 가두고 서로 협잡하여 불법으로 내장원 소관의 토지 소작인으로부터 수세한 사건이 있었다.[126]

경상도 고성지방대에서는 어방전漁防錢을 수세하는 폐해로 남해민들이 살 수 없을 지경이 되었다고 호소하였고,[127] 평양의 경우 진위대 병정의 월권행위는 군민이 "부윤에 참령의 권한을 주어 통솔케 하자"고 내부內部에 호소할 정도였다.[128] 군전軍錢 징수의 명목으로 민전民田을 빼앗는 일이 비일비재했고,[129] 순찰병정이 인민을 포박하고 재물을 늑탈하는 횡포도 적지 않았다. 그와 같은 사실은 1902년 당시 대구진위대 대대장 장봉환張鳳煥이 언급한 "대개 들리건데 본대 병졸의 지방순찰은 민간에 크게 폐가 있는데 그것도 내용이 모두 다르다. 혹 양민을 잡아 적도賊徒로 몰아 뇌물을 받는 것이 낭자하고 혹은 군리郡吏를 공갈하고 넘어서는 민사에 간여하고 혹은 점막과 참站에 머물면서 술과 음식을 강제로 빼앗아 먹으니 이민吏民이 군인 보기를 마치 원수와 같이 한다. 이 어찌 국가가 병사를 기르는 본뜻이겠는가?"라는 기록에서 잘 알 수 있다.[130] 모병과 비용조달 과정에서의 폐해로 말미암아 함경도 북청지방과 같이 민란으로 확대되어 중앙에서 안핵사가 파견되는 경우도 있었다.[131]

---

**124** 『皇城新聞』, 광무 2년 10월 18일.

**125** 『고종실록』 권40, 光武 4년 8월 3일.

**126** 『訓令照會存案』(奎 19143) 제12책, 光武 4년 10월 24일.

**127** 『皇城新聞』, 광무 4년 9월 20일.

**128** 『皇城新聞』, 광무 5년 1월 16일.

**129** 예컨대 1898년 2월 북청 남병영의 신임 참령이 군전을 대납하던 동민의 민전을 빼앗는 사례(『고종실록』 권37, 光武 2년 2월 19일 전 참봉 襄興祚 등 상소).

**130** 張龍煥, 『孜生錄』 『忠北史學』 3(부록), 충북대학교 사학회, 1990, 181쪽.

**131** 『皇城新聞』, 광무 5년 2월 9일.

# 제3절

# 근대적 군사양성 제도와 군비 강화

## 1. 무관학교 운영과 사관 양성제도

1895년 5월 16일 칙령으로 훈련대 사관양성소士官養成所 관제를 반포하고 기구를 설치하였다.[132] 이는 훈련대에서 필요한 군사후보생을 교육시키기 위함이었다. 훈련대 사관양성소는 소장(영관), 부장(위관), 교관(위관), 조교(하사), 번역관(주임관), 주사(판임관), 전어관傳語官(판임관) 등의 직제를 두었다. 사관양성소 소장은 군부 군무국 군사과장이 겸임하면서 군무국장의 명을 받게 되어 있었다. 당시 학도의 수학기간은 3개월로 정했고, 소장·부관 및 주사는 군부 내 직원 중에서 겸임케 하고, 교육은 내외교관內外敎官으로 충당케 하였다. 전어관(통역) 역시 외국인을 고빙하여 충당할 수 있도록 하였다. 이는 일본인 교관에 의해 조선의 주요 군인을 육성하고자 하는 계산에서 비롯된 것이었다. 같은 해 7월 23일 관제를 개정하여 훈련기간을 3개월에서 18개월로 연장하였다.

그런데 민왕후 시해사건 관련혐의로 훈련대가 폐지되자 훈련대 사관양성소 준비도 흐지부지 되었다. 1896년 1월 3일 외부대신 김윤식은 일본변리공사 고무라 슈타로에게 일본인 군사교관 고빙을 다시 의뢰하였는데, 이때 사관 1명과 하사 1명이 사관양

---

132 『일성록』, 고종 32년 5월 16일 병술.

성소 교관과 조교를 겸임케 하였다.[133] 여기서는 단지 사관양성소를 언급하였을 뿐 과거의 훈련대 사관양성소라는 이름을 쓸 수 없는 형편이었다.

그러던 상황에서 1896년 1월 11일 다시 칙령으로 『무관학교관제』를 재가 반포하였다. 관제 제21조에 "교관 조교는 현금간現今間에는 외국무관에게 촉탁할 수 있음"을 규정하여 일본군에 의한 교육훈련의 길을 여전히 남기고 있었다. 이날 부로 훈련대 사관양성소관제는 폐지하고 그 기능은 개칭한 무관학교에서 흡수하였다. 같은 해 1월 15일 군부광고 제2호로 「무관학교 학도모집령」을 발표하였다.

6개 조와 3개의 서식으로 되어 있는 '학도모집령'의 주요 내용을 보면, 무관학교는 20세부터 30세 무관출신을 지원자로 시험을 통해 모집하였는데, 체격은 5척尺 이상의 신체 강건한 자로 입학을 원하는 자는 '무관학교입학청품장' '이력서' '호적등서' 등을 보증인 연서로 제출토록 하였다. 학도의 수업 연한은 1개년으로 정하였다.[134]

그러나 국왕이 러시아 공사관에 머물고, 대외적 위상에 실추되어 있는 상황에서 이 시기 무관학교는 유명무실한 존재로 실제 설립되지 못하였다. 무관학교 설립 문제가 다시 논의되기 시작한 것은 환궁하고 대한제국을 선포한 이후부터였다.[135]

1897년 11월 군부협판 주석면은 군제개혁에 관한 6개 조항을 상소하면서 '무관학교武官學校를 특설하여 사관을 양성할 것'을 청하였다. 그는 "군사는 많은데 있지 아니하고 오직 정精한데 있다"면서 다시 기골이 장대하고 튼튼한 소년을 뽑아 대오에 충원하고 무관학교를 특설하여 총준자제聰俊子弟 중 시무時務와 경사經史에 밝은 자를 선발하여 사관上官의 임을 맡기어 교육 연습시켜 문무를 겸비케 할 것을 주장하였다.[136]

이러한 과정을 거쳐 1898년 3월 의정부 찬정 군부대신 이종건이 정치상의 의견서를 정부회의에 올렸는데, 그 중 무관학도 1백 명을 뽑아 외국의 좋은 규범을 참작하

---

133 『舊韓國外交文書 3(日案)』, 建陽 원년 1월 3일.

134 『官報』, 건양 원년 1월 15일.

135 대한제국 시기 무관학교 설립과 운영의 전반적 상황에 대해서는 車文燮, 「舊韓末 陸軍武官學校 研究」『亞細亞研究』50, 1973 ; 林在讚, 「舊韓末 陸軍武官學校에 대하여」『慶北史學』4, 1982가 참조된다.

136 『승정원일기』, 광무 원년 11월 6일.

여 무관학교를 시급히 설립하여 인재를 양성하자고 하여 재가를 받았다.[137] 이어 칙령으로 5월 14일 관제가 개정되면서 무관학교가 설치되었다. 이 관제에서는 1년의 수업연한을 규정한 1896년의 관제와는 달리 과를 3개 과로 구분하여 제1, 제2과는 군부대신이 연한을 정하는 일종의 속성과로, 제3과는 총 5년을 기한으로 하였다. 학도들의 수당으로는 1달에 2원씩 지급하고 1년이 지나면 해마다 1원씩 올려주도록 하였다.

대한제국 무관학교 교관과 생도들

무관학교 교장은 고위군인 중에서 발탁하여 겸직하는 형태를 취하였고, 교관들은 대체로 일본에 유학한 자였다. 역대 무관학교 교장은 이학균, 이한영, 백성기, 권재형, 조동윤, 이병무, 조성근, 권중석, 노백린, 이희두 등으로 이들 중 황제로부터 신임을 받고 있었던 이학균의 재임 기간이 가장 길었다.[138]

1898년 6월 14일 현재 무관학교 학도 2백 명 모집에 지원자 수는 1,700여 명[139]에 이를 정도로 일반인에게 인기 있는 학교로 부각되었다. 9월 14일에는 새로 선발된 무관학교 학도가 경운궁으로 가 황제를 알현하기도 하였다. 이듬해 6월에는 황제가 무관학도들의 기예를 보러 온 적도 있었다.

무관학교 학도의 교육은 차질없이 진행되어 1899년 7월에는 무관학도 중 우등생 20여 명을 선택하여 원수부 위관에 보임하였다. 반대로 하기시험을 치른 후 수준이 떨어지는 학도 22명은 학교장 이학균의 지시에 따라 퇴교시켰다.[140] 무관 재교육 및 속성반 기능도 두었다. 1899년 8월에는 황제의 칙령으로 군사를 통솔하는데 미숙한

---

137 『독립신문』, 광무 2년 3월 31일.
138 車文燮, 앞의 논문, 1973, 10쪽.
139 「施政一班·任免一束·雜件」, 1898년 6월 14일, 『公使館記錄』.
140 『皇城新聞』, 광무 3년 7월 21일.

위관 41인을 선발하여 6개월 기한으로 무관학교에 입교시켜 기예와 구령을 연습케 하였다.[141] 10월에는 각 부대 위관 중 기예와 구령에 익숙하지 못한 30여 명을 6개월 속성과정으로 무관학교에 입학하여 무예를 연습케 한 적도 있었다.[142]

1899년 11월부터 무관학교 교장은 원수부 검사국장의 명령을 받고, 학도의 졸업 기한도 검사국장이 정하였고, 교장은 학도의 졸업시험 성적고과표를 검사국장에게 제출하도록 되어 있었다. 이러한 결과 약 1년 반의 결실을 보아 1900년 1월에 가면 원수부에서 무관학교 제1회 졸업시험을 실시하여 장연창張然昌 등 128명의 졸업생을 배출할 수 있었다.[143] 1903년 12월에는 제2회 졸업시험을 시행하고 이재룡李在龍 등 37명을 선발하였다.[144]

1900년 3월 27일 칙령으로「무관 및 사법관 임명규칙」을 반포하였다. 이에 따르면 무관은 무관학교 졸업자 중 원수부의 시험을 거쳐 임명하며, 군무 또는 사법에 숙달한 자는 비록 졸업증서가 없더라도 곧바로 임명토록 하였다.

같은 해 6월 18일 육군 장령위관將領尉官과 칙임관의 자손과 인척으로 무관학도를 천거하라는 칙령을 원수부총장 서리 민병석이 각부에 조회하였다.[145] 이는 육군 장령위관, 각 부부원에 근무하는 칙임관의 자손, 사위, 친동생, 친조카, 처남, 친증손, 친사촌, 내외종, 처조카 등을 대상으로 무관학도 추천을 받도록 한 것이었다.[146] 이러한 내용은 그해 9월 4일 조칙「무관학교관제개정」으로 확정되었다.

제2조 : 학도선용은 육군 장령위관將領尉官과 각 부부원府部院 칙임관이 각 몇 명을 천거하고 각도 관찰사가 도내인으로 각 몇 명을 천거하되 지벌地閥을 묻지 않고 단지 인재를 택할 사.

---

141 『皇城新聞』, 광무 3년 9월 1일.
142 『皇城新聞』, 광무 3년 10월 6일.
143 『皇城新聞』, 광무 4년 1월 19일. 이들 졸업생은 당일 무관학교장 이학균이 이끌고 경운궁으로 가서 황제를 알현하였다(『皇城新聞』, 광무 4년 1월 20일).
144 『고종실록』 권43, 光武 7년 12월 22일.
145 『皇城新聞』, 광무 4년 6월 20일.
146 『元帥府來去案』(奎 17809), 광무 4년 6월 18일.

제3조 : 원액原額 관비학도 외 지원자가 있을 시는 사비학도로서 입학을 허가하되 시험과 교육은 관비학도와 일체로 하며 액수는 50명 이내로 정할 사.[147]

모집공고 절차를 거쳐 1900년 7월 26일 무관학도 시험을 보았는데, 학도 모집자 중 칙임관 자서제질子壻弟姪 200명, 그 외 천거 받은 자가 5, 6백 명이었다. 이 중 황제가 친히 자격을 갖춘 200명을 선발하기로 되어 있었다.[148] 이때 선발할 무관학도는 노소남북중서의 이른바 '육색六色'을 망라한 공평한 인재선발을 표방하였지만,[149] 실제로는 칙임관 직계나 친계들을 우대하였기에 이날 시험에서 칙임관 자서제질로 위칭한 자가 70명이나 되었고,[150] 각 학교 학도가 무관학교 사관 시험에 응시하는 경우도 많아 학부에서 이들이 무관학교에 합격하더라도 즉시 쫓아내달라고 원수부에 조회한 적도 있었다.[151] 함경도 북청의 경우 사립무관학교 출신 학생 중 6명이 서울의 무관학교 시험에 합격하기도 하였다.[152] 칙임관 자서제질에 대한 특채는 이후 더욱 강화되어 1903년 학도 모집의 경우 전체 학도 5백 명 모집에 4백 명은 칙임관의 자서제질, 100명은 각 외국어 학도 중 선발하기로 되어 있었다.[153] 무관학교 졸업생 중 성적우수자는 궁내부에 간품되거나 참위參尉로 승차하였다.[154]

무관학교의 운영과정에서 일부 문제점도 노출되었다. 이에 1898년 11월 무관학교 학도들이 군부에서 관리를 기용하는데 불공평한 점이 많다고 항의한 바 있었다.[155] 당시 신문에서도 무관학교 교육 과정이 군부대신이 교체될 때마다 자주 바뀌었고,[156] 학교의 경비가 부족하여 복장 및 잡용雜用을 마련하기 어려울 지경에 이르러 시험으로

147 「詔勅 武官學校官制改正」, 광무 4년 9월 4일, 『法令資料集』.
148 『皇城新聞』, 광무 4년 7월 26일.
149 『皇城新聞』, 광무 4년 8월 4일.
150 『皇城新聞』, 광무 4년 7월 27일.
151 『皇城新聞』, 광무 4년 8월 27일.
152 『皇城新聞』, 광무 4년 12월 29일.
153 『皇城新聞』, 광무 7년 4월 17일.
154 『皇城新聞』, 광무 5년 10월 25일 ; 『皇城新聞』, 광무 6년 7월 8일.
155 『皇城新聞』, 광무 2년 11월 11일.
156 『皇城新聞』, 광무 3년 3월 29일.

보직하고 나머지는 교육 졸업한다는 설까지 보도하였다.[157]

1902년 1월 9일 무관학교 학생들이 군인으로서의 장래에 회의를 품고 집단으로 자진 퇴학사건이 발생하였다. 무관학교장 임시서리 백성기에 의하면 "학도들의 소원이 언제 이루어질지 막연하니 일찌감치 집으로 돌아가서 생업에 안착하는 것만 못하다"라고 하였다는 것이다. 이에 1월 10일 원수부 검사국총장 민영철의 상주에 따라 전일 발생한 무관학교 학도들의 퇴산退散사건에 대해 주모자를 조사하여 엄히 징계하고 학도들을 제대로 단속 못한 책임으로 무관학교장 임시서리 백성기와 참령 이희두, 중대장 신우균 등을 해임, 면관징계하고, 민영철은 1개월 감봉에 처하였다.[158] 곧바로 1월 13일 육군참장 권재형을 임시서리 무관학교 교장에 임명하였다.

이 사건은 무관학도 중 우등생 170명이 간품된 지 4개월이 되어도 직을 받지 못해 집단으로 자진 퇴학한 사건이었다.[159] 이에 청원 자퇴 주동자 조성환 등 13명을 잡아 육군법원으로 보냈고, 육군법원에서는 3월 2일 판결하여 이들 중 조성환은 역 15년에 처하고 나머지 12인은 석방하였다.[160] 이는 1898년 5월 14일 개정된「무관학교 관제」의 제2항 학도에 대한 처벌규정[161]에 의한 것이다. 이에 따르면 학도의 추천인에게도 엄히 책임을 묻고 있음을 알 수 있다. 이 시기 무관학교와 같이 관비로 운영되는 외국어학교의 경우도 확실한 사유 없이 퇴학한 자를 잡아 그간 지출된 경비를 소급하여 거두고 있었다.[162]

원수부 및 무관학교 설치와 더불어 장교들도 근대적 학문 습득이 요구되었다. 정부에서는 우수한 사관의 일본육사 유학을 추진하고 있었다. 이미 1900년 이전부터 일본에 유학하는 사관학도는 상당수가 되었으며, 1899년 10월 병학연구 차 도일한 이

---

157 『皇城新聞』, 광무 5년 5월 2일.

158 『官報』, 광무 6년 1월 18일.

159 『皇城新聞』, 광무 6년 1월 11일.

160 『皇城新聞』, 광무 6년 1월 20일 ;『皇城新聞』, 광무 6년 2월 12일 ;『皇城新聞』, 광무 6년 3월 3일.

161 "학도가 졸업하기 전에 무연염퇴하는 자와 군기문란하며 규칙누범하는 자와 행위부정하고 회오에 목적이 무하여 견태하는 시에는 해당 학도의 입학삭수를 계산하여 매 일삭에 역 1년으로 정하고 천주는 매 일삭에 벌금 10원을 정하여 징봉할 일".

162 『皇城新聞』, 광무 5년 9월 18일.

희두, 조희범이 일본 육군사관학교와 보병대에서 제반 군무를 익혔다.[163] 1900년 당시 일본유학생 가운데 육군사관학교 졸업자는 30여 명에 이르렀고,[164] 무관학교 출신으로 유학 중인 학생은 21명에 달했다. 이들은 일본 육군사관학교 등에서 수학하였고, 일본 육군성에서 실지 견습을 하기도 하였다.[165] 같은 해 10월에는 육군참위 김규복 등 18명을 일본에 유학보냈다.[166]

원래 일본 유학생의 경비는 1896년의 예산에는 23,000원이 책정되어 있었다. 당시는 일본측의 입장을 대폭 반영한 것이었다. 그러나 아관파천 이후 일본인들의 지배력 상실과 관련하여 예산에서 일시 사라지게 되었다. 그러다가 이후 대한제국 시기인 1899년과 1900년에 적은 액수로나마 다시 예산이 편성되었다.[167] 결국 이들에 대한 정부의 유학경비 지급이 원활하지 못해서 주일공사 박용화가 350원을 대신 지급한 적도 있었다. 오히려 그해 12월부터 외부는 주일공사에게 훈령하여 일본에 유학 중인 육군참위 노백린과 나머지 학도들에게 귀국명령을 내렸다. 일본에서 밀린 잡비는 정부가 지급하기로 하였다.[168]

그럼에도 대한제국 정부는 무관들의 외국유학을 지속시키려 하였다. 1903년 4월 다시 일본 무관학교 유학생 소환령이 내리자 주일공사 고영희가 이들의 졸업 때까지 유학할 수 있게 해달라고 학부에 보고하였고,[169] 학부에서는 유학생 7명의 졸업 때까지 유학을 허락한 적도 있었다.[170] 같은 해 무관학교에서는 프랑스와 독일 학교 교사를 초빙하여 학도에게 외국어를 교육하기로 하고 급료 등 제반 절차를 정하기도 하였다.[171]

---

163 『皇城新聞』, 광무 3년 10월 2일.
164 『皇城新聞』, 광무 4년 6월 1일.
165 『皇城新聞』, 광무 4년 1월 13일 ; 『皇城新聞』, 광무 4년 3월 28일 ; 『皇城新聞』, 광무 4년 4월 10일.
166 『고종실록』 권40, 광무 4년 10월 1일.
167 『國譯 韓國誌』(한국정신문화연구원 편), 1984, 708쪽.
168 『皇城新聞』, 광무 4년 8월 25일 ; 『皇城新聞』, 광무 4년 12월 8일 ; 『皇城新聞』, 광무 5년 3월 2일.
169 『皇城新聞』, 광무 7년 4월 17일.
170 『皇城新聞』, 광무 7년 4월 22일.
171 『皇城新聞』, 광무 7년 12월 19일.

## 2. 근대적 군사훈련 체계와 기율의 확립

보병조전(육군사관학교)

근대적 군사훈련을 체계적으로 하기 위해 무관학교에서는 이론서로『보병조전步兵操典』을 비롯한 많은 서적을 간행하여 서양 열강의 근대적 군사교리를 수용하였다. 원래 '보병조전'이란 용어는 1877년 일본 육군이 프랑스 군사교범을 직역 간행할 때 쓴 것으로,[172] 우리나라에서는 1894년 일본군의 경복궁 점령 이후 갑오개혁 추진 시기「조선왕궁 수위규칙」중에 처음 나오는 내용이다. 그 제8조를 보면 "수위사령관은 일반 장교, 하사관 약간 명을 선정하여 한국 병사에게 보병조전步兵操典에 관한 교육을 실시해야 한다"[173]고 되어 있다. 그러나 여기서 말하는 '보병조전'은 책 보다는 보병에 관한 교육과 훈련의 전반을 말하는 일반 명사로 생각된다.

그러다가 대한제국이 들어설 무렵인 1897년 11월 13일 궁내부특진관 민영준이 우리 군대 스스로에 의한 훈련체계 확립을 강조하면서 "각국 훈련기법의 장점만을 선택한 후 이를 한통으로 편집하여 대한제국의 구령으로 가르친다면 단기간에 정예병을 양성할 수 있다"고 주장한 바 있다.

이러한 정황에 따라 1898년 6월『보병조전』이 간행되었다.[174] 러시아식 군제의 영향이 남아 있다고 평가되는[175] 총 367개의 항목으로 구성된 이 책은 국한문 혼용으로 육군무관학교에서 학교장 이학균 편으로 발행한 것이다. 책의 내용은 크게 제1부 기본교련, 제2부 전투, 부록 순으로 되어 있다. 이중 제1부는 제1장 각개교련 : 도수교

---

172 일본은 1877년「보병조전」을 처음 간행한 이래 1887년 개정하였고, 다시 1891년 프러시아식으로 전술체계를 바꾸면서도 제목은 같은 이름으로 사용하였다(藤原彰,『日本軍事史』(嚴秀鉉 역), 時事日本語社, 1994, 116~117쪽 참조).

173 「朝鮮王宮守衛規則」, 연월일 미상,『公使館記錄』.

174 서인한,『대한제국의 군사제도』, 도서출판 혜안, 2000, 113~120쪽 참조.

175 "1897년 러시아의 내무교범이 우리[러시아측] 교관들의 지도로 한국어로 번역되었다"(『國譯 韓國誌』(한국정신문화연구원 편), 1984, 679쪽).

련, 집총교련, 산병散兵교련, 제2장 소대교련 : 밀집대차密集隊次, 산개대차散開隊次, 제
3장 중대교련 : 밀집대차, 산개대차, 제4장 대대교련, 제5장 연대교련, 제6장 여단교
련 순으로 구성되어 있다. 제2부는 제1장 보통원칙, 제2장 부대전투, 제3장 결론으로,
부록은 군기영송軍旗迎送, 군도지법軍刀持法으로 구성되어 있다. 『보병조전』은 특히
전투 보다는 병사들의 제식훈련에 많은 부분을 할애하고 있다는 점이 특징이다.

1899년 4월에는 황성신문에 『보병조전』 일편을 완간하였는데, 가격은 매권 40전
으로 군대 밖이라도 보고자 하는 사람은 무관학교 부관실로 청구하라는 광고를 싣기
도 하였다.[176] 『보병조전』은 이후 오랫동안 군사교범으로 활용되다가, 1906년 통감부
가 설치되면서 내용도 개정되었다.[177]

이 외에 1902년부터 『전술학교정』, 『군제학교정』, 『병기학교정』, 『축성학築城學교
정』, 『육군위생학교정』, 『마학馬學교정』, 『체조교정』 등 다양한 교범류 발간을 통해
대한제국이 러시아 외에 독일 프랑스 일본 등 열강의 군사교리를 수입하여 우리의 군
사현실에 맞게 적용시키려는 노력을 보였다.[178]

근대적 강병육성책과 더불어 정부는 원수부 산하에 육군헌병사령부와 육군법원 등
을 두어 엄정한 군사법률 체계를 강화하였다. 그 구체안으로서 1900년 6월부터 「육
군헌병조례」(6월), 「군대 내무서」(7월), 「육군법률」(9월) 등을 차례로 제정하였다.

헌병설치는 1900년 4월 17일 육군참장 백성기의 상소로부터 시작되었다. 그는 병
정들에 대한 순찰 및 군율 확립, 군사의 상벌 관장 등을 위해 시급히 군법국 산하에
헌병을 둘 것을 주장하였다.

> 군사는 용맹을 좋아하고 굳세어서 남에게 굽히지 않지만 행동거지는 일반 백성들보다
> 도 더욱 배나 조심해야 합니다. 병영兵營에서 나갈 때마다 거리에서 소란을 일으키지
> 않을까 걱정되기 때문에 일상적으로 각 거리에 군사를 파견하여 병정들의 행동을 순

---

**176** 『皇城新聞』, 광무 3년 4월 3일.
**177** 『승정원일기』, 광무 10년 6월 14일, "전일 반포한 보병조전의 내용은 군기유지 및 교육순서 순
으로 되어 있어 현실에 적합지 않음으로 원서를 참작하여 그 내용을 개정 반포함으로써 군대의
정예화에 힘쓰게 하라."
**178** 서인한, 앞의 책, 2000, 120~121쪽.

찰하고 있습니다. 지금에 와서는 규정이 해이해져 각 동洞에 파견된 자들이 순찰은 하지 않고 우두커니 서 있거나 명하니 산만 쳐다보고 있으니, 그들에게는 비록 밤낮이 없는 고역이겠지만 사실은 자그마한 보람도 없으며 도리어 군무상 큰 손해가 됩니다. 군사의 직분은 날마다 사격을 배워 익히는 것입니다. 그런데 순찰이라고 하면서 파견된 자들 중 익숙한 자들은 복습할 겨를이 없고 익숙하지 못한 자들은 배울 시간이 없으니, 한 부대의 군사들 중 절반이 이런 병졸들입니다. 여러 해 가르쳤다는 것이 이제 와서 허사로 되고 말았으니 이것이 어찌 부대를 구성한 본뜻이겠습니까? 이는 사실상 헌병을 설치하지 않은 탓이며 쓸데없는 것을 가지고 쓸데 있는 것을 해치는 것입니다. 수백 명의 폐해로 인하여 세 부대의 군사들에게까지 해가 미치니 참으로 유감스럽습니다. 친위의 각 부대 병정 중에서 문필을 좀 아는 사람들로 1개 중대를 선발하여 헌병憲兵으로 삼고, 지금의 순검 장정巡檢章程을 가르쳐 익히게 해서 일체 순찰 사무를 전적으로 맡아보게 하되, 대오를 구성하기 전에는 우선 군법국軍法局에 소속시켜 지휘하고 통제하며 법에 따라 상주고 벌주게 할 것입니다.[179]

이와 같은 백성기의 견해는 대체로 수용되어 이후 일련의 군제정비가 이루어지는 결과를 가져왔다. 즉, 군사법 제도가 확립되고 자주적인 개혁이 시도되었으며, 군의 증강이 이루어지게 되었다. 1900년 5월 31 황제는 1894년 이래 전망사졸戰亡士卒 문제를 언급하면서 그 대안을 강구할 것을 지시하는 한편 조칙으로 원수부로 하여금 헌병대 편제 대안을 강구할 것을 지시하였다.[180]

그리하여 칙령에 의해 1900년 6월 30일에는 「육군헌병조례」를 제정하여 원수부 예하에 육군헌병사령부를 설치하고, 육군헌병은 군사경찰에 관한 일은 군부대신, 행정경찰에 관하여는 내부대신과 각 관찰사, 사법경찰에 관하여는 법부대신과 경부대신의 요청을 따를 것을 규정하였다. 이에 따라 헌병사령부는 행정·사법·치안권에도 일

---

**179** 『고종실록』 권40, 광무 4년 4월 17일.
**180** 『고종실록』 권40, 광무 4년 5월 31일, "조왈 육군(陸軍)제도를 만든 지 여러 해가 지난 바이나 이를 통제하는 방법을 강구하여야 할 것이다. 그런데 헌병(憲兵)은 아직 설치되지 않아 군제(軍制)에 결함이 있다. 원수부로 하여금 헌병대를 편제하여 들이게 하라".

정 간여할 수 있게 되었다. 같은 달 칙령으로 헌병 2개 중대를 5개 중대로 확대 개편하였다.[181] 1900년 9월 29일 헌병대 신설비용 2만 4629원을 탁지부 예비금에서 지출하였다.

또한 1900년 7월에는 우리나라 역대 옛 사례와 외국의 제도를 참고하여 「군대내무서」를 만들어 중외 각 부대에 반포하여 군인들의 충성심을 강조하였다.

> 조령을 내리기를 '근래 이후에 짐이 군사에 관한 정사에 관심을 두어 군사제도를 개선하였는데, 일이 초창기라 아직도 견지하고 따를만한 일정한 규정이 없으니 개탄할 일이다. 이에 우리 왕조의 옛 규례에서 참고하고 열방列邦의 새로운 규정을 참고하여 취할 것은 취하고 버릴 것은 버려서 군대내무서軍隊內務書를 만들어 중외中外의 각 부대에 포고한다. 오직 너희 군인들은 각기 충성을 다하고 나라를 사랑하는데 힘쓰면서 이 글을 어김없이 준수하고 혹시라도 위반하여 스스로 후회하는 지경에 이르지 말도록 하라.'[182]

「군대내무서」 반포에 관한 조칙에 의하면 군제개혁은 이때가 '초창에 속하는 일'로 대한제국 황실에서는 갑오개혁시의 군제개혁을 철저히 부정하고 근대적 개혁은 이 시기부터 출발하는 것으로 이해하고 있음을 알 수 있다. 정가 25전인 군대내무서 또한 무관학교 부관실을 통해 일반에게 판매하였다.

원론적 입장에서의 군법제정은 1897년 11월 당시 군부협판 주석면이 주장한 바 있다. 그는 현재의 상태로는 월권간섭을 막을 방도가 없고 서로 시기하여 많은 폐가 생기기 때문에 엄하게 과규課規를 세워 서로 침월함이 없게 하자고 하였다. 이어 1900년 4월 17일 육군참장 백성기가 상소를 통해 군법제정에 관한 구체적인 내용을 제시하였다.

---

181 당시 헌병대에서는 무관학도 200여 명을 선발하였는데, 이들은 모두 칙임관의 아들과 제질(弟姪) 들이었다 한다. 이때 응모하였으나 발탁되지 못한 사람이 500여 명이 될 정도로 높은 인기가 있었다(『梅泉野錄』, 광무 4년 庚子 「헌병대 창설」).
182 「軍人內務書를 中外各隊에 播告하는 件」, 광무 4년 7월 17일, 『法令資料集』.

둘째, 군법을 제정하는 문제입니다. 군사는 많고 적은 데 관계없이 규율이 없으면 통솔할 수 없습니다. 예로부터 이름난 장수는 군사가 많으면 많을수록 좋아하면서 싸우면 이기고 공격하면 점령하였는데 이는 제정한 군율軍律이 있었기 때문입니다. 하물며 지금 지방에는 군부軍部를 두고 중앙에는 원수부元帥府를 두고 있으면서도 아직 군법을 제정한 것이 없으니 매우 군사를 기르는 방도가 아닙니다. 지난 날 각 영警의 병졸들이 간혹 죄를 짓게 되면 형조刑曹에 넘겨서 조율照律하였습니다. 그러나 의거할 만한 법조문이 없고 또 굳어진 판례도 없기 때문에 죄인을 처결할 때마다 구차스럽게 마감하였습니다. 직무를 정지시키거나 파면시키는 것도 이미 기준이 없으니, 가두거나 귀양 보내는 것인들 어찌 적중하다고 할 수 있겠습니까? 또 죄의 경중이 억측으로 정해지고 죄의 판결이 공의公議와 혹 어긋나기도 하니 언제나 과도하거나 부족하다는 탄식이 있어 여러 사람들의 마음을 감복시키지 못하였습니다. 뿐만 아니라 서울과 지방의 각 부대의 대오가 각각 다르고 아직 일정한 규범이 없으니, 이 상태에서 군사를 통제한다면 이는 사실 법이 없는 군대이니 장차 어떻게 수많은 군사를 거느리고 통제하며 목숨 걸고 싸우라는 명령을 내릴 수 있겠습니까? 이는 참으로 군사에 관한 일에서 가장 시급히 고쳐야 할 일입니다.[183]

전 평리원재판장 홍종우도 시폐개혁을 위한 상소에서 "군제軍制가 엄정하지 않으면 예측하지 못하던 일이 있을 때 끓는 물에 들어가고 불을 밟는(부탕답화赴湯踏火) 것을 할 수 없게 된다"라고 지적하였다.[184] 이와 같은 분위기에 따라 대한제국 정부는 1900년 7월 군법교정청軍法校正廳을 설치하였다. 이때 설치된 군법교정청 구성원은 총재에 원수부 회계국총장 민영환, 부총재에 육군참장 백성기, 교정관에 군부 관방장 육군부령 한진창韓鎭昌, 군부경리국 제1과장 육군3등감독 신재영申載永, 법부주사 김응준金膺駿이었다.[185] 군법교정청에서는 군법제정[186]을 준비하여 1900년 9월 4일 전문

183 『고종실록』 권37, 광무 4년 4월 17일.
184 『皇城新聞』, 광무 4년 9월 15일.
185 『元帥府奏本 副』(奎 17784) 제1책, 光武 4년 7월.
186 군법제정과 무비 개선 문제는 이미 1898년 12월 찬정 최익현의 시폐 상소에서 원론적 수준에서 제기된 바 있었다(『고종실록』 권38, 光武 2년 12월 9일).

317개 조의 방대한 「육군법률」이 제정됨으로써 비로소 군의 제도가 내용적으로도 어느 정도 법제화되었다고 할 수 있다.

「육군법률」은 서문, 법률범례, 법률제정 관련인 명단, 육군법률 목록, 육군치죄 제 규정 목록, 본문, 제 규정 등으로 되어 있었다. 4편 45장, 전 317조로 구성된 「육군법률」은 「대전회통」, 「대명률」 등을 참조하였고, 서양의 「육군형법」을 참조하여 작성되었다.

군인의 민사 형사 심판과 감옥을 관장하는 기관으로 원수부 소속의 육군법원을 설치하여 군인심판 등의 일을 전관케 하였다. 원수부 군무국 총장 예하의 육군법원장은 각 부부원장府部院長과 여단장 이상 및 사령관에게 조첩照牒하고 각 관찰사와 재판소 판사 및 연대장 이하에게 훈령·지령을 내리도록 하였다.[187] 육군법원은 황제의 특별지령에 의한 죄인은 물론 황제가 직접 임명한 칙임관까지도 구나拘拿하여 군무국 총장에게 보고한 후 심판할 수 있는 특별한 권한도 가지고 있었다. 1901년 2월에는 법률 제1호 「육군치죄규정」을 제정하여 검사국총장의 지령에 의해 군법회의는 육군법원에서 행할 수 있게 되었다. 육군법원장으로써 판사장이나 판사가 될 때에는 원수부 검사국총장이 상주하여 황제의 재가를 받아 임명토록 하였다.

이밖에 1903년 7월 무렵에 가면 육군법원에서는 「육군법률」 및 「소송규정」 합편을 인쇄, 일반에서도 매입해 가라는 내용의 광고를 신문에 게재하기까지 하였다.[188] 육군법률은 각 부부원청府部院廳 및 각 도 관찰부에 비치시켰다. 이후 군 사법제도는 1904년 러일전쟁 전까지 별 변동없이 지속되었다.


## 3. 근대적 군사장비의 도입과 확충

내장원과 탁지부의 징세를 통한 황실과 정부의 지속적인 재정확충 정책에도 불구하고 군사비의 지출은 지나칠 정도로 과중한 것이었다. 1901년부터 이후 3년간 국가

---

187 「陸軍法院官制」, 광무 4년 9월 18일, 『法令資料集』.
188 『皇城新聞』, 광무 7년 7월 1일.

예산 중 군사비가 차지하는 비중을 살펴보면 다음과 같다.

당시의 『관보』각 연도 세입세출 예산표에 의해 통계를 내면, 1901년 정부 총예산은 802만 151원元으로 이중 군부예산은 359만 4,911원이다. 이는 전체예산의 44.8%이다. 1902년 총예산은 758만 5,811원, 이중 군부예산은 278만 6,290원으로 36.7%, 1903년 1,076만 5,491원 중 412만 358원으로 38.1%로, 군부예산이 국가 총 예산에서 차지하는 비율은 3년 평균 39.8%이다. 여기서 군부예산에 계산되지 않은 원수부와 호위대 예산이 도합 10만원 이상 상회하고 있었던 사실을 볼 때 전체 예산 지출항목의 40% 이상을 지출하고 있었음을 알 수 있다. 군부의 군사비 지출은 정부 내의 단일 부서 중 압도적 비중을 차지하고 있었다.

조세수입의 증가분은 군부재정으로 상당량이 흡수되었으나 이에 비례하여 여타 부서의 예산은 축소되는 경우가 많았고 총체적인 적자재정 운영으로 일관되고 있었다. 일례로 1899년 국고가 궁색함에도 지출이 많아 관리의 봉급을 주기 어렵게 되자 그해 9월 탁지부대신 조병식趙秉式이 사직상소를 올릴 정도가 되었고,[189] 11월에는 국고 저치액 부족으로 황실비로 군경 월급만 우선 지급하고 각부 월급은 아직 구획하지 못하는 실정이었다.[190] 이런 현상 외에 1·2개월 정도 월급 연체는 대한제국 시기에는 비일비재한 현상이었다. 이에 전 평리원재판장 홍종우는 군인에게 월급을 후하게 줌에 따른 군수 부족을 우려한 바 있다.[191] 중추원의장 김가진金嘉鎭도 1900년 10월 상소에서 군대의 증액은 막대한 예산지출이 따르는 것으로 현재의 재정형편으로는 군향軍餉을 마련하기 어렵고 따라서 장차 나라가 위기상황에 빠지게 될 것이라 경계하였다.[192]

군비확장에 관한 재정 부족으로 대한제국 정부는 일본으로부터 차관을 타진한 바 있었다. 1902년 3월 29일 황제의 내지內旨를 전달받은 탁지부대신 심상훈, 찬정 박제순, 원수부 기록국총장 이지용은 은밀히 일본공사 하야시 곤스케를 방문하여 대담하였다. 이에 대해 하야시는 한국은 불필요한 관서와 관원이 많고 따라서 비용낭비도

189 『皇城新聞』, 광무 3년 9월 1일.
190 『皇城新聞』, 광무 3년 11월 30일.
191 『皇城新聞』, 광무 4년 9월 15일.
192 이에 대한 해결방책으로 그는 전세를 가렴할 것과 시물에 인지를 시행할 것을 주장하였다(『고종실록』권40, 光武 4년 10월 17일 ; 『고종실록』권40, 光武 4년 10월 19일).

적지 않으므로 이것들을 정리한다면 세출의 많은 부분을 감축할 수 있을 것이라 지적하였다. 그는 특히 군대의 확장을 거론하면서, 한국의 군비軍備는 '대외국적對外國的인 필요'보다는 '내국의 질서 유지'면 충분하다는 생각을 하고 있기 때문에 곤란한 재정 상태에서 일시에 다액의 차관을 도입하여 군대 수를 늘리기보다는 오히려 소수정예를 택하는 것이 이익이라고 말했다.[193]

대한제국 시기 장교와 사병

국고가 이와 같이 고갈되어 가는 상황임에도 불구하고 1900년부터 1903년의 4년간은 예산규모 뿐만 아니라 대한제국 시기 군제 중에서도 병력 수나 조직체계 등에 있어서 가장 증강된 상태에 있었던 기간이었다. 군사기구의 조직도 어느 정도 정돈된 모습을 보여준다. 이에 따라 황제도 1902년 8월 "군대의 편제가 성취되고 부오部伍가 정리되었다"고 고무적으로 인식하고 각 연대에 군기軍旗를 마련하여 지급할 것을 지시하였다.[194]

이러한 시대적 분위기는 당시 신문과 민간에서도 잘 나타나고 있었다. 즉, 『황성신문』 1900년 7월 9일자 논설에서는 을지문덕·강감찬과 같은 국난극복의 영웅을 예로 들면서 상무정신을 고취하고 있었다. 민간에서도 상업적 군수품 제조가 활발하였는데

---

193 「機密 第53號 韓帝의 內旨에 따른 借款의 件」, 1902년 3월 31일, 『公使館記錄』.
194 『고종실록』 권42, 光武 6년 8월 9일.

〈표 5-18〉 대한제국 시기 열강을 통한 군비수입 현황

| 연월일 | 대상국 | 내용 | 출전 |
|---|---|---|---|
| 1898. 4. 19 | 일 본 | 일본정부에서 군부대신 민영기를 통해 대한제국 황제에게 무라다(村田) 연발총 10자루와 탄환 3,600발 등을 증정 | 『公』 |
| 1898. 5. 24 | 일 본 | 총기제작 기계구입을 위해 군부에서 정위 조신화, 공장(工匠) 김영식·김석조 파견 | 『독』 |
| 1899. 4. 4 | 프랑스 | 군부에서 프랑스 총 1만 자루 구입 | 『皇』 |
| 1900. 3. 16 | 러시아 | 400여 원으로 러시아인에게 군도(軍刀) 구입 의뢰 | 『皇』 |
| 1900. 3. 20 | 일 본 | 군부 기계청에서 쓸 기계 구입차 이덕문을 파견 | 『皇』 |
| 1900. 10. 8 | 독 일 | 주문한 군물(軍物)이 도착 | 『皇』 |
| 1901. 2. 9 | 독 일 | 양총 300자루와 탄환 1만발 주문 | 『皇』 |
| 1901. 5. 6 | 일 본 | 일본총 1만 자루를 구입하여 각 부대에 분급 | 『皇』 |
| 1901. 5. 8<br>1901. 8. 12 | 프랑스 | 군수품 제조를 위해 프랑스인 기수(技手) 피에르와 루이를 고용 | 『皇』 |
| 1902. 3. 10 | 영 국 | 구입한 대포(麥沈砲 6문, 野戰砲 4문, 山戰砲 8문 및 부속기구)를 남문 내 선혜청에 설치 | 『皇』 |
| 1903. 2. 28 | 일 본<br>프랑스 | 일본에 주문한 군함 1척과 프랑스에 주문한 총 1만 2천 자루가 인천에 도착 예정 | 『皇』 |
| 1903. 7. 13 | 일 본 | 장예원 앞 아베(阿部)합명회사 출장소에서 7월 10일부터 개점하여 일본제 무기 및 기타 부속품 일체를 직수입 판매 | 『皇』<br>廣告 |

※『皇』:『皇城新聞』,『독』:『독립신문』,『公』:『駐韓日本公使館記錄』

군부기수 홍종기가 책응제피소柵應製皮所를 설치하고 일본인과 계약, 군인이 필요한 물품을 제조 판매할 정도였다.[195]

1903년 1월에는 군부대신 신기선申箕善의 육군 장·영·위관 평상복을 고구라지古舊羅地로 제용製用하자는 주본[196]에 따라 이전 외국에서 흑융黑絨을 수입하여 군복을 제조하였던 것에서 탈피하여 우리나라 토산면사로 군복을 만들어 재용財用을 절약하고 공상을 흥왕케 하였다. 이는 이미 1900년 백성기의 군폐교정책에서도 나왔던 것으로 군제가 어느 정도 완비됨에 따라 우리식의 복색을 갖출 정도의 여유가 생기는

---

**195**『皇城新聞』, 광무 5년 1월 31일.
**196**『官報』, 光武 7년 1월 21일.

# 제6장

# 일본의
# 군사주권 침탈과
# 군대해산

# 제1절

## 러·일전쟁 발발과 일본의 군사기지화

### 1. 러·일의 군사적 대립과 대한제국의 전시중립선언

청일전쟁 이후 동북아의 안정정세는 1900년 중국의 의화단 봉기사건 그리고 이를 틈탄 러시아의 만주침략 등으로 균형이 깨어지고 새로운 정세가 도래하였다. 이는 열강들 간의 분쟁으로 나타났고 결국 러시아와 일본의 군사적 대립 양상으로 발전하였다.

러시아의 만주침략 동기 및 배경 그리고 이후 열강들의 이해대립 과정을 보면, 청일전쟁 직후 러시아는 프랑스와 독일과 연합하여 일본에 압력을 가했다. 그 보상으로 청국과 1896년 6월 3일 동아시아에서 러시아, 청국 혹은 조선을 일본이 공격할 경우 상호 원조한다는 사실을 규정하고, 군사작전 기간에는 청국의 모든 항구를 러시아 전함에게 개방한다는 비밀조약을 체결하게 되었다. 이후 러시아의 뤼순항 획득과 동청철도東淸鐵道 지선을 통한 남만주 침투에 대해 위기의식을 느낀 영국은 1898년 4월 산둥성 웨이하이웨이항을 조차하여 러시아의 팽창에 제동을 걸었다.

그러던 중 1900년 중국 동북부와 만주 일대에서 의화단義和團(Boxer) 봉기가 일어나자 러시아는 그해 만주를 점령하였고, 이를 둘러싼 중국 및 열강과의 갈등이 다시 불거진 결과 1902년 4월 8일 러시아는 청국과 만주철병협정을 체결하였다. 그러나 러시아는 철병협정을 지키지 않고 계속 만주에 주둔하였다. 이는 일본과 열강의 강렬한 반발을 야기하여 결국 영국과 미국의 지원을 받는 일본으로 하여금 러일전쟁 개전의 빌미를 제공하기에 이른다.[1]

대한제국을 둘러싼 러·일의 군사적 각축과 한반도 내에서 군사기지를 쟁탈하기 위한 대립상황을 살피면, 먼저 일본군은 아관파천 이후 대한제국 시기에 이르러서도 여전히 우리나라에  다수의 병력을 주둔시키고 있었다. 즉, 부산-서울 간 전신선 보호라는 명목으로 대구 50명, 가흥 50명, 부산-서울 간 10개 파출소에 각 10명의 약 2백 명의 헌병을 배치하였고, 서울 및 개항장의 일본인 거류지 보호 명목으로 서울에 2개 중대, 부산에 1개 중대, 원산에 1개 중대를 배치하였다. 반면 러시아 측도 공사관 및 영사관 보호를 위해 각지에 일본병과 비슷한 비율을 초과하지 않는 범위 내에서 수비병 배치가 가능하였지만, 실제로 대규모 군대를 파견하지는 않았다.[2]

1900년 전후 러시아의 만주철병 문제로 러일간 대립이 본격화되면서 러·일의 한반도 분할점령과 같은 밀약 체결에 대비하여 대한제국이 열강을 상대로 중립화정책을 추진한 경위와 배경은 다음과 같다.

1899년 궁내부 고문으로 초빙된 주한미국공사관 서기관 샌즈Sends는 대한제국 정부의 의지를 반영하여 당시 우리나라를 영세중립국으로 만들고자 하여, 그 대안으로 열강의 보장을 통해 평화조약 혹은 국제협약을 체결하려 했다. 같은 시기인 1900년 의화단 봉기 사건이 발발하게 됨에 따라 이를 구실로 하여 서구 및 일본 등 열강이 출병하고 이들에 의한 청국 영토분할의 위협에 직면한 상황을 간파한 황제는 1900년 8월 7일 특명전권공사 조병식을 일본에 파견하였다. 그는 같은 달 29일 일본 외무대신 아오키 슈조青木周藏에게 한국을 스위스·벨기에와 같이 중립화하는 데 동의해 줄 것을 요청하였다. 조병식의 외교활동은 샌즈의 중립화안을 바탕으로 한 것인데, 아오키는 그의 제의를 거절하였다. 이에 조병식은 다시 주일미국공사 버크Buck를 통해 한국의 독립과 중립에 대해 미국정부를 중심으로 한 국제적인 보장을 요청하였지만, 이 역시 효과를 거두지 못하고 귀국할 수밖에 없었다. 한편, 주한 러시아공사 파블로프

---

1 제정 러시아의 만주침투와 팽창에 대해서는 A. 말로제모프, 『러시아의 동아시아정책』(석화정 역), 지식산업사, 2002, 125~282쪽이 참조된다.
2 서영희, 『대한제국 정치사 연구』, 서울대 출판부, 2003, 126~127쪽.

도 한국의 현재 실정으로는 중립화가 불가하다며 한국 황제에게 이를 조속히 철회할 것을 요구하였다. 또한 주청 일본공사 고무라는 일본정부에게 한국의 중립화 조건으로 러시아에게 만주의 중립화를 요구해야 하며 러시아가 이를 수용하지 않을 경우 일본은 한국에 러시아는 만주에 각기 세력범위를 분할할 것에 관한 제안을 건의하였다.[3]

러시아 정부는 같은 해 7월 19일 주일 러시아공사 이즈볼스키로 하여금 이토 히로부미에게 대한제국을 양분해서 상호간에 수비병 파견을 제의한 이른바 '러·일간 세력범위 확정안'을, 다시 12월 2일 재무대신 비테가 발의한 열강 보증하의 한국 중립화안을 외무대신 가토오 다카아키加藤高明에게 제시하였다. 그러나 일본측은 고무라 쥬타로小村壽太郎의 의견을 받아 한국 중립화의 전제로 만주 중립화도 동시에 진행되어야 한다고 회답하면서, 러시아군의 만주철수 없이는 어떠한 협상도 할 수 없다는 방침을 다시 확인하였다.

이후 1902년 들어 러·일·미 3국 공동 보증하의 한반도 중립화안이 다시 제기되었고, 대한제국을 둘러싼 주요 이해 당사자국인 이들 국가 간의 입장이 나누어진다. 즉, 1902년 9월 주한 러시아공사 파블로프는 본국 귀국 중 일본에서 주일 러시아공사 이즈볼스키와 논의한 후 주미 러시아공사 카시니와 같이 한국의 영구 중립화 방안을 본국정부에 제안하기로 결의하였다. 그 내용은 러시아가 미국에 제의하여 미국으로 하여금 러시아·일본·미국의 3국 공동 보증 아래 대한제국의 중립화안을 발의토록 하자는 것이었다. 그러나 당시 일본은 러시아 측의 한국 중립화안을 군사적 목적에서 일본을 제압하려는 술책으로 치부하고 냉담한 반응을 보였다. 일본은 오히려 만주 문호 개방을 주장하는 미국의 입장과 상치된다는 점을 강조하면서 미국으로 하여금 이 제의에 반대하도록 적극 교섭하였다.

이에 파블로프 공사는 11월 직접 미국에 가서 국무장관 헤이John Hey를 만나 러시아 측 입장을 전달하였던 것 같으나 미국 측은 공식적으로 그러한 제의를 받은 바 없고 만약 그러한 제의가 있었다 하더라도 남의 나라의 중립화 같은 정치적 문제에 개입한 전례가 없다는 점을 들어 거절하였다. 이로써 러시아 측이 구상한 한국 중립화

---

3 玄光浩, 『大韓帝國의 對外政策』, 신서원, 2002, 82~84쪽.

안은 결국 소기의 목적을 이루지 못하고 중단되었다.[4] 한편, 러시아와 일본의 전운이 감돌기 시작하던 1903년 4월부터 러시아도 그간의 소극적인 동아시아 정책에서 벗어나 강경론으로 선회하였고, 그 결과는 우리에게 압록강 삼림벌채 개시와 용암포에 불법적인 군사기지 건설로 나타나게 되었다.

러일전쟁의 기운이 감돌면서 황실을 포함한 대한제국 정부는 여러 외교채널을 통해서 일본의 침략에 대응하고자 하였다. 그것은 국외중립선언이다.[5] 러일 간의 전쟁이 기정사실화될 무렵인 1903년 9월 3일 주일 특명전권공사 고영희는 일본 외무대신 고무라 쥬타로에게 영토보전을 위해 국외중립을 선언하겠다고 통보하였다. 같은 해 11월 23일 한국정부도 장차 러일 간에 전쟁이 발발하면 국외중립을 선언하겠다고 공개 표방하였고, 1904년 1월 21일 재차 중립을 선포하면서 열국에 통보하였다.[6] 또한 이를 구체화하기 위해 현상건·이학균 등을 중국·러시아와 유럽에 밀사로 파견하였다. 이러한 정부취지에 발맞추어 프랑스 주재공사 민영찬도 러일 개전의 경우 대한제국은 엄정 중립을 지킬 것이기 때문에 양국의 회전지會戰地가 되는 것을 허락할 수 없다는 단호한 입장을 밝혔다.

일본의 침략욕구가 더욱 강해지면서 황제는 현실적으로 이를 억제할 힘을 가진 나라는 오직 러시아뿐이라 단정하게 되었고, 적극적인 지원을 필요로 하였다. 1903년부터 대한제국의 지배권과 극동아시아의 패권을 둘러싼 러일 간의 전운이 감돌자 이를 간파한 고종 황제는 그해 8월 15일 러시아 황제 니콜라이 2세에게 비밀 서한을 보냈다.[7]

　　짐의 어진 형제 아라사국俄羅斯國(러시아) 황제 폐하에게 공경하게 알립니다. 현재 귀

========

4 서영희, 앞의 책, 2003, 128~132쪽.
5 梶村秀樹「朝鮮からみた日露戰爭」『史叢』7-8號, 1980(이 논문은 「러일전쟁과 조선의 중립화론」
　　[『韓國近代政治史硏究』(楊尙弦 편), 사계절, 1985, 344~345쪽]으로 改題, 번역되었다). : 鄭昌烈,
　　「露日戰爭에 대한 韓國人의 對應」『露日戰爭 前後 日本의 韓國侵略』, 一潮閣, 1986, 222~223쪽 참
　　조.
6 『日本外交文書 37-1』, 明治 37년 1월 21일.
7 모스크바 제정러시아대외정책문서보관소 소장자료(АВПРИ, ф .150,о п .493,д .79,л л .76~79,
　　1903. 8. 15).

국의 군대가 만주滿洲에 집결해 모인 일은 동양의 정치계에 끝없이 공포스러운 마음을 야기 시켰으며, 이처럼 급박한 형세도 일찍이 없던 것입니다. 전에 일본의 신문[報紙]으로 인하여 사람들의 논란을 격동시켰고 드디어 일본 조정도 어찌 할 수 없이 전쟁을 일으키고자 하니 이는 예견해 보건대 조만간 귀국과 일본이 혹여 결렬하게 될 단서를 만들게 될 것입니다. 만일 전쟁이 발발하게 된다면 우리나라는 하나의 전쟁터가 됨을 면할 수 없을 것입니다. 그렇게 된다면 귀국의 군대가 승전보를 알릴 것은 의심할 것도 없으니 짐이 미리 축하드리는 바입니다.

근래 귀국과 우리 두 나라의 교의交誼가 친밀하게 됨은 분명 쓸데없는 말을 더할 필요도 없을 것입니다. 그러나 장래에 만일 우리나라가 위급하고 곤란하게 되어 다사多事한 때를 만나게 됨에 폐하가 모름지기 우리나라에 머물고 있는 귀국의 공사에게 명하여 우리에게 은혜와 호의의 정을 더욱 도야하도록 하신다면 거룩한 마음 둘 곳을 짐은 반드시 잊지 않을 것입니다. 일본은 이와 같지 않아 오로지 침략하고 피해를 입히는 것만 일삼으니 이것이 분통하고 한스럽습니다. 우리나라는 이미 짐의 통할統轄에 맡겨있으니 만일 하루아침에 일이 발생한다면 짐은 반드시 귀국과 연대하여 관계를 맺고자합니다. 하지만 일이 이루어지지 않을 단서가 있을까 걱정되어 이에 특별히 소리 높여 알리는 것입니다. 일본의 수비가 우리나라의 수도에 있게 되면 개전開戰하는 첫날부터 반드시 일본 사람에게 견제를 받을 것이며, 또한 우리나라의 군사 준비가 많지 않아 방어하기도 어렵습니다. 만일 그때 어려움이 있게 되면 분명 폐하가 우리나라의 몇 세대에 걸친 원수[世讎]를 타파함을 도우리니 짐은 의당 사람을 시켜 일본 군사의 숫자며 거동과 그들의 의향이 어떠한가를 탐지해서 정밀하게 밝혀내어 귀국 군대의 원수에게 보고해 알려 귀국 군대의 세력을 돕겠습니다. 그리고 우리 인민에게 신칙申飭하여 적병이 오는 날 미리 재산과 곡식을 가져다 옮겨 숨기고, 곧바로 산과 계곡 사이로 몸을 피신하는 청야지책淸野之策을 사용하도록 할 것입니다.

바라옵건대 폐하는 우리나라의 곤란한 정황을 헤아려주시길 간절히 기원하고 축원합니다. 지금의 서신은 훗날의 유사시에 족히 짐이 폐하에 대한 깊은 우의를 사용할 큰 근거가 될 것입니다. 이전부터 폐하가 우리에 대해 허다하게 잘 대해주신 점은 항상 절실히 감사하게 생각하고 있습니다. 지금 이후로 바라옵건대 폐하가 우리나라를 더욱 잘 대해주시리라 짐은 깊이 믿습니다.

폐하의 덕화가 융성하고 왕업이 영원하기를 기원합니다.

광무光武 7년[1903년] 8월 15일

한양 경운궁慶運宮에서 보냅니다.

폐하의 어진 형제

형熙

황제어새皇帝御璽

내용에서 일본을 우리나라의 '누대의 원수[세수世讐]'이자 '적국敵國'으로 규정하고, 만약 전쟁이 일어나면 대한제국은 반드시 러시아군을 돕고 최대한 편의를 제공하여 일본을 물리칠 것을 약속하였다. 이처럼 황실은 겉으로는 일본의 압력에 굴복하는 척하지만 안으로는 강한 친러 반일정책을 취하였음을 알 수 있다.

한국측의 이같은 움직임에 대해 일본은 한국 중립화 정책과 러시아에 대한 보호요청을 봉쇄하기 위해 한일 군사동맹안을 추진하였다. 이 기간 일본 내에서도 러시아의 한국중립화 제의에 찬성한 이토 히로부미·이노우에 가오루 등과 같이 타협으로 전쟁을 피하고 한국에서 이미 확보한 이권의 안정화를 도모하자는 주장도 있었다. 그러나 군사동맹안이라는 강경책의 실현을 위해 외무대신 고무라 쥬타로는 1903년 9월 29일 주한 공사 하야시 곤스케에게 대한제국 측과 모종의 밀약 체결 방법을 숙고하라고 지시하였다.[8]

한일군사동맹 체결을 추진하기 위하여 주한일본공사관측은 한국정부 대관들을 상대로 교섭하였다. 일본정부는 1903년 12월 러시아에 새로운 협상안을 제시하는 한편 한국에 군대를 파병할 계획을 세우고 대한제국 황실의 보전을 조건으로 한국이 일본군을 지원한다는 골자의 양국간 공수동맹共守同盟 체결을 추진하였다.[9]

이 당시 한국의 외교노선은 단일한 중립화 노선으로 통일된 것이 아니었다. 개별적인 이해관계와 정략·정파에 따라 러시아 또는 일본과의 제휴를 제창하였는데, 이는

---

8 서영희, 앞의 책, 2003, 163쪽.
9 玄光浩, 앞의 책, 2002, 120쪽.

이용익

결과적으로 정책의 일관성을 약화시키는 요인으로 작용하였다.[10]

같은 기간인 1903년 12월 자신의 라이벌인 이근택과 러시아공사 사이에 모종의 밀약이 체결되었다는 풍설이 유포되자 이용익은 일본공사에게 황제는 그러한 의사가 없다고 적극적으로 해명하였고, 한국정부도 러일 간의 전쟁이 발발한다면 대외적으로 중립을 표명할 것이라 성명한 바 있었다. 또한 한국정부는 1904년 1월 헌종의 계비인 명헌태후明憲太后 승하를 기회로, 제일祭日인 1월 21일까지는 아무런 업무도 볼 수 없다고 공표하였지만, 황제는 비밀리에 '전시중립선언'을 준비하고 있었던 것으로 보인다.[11]

러일전쟁 이전 대한제국 정부의 새로운 외교정책으로 이지용·민영철·이근택 등 황제와 일정한 선을 긋고 있던 일부 고관들을 중심으로 '한일동맹론'이 등장하고, 반면 황실 측에서는 이용익 주도로 전쟁과정에서 중립화노선이 추진되고 있었다. 1904년 1월부터 신임 군부대신 민영철도 일본 측으로 기울었고, 이지용·이근택 등 '한일군사 동맹파'들은 중립화 내지 대러동맹에 반대하면서 황제에게 일본과의 밀약 체결을 위임할 것을 요구하였다. 이들은 1월 16일 일본공사관을 방문하여 하야시 곤스케 공사에게 우리 황제가 일본을 확고히 신뢰하기로 결심하였으므로 한국의 독립과 황실의 안녕을 보증해 줄 것을 요구한 바 있었다.[12]

그러나 황제는 같은 해 1월 11일 유럽 및 러시아 출장에서 돌아 온 현상건으로부터 러시아 측의 지원에 대한 기대를 확신하자 한일동맹안과는 다른 전시중립안을 구

---

10 玄光浩, 앞의 책, 2002, 126쪽.
11 서영희, 앞의 책, 2003, 170쪽.
12 서영희, 앞의 책, 2003, 175쪽.

상하였고, 이를 열국의 영사관이 모여 있던 조계지역인 중국 산동성의 츠푸芝罘(지금의 옌타이烟台)에서 '전시 국외중립선언'으로 공식 발표하였다.[13] 이용익·강석호·이학균·현상건·이인영 등은 벨기에 고문, 영국·프랑스·독일어학교 등 외국어 교사들과 같이 국외중립선언을 준비하였고 그 결과 1월 21일 프랑스 공사관의 협조를 얻을 수 있었다. 선언문은 주한 프랑스 대표 퐁트네가 작성하였고, 한국 주재 총영사를 겸직하고 있었던 츠푸 주재 프랑스 부영사를 통해 각국에 타전되었다. 그 내용은 러·일간의 평화결렬시 한국정부는 엄정중립을 지키겠다는 것으로서, 외부대신 이지용 명의로 프랑스어로 각국에 타전한 것이다. 당시 황실측 인사인 현상건을 통한 국외중립선언은 열강의 보장에 의한, 적십자·만국평화회의·국제재판소 등 국제기구에 의한 중립화를 목표로 한 것이었고, 이용익 역시 중립노선을 견지하면서 러시아와 일본과의 밀약에 반대하였다.

'츠푸선언'은 전시 국외중립 선언이므로 영구적인 것이 아니고 다만 러일전쟁 시 엄정 중립을 지킨다는 일시적인 것이었고, 정작 중요 당사국인 러시아·일본·미국은 아무 반응이 없었음에도 불구하고 황제는 한국의 독립불가침을 열강이 승인한 것으로 이해하고 이를 관철시키고자 하였다. 일본 외무대신 고무라 역시 1월 26일자로 하야시 공사에게 훈령하여 동맹조약 좌절을 기정사실화하고 한일군사동맹안 추진을 위한 노력이 실패로 돌아갔음을 자인하지 않을 수 없었다.[14]

당시 황실과 정부는 일본에게 형식적인 호의와 친절을 베풀고 있었다. 고종 황제는 일본함대의 뤼순항 정박 러시아함대 포격소식을 접하자마자 며칠 후 그것을 축하하였고, 13도 관찰사에 칙령을 발하여 일본 군대의 통행 시 숙박 및 군수품 제공에 편의를 줄 것을 지시하였다.[15] 또한 일본군이 압록강 일대 전투에서 러시아군을 한국국경 밖으로 철퇴시켰다는 소식이 통보되자 황제는 5월 2일 군부대신 윤웅렬을 하야시 공사에게 보내 승전을 축하게 하였다.[16] 8월에는 황제와 황태자·비, 엄순비, 영친왕이

13 玄光浩, 앞의 책, 2002, 119·121~122쪽 ; 서영희, 앞의 책, 2003, 178·181쪽.

14 서영희, 앞의 책, 2003, 187~188쪽.

15 「日露戰爭에 對한 韓國皇帝의 詔勅 外部大臣을 통해 方案을 依賴하는 件」, 명치 37년 2월 14일, 62쪽, 『日韓外交資料集成』.

16 明治 37년 5월 2일, 『日韓外交資料集成』, 197쪽 참조.

일본군 출전군인과 가속에게 각기 5천 원부터 2천 원씩 휼병금恤兵金을 전달한 바 있다.[17]

그러나 1905년 1월 뤼순함락 직후 다시 비밀리에 니콜라이 2세에게 서한을 보내 러시아 군대의 서울 파병을 요청하였다.[18]

짐의 어진 형제 아라사국俄羅斯國(러시아) 황제 폐하께 공경하게 알립니다. 지금 듣자하니 여순旅順이 함락된 것은 비록 부득이한 사세事勢로 인한 것이지만 국가 간 교린交隣에 서로 애석해하는 점에 있어서는 짐이 이로써 분통하고 깊이 탄식함을 지금도 그칠 수 없습니다. 그러나 귀국과 같은 강대국의 용맹한 장군과 강력한 병사들이 반드시 오래지 않아 회복해 차지할 것을 기약하리니 이것을 우러러 기원합니다. 게다가 황천皇天이 귀국을 말없이 도와 개선가를 울림도 빨리 될 것입니다.

현재 일본이 우리나라를 무례하게 상대함이 극심하고 병력을 억지로 데려와 내정을 간섭하여 백성을 선동해 혼란스럽게 만들어 나라의 형세가 위태한 지경에 이르니 그 까닭을 모르겠습니다. 장차 시각을 다투는 재앙이 생길 듯 함에 짐이 오직 바라고 믿는 것은 귀국의 대군大軍이 빠른 시일로 경성京城에 이르러 일본의 악독한 싹을 쓸어 없애버려 짐의 사정의 곤란함을 널리 구원하여 길이 독립獨立의 권리를 공고하게 만들 수 있기를 바랍니다.

귀국의 군대가 우리나라에 도착하는 날이면 내응하여 맞아들일 계책을 몰래 마련해 둔 것이 이미 오래되었으며, 이후로 의당 행해야 할 일은 전국의 인민들이 곳곳에서 도와 힘과 정성을 다할 것입니다. 근일 수도 페테트부르크[피득경彼得京]에 있는 공사 이범진李範晉이 서면으로 알린 것을 받아 보니 폐하가 외부대신 람즈도르프[남서도을부南西道乙孚]에게 명하여 우리 공관의 봉비俸費를 여러 차례 나누어 빌려 주었다고 합니다. 이 말을 듣고는 은혜에 매우 감격하였습니다. 이는 바로 격식을 넘어 특별하게 베푸는 후의厚誼이니 더욱 간절히 마음에 새기며 감사드립니다. 폐하의 덕화德化가 융성

---

**17** 『大韓每日申報』, 1904년 8월 10일.
**18** 모스크바 제정러시아 대외정책문서보관소 소장자료(ＡＢＰＩ,ф .150,о п .493,д .79,п .45, 1905. 1. 10).

호머 헐버트와 묘(양화진 외국인 묘지)

하고, 왕업王業이 영원하기를 기원합니다.

광무光武 9년[1905년] 1월 10일
한성 경운궁慶運宮에서 보냅니다.
폐하의 어진 형제
형熙
황제어새皇帝御璽

여기서 '보호국화' 정책을 추구하던 일본을 러시아 군사의 힘을 빌어서라도 몰아 내려는 외교적 갈망을 살필 수 있다. 반면 같은 기간인 1905년 3월 고종 황제는 일 본 천황 메이지에게 일본의 랴오양 점령, 뤼순 함락, 펑텐(심양) 점령 등 전첩을 '동맹 의 우의'로 축하하는 친서와 하례물품을 특파대사 의양군 이재각李載覺을 통해 전달 한 사실도 있었다.[19] 대한제국 황실은 다른 한편으로 열강들의 개입을 인위적으로 유 도하였다. 1905년 11월 18일경 밀명을 받은 미국인 헐버트H. B. Hulbert는 대한제 국 황제의 친서를 가지고 루우트 미 국무장관에게 면담을 요청하였다. 12월 11일에 프랑스공사 민영찬도 을사조약의 무효를 알리는 황제의 서한을 미국 대통령에게 전 하기 위하여 국무장관을 방문했지만 헐버트와 마찬가지로 면담을 거절당하여 이렇다 할 성과는 거두지 못하였다.

---

**19** 장서각 소장 고문서, 문서번호 # 616.

이 방침에 따라 일본은 곧바로 1903년 12월 28일 추밀원에서 긴급지출칙령, 전시 대본영조례 개정, 군사참의원조례, 경부철도속성령, 타이완 거주인 전시소집령을 공포하였다. 또한 1904년 1월 22일에는 방어해면령, 23일 철도군사공용령供用令 등 일련의 조치를 공포함으로써 러시아와의 전쟁 준비에 완벽성을 기하고자 하였다.[33] 개전 준비가 어느 정도 완수된 일본은 곧바로 2월 4일 어전회의에서 러시아와의 교섭 단절과 개전을 결정하였고 2월 8일 드디어 러시아에 대한 전쟁을 도발하였다.

1904년 2월 6일 아침 제3함대 제7전대를 스시마로부터 출항시켜 그날 저녁 병력을 진해만에 상륙시키고 마산의 전신국을 점령한 것이 러일전쟁의 최초의 전투상황이다.[34] 당일 국교단절 전보를 러시아 측에 발신한 일본은 2월 8일 제3전대가 인천항에 정박 중인 러시아 군함 바랴크 호와 카레예츠 호를,[35] 제2전대가 중국 뤼순항의 군함 2척을 불시에 격침시키고 군사를 남양만과 백석포에 상륙시킴으로써 러일전쟁을 발발하였다.[36] 이어 2월 9일에 일본은 러시아가 만주를 병탄할 위험이 있으며, 그 결과 한국의 영토보전이 위태롭다는 명분으로 서울에 군대를 진주시켰고 다음날 뒤늦은 선전포고를 하였다.

이날 일본군 제12사단이 서울로 들어오자 하야시 공사는 황제를 알현하고 다시 한일동맹조약 체결을 강요하게 된다. 이어 2월 11일 궁내부 고문 가토 마스오加藤增雄는 한국의 '전시중립선언'을 강력히 반대하였고, 이는 실제로 국제적으로도 아무런 효력이 없다면서 이를 속히 철회하고 한일동맹조약 체결을 재차 강조하면서 보호국화 추진을 기도하였다.

연이어 하야시 공사는 2월 13일에 다시 "② 대일본제국 정부는 대한제국 황실의

---

33 藤原彰 外, 『近代日本史の基礎知識(增補版)』, 有斐閣, 1983, 188쪽.

34 和田春樹, 『러일전쟁과 大韓帝國』, 서울대 일본학연구소, 2011, 59~60쪽.

35 정확한 일자는 알 수 없지만 일본은 제물포의 러시아 전함 공격 며칠 전 어느 날 네덜란드 회사 소유 케이블과 한국 정부의 전신을 의도적으로 훼손했고, 그 결과 러시아 전함의 함장들은 일본과의 관계단절 소식을 들을 수 없었다는 사실도 당시 러시아의 문서에서 확인된다. "한국과 관련한 일본정부의 조치에 대해 외국주재 러시아 외교대표들에게 보내는 회람 통지문", 러시아연방 국립문서보관소(ГАРФ), ф .818, о п .1, д .74, л п .1-2 о б , 1904. 2. 7〈20〉).

36 후일 대한매일신보 논설에서는 이 사건을 각기 '제물포 해전'과 '여순구 함락'으로 규정하고 있다 (『大韓每日申報』, 1905년 1월 26일).

안전 강령을 성실히 보장한다. ③ 대일본제국 정부는 대한제국의 독립 및 영토보전을 확실히 보증한다. ④ 제3국의 침해 혹은 내란에 의해 대한제국 황실의 안녕 및 영토의 보전에 위험이 있을 경우에는 대일본제국 정부는 속히 임기필요臨機必要의 조치를 행할 수 있다. 대한제국 정부는 이러한 대일본제국 정부의 행동을 용이하게 하기 위한 충분한 편의를 제공한다. ⑤ 양국 정부는 상호 승인없이 장래 본 협약의 취지에 반反하는 협약을 제3국과 맺을 수 없다"[37]는 내용의 조약안 초안을 제시하였다. 이는 일본이 견지해오던 군사동맹적 성격을 재차 강조하는 것이었고, 그 결과는 같은 달 23일 「한일의정서」에 반영되었다.

같은 달 12일 러시아 공사 파블로프는 서울을 떠나 귀국하였고, 19일에는 일본군 제12사단이 서울을 완전히 점령하였다. 이미 일본은 1903년 12월 30일 "왕년의 청일전쟁의 경우에서와 같이 공수동맹이나 혹은 다른 보호적 협약을 체결하면 가장 편의하다"[38]는 입장의 기본요강을 결정하였다. 그 준비 작업으로 대한제국 황실 내 친일세력의 포섭을 완료했고, 2월 23일 일본군 사단장 이하 장교들이 황제를 알현하는 등 군사적 위력을 통한 공포 분위기 속에서 '대한제국 내에서 군사적으로 필요한 긴급조치와 군사상 필요한 지점을 임의로 수용'할 수 있도록 하는 「한일의정서」를 강제 체결시켰다.

「한일의정서」의 주요 골자는 다음과 같다. 제1조, 시정개선에 관해 일본의 충고를 들을 것. 제2조, 일본은 한국 황실을 확실한 신의로서 안전 강령케 할 것. 제3조, 일본은 한국의 독립과 영토보전을 확실히 확증할 것. 제4조, 제3국의 침해, 혹은 내란으로 안하여 대한제국 황실의 안녕과 영토 보전에 위험이 있을 시에는 일본정부는 곧 임기 필요한 조치를 취할 것. 대한제국 정부는 일본정부의 행동이 용이하도록 십분 편의를 제공할 것. 일본정부는 전항의 목적 달성을 위하여 군략상 필요한 지점을 수시 사용할 수 있을 것. 제5조, 대한제국 정부와 일본정부는 상호 승인 없이는 본 협정의 취지에 반하는 협약을 제삼국과의 사이에 체결하지 않을 것. 제6조, 미비한 세부 조항은

**37** 「한일밀약협의 재개와 밀약안 교환건」, 1904년 2월 13일, 『公使館記錄』.
**38** 「對韓交涉 決裂時에 日本이 가져야할 對韓方針」, 明治 36년 12월 30일, 『日本外交年表並主要文書 上』(日本外務省 편), 1995.

일본군의 진남포 상륙

염려한 일본은 한국정부의 엄한 칙령을 이용해 식량운반을 위해 가능한 인부와 우마牛馬를 징발하였다. 일본은 단순한 형식적 포고로서는 지방민들의 민심수습에 성공을 거두기 어렵다고 단정하고 강한 통제책으로 국면을 타개하려 하였다. 이러한 목적에서 과거 청일전쟁 당시의 경험을 기초로 한 국정부로부터 지방관리의 임면권을 위임받은 선유사를 서북지방에 파견 활용하면 일본군의 행동에 큰 편의를 줄 수 있을 것으로 생각하였다. 이에 일본은 한국정부와 협의하여 외무참의 이중하를 평양관찰사로 임명하고 선유사의 임무까지 부여하였다.[47]

이 무렵 일본 추밀원 의장 이토 히로부미는 3월 17일부터 10일간 한국 답사와 정세분석을 마쳤다. 이토가 한국에 들어온 기간은 일본군이 서울을 장악하고 있던 시기였다. 그렇지만 그때까지도 러시아군은 평안도와 함경도 도처에 포진하고 있었고, 일본 육군은 이 지역으로 계속 북상하는 시점이었다. 바다에서도 3월 21일에야 제1군이 진남포 상륙작전을 마칠 수 있을 정도로 양국간 전쟁 승패 여부도 불투명한 상태였다. 따라서 이토는 이 기간 한국 내부에서 러시아에 화응하는 행위가 일어날 때는 일본의 전쟁 수행에 큰 지장을 미칠 것이라 판단하였다. 이에 그는 고종황제와 정부 관료들을 접촉하면서 「의정서」의 '취지'를 설명하고 만약 한국측이 이를 위반할 시에는 단호히 조처하겠다고 위협하였다. 특히 궁내부대신에게는 러시아와 전쟁 중 일본측이 불리할 때 만일 한병韓兵이 자신들에게 창을 돌릴 경우 이를 적국행위로 간주할 것이라고 엄포하는 등 대러전쟁 협력을 강요하였다.[48]

이러한 상황 속에서 러일간의 전투가 본격적으로 시작되는 것은 3월 말부터였다.

---

**47** 「平安 兩道 地方官의 協力方에 관한 參謀總長으로부터 依賴의 件」, 明治 37년 3월 28일, 『日韓外交資料集成 5 -日露戰爭編-』(金正明 편), 巖南堂書店, 1967, 133~134쪽.

**48** 「3월 25일 伊藤特派大使 皇帝謁見 始末」, 明治 37년 3월 28일, 『日韓外交資料集成 5 -日露戰爭編-』(金正明 편), 巖南堂書店, 1967, 147쪽.

전투는 한반도의 북부에서 치열하게 전개되었다. 3월 28일 평안도 정주성 부근에서 기병의 도보전으로 러시아 병사를 격퇴한 일본군은 4월 4일 의주를 점령하였다. 이어 10일부터는 압록강 연안에서 소규모의 전투가 빈번하였고, 16일에는 러시아 병사가 함경도 성진과 길주를 점령하는 등 일진일퇴를 거듭하고 있었다.

압록강변의 대회전에서 일본군은 청일전쟁시의 경험을 바탕으로 도하작전을 개시하여 러시아군 전투 주력을 압록강 건너 청국 안툰현安東縣으로 퇴각시켰고, 4월 말 압록강을 넘어 저우린청九連城과 평황청鳳凰城을 차례로 함락시켰다. 한반도에서 러시아 주력군을 몰아낸 일본은 한국정부를 강박하여 5월 18일 의정부 참정 조병식 이하 명의로 러시아와의 국교단절의 선칙서宣勅書를 각국 정부에 통첩토록 하는 한편 지방 관들에 대해서도 이를 전달토록 하는 등 승리의 기운을 굳혀가고 있었다.[49]

그렇지만 당시 전투가 일본군의 일방적인 승리로 점철되는 것만은 아니고, 적지 않은 희생을 감수하였다. 압록강 도하 이후 최초의 전투인 저우린청 점령 시 일본군의 사상자도 700여 명이나 되었다.[50] 4월 26일 일본군 보병 제37연대 제9중대가 탑승한 긴슈마루金州丸는 함경도 이원을 정찰하고 원산으로 귀항 중 신포新浦에서 러시아 군함에 의해 격침되기도 하였다.[51] 또한 6월 30일 러시아군 수뢰정 8척은 계속해서 원산항을 습격, 정박한 소증기선 행운환幸運丸과 범선 청사환淸沙丸을 격침시켰고,[52] 7월 23일에는 러시아의 블라디보스토크 함대 3척이 한때 일본 동경만 부근 미야케시마三宅島에 상륙하여 돼지 몇 마리를 강제로 구입해 간 적도 있었다.[53] 그럼에도 대세는 일본이 승리하는 방향으로 나가고 있었다. 8월 14일 울산만 해전에서 일본 가미무라上村 함대는 러시아 블라디보스토크 함대를 격파하였고, 그 결과를 이용하여 육지에서는 원산 후비제대가 함경도 점령지역을 함흥지역까지 확장하였다.[54]

이후 일본군은 더욱 청국 대륙 깊숙이 들어가게 되고 9월 4일에 가면 랴오양을 완

49 『東京朝日新聞』, 明治 37년 5월 21일.
50 『國民新聞』, 明治 37년 5월 2일.
51 『官報』(日本國), 明治 37년 4월 30일.
52 參謀本部 編, 『明治 三十七, 八年 日露戰史』(제10권), 偕行社(東京), 1914, 383쪽.
53 『郵便報知新聞』, 明治 37년 7월 31일.
54 『朝鮮駐箚軍歷史』, 26쪽.

뤼순항 주변 모습

전히 점령하였다. 그러나 이 방면의 전투에서 사상자 수가 1만 7,539명이 되는 등 일본군의 피해 또한 극심하였다. 이렇게 막대한 인적 손실을 입은 일본정부는 9월 30일 종래의 5년 후비역後備役을 10년으로 연장하고 7년 4개월을 제1보충역, 1년 4개월을 제2보충역으로 개정하여 병력을 보강하고자 하였다.[55] 이러한 징병제도는 이듬해 약간의 수정을 거쳐 전쟁이 끝날 때까지 지속되었다.

한편 전쟁 수행을 위한 재정마련이 필요하자 일본정부는 이미 영국에서 빌려온 차관 외에 새로 국채를 발행하여 이를 해결코자 하였다. 당시 전승 기운에 편승하여 모채募債신청은 세간의 기대 이상으로 활발하였다.[56] 이때 과거 청일전쟁 기간 국권론적 입장을 강하게 견지하면서 조선침략을 고무시킨 바 있었던 일본 내 인기신문『니로쿠신보二六新報』마저도 정부의 강요에 의해 이루어지는 군사공채軍事公債 모집과 국민의 애국심에 호소하는 것을 비난하였다. 그 때문에 발행인 아키야마 데이스케秋山定輔는 '노탐露探(러시아의 첩자)' 혐의를 뒤집어쓰고 중의원 의원직을 사임하게 되었고, 신문은 그해 4월 발매정지 당하였다. 이와 같이 일본정부는 '충군애국忠君愛國'의 이름 아래 그 반대자를 '노탐' 내지 '비국민非國民'이라 하면서[57] 양심적 여론을 철저하게 말살하는 등 전쟁에 대한 비판은 어떠한 경우도 용납하지 않았다. 이런 분위기는 전쟁 종결 후인 1905년 11월 30일 계엄령과 신문단속의 긴급칙령 폐지 때까지 계속되었다.[58]

---

55 『東京朝日新聞』, 明治 37년 9월 30일.
56 예를 들면 1904년 11월 제3회 국고채권 응모액은 2억4천14만7천원으로 당초 모집액 8천만원의 3배 이상의 응모를 나타내고 있었다(『東京朝日新聞』, 明治 37년 11월 10일).
57 藤原彰 外, 『近代日本史の基礎知識(增補版)』, 有斐閣, 1983, 185쪽.
58 그간 일본 내에서 긴급칙령에 근거한 경시총감의 행정처분 집행에 의해 17개의 신문 및 잡지가, 내무대신에 의해 22개의 신문과 잡지가 발행정지 되었다(『東京朝日新聞』, 明治 38년 12월 1일).

일본이 러일전쟁에서 확실한 승리를 굳히는 것은 1905년 1월 초 일본군이 뤼순항旅順港을 함락한 이후부터였다. 해군기지로서 중요한 전략적 가치를 점하는 뤼순은 견고한 천연요새로 러시아와 일본은 각기 이곳의 입지를 활용하여 중국 내륙 및 만주의 교두보를 확보하고 인접 무역항인 다롄大連의 대규모 개발을 통해 동북아 거점을 선점하려고 하였다.[59] 뤼순전투는 일본뿐만 아니라 러시아에서도 육전陸戰의 승패

뤼순전투 203고지 전사자들

여부를 가늠하는 치열한 총 공방전이었다. 처음 일본군의 제2, 3차 뤼순 총공격은 실패로 돌아갔다. 당시 종군기자 츠루다鶴田楨二郎가 "우리 병사는 적 편에 사체를 쌓아 엄보掩堡를 만들었다"고 표현할 정도로 뤼순전투는 많은 사망자를 냈던 처절한 전투였다.[60]

뤼순전투와 마찬가지로 치열한 총력전으로 기록되는 펑톈대회전春天大會戰에서도 일본군은 다시 승리하였고 3월 10일 펑톈을 점령함으로써 육상에서의 대규모 전투는 모두 끝이 났다. 전투에 투입된 러시아군은 37만 명으로 이중 사상자 9만, 포로 2만이었다. 반면 승리한 일본도 25만 명의 전투참가자 중 사상자가 7만이나 되었다.

해군의 승부는 5월 27일과 28일 대한해협 쓰시마해전에서 도고 헤이하치로東鄕平八郎 중장이 지휘하는 연합함대가 그간 뻬쩨르부르크를 출발하여 7개월 여 동안 유럽과 아프리카, 아시아를 돌아 극동에 온 러시아의 발틱함대를 격파함으로써 끝나게 되었다. 당초 러시아 황제 니콜라이 2세는 발틱함대를 파견하면서 자국의 승리를 확신하였다. 그러나 뤼순·펑톈전투의 패배와 더불어 1905년 1월 '피의 일요일' 사건으로 상징되는 노동자 농민의 혁명적 운동 열기가 러시아 내부에 팽배해 있었고 이의 해결 문제로 짜르정부는 동요하게 되었다. 전쟁을 수행하는 많은 병사들도 '혁명전선'에

---

59 George Lynch, The Path of Empire, Duckworth&Co London, 1903(『제국의 통로-시베리아 횡단철도와 열강의 대각축-』(정진국 역), 글항아리, 2009, 95~103쪽).
60 藤原彰 外, 앞의 책, 1983, 189쪽.

뤼순항

물들어 있었고, '아무도 좋아하지 않는 인기없는 전쟁에 열정없이 싸워야만 했던 것이다.'[61] 이러한 안팎의 혼란은 무엇보다도 니콜라이 2세가 전쟁의 종결을 급선무로 생각하는 계기가 되었다. 그럼에도 불구하고 온건파 비테S. Witte가 실각하고 베조브라조프Bezobrazoff 등 강경파의 주도로 러시아는 전쟁을 계속하지 않을 수 없었고,[62] 결국 발틱함대의 궤멸 이후 재 반격의 기회를 갖지 못하고 미국 대통령 데오도어 루즈벨트T. Roosevelt의 권고로 그해 9월 급히 강화를 체결하게 되었다. 이로써 1년 반 정도에 걸친 러일간의 전쟁은 일본의 승리로 끝이 났다.

일본이 계획된 프로그램에 따라 한국 지배정책을 추진해 나갈 수 있었던 것은 러일전쟁의 승리과정에서 열강간의 식민지 영토분할 담합에 의한 것이었다. 즉, 전쟁이 끝날 즈음인 1905년 7월 29일 미국 육군장관 테프트와 일본 수상 카츠라 타로 간의 비밀협약인 이른바 「카츠라桂太郎-테프트W. Taft 밀약」에 의해 일본은 미국의 필리핀 지배를 인정하는 조건으로 미국으로부터 한국 지배를 약속받았다. 이러한 약속을 바탕으로 당시 미국 대통령 루즈벨트는 "만일 일본이 계속해서 러시아와 대항한다면, 일본이 뤼순旅順을 획득하고 한국에 있어 탁월한 세력을 유지하는 것을 허락하지 않으면 안 된다"라고 언급하였다. 또한 영국의 주미대사 듀랑드도 "우리들의 관점으로는 만일 일본의 성공이 유지된다고 한다면, 일본은 뤼순의 점령을 계속하고 한국에서의 탁월한 세력을 유지할 권리가 있을 것이다"라고 하여 일본의 조선지배 승인을 주

---

61 Alexei Nikolaievich Kuropatkin, 『러일전쟁(러시아 군사령관 쿠로파트킨 장군 회고록)』(심국용 역), 한국외국어대학교출판부, 2007, 87쪽(원 저서는 스페인 Barcelona 출판사에서 Guerra Ruso-Japonesa 1904-1905, Memorias del General Kuropatkin이라는 라는 제목으로 1909년 발간되었다).
62 Alexei Nikolaievich Kuropatkin, 앞의 책, 2007, 328쪽.

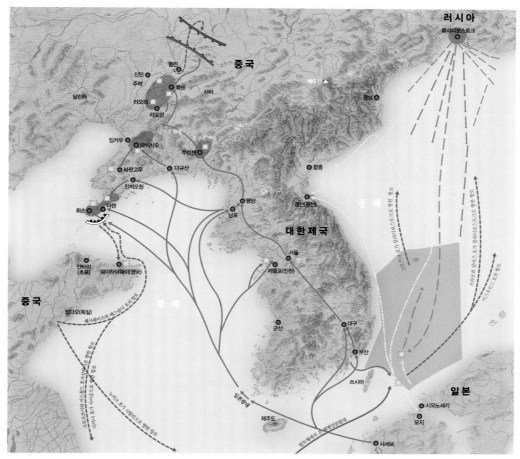

한반도와 만주를 둘러싼 러일전쟁 전투 전도

장하였다.[63]

뿐만 아니라 일본은 "한국에서 보유하는 정치·군사·상업상의 특수이익을 보호하기 위해서 정당하고 또 필요하다고 인정되는 조치를 취할 수 있는 권리를 영국이 승인한다"는 영국측의 단서를 받아들여 이를 보완, 8월 12일 한국에 대한 '지도guidance·감리control·보호protection'의 3원칙 아래 「제2차 영일동맹」을 맺게 되

---

63  吉田和起, 「日本帝國主義의 朝鮮倂合-국제관계를 중심으로-」 『韓國近代政治史研究』(楊尙弦 편), 사계절, 1985, 129쪽.

히 주목되는 것은 제3항, 4항 주차군 사령관 또는 독립부대장의 지방관 임명과 퇴임권 발동 권리, 제5항 광산의 채굴, 삼림의 채벌 등 경제적 사업의 승인권, 제6항 군정지역 내에 있는 한국군에 대한 명령을 발할 권리를 규정하고 있는 점이다.[80] 이는 주차군 사령관이 러시아와의 전쟁 목적 외에 관리 인사권, 사업 승인권, 군령권 등 거의 전 부문에 대해 관여할 수 있는 길을 마련해 준 것이다. 이에 따라 한국정부가 가질 수 있는 권리는 그만큼 크게 제약을 받지 않을 수 없었다.

한편, 전선에서 일본군이 승승장구함에 따라 일본은 1905년 1월 6일부터 서울에서 군사경찰을 시행하면서 이른바 '공안질서를 유지할 필요'라는 명목아래 전시개념의 '군령軍令'을 적용시켰다. 한국 정부의 경찰권을 배제하면서 시행된 이 포고문은 적용범위가 매우 광범위한 것이었으며 군사작전 보다는 서울의 치안확보와 밀접한 관련이 있었다. 예컨대 군령적용 대상자 중 "4. 당을 결성하여 반항을 기도하거나 기타 아군(일본군)에 대해 항적 행위를 하는 자.……15. 집회결사 및 신문잡지, 광고 기타의 수단으로 치안질서를 문란시키는 자. 16. 일정한 지역 내에 출입 체재를 금하는 장소에 있어 그 금령을 범하는 자" 등이 그것이다.[81] 이에 따라 일본에 반대하는 어떠한 정치단체의 설립도 근본적으로 봉쇄되었고, 일본 경찰의 허가와 입회 없이는 정치문제를 토의하기 위한 집회도 가질 수 없었다. 그것은 이 기간 대도시를 중심으로 전개된 항일 민족운동에 대한 탄압을 더욱 강화하려는 것이다.

원래 주차군사령관은 외교사안은 전권공사와, 병참·전신·군용철도 등과 관련된 사안은 병참총감과 협의토록 되어 있었다. 그러나 을사늑약 이후 한국의 상황이 바뀌어 통감부가 설치되고 통감이 부임하게 되자 한국주차군의 병력 지휘권은 통감이 갖도록 하였다.[82] 다시 1906년 7월 31에는 일본칙령 제205호로 「한국주차군사령부조례」를 공포하여 주차군사령부는 천황에 직예直隷하며, 주차군사령관은 군정과 인사에 관한 사안은 육군대신, 작전과 동원계획에 관해서는 참모총장, 교육에 관해서는 교육총

---

80 『朝鮮駐箚軍歷史』(金正明 편), 巖南堂書店, 1967, 151~152쪽.
81 「京城附近一帶에 있어 治安警察駐箚軍으로 擔當하는 件」, 明治 38년 1월 12일, 『日韓外交資料集成 5 -日露戰爭編-』(金正明 편), 巖南堂書店, 1967, 367~372쪽.
82 『朝鮮駐箚軍歷史』(金正明 편), 巖南堂書店, 1967, 97쪽.

감의 지시를 받도록 되어 있었다. 또한 한국의 '안녕질서'를 위해 주차군사령관은 통 감의 명령이 있을 경우 병력을 사용할 수 있는데, 사안이 급박한 경우 추후 보고하고 이를 바로 육군대신과 참모총장에게 보고토록 하였다.[83]

러시아와의 전쟁 과정에서 열강과 각종 조약을 맺어 자신들에 유리한 입장을 마련 해 가던 일본은 이미 전쟁 직후부터 노골적으로 한국의 각종 권한을 제약하고 식민지 화 침탈을 위한 작업을 진행시켜 나가고 있었다.

우선 철도 경영은 '일본의 한국정책의 핵심'이라 할 정도로 일본에서 중요하게 취 급하는 것이었다. 1904년 3월 "경의(서울-의주)간 군사철도를 건설하여 아군(일본군) 으로서 그 행동을 민활하게 하는 것은 실로 초미의 급한 것에 속한다. (일본)제국정부 는 해당 철도부설에 대하여 속히 착수하는 것은 군사상 필요에 관련이 있고, 귀(한국) 정부 현재의 시국을 고찰하면 헛된 이의도 없을 뿐 아니라 마땅히 부설 상 제반 편의 를 주어야 할 것"[84]이라는 하야시 곤스케林權助 공사의 통고에 따라 한국 정부는 그해 5월 경의철도를 일본에 양여하였다. 이어 8월에 가면 이용익과 황실이 주도하던 서북 철도국도 혁파되었다.

이러한 일본정부의 조선침탈에 편승하여 자신들의 이익을 챙기려 하는 일본상인 의 동향도 매우 기민하게 나타나고 있었다. 한국 각지의 일본 상업회의소 구성원들 은 1904년 5월 5일 인천상업회의소에 모여 회의를 개최하고 ① 식산흥업에 관하여 한국 내지에 자본을 풀고 일본인의 권리를 보증받을 일, ② 하천의 항운을 포함한 연 안항해권을 획득할 일, ③ 연안어업권을 확장하고, 각도 강하江河의 어업권을 획득할 일, ④ 한국 각도의 필요한 지역에 농사시험장을 설치할 일, ⑤ 한국전보사에 일본문 자를 병용시키고 또 일본전보와 직통의 편의를 열 것처럼 하여 한국정부에 교섭을 청 원할 일, ⑥ 개항 개시장을 증설할 일 등을 결의하였다.[85]

우리나라를 핵으로 하면서 극동 아시아를 무대로 발발된 러일전쟁은 열강의 구도

---

83 「韓國駐箚軍司令部條例」, MF 52232-28, 『日本外務省陸海軍省文書 116권』, 국회도서관 소장본(柳 漢喆, 앞의 논문, 1992, 각주 51) 부분 참조).
84 『電報新聞』, 明治 37년 3월 4일.
85 幣原坦, 『日露間之韓國』, 博文館, 東京, 1905, 169쪽.

를 재편할 정도로 역사상 큰 사건이었다. 러일전쟁은 크게는 제국주의 국가 동맹 사이의 동아시아 분할투쟁이자 작게는 독점자본주의가 제대로 발달되지 못한 국가 간의 경쟁으로, 러시아의 혁명을 추동하는 한편 일본이 명실상부한 제국주의 국가로 발돋움하는 계기로 작용하였다.

그러나 러일전쟁의 주요한 원인이 한국문제에 국한된 것이 아니었음에도 불구하고 우리는 청일전쟁과 마찬가지로 전쟁터로서 막대한 피해를 입을 수밖에 없었다. 즉, 우리나라는 이 전쟁에 따른 최초·최대의 희생자라 할 수 있다. 전쟁으로 말미암아 우리의 지속적 발전은 철저하게 부인·왜곡되었다. 일본은 한국의 완전한 지배권 확보를 위해 군사적 억압으로 반일 민족운동을 여지없이 진압하면서 전쟁을 성공리에 마무리 지었다.

# 제2절

## 일본에 의한 군사력 감축과 군대해산

### 1. 군제개편과 군사력 감축

러일전쟁을 구실로 한국에 주차군을 설치, 주권을 제약하게 되면서 일본은 그동안 대한제국이 추진해 온 군비증강 계획을 무산시키고 군사주권 침탈을 본격화하였다. 원수부의 각 총장도 이근택·구영조·박제순·현영운·양성환 등 친일적 인물들로 교체되었다. 군부대신도 그간 황제와 소원한 관계에 있었던 민영기閔泳綺와 이윤용李允用이 차례로 임명되었다. 일찍이 황제의 측근으로 1898년 군부대신과 경무사를 역임했던 민영기는 1899년 1월 황제를 경복궁으로 이어하여 정권을 장악하려다 발각되어 오랜 기간 유배되었다가 이근택李根澤의 도움으로 러일전쟁 발발 직후인 1904년 3월 비로소 징계에서 벗어난 후 8월 군부대신이 되었다. 아관파천을 주도하고 이후 건양년간 군부대신과 농상공부대신을 역임했던 이윤용 또한 대한제국 출범이후 중앙정계에서 두드러진 활동을 보이지 못하다가 일본의 주선에 의해 1904년 9월 다시 군부대신이 되었다.

1904년 3월에는 일본군인 노즈 스네다케野津鎭武를 군부고문으로 초빙하였다. 이는 대한제국 군대의 개혁을 명목으로 한 군사주권 침탈의 준비를 위한 일본측의 의도를 반영한 것이었다. 하야시 곤스케 공사도 일본 귀국 시 보고서에서 "한병韓兵은 소위 국가의 일종의 장식품에 불과하여 흉도兇徒조차도 토평討平할 수 없"고 "쓸데없이 국비를 낭비하는 하나의 기관에 불과한 것"으로 "이런 군대를 개조하기 위해서는 우선 국민의 정신을 함양하고 다음으로 간부를 양성하여 징병법, 군제 등을 개혁하여 소위 근본적으로 개조하는데 있다"고 역설한바 있다.[86] 그 첫 시도로 1904년 7월에는 군부관제를 개정하여 원수부가 가졌던 모든 군령·군정권을 군부에 환원시켰고, 환원된 군부의 군령·군정권도 형식상 불과하였다.[87]

이어 1904년 8월 26에는 군제를 이정釐改한다는 명목으로 군부 고문관 노즈를 포함한 장령관將領官으로 군제이정관 12인 즉, 육군 부장 민영환·이지용·이윤용·민영기·권중현, 육군 참장 박제순·구영조·엄준원·현영운, 군부고문관 노즈 스네다케, 육군 참령 이병무·이희두를 선임하여 군제개혁을 단행토록 하였다. 군부관제의 새로운 개정을 이루자마자 일본은 군제이정관들로 하여금 원수부 정리작업에 착수케 하여 한달 후인 9월 24일에는 원수부관제가 다시 개정되었다. 1898년 제정된 일본 「원수부조례」[88]를 일부 적용한 새로 개정된 관제에 따르면 원수부의 군령권을 모두 폐지하고 '훈공과 근로가 최다最多한 육해군 대장으로' 부원수를 두어 대원수 즉, 황제와 원수인 황태자에 자순諮詢하는 책임과 육해군 검열을 맡게 하였으며 1900년 3월 20일 반포된 관제는 완전히 폐지하였다.[89] 대신 같은 날 참모부를 설치, 군제에 관한 실질적인 권한은 일본에 의해 조종되는 참모관을 통하여 수행토록 하였다.

이 시기 일본측뿐 아니라 일부 관료들도 군제의 축소를 주장한 바 있다. 1904년 7월 15일 중추원의관 안종덕은 상소에서 관직 제도의 복잡함을 강조하면서 탁지부가 있는 이상 내장원은 둘 필요가 없고, 군부가 있는 이상 원수부는 승격시킬 필요가 없다고 주장하였다.[90] 연이어 같은 달 25일 봉상사 부제조 송규헌은 안종덕과 마찬가지로 중첩 설행하였던 관제를 마땅히 없애야 하며, 이를 위해 원수부·내장원·어공원御

---

86 「韓國에서의 군사적 경영요령 송부 件」, 明治 37년 6월 14일, 『公使館記錄』.
87 「勅令 제17호, 軍部官制 改正」, 광무 8년 7월 6일, 『法令資料集』.
88 1898년 1월 19일 메이지 칙령 제5호로 제정된 「원수부조례」는 총 4개 조항으로 1. 육해군 대장을 원수(元帥)로 칭하고, 2. 원수부는 군사상 최고고문으로 하고, 3. 원수는 칙령을 받들어 육해군 검열을 행하고, 4. 원수에는 부관으로 위관 각 1인을 부속시키는 것으로 되어 있다(日本國立公文書館, 「元帥府條例」, 명치 31년 1월 19일).
89 「詔勅, 元帥府官制」, 광무 8년 9월 24일, 『法令資料集』.
90 『고종실록』 권44, 광무 8년 7월 15일.

供院·예식원·비원祕苑 등을 즉시 폐지하여 관제를 함부로 하지 않고 경비를 줄이는 일에 늑장 부리지 말아야 한다고 주장하였다.[91]

같은 기간 일본공사관 측에서 파악한 세출 내용을 보면 군부 예산은 1902년 2,786,290원(총지출 6,932,037원), 1903년 4,123,582원(9,697,371원), 1904년 5,180,004원(12,370,455원)으로 지속적인 증가추세에 있었다. 군부 소관 경비가 증가한 이유를 공사관에서는 우선 근년에 백동화가 하락한 결과 1903년에 서울의 각 대 및 재경 평양대平壤隊 병사의 급료를 매일 1원씩 증가시키고 1904년도에 이르러 다시 매일 1원 50전을 증가시켰고, 그 위에 재경 각 대 및 지방 제대諸隊를 함께 병사 1명에 대해 부식비를 하루 2전 5리씩 증가시킨 데에 의한 것으로 파악하였다. 또한 양무호揚武號 매입 결과 군함비로서 45만 1,605원을 지출하게 되었고, 나아가 정보대에 2백 명을 증원함에 따라 상당한 경비를 증가하게 된 일이 그 주된 원인을 이루는 것으로 파악하였다.[92] 일본 동경에서 발행하는 『니혼보日本報』 제5,421호에 기재된 '한국 시정개선 방책'에서도 한국의 재정정리 과정에서 군비를 감축케 하여 전국 병정 2만 명을 1천 명으로 감축하는 한편 경성을 수비하는 각 지방 병정을 철퇴시키고, 「한일병기동맹韓日兵器同盟」을 체결하여 군기軍器를 정리하고, 경위원警衛院을 폐하여 경무청警務廳에 합치고 원수부를 폐하여 군부에 합칠 것을 제시하였다.[93]

이러한 내외 여론몰이에 따라 군제의 개편과 축소는 대세가 되고 있었다. 육군무관학교를 통한 근대적 고급장교 양성 시도는 대한제국의 자주적 개혁이 시행되던 러일전쟁 이전까지는 지속될 수 있었다. 그러나 1904년 9월 24일 황제는 조령詔令에서

> 나라에는 군사가 있어야 하고 군사에는 규정이 있어야 한다. 현재 시행하는 원수부元帥府와 군부軍部의 관제와 제반 규정에 혹 미흡한 점이 있는 것들은 시대에 맞게 잘 제정하지 않을 수 없다. 군사 제도를 의논하여 정하는 조치를 취한 것은 대개 그것을 개혁하려는 것이다. 시종부侍從府·배종부陪從府와 친왕부親王府의 무관武官은 마땅히 구별

---

91 『고종실록』 권44, 광무 8년 7월 25일.
92 「雜(48) 韓國의 財政一般」, 1904년, 『公使館記錄』.
93 『皇城新聞』, 광무 8년 9월 13일.

되는 규정이 있어야 하고 나라 방위와 군사를 이용하는 일을 옳게 참획參劃하려면 참모부參謀府를 신설해야 하며 중요한 군사 문제를 일제히 성취하려면 교육부가 확장되어야 한다.[94]

고 하면서, 이에 여러 사람들의 의견을 널리 듣고 외국의 제도를 서로 참작해서 개정해야 할 것은 개정하고 신설해야 할 것은 신설해야 한다는 내용을 언급하였다. 그러면서 같은 날 원수부 관제 6개조를 개정 반포하였다. 이날의 원수부 관제 개정으로 원수부가 무력화 되고 다시 군부로 환원되는 과정에서 무관학교도 그 역할을 제대로 할 수 없었다.[95] 이후 무관학교는 유명무실한 상태로 있다가 1909년 9월 15일 칙령 제77호로 폐지되었다.

1904년 11월부터는 함경도 북청과 종성의 진위대 폐설이 추진되었다. 이는 일본 측의 입장을 반영한 군부대신 이윤용과 참모부총장 서리인 참모부 부부장 윤웅렬, 교육부 총감 이지용의 발의에 의해서 이루어졌다. 이윤용 등은 함경도 2진鎭 대대장들의 군기문란과 보고체계의 소홀을 빌미로 이들의 파면을 황제에게 청하였다.[96] 군부대신 등은 다시 12월 3일 "해당 진대를 둔 것은 전적으로 변경을 방비하고 민심을 휘어잡으려는 것이나, 최근의 일들을 보면 방비에 이미 허술한 것이 많고 진무하는 것도 제대로 하지 못하였으며 한갓 많은 군량과 비용만 허비하였을 뿐입니다. 해당 두 진대를 두는 것은 무익하니 지금 우선 없애버리고 별도로 방책을 연구한 후에 다시 설치하는 것이 현 실정에 맞을 것 같습니다"라고 주장하였다.[97]

황제는 이를 받아들였고, 결국 함경도에 설치되었던 2개 진위대는 폐지될 수밖에 없었다. 이는 러일전쟁 당시 북청, 종성 양 진위대 주력이 러시아군이 연해주 우수리스크에서 관북지방으로 남하할 때 러시아 점령구역 내에서 그들의 명령을 따르는 등 협조한 것에 대해 후일 일본측이 한국정부에게 「한일의정서」 정신을 위반한 것이

---

94 『고종실록』 권44, 광무 8년 9월 24일.
95 임재찬, 「구한말 육군무관학교에 대하여」 『慶北史學』 4, 경북대 사학과, 1982, 16~17쪽.
96 『고종실록』 권44, 광무 8년 11월 28일.
97 『고종실록』 권44, 광무 8년 12월 3일.

라며 문제삼고 북관진위대의 해체를 주장한 데서 연유한 것이다. 군사령관 하세가와
는 일본공사와 협의하여 1904년 11월 5일부터 한국정부와 교섭하였고 그 결과 12월
1일 양 대대장 면관과 12월 7일 양 대대의 해산을 발표하게 되었다.[98]

1904년 12월 26일 주차일본군사령관 하세가와 요시미치長谷川好道는 한국군제 개
혁에 관하여 대한제국 황제에게 장문의 의견을 상주上奏하였다. 하세가와는 현재 한
국의 병제는 용병법傭兵法에 의하지만 이는 결코 양호한 제도가 아니라면서 이를 폐
하고 의무병역제도를 채용할 것을 주장하였다. 그러나 이는 정신교육이 필요한 것으
로 '국가교육'의 보급이 선행되어야 하기에 일정 기간이 소요된다고 하면서 한국군제
의 근본적 개량은 먼 미래에나 가능하지만 이에 앞서 우선적으로 다음과 같은 내용이
필요하다고 강요하였다.[99]

첫째로, 그는 군비는 국가의 재정상황을 참작하여야 한다고 주장하였다. 예컨대 서
구 각국들은 다수 병력을 비치하고 있어도 세입과 군사비의 비율은 1/4을 초과하지
않고 있지만, 반면 한국은 세입의 1/3을 생산적이지 않은 군사비에 사용하고 있는데
무엇 때문에 이와 같은 다대한 군사비를 쓰고 있는지 모르겠다는 것이다.[100] 그 해결
방안으로 그는 당분간 군대의 목적을 내란진압에 두고 소수의 정예병을 두고 병력을
감소하여 잉여비용을 교육과 생산시설에 투입하면 국운이 융성을 기할 것이라 주장
하였다.

이를 위해 하세가와는 ① 보병은 독립 8대대로 8도에 분치하고 또 현재의 군대 중
에서 정예의 장교와 하사졸을 특선, 친위2대대를 편제하여 궁궐수비에 전념케 하는
데, 각 보병대대는 4중대가 적당하다. ② 기병 포병 공병 따위는 내란 진압에 불필요
하기에 존치할 필요성이 없지만, 기병은 황실의장용 정도만 두고 포공병砲工兵은 장

---

98 『朝鮮駐箚軍歷史』(金正明 편), 巖南堂書店, 1967, 327~332쪽.
99 『日本外交文書』, 明治 38년 1월 4일 ; 『皇城新聞』, 光武 9년 1월 31일.
100 그러나 하세가와의 주장과는 달리 일본은 육군 13개 사단, 해군 66함대 완성을 위한 군비의 대
증강에 진력하였고, 그 결과 일본의 총 세출 중 군사비 비율은 청일전쟁 기간인 1894년 69.2%,
1895년 65.5%, 사단 증설 기간인 1897년 49.2%, 이후 1902년 29.6%로 비율이 상당히 감소하
지만, 러일전쟁 시기에는 1904년 81.8%, 1905년 82.3%로 더 증가한다(『日露戰爭百年』(遊就館
편), 2005, 7쪽 참조).

래 군비 확장 시 장교, 하사졸을 양성하기 위한 1개 부대 편제만 필요하고, 기포공騎砲工의 3병종은 각각 1중대만 필요하다. ③ 헌병은 현재와 같이 경성에만 둘 필요가 없기에 각 보병대대 소재지에 나누어 둘 필요가 있다. ④ 호위대區衛隊 따위의 구식 군대는 국방상으로나 내란진압 상 필요없을 뿐 아니라 국가의 체면만 손상할 것이니 전폐全廢하여야 한다. ⑤ 치중병輜重兵(군수품을 나르는 군사)은 편성해 둘 필요가 없다고 주장하였다.

둘째로, 하세가와는 참모부와 교육부를 군부에 편입할 것을 주장하였다. 그는 한국은 여러 강대국과는 달리 외적에 대해 공방의 대작전을 연구 계획할 필요가 없고 다만 내란內亂 진압과 토비土匪 토벌에 있어 대규모의 관아가 필요치 않으므로 군부의 일부에 편입해도 조금도 지장이 없을 것이라 하였다. 이는 군사 제반시설을 통일하고 필요없는 비용을 절약할 수 있는 이점이 있다는 것이다.

그리고 셋째, 장교의 보충 진급의 규정 확립과 무능 장교의 도태 넷째, 무관학교와 연성학교의 개설 다섯째, 기타 군대의 위생 경리문제 진척 등을 주장하였다. 이상의 내용을 제시하면서 하세가와 요시미치는 결론적으로 재정의 여유가 생기는 대로 서서히 준비하여야 한다는 점을 강조하였다.

하세가와의 주장을 반영한 대한제국 정부는 1905년 1월 황제의 친위부대인 호위대를 폐지하고 경위원(황궁 내외의 경비 등을 관장하는 기관)에 부속시켰다.[101] 같은 해 2월 22일 군부관제를 비준하여 반포하였다. 그 주요 내용은 ① 군부대신은 육해군의 군정을 총독하면서 군인과 군속을 총 감독하고 군인교육 사무를 총 관할하여 군대 및 관하 여러 부의 장교, 그와 상당한 관리 및 주임관, 군속들의 임명과 파면, 승급과 보충 등 일체 군사상의 행정을 상주하여 재가 받아 시행한다. ② 국방과 군사 동원에 관한 사무인 경우 군부대신은 황제 폐하에게 직속되어 군사 통수부의 기밀계획 작성에 참여한다. ③ 군부대신은 대장 혹은 부장으로써 임명하고, 협판은 부장 혹은 참장參將으로써 임명한다. ④ 군부에는 군무, 참모, 교육, 경리 4국을 두는데 모두 1등국이다. 군무, 참모, 교육 3국의 국장은 참장 혹은 각 병과 정령正領으로써 임명하며 경리국장

---

101 「칙령 제6호, 軍部官制」, 광무 9년 2월 22일, 『法令資料集』.

은 사계감司計監 혹은 1등 사계司計로써 임명한다. ⑤ 광무 8년(1904) 9월 24일에 반포한 군부 관제는 폐지한다 등이었다. 이는 원수부총장에서 군부대신으로 군령권을 변경한 것으로 결국 관제개혁을 통한 원수부의 실질적 기능을 군부로 이관한 것이다.

또한 같은 날 「장관회의소 규정將官會議所規程」을 재가 반포하였다.[102] 그 내용은 ① 장관 회의소를 군부 안에 별도로 설치하고 육해군 부장副將인 칙임관勅任官으로 군사찬모관軍事贊謀官 5인을 둔다. ② 회의 조례는 아래와 같다. 동원動員, 작전, 요새 위치, 징병조례의 증감과 개정, 각 단團이나 대隊의 편제 변화, 군인과 군속의 임명과 진급 등의 일이다. 그해 12월 15일에는 군부대신 이외의 군인들이 정치에 관여하는 것을 허락하지 않는다는 내용의 조령을 반포하여 만일 군부에서 현실적 정치에 개입하는 경우가 나타나면 엄히 징계하겠다는 조치까지 행하였다.

이처럼 일본의 입장에서의 식민지적 군제를 법으로 규정하였고 이후 군비축소, 인원도태 등 군대해산의 준비작업이 진행되었다. 이어 1905년 4월 시위 2개 연대를 1개 연대로, 포병대대와 기병대대를 각 1개 중대로 감축하였고, 이를 1907년 4월 칙령 22호로 시위혼성여단 사령부로 통합하였다. 1906년 2월 22일에는 칙령 제15호 「통감부 육해군 무관관제」를 제정, 통감에게 육해군 무관 각 1명을 소속시키고 이들은 통감의 명령을 받도록 하였다.[103] 이어 2월 8일에는 칙령 제18호로 한국에 주둔하는 일본헌병이 통감의 지휘를 받아 군사경찰 외에 행정경찰과 사법경찰을 수행하는 법률안을 공포하였다.[104]

1904년 5월 일제가 파악한 실 병력 수 16,000여 명에서 1905년 4월 친위대 폐지와 1907년 4월 2단계의 대대적인 감축 결과, 해산 당시 시위보병 2개 연대 약 3,600명, 기병·포병·공병·치중병 약 400인, 수원·청주·대구·광주·원주·해주·안주·북청 8개소의 지방군 8개 대대 약 4,800인 등 도합 8,800여 명에 불과하였다.[105] 이후 중앙의 시위대는 1907년 8월 1일 훈련원에서 군대해산식을 거행하고 해산시켰다. 지방

---

102 「칙령 제7호, 將官會議所規程」, 광무 9년 2월 22일, 『法令資料集』.
103 『統監府法令資料集 上』(국회도서관 편), 1973, 30~31쪽.
104 『統監府法令資料集 上』(국회도서관 편), 1973, 31~32쪽.
105 서인한, 『대한제국의 군사제도』, 혜안, 2000, 216~226쪽.

경찰 직무를 행하는 헌병분대 위치도

진위대 역시 9월 초에 강제해산을 완료하였다.

통감부 시기인 1908년 8월 6일 군부, 본부와 근위대, 무관학교를 대상으로 군물품을 조사하였다. 이듬해인 1909년 3월 30일자 일본총리 가츠라 타로桂太郎가 각의에 제출한 「한국병합에 관한 건」이 7월 6일 결정되었다. 이때 마련된 「대한시설대강對韓施設大綱」 중 군대문제와 관련한 제3항에서는 일본정부는 한국 방어와 질서유지를 담당할 군대를 주둔시키고, 가능한 한 다수의 헌병 및 경찰을 증파하여 질서를 유지하는 방침을 세웠다.[106]

이어 1909년 7월 30일 칙령 제68호로 군부 및 무관학교를 폐지하고 현재의 병은 신설한 궁중의 친위부親衛府에 흡수하고 사관양성은 일본정부에 위탁시켰다.[107] 그러나 황실경호 및 의장대의 기능만 수행하던 친위부의 감독 또한 일본군 장교들이 담당하였고, 병기와 탄약의 처분은 한국주차 일본군 사령관이, 군인·군속의 범죄에 대한 처리는 주차일본군 군법회의가 맡았다.[108] 이어 같은 해 9월 15일 총리대신 이완용이 통감 소네 아라스케曾彌荒助에게 무관학교 폐지 시기의 건을 공포하는 일로 내각에서 의논한 후 황제에게 아뢰어 재가를 받았다는 내용을 통보[109]함으로서 무관학교는 공식적으로 사라지게 되었다. 이로서 대한제국의 실질적인 군사력은 모두 해체되었고, 전국에 헌병과 경찰 배치를 통해 지배체제를 공고히 하였다.

---

106 「對韓政策 確定의 件」, 명치 42년 7월 6일, 『日本外交文書 제42권 제1책』, 179~180쪽.
107 「號外」 『官報』, 융희 3년 7월 31일.
108 서영희, 앞의 책, 2003, 360쪽. '헌병경찰제도'는 1907년 10월 9일 칙령 제323호로 제정된 것으로, 제1조에 따르면 "한국에 주둔하는 헌병은 주로 치안유지에 관한 경찰을 장악하며 또 그 직무의 집행상 통감에 예속된다. 또 한국주차군 사령관의 지휘를 받아 군사경찰을 담당한다."라고 되어 있다(山邊健太郎, 『한일합병사』(安炳武 역), 汎友社, 1982, 272~273쪽).
109 『統別勅令往復案』(奎.17851-2), 제6책.

〈표 6-1〉 경찰 직무를 행하는 헌병분대[110]

| 도 | 명칭 | 위치 | 관할구역 |
|---|---|---|---|
| 경기도 | 수원 | 수원 | 광주군, 진위군, 양지군, 용인군, 과천군 |
| | 경기(제일) | 대화정 | 한성부, 양평군, 광주군, 양주군, 가평군 |
| | 경기(제이) | 광화문 | 한성부, 고양군, 파주군 |
| | 용산 | 용산 | 과천군, 한성부 |
| | 양주 | 양주 | 양주군, 포천군, 적성군, 영평군, 마전군, 가평군, 연천군 |
| | 개성 | 개성 | 삭령군, 개성군, 장단군, 풍덕군, 연천군 |
| | 여주 | 여주 | 여주군, 이천군, 음죽군, 죽산군 |
| 충청북도 | 청주 | 청주 | 회인군, 청안군, 보은군, 청주군 |
| | 진천 | 진천 | 진천군, 청주군, 청안군 |
| | 충주 | 충주 | 충주군, 청풍군, 연풍군 |
| | 옥천 | 옥천 | 옥천군, 청산군, 영동군, 황간군 |
| 충청남도 | 공주 | 공주 | 공주군, 연산군, 증성군, 진암군 |
| | 부여 | 부여 | 부여군, 청양군, 남포군, 정산군, 홍산군 |
| | 천안 | 천안 | 천안군, 직산군, 목천군, 전의군, 연기군, 평택군 |
| | 예산 | 예산 | 예산군, 덕산군, 면천군 |
| 전라북도 | 익산 | 익산 대장촌 | 익산군, 여산군, 고산군, 용안군 |
| | 남원 | 남원 | 남원군, 순창군, 운봉군 |
| | 고부 | 고부 | 태인군, 김제군, 고부군, 금구군, 순창군, 부안군 |
| | 금산 | 금산 | 무주군, 장성군, 용담군, 금산군 |
| 전라남도 | 장성 | 장성 | 광주군, 장성군, 담양군, 영광군, 나주군 |
| | 영산포 | 영산포 | 나주군, 남평군, 영암군, 함평군, 무안군 |
| | 장흥 | 장흥 | 장흥군, 보성군 |
| | 순천 | 순천 | 순천군, 구례군, 흥양군, 광양군 |
| | 동복 | 동복 | 동복군, 후주군, 창평군 |
| 경상남도 | 진주 | 진주 | 진주군, 사천군, 곤양군, 단성군 |
| | 거창 | 거창 | 거창군, 삼가군, 산청군, 함양군, 안의군, 합천군 |
| | 마산 | 마산 | 창원부, 김해군, 고성군, 거제군 |
| | 부산 | 부산 | 양산군, 언양군, 밀양군, 영산군 |

<hr/>

110 「統監府令 第42號, 警察署의 職務를 行할 憲兵分隊의 名稱 位置 及 管轄區域表」, 明治 43年 8月 5日
公報 號外, 『統監府法令資料集 下』(국회도서관 편), 1973, 660~667쪽을 근거로 작성.

| | | | |
|---|---|---|---|
| 경상북도 | 대구 | 대구 | 인동군, 칠원군, 군위군, 의흥군, 신령군, 영천군 |
| | 김천 | 김천 | 김천군, 지례군, 상주군, 인동군 |
| | 함창 | 함창 | 상주군, 함창군, 문경군, 용궁군, 예천군 |
| | 순흥 | 순흥 | 순흥군, 풍기군, 봉화군, 문경군 |
| | 영양 | 영양 | 영양군, 예안군, 영해군 |
| | 청하 | 청하 | 청하군, 흥해군, 청송군, 영일군 |
| 강원도 | 춘천 | 춘천 | 춘천군, 양구군, 화천군, 인제군, 홍천군 |
| | 철원 | 철원 | 이천군, 안협군, 철원군, 평강군 |
| | 김화 | 김화 | 김화군, 철원군, 금성군, 화천군 |
| | 회양 | 회양 | 금성군, 통천군, 회양군 |
| | 양양 | 양양 | 양양군, 횡성군, 인제군, 홍천군, 강릉군, 평창군 |
| | 고성 | 고성 | 고성군, 간성군, 양양군, 인제군 |
| | 삼척 | 삼척 | 삼척군, 정선군 |
| | 울진 | 울진 | 울진군, 평해군 |
| | 영월 | 영월 | 정선군, 영월군, 울진군, 삼척군 |
| | 원주 | 원주 | 원주군, 횡성군, 영월군, 평창군 |
| 함경남도 | 함흥 | 함흥 | 함흥군, 정평군, 강원군, 장진군 |
| | 고원 | 고원 | 고원군, 영흥군, 문천군 |
| | 원산 | 원산 | 안촌군, 덕원부, 문천군 |
| | 북청 | 북청 | 이원군, 북청군 |
| | 단천 | 단천 | 단천군, 이원군 |
| | 갑산 | 갑산 | 갑산군 |
| | 혜산진 | 혜산진 | 갑산군, 삼수군 |
| | 장진 | 장진 | 장진군 |
| 함경북도 | 나남 | 경성군 나남 | 경성군, 부령군, 명천군 |
| | 부령 | 부령 | 부령군, 회령군, 경성군 |
| | 길주 | 길주 | 명천군, 길주군 |
| | 경흥 | 경흥 | 경흥부, 경원부 |
| | 훈융진 | 온성군 훈융진 | 온성군, 종성군, 경원군 |
| | 회령 | 회령 | 회령군, 종성군, 무산군 |
| | 무산 | 무산 | 무산군 |

## 2. 고종황제 폐위와 서울 시민의 저항

1904년 러일전쟁, 1905년 을사늑약 이후 국운이 기울어가던 시기 대한제국 정부는 또 다른 측면에서 국가의 명운을 되돌리려는 노력을 하였다. 그것이 1907년 6월부터 7월 사이 네덜란드 헤이그 만국평화회의에 전 의정부 참찬 이상설, 전 평리원 검사 이준, 전 러시아공사관 참서관 이위종 등 3인의 특사와 미국인 헐버트H. B. Hulbert를 파견하여 국제여론에 대한제국의 독립을 호소하는 것이었다.

대한제국 초대통감 이토 히로부미와 정무총감 야마가타 이사부로山縣伊三郎는 본국의 외무대신 하야시 다다스林董 등과 수시로 비밀 전보문을 주고받으면서 이상설 등 3인의 헤이그 특사 및 미국인 특사 헐버트의 거취와 만국평화회의와 관련한 현지 여론 동향, 서양 각국 및 러시아, 중국의 여론 동향과 관련한 내용을 협의하였다. 뿐만 아니라 일본 내의 여론동향, 예컨대 대동구락부, 유흥회猶興會 등 재야단체 및 조선인 망명객들의 동향을 수시로 파악하였고, 심지어 유학생들의 동정까지도 상세하게 파악하고 있었다.[111]

밀사의 활동을 문제 삼아 일본정부는 논의를 거쳐 '한국처분안'을 마련하였다.[112] 이는 갑. 러시아와 같이 한국을 토멸하자, 을. 보호국으로 하자, 병. 평화적으로 합병하자는 안을 언급하고 각 안건에 대한 구체적인 방법을 서술하고, 또한 한국경영 방침 관련 내용 등으로 되어 있다.

통감 이토는 외무대신에게 특사들의 활동을 기화로 이들의 활동이 한국 황제의 칙령에 입각한 것이라면 일본 정부에서도 이 기회에 한국에 대해서 국면을 한번 바꿀 수 있는 행동을 취할 호시기라고 주장하였다. 그는 '음모'가 확실하다면 세권稅權, 병권兵權 또는 재판권을 일본의 수중에 넣을 좋은 기회로 보았다.

일본정부는 특사파견을 빌미로 고종황제를 권좌에서 밀어내고 대한제국을 직접 경

---

111 「機受1829號, 한국밀사사건에 관한 在本邦 한국유학생의 행동 內報의 件」, 1907년 7월 15일, 『韓國二於テ第二回萬國平和會議ヘ密使派遣並二同國皇帝ノ讓位及日韓協約締結一件』(일본외무성 외교사료관 소장자료).

112 「附錄 -韓國處分案-」『韓國二於テ第二回萬國平和會議ヘ密使派遣並二同國皇帝ノ讓位及日韓協約締結一件』(일본외무성 외교사료관 소장자료).

영하려 하였다. 그 일환으로 이토 통감은 외무대신 하야시 다다스를 통해 총리대신 사이온지 긴모치西園寺公望에게 '특별 비밀' 전문을 보냈다. 이토는 만국평화회의에 위원을 파견한 것에 대해 고종황제에게 책임전부가 폐하 한 사람에게 돌아감을 선언하고, 아울러 그 행위는 일본에 대하여 공공연히 적의를 발표하여 협약을 위반했음을 면할 수 없기

헤이그특사(좌로부터 이준·이상설·이위종)

에, 일본은 한국에 대하여 선전宣戰의 권리가 있음을 총리대신 이완용으로 보고케 하였다. 이토는 황제는 내가 모르는 일이라고 '변명'을 하지만, 헤이그 파견위원은 폐하의 위임장을 소지하였다고 공언하였고, 또한 신문을 통하여 일본을 악의적으로 비난한 이상 폐하가 그들을 파견하였다는 것은 세상이 숙지하는 바라고 언급하였다. 그는 한국정부도 '국가와 국민을 온전하게 유지'하기 위해서는 어쩔 수없이 양위를 기정사실화하여야 한다고 강박하였다.

이 사안과 관련하여 총리대신 사이온지 긴모치는 메이지 천황의 재가를 받아 이를 이토 통감에게 통보하였다. 그는, "제국정부는 지금의 기회를 놓치지 말고 한국정부에 관한 전권을 장악할 것을 희망한다. 그 실행에 대해서는 실지實地의 정황을 참작할 필요가 있음에 따라서 이것을 통감에게 일임할 것. 만약 전기前記의 희망을 완전히 달성할 수 없는 사정이 있으면 적어도 내각대신 이하 중요관헌의 임명은 통감의 동의로써 그것을 행하고, 또한 통감의 추천을 받은 본방인本邦人을 내각대신 이하 중요관헌에 임명할 것. 전기의 주지에 기초하여 우리의 지위를 확립할 방법은 한국 황제의 칙령에 의거하지 않고 양국 정부간의 협약으로써 할 것. 본건은 극히 중요한 문제이므로 외무대신이 한국에 향하여 친히 통감에게 설명할 것" 등을 언급하였다.

결국 일제는 헤이그 특사 파견을 빌미로 고종황제에게 퇴위를 강요하여 1907년 7월 19일 황태자 대리조칙을 받아냈으나, 곧바로 양위식을 거행한 후, 경찰과 주차군을 통해 폐위에 저항하는 시위군중들을 진압하였다.

양위 문제와 관련 시위대 제2연대 제3대대가 박영효 등과 연계하여 양위반대 쿠데 타를 일으킨다는 '첩보'를 명분으로 주차군 사령관 하세가와는 주차군 보병 제51연 대 1개 대대로 하여금 7월 19일 밤 경운궁을 점령케 하였다. 또한 서대문 밖의 포병 제17연대 1개 중대는 야포 6문으로 입성하여 남산 왜성대에 포를 설치하였다. 또한 기관포 2문을 가진 일본군대가 군부 화약고와 용산의 육군 화약고를 접수하여 탄약 보급을 차단하였다. 이는 한국군들의 저항을 엄두에 둔 예방조처였다.[113]

1907년 7월 20일 고종 황제를 강제 퇴위시킨 통감 이토 히로부미는 총리대신 이 완용과 협의한 후 같은 달 24일 대한제국 정부를 강박하여 「정미7조약」(일명 「한일 신협약」)을 체결하였다. 그 주요 내용은 한국정부는 시정개선에 관하여 통감의 지도 를 받고, 법령제정 및 중요한 행정상의 처분도 미리 통감의 승인을 받도록 되어 있었 다. 또한 이 조약에 의해 한국 정부는 통감의 동의 없이 고위관료를 임명하거나 파면 할 수 없었고, 그가 추천하는 관리를 임명하게 되었다. 통감의 동의 없이는 외국인 고 문관을 기용할 수도 없었다.[114] 모든 통치권한을 통감에게 주고 새로 등극한 순종황제 는 일본정부의 꼭두각시에 불과한 것이다. 인사권을 장악한 일본은 통치정책에 부담 이 되는 우리측 관리를 배제시키고 새로 일본인으로 관리를 임명하였다. 이들은 대한 제국의 내정, 외정, 재정, 치안의 전반을 장악하여 기존의 통치권은 유명무실한 존재 에 불과하였다.

일본은 서양 각국에게 "일본제국 정부는 지난 명치 38년(1905) 11월 일한협약 체 결 이후 더욱더 양국의 교의交誼를 존중하여 성실히 조약상의 의무를 수행했음에도 불구하고 한국은 누차 배신행위를 감행하여 그 때문에 대단히 제국의 인심을 격앙시 켰으며 그리고 또한 한국의 시정 개선을 저애하는 것이 심하여"장래 이러한 행위 재 연을 미리 방지하기 위해 새로운 조약을 체결하였다는 내용을 통지하였다.

헤이그 특사, 고종황제 퇴위, 군대해산 등에 대한 일본정부의 실질적인 대책은 비 공개로 이루어졌다. 그 이유는 당연히 당시의 상황에서 일본이 투명한 정책을 취하지 못하고 비밀리에 진행하여 대한제국의 내부사정은 물론이고, 예견되는 국제여론의 비

========

113 山邊健太郎, 앞의 책, 1982, 239쪽.
114 國會圖書館 立法調査局, 『舊韓末 條約彙纂 上』, 東亞出版社, 1964, 87~89쪽.

판을 감수할 자신이 없었을 뿐 아니라 불법적이고 비정상적인 방법으로 국면을 이끌어가고자 하였기 때문이다.

고종 퇴위를 전후로 하여 시위보병 제1연대 제3대대의 군인들과 서울 시민이 합류하여 일본의 군대, 경찰과 저항전을 전개한 적이 있었다. 이에 앞서 헤이그 밀사 사건 처리를 위해 일본 외무대신 하야시 다다스가 내한하자 당시 서울 내의 민심이 들끓게 되었다. 당시 황제양위설이 널리 유포되었는데, 이에 7월 18일 서울에서는 1천여 명이 동우회同友會를 설립하고 특별회의를 개최하여 윤이병尹履炳을 회장으로 선출한 후 민중운동을 일으키기로 결정하고 종로로 몰려갔다. 윤이병은 대한제국 초기 한성재판소 수반판사를 역임한 인물로 1898년 황국협회 회원, 중추원의관이 되었고, 1902~3년 송수만·원세성 등과 공제소共濟所를 결성하여 일본제일은행권 유통반대 운동을 주도하였다. 그는 1904년 1월 시폐상소를 올리고 이근택·이용익 등을 탄핵한 바 있었다.[115]

윤이병은 종로에서 일반군중에서 연설한 후 이들과 함께 대한문 앞으로 갔다. 이때 대한문 앞에는 내각대신들이 황제에게 양위를 강요한다는 소문을 듣고 분개하여 몰려든 많은 군중이 있었는데 이들과 함께 일본경찰과 충돌하였다. 이날 밤 서울 시민 수만명은 다시 '(국민)결사회'를 조직하고 최원석을 회장으로 선출하였다.[116]

결사회에서는 다음 날인 7월 19일 군중들에게 연설하였는데, 이때 종로에서는 군중과 경찰이 충돌하여 사상자를 내었다. 이날 오후 4시 50분 경 전동典洞의 시위보병 제1연대 제3대대 병사 약 40명이 무기를 가지고 병영을 탈출하여 종로에 나타나 2개 부대로 나누어 1부대는 종로순사파출소를 습격하여 건물과 전화기 등을 파괴하였다. 다른 1부대는 전방 도로를 경계하고 일본경찰관에게 사격하여 30여 명의 사상자를 나게 하였다. 또 약 30분 후에 제2대대 병사 수명이 병영을 나와 경무청에 발포하였다. 이날 밤을 기해 포덕문 앞의 평양징상대대 병사들은 궁중으로 들어가 대신을 살해할 계획까지 있었지만 이 일이 알려져서 군부대신과 법부대신이 궁중을 탈출하

---

**115** 조재곤, 『한국 근대사회와 보부상』, 혜안, 2002, 236~240쪽 참조.

**116** 『日本外交文書』, 명치 40년 9월 3일 ; 『梅泉野錄』, 광무 11년 6월 ; 『東京 朝日新聞』, 명치 40년 7월 20일.

앗고, 일본으로부터 다수의 병력을 출동시킬 것을 주장하였다. 주차군 사령관은 만일의 경우를 고려하여 서울에 위치한 여러 부대는 경계를 엄히 하였고, 용산의 보병 3개 중대를 서울로 불러들였다.

순종이 황제로 등극한 지 며칠 만인 1907년 8월 1일 드디어 다음과 같은 「군대해산조칙」이 선포되었다.

> 짐이 생각하건대 나랏일이 매우 곤란한 때를 만났으므로 쓸데없는 비용을 극히 절약하여 요긴하게 이용하여 백성들의 생활을 풍족하게 하는 도리가 오늘의 급선무이다. 가만히 생각하면 지금의 우리 군대는 고용병으로 조직되었으므로 상하가 일치하여 나라의 완전한 방위를 돕지는 못하고 있다. 짐은 이제부터 군사제도를 고칠 생각 아래 사관을 양성하는데 전력하고 뒷날에 징병법을 발포하여 공고한 병력을 구비하려고 한다. 짐은 이제 해당 관리에게 지시하여 황실을 호위하는데 필요한 사람들을 뽑아 두고 그 밖에는 일시 해산시킨다. 짐은 너희들 장수와 군졸의 오랫동안 쌓인 노고를 생각하여 계급에 따라 특별히 은혜를 베푸는 돈을 나누어주니 너희들 장교, 하사, 군졸들은 짐의 뜻을 잘 체득하고 각기 자기 직분을 지켜 허물이 없도록 할 것이다'. 또 지시하기를, '군대를 해산할 때 인심이 동요되지 않도록 미리 방지할 것이며 혹시 칙령을 어기고 폭동을 일으킨 자를 진압할 일은 통감에게 의뢰할 것이다.

그런데 이 조칙은 이토 통감이 직접 일본어로 초안을 잡은 것을 우리 글로 번역하여 공포한 것으로,[122] 이미 7월 28일 이토 통감이 사이온지 긴모치西園寺公望 총리대신에게 보고한 내용을 반영하여 발표한 것에 불과하다. 이토는 한국정부로부터 받을 각서 조건 중 장래 징병법을 반포하고 유력한 군대를 조직하는 요건으로 사관양성은 계속 한다는 점을 강조할 것을 요청한 바 있었다.[123] 7월 31일 밤 재정부족과 군제쇄신

---

122 이태진, 「1876-1910년 한·일 간 조약체결에 관한 중요 자료 정리」『한국병합의 불법성 연구』, 서울대학교출판부, 2003, 160~161쪽 참조.

123 「往電 제105호, 韓國軍隊 解散計劃 件」, 1907년 7월 28일, 『統監府文書 4』(국사편찬위원회 편), 1998, 157쪽.

을 이유로 총리대신 이완용과 군부대신 이병무가 순종을 강박하여 재가의 형식을 통하여 받아낸 것이다. 이어 이완용은 이토에게 "법제개혁을 위하여 공포한 칙어를 받들고 군대를 해산시킬 때 인심이 동요하지 않게 예방하며……또는 칙어를 어기고 폭동을 일으키는 자들이 있으면 그것을 진압할 것을 각하에게 의뢰한다는 황제폐하의 칙서를 받아두는 것이 좋겠다"고 제의하였다.[124] 이는 일본군을 동원하여 예상되는 반일봉기에 대비하려는 권리를 확보하기 위한 술책이었다.

군대해산 당시 주요 군대의 편성상황을 보면, 서울에는 시위 제1, 제2연대가 있어 산하에 각기 3개 대대 규모를, 그 외에 기병대, 포병대, 공병대를 두었다. 지방에는 수원을 비롯하여 청주, 원주, 대구, 광주, 해주, 북청, 안주 등 8개의 주요 지역에 진위대대를 두는 한편 각 진위대에는 분견대(파견대)를 각기 두고 있었다. 군대해산의 순서와 방법은 다음과 같다.[125] 먼저 군대해산의 순서를 보면,

제1. 군대해산 이유의 조칙을 발포

제2. 조직과 동시에 정부는 해산 후의 군인 처분에 관한 포고를 발표. 이 포고 중에는 다음과 같은 사항을 명시하고 있다.

    1. 시위보병 1대대를 둔다.

    2. 시종무관 약간 명을 둔다.

    3. 무관학교 및 유년학교를 둔다.

    4. 해산 시에 장교 이하에게 일시금을 급여한다. 그 금액으로 장교에게는 봉급의 1개년 반에 상당하는 금액을, 하사 이하는 1개년에 상당하는 금액을 준다. 단 1개년 이상 병역에 복무한 자이다.

    5. 장교와 하사로서 군사학에 소양 있고 체격이 장건하고 장래 유망한 자는 1, 2, 3호의 직원 또는 일본군대에 부속시킨다. 단, 하사는 일본군대에 붙이지 아니한다.

---

124 山邊健太郎, 『日韓合邦小史』, 岩波書店, 東京, 1966, 204쪽.

125 『朝鮮獨立運動 I-民族運動篇』(金正明 편), 原書房, 1967, 15~16쪽 ; 「往電 제105호, 韓國軍 解散에 관한 件」, 1907년 7월 28일, 『統監府文書 3』(국사편찬위원회 편), 1998, 241~242쪽.

6. 장교와 하사로서 군사학 소양이 없어도 보통의 학식을 가지면 채용한다.

7. 병기 탄약의 반납을 받는다.

군대해산의 방법은 다음과 같다.

제1. 군부대신은 군부의 주요 직원 및 헌병사령관, 여단장, 보병연대장, 보병대대장, 기병·포병·공병대장을 불러 조칙을 전한다. 또한 해산 순서는 제2항의 포고로 제시한다.

제2. 전항 제관諸官은 곧바로 각기 부하에 대하여 대신으로부터 전해 받은 조칙 및 포고를 전달한다. 이 때 각 대장과 같이 일본 병 약 2중대를 각 병영에 동행시켜 필요한 병력으로 사용한다.

비고. 제1항 보병대대장 중에는 지방의 사람도 포함한다.

이상과 같은 절차를 거쳐 시위대, 원수부, 헌병사령부, 육군감옥, 유년학교, 장관회의소, 육군법원, 연성학교, 군기창. 위생원, 시위혼성여단, 군악대, 홍릉수호대, 헌병대, 치중병 1개 대대, 지방의 진위보병 8개 대대가 해산되었고, 군부, 시종무관부, 동궁 무관부, 친왕부 무관, 무관학교, 근위보병대대만 그대로 유지되었다.[126]

8월 1일 오전 7시 군부대신 이병무는 각 대대장을 주차군 사령관 하세가와 요시미치長谷川好道의 관저인 대관정大觀亭에 소집하여 조칙을 낭독하였다. 이때 사령관 하세가와와 군부고문 노즈野津가 배석하였다. 조칙 낭독 후 도수체조를 실시한다는 명목으로 오전 10시까지 시위대 장졸들을 훈련원에 모이도록 하였다. 이곳에는 이미 일본주차군 참모장 무다牟田, 군부고문 노즈 및 한국군 간부들이 대기하고 있었다. 무장하지 않은 군인들이 훈련원으로 가는 길옆인 경운궁 대한문 등 서울 주요처에는 기관총을 설치하고 중무장한 일본군이 철통같이 경계하였다. 그런데 훈련원에 도착한 병사들은 얼마 되지 않았고 미리 상황을 파악한 많은 병사들은 해산식에 참여하지 않았

---

126 『駐箚日本軍歷史』, 337~338쪽 ; 山邊健太郎, 앞의 책, 1966, 243쪽.

다.[127]

이 때 모인 일부의 병사들은 간단한 해산의식과 함께 정부로부터 계급에 비례한 '은사금恩賜金'을 각기 지급받았다. 그 내역은 참장 1,500원, 정령 1,000원, 부령 800원, 참령 6백 원, 정위 5백 원, 부위 4백 원, 참위 3백 원, 특무정교 2백 원, 시위대의 하사 80원, 1년 이상 복무 병졸 50원, 1년 이하 복무병졸 25원, 진위대의 하사 30원, 1년 이상 복무병졸 30원, 1년 이하 복무병졸 15원이었다.[128]

'은사금'을 받고 돌아가는 일부 병사들을 본 서울 시민들은 분노하여 "너희들이 군인이 되어 헛되이 나라의 녹으로 배만 불리고 조금도 보답하는 효과가 없이 단지 몇 조각의 종이를 사서 달게 그들의 노예가 되었다"고 욕하기도 하였다. 이에 군인들은 더욱 분통하였고, 일부 병사들은 돈을 찢어 버리고 통곡하며 병영으로 되돌아갔다. 그러나 일본군들은 시위대 병사들이 일시 자리를 비운 틈을 타서 병영에 들어가 총포를 모두 거두어갔기 때문에 무장봉기를 준비하지 못하고 제각기 고향으로 돌아갈 수밖에 없었다. 군부대신 이병무를 통하여 일본측이 걷어 들인 총기 6만 정은 용산 병기창에 일시 보관하였다.

민족사학자 박은식은 "이날은 흐리고 부슬비가 소리 없이 내리고 있었다. 아아! 훈련원은 국가 5백년 무예를 닦던 장소이며, 오늘날의 군인들도 역시 다년간 뛰면서 무예를 익힌 곳인데 갑자기 오늘부터 헤어져야 하니 하늘인들 어찌 슬퍼하지 않겠는가!"[129]라 하여 그 비참한 광경을 묘사하였다.

그런데 해산식 거행 당시 시위대 제1연대 제1대대장 박승환朴昇煥은 병고를 핑계로 참석치 않았다. 군대의 해산에 분개한 그는 "군인으로서 나라를 지키지 못하고 신하로서 충성을 다하지 못하면 만번 죽어도 아까울 것이 없다(軍人不能守國 臣不盡忠 萬死無惜)"는 비장한 유서를 남기고 권총으로 자결하였다. 중대장인 보병정위 오의선도 칼로서 자결하였다. 같은 시간 한국군 교관 구리하라栗原 대위는 시위 제1연대 제1대

127 박성수, 「대한제국군의 해산과 대일항전」『한민족독립운동사연구 1』, 국사편찬위원회, 1987, 432쪽.
128 『駐箚日本軍歷史』, 336〜337쪽.
129 朴殷植, 『韓國痛史 下』(李章熙 역), 博英社, 1996.

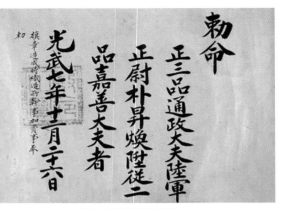

**박승환 칙명(독립기념관)**
박승환을 종2품 가선대부로 임명하는 문서이다.

대를 정렬시켜 훈련원의 해산식장으로 유도하였지만 대대장 자살 소식을 접한 병사들은 이에 울분하여 교관에게 해를 가하려 하자 병영으로 도망하였다. 이때 인근 병영인 시위 제2연대 제1대대는 일본인 교관 이케(池) 대위의 지휘로 훈련원으로 향하여 장차 영문을 출발하려던 중 1대대의 소식을 듣고 교관에게 폭행을 가하였다.

시위 제1연대 제1, 제2대대의 병사들은 곧바로 탄약고의 탄약을 탈취하고 무기를 휴대하여 영외로 빠져 나와 병영 주위에 초병을 배치시켰고 일본군에 대해 총을 쏘기 시작하면서 적극적인 대일항전을 전개하였다. 이로서 일본군과 시위대군의 격렬한 시가전이 시작되었다.[130]

당시 남대문 내에 있는 일본군 제13사단 산하의 보병 제51연대 제3대대는 훈련원을 향해 출발하였고, 산하 중대 중 시위대의 병영을 접수하고자 했던 일본군 제9, 제10중대는 병영을 나온 시위대 군사들과 사격전을 개시하였다. 이에 일본군 제9중대의 1개 소대는 시위대 제1연대 제1대대, 제10중대의 1개 소대는 제1연대 제2대대를 향해 전진하였고, 초병 및 영내의 병사들은 그들을 향하여 난사하였다. 시위대 병사들은 또한 남대문 수비병에게도 맹렬히 사격하자 일본군들은 더 이상의 접근이 불가능하였다.

시위대의 저항이 예상 이상으로 맹렬하다는 보고를 받은 일본군 제13사단장은 보병 제51연대 제3대대장 사카베(坂部義男) 소좌에게 명령하여 오전 9시 30분 남대문 병영에 있는 2중대와 기관총 3문으로 남대문 수비병 및 소의문(서소문) 수비병과 협력하여 시위 제1연대 제1대대의 병사들을 속히 진압하도록 지시하였다. 또한 종로에 있던 일본군 제51연대 제2대대장은 약 1소대의 장교와 척후를 소의문 방향으로 파견시

---

130 成大慶,「韓末의 軍隊解散과 그 蜂起」『成大史林』 1, 1965 ;『의병항쟁사』(국방부 전사편찬위원회 편), 1984 ; 조동걸,『한말 의병전쟁』, 독립기념관 한국독립운동사연구소, 1989.

켰다.[131]

오전 9시 50분 경운궁 포덕문에 있던 일본군 제1대대의 약 1소대의 장교와 척후도 소의문 방향으로 나갔다. 그런데 일본군 척후병은 경운궁 중화전의 서쪽 방향 300미터의 벽에 있던 약 1개 소대의 한국 병사로부터 사격을 받았고, 곧바로 이에 응사하여 그들을 서북방 및 서남방으로 격퇴시켰다. 서남방으로 후퇴한 시위대 병사들은 부득이 소의문 내의 병영으로 도피하였다. 일본군 지휘관 한자와半澤가 이끄는 소대는 제10중대와 협력하여 병영공격에 착수하였고, 포덕문에 있던 제1대대장은 이를 지원하기 위해 제3중대로서 소의문으로 나갔다. 그러나 이들이 도착한 시간에는 한국 병사들은 이미 퇴각한 후였다.

일본군 수뇌부는 오전 10시 제2연대 제3대대가 훈련원으로 향해 출발하였고, 일본군과 접전하는 시위대원을 제외한 한국군 각 대대는 10시 15분 모두 훈련원에 집합하였다는 보고를 들었다. 이에 종로 주둔 보병 제7중대를 사카베 소좌에게 소속시켜 퇴각한 병사들을 속히 진압케 하였다. 오전 10시 20분 사카베 소좌는 제9중대 및 공병대로서 병영 밖에 있는 초병을 축출하고 곧바로 시위 제2연대 제1대대를 향해 공격하였다. 이때 한국 병사들은 병영의 벽 위쪽과 창문으로부터 맹렬히 사격하여 전진하는 일본 병사들을 저지시켰다. 이 과정에서 일본군 부상자가 적지 않았다. 일본군은 제9중대에 배속되었던 기관총 1문 및 남대문 벽 위의 기관총 2문을 동원하여 격렬히 응사하였다.

지원병으로 오전 10시 40분 일본군 제12중대가 도착하자 이들을 제9중대에 배속시켰다. 제9중대장 가지하라梶原義久 대위는 시위대 장교 2명의 목을 배고 부하들과 함께 시위대 병영 내정에 돌입하였는데, 사방으로부터 집중적인 사격을 받아 많은 부상자를 남겼다. 영내에 들어온 일본군들은 포복 사격하였으나, 그 과정에서 가지하라는 시위대의 탄환에 맞아 사망하였다.[132] 그는 1904~5년의 러일전쟁 기간 만주의 뤼순전투에서 여러 차례 전승이 있었던 용맹스러운 군인으로 러시아 병사 19명을 살해하여 '도깨비대장鬼大將'이란 별명을 갖고 있던 자였다고 한다.

―――――――――
**131** 『駐箚日本軍歷史』, 337쪽.
**132** 국사편찬위원회, 『한국독립운동사 1』, 1965, 256쪽.

이후의 전투상황은 더욱 치열하였다. 양측이 접근전을 벌일 무렵 일본군 오오타太
田 공병소위는 수류탄에 점화하여 영내에 던졌고, 다수의 한국 병사들이 전사하였다.
이 틈을 노려 일본군 제12중대 또한 영내에 돌입하였고, 이때 백병전이 전개되었다.
백병전과 이후 일본군의 총격으로 시위대 병사들은 다수의 사상자를 내고 오전 10
시 50분에 부대 밖으로 퇴각하지 않을 수 없었고, 일본군이 병영을 완전 점령하게 되
었다. 전투에서 패한 한국 병사들은 사방으로 탈출하였고 그 일부는 성벽을 넘어 소
의문 밖으로 나갔다. 성문을 수비하고 있던 일본군은 이들을 맹추격하여 타격을 입혔
다.

한편, 일본군 제10중대는 당일 아침 시위 제1연대 제1대대 정문을 향해 출발하던
중 정문 부근에 흩어져 있던 한국병사 약 2중대의 맹렬한 사격을 받았다. 오전 10시
경 시위대원들이 더욱 증가하자 일본군은 새로 추가시킨 제7중대 및 공병 1분대와
함께 오전 10시 50분 제2연대 제1대대가 점령하고 있던 정문을 공격하였고 오전 11
시 40분 경 병영을 완전 점령하였다. 패퇴한 다수의 한국병사는 대관정과 병영의 중
간인 태평동과 축동 부근으로 가서 군복을 벗고 민가에 숨었다. 그중 일부는 성벽을
넘어 교회의 고지 부근에서 일본군 남대문 정거장 호위병을 향해 사격하였다. 일본군
은 철도노선의 연변에 흩어져 교전하여 30분 후에 저항하는 시위대 병사들을 격퇴시
켰다.

일본군은 점령한 병영에서 대오를 정돈하고 시내에 흩어져 있던 패잔병을 수색하
는 한편 사상자와 무기 등을 수습하였다. 시위대와의 접전 과정에서 주 전투 병력이
아닌 소의문 수비병과 서대문 밖 일본군 포병병영의 보병, 수비병 및 포병도 시위대
병사들에게 응사하였다. 패잔병 중 약 30명은 부득이 평양가도를 따라 북쪽으로 도주
할 수밖에 없었다.[133] 이때 많은 병사들은 탄환이 다 떨어지자 도주하여 목숨을 구제
하였다. 그런데 그 상황을 관전한 사람들은 탄약이 끊이지 않았으면 일병은 크게 패
했을 것이라 하였다 한다.

군대 해산 직전 군부대신 이병무는 일본군으로 궐문을 파수하고자 본부에 전화하

---

133 이상의 내용은 당시 위수사령관 오카사키(岡崎) 중장의 전투 공보로 山邊健太郎, 앞의 책, 1982,
248~252쪽을 참조하여 서술함.

기까지 하였다. 그것은 일본측의 입장을 적극 받아들인 것이었는데, 최고 지휘관의 명령에도 불구하고 정위 조성근은 다른 나라 병사가 궁궐을 지키는 것은 국제적으로 관례가 아니라며 거절하였다. 이에 이병무가 일본인의 명령을 들먹이며 재차 지시하자, 조성근이 화를 내며 "다만 일본인만 알고 있으니 이 군부를 어디에 사용하겠는가" 하며 주먹으로 전화기를 부수고 일어났다. 이후 이병무는 참령 임재덕을 불러 문을 열어 주라 하였다. 임재덕 역시 '칼을 차고 입궐하는 것은 나라에서 금지하는 사항'으로 외국병사에게 문을 열어줄 수 없다고 주장하였지만 군부대신의 의지가 확고하자 일본군 입궐을 저지할 수 없었다. 일본군이 수비군의 무기를 빼앗으라고 하자, 임재덕은 "이 부대의 병기는 모두 상황上皇의 칙명이 있어야 줄 수 있는 것인데 어찌 사사로이 외국 병사들에게 줄 수 있는가?"라 하자 일본인들도 더 이상 어쩔 수 없었다 한다. 이병무가 임재덕을 수감하자 그는 "비록 저지하지는 못하였지만 이것은 병사의 충의심에서 나온 일인데 장관은 부끄럽지도 않느냐?"고 질타하였다 한다.

그런데 시위대 군사들의 해산거부뿐 아니라 무장봉기 후 일본군과의 백병전 과정에서 시위 제2연대 제1대대 참위 남상덕南相惠의 역할은 지대하였고, 그의 결사항전은 박승환의 자결과 함께 역사적으로 가장 결정적인 역할을 하였다. 그는 일찍이 군부의 견습 보병 참위가 되어 시위 제2연대 제1대대에서 일을 보았다.

1907년 8월 1일 군대해산 시 시위 제1연대 1대대장 참령 박승환이 자결하자 남상덕은 비분을 이기지 못하고 부하들에게 "윗 장교가 나라를 위해 죽음으로 의로움을 보였는데 내가 어찌 홀로 살기를 바라겠는가? 마땅히 저 적들과 더불어 결사 항전하여 나라의 원수를 갚자"[134]고 하였다. 이때 그는 부하들을 이끌고 각각 총과 칼을 가지고 병영을 나가 일본군을 공격하였다. 이에 놀란 일본군은 남대문 담 위에서 총을 쏘았고 남상덕과 시위대원들은 이를 맞아 맹렬히 싸웠다. 이것이 앞서 언급한 남대문 시가전이다. 이 전투에서 일본군 사망자도 적지 않았다. 일본군 장교 가지하라도 이때 사망하였다.

일본군이 병영을 넘어 들어오자 남상덕은 칼을 빼들고 크게 소리치며 사격을 명하

---

**134** 宋相燾, 『騎驢隨筆』(국사편찬위원회 복간본), 1955, 121쪽.

였다. 그러나 군사들의 총알이 떨어졌고 상덕 또한 그 사이에 총탄을 맞아 27세의 젊은 나이로 장렬히 순국하였다. 한편 참위 이충순은 군대해산 소식을 듣고 그의 서모와 결별하면서, "저의 직책이 비록 미약하지만 나라에 난리가 일어났으니 부득이 죽어야 하겠습니다"[135]라고 하며 남상덕과 더불어 일본군과 접전도중 사망하였다.

이날의 전투에서 일본측이 파악한 일본군 전사자는 3명, 경상자 2명, 부상자 20명(이 중 후일 1명 사망)이며, 시위대 측 전사자는 장교 11명, 준사관과 하사 57명이고, 부상자는 100명, 포로는 516명이지만 증가될 예정으로 보았다. 또한 일본군이 소요한 탄환 내역을 보면 수류탄은 보병 7215발, 포병과 기병 8발, 공병 350발, 기관총탄은 1038발, 황색탄은 1600발이었다.[136] 일본군과 시위대의 시내전투는 대단히 치열하게 전개되었음을 알 수 있다.

영국의 『데일리 메일Daily Mail』 신문기자 맥켄지Mackenzie도 "그들(시위대)의 용전은 심지어 적군에게서도 높은 찬사를 받았다"고 하면서 "적어도 며칠 동안 일본인들은 과거 어느 때 보다도 더 한국과 한국인들을 칭송하였다는 것은 주목할 만한 것이다"[137]라고 기록하고 있다.

전투과정에서 부상한 병사들은 제중원濟衆院에 보내져 치료를 받았다. 이때 연지동의 여중학교 학생들이, "저 동포들은 곧 나라를 위해 목숨을 바쳤다. 우리들은 비록 여자이나 의로서 그들을 구하지 않을 수 없다" 하면서 이날 밤 병원으로 달려가서 열심히 간호하였다.[138] 영어와 일본어를 잘 구사하던 양장의 어느 신여성은 총알이 비오듯 하는 상황을 무릅쓰고 군중들에게 "우리 동포를 우리들이 만약 구하지 않는다면 누가 가히 그들을 구하리오"라고 외치면서 부상병들을 찾아 병원으로 보내는데 앞장섰다. 한 간호부는 직접 전장에 가서 쓰러진 병사들의 피가 옷을 적실 정도로 극진하게 간호하여 보는 사람들이 감격하여 눈물을 흘리지 않을 수 없었다 한다.[139] 미국인

---

**135** 『梅泉野錄』, 광무 11년 丁未(1907년).

**136** 「衛發 제14호, 南大門 附近 戰鬪報告 件」, 1907년 8월 3일, 제13사단 참모장 若見虎治→비서관 古谷久綱, 『統監府文書 3』(국사편찬위원회 편), 1998, 266～269쪽.

**137** F. A. 맥켄지, 『大韓帝國의 悲劇, The Tragedy of Korea』(申福龍 역), 探求堂, 1981, 192쪽.

**138** 『梅泉野錄』, 광무 11년 丁未(1907년).

**139** 宋相燾, 『騎驪隨筆』(국사편찬위원회 복간본), 1955, 121쪽.

의사 에비슨O. R. Avison과 목사 조
원시 등도 부상자들을 실어다가 제
중원으로 옮겨 그들을 치료하는데
전력을 기울였다. 서울시민인 김명
철, 기인홍, 김창기, 이원선 등도 금
액을 갹출하여 사망한 장졸들의 장
례를 치렀다.

창덕여고 시절의 제중원건물(1956)

송상도宋相燾가 저술한 『기려수
필』에서는 당일의 서울 시가전 이후 "나머지 군인들은 각자 흩어져 정미丁未의 팔로
八路 의려義旅(의병)로서 다시 일어섰다"[140]고 하여 남상덕을 중심으로 한 시위대 병사
들의 강인한 저항전이 정미의병이 발화되는 시점으로 파악하고 있다. 우리 민족사에
서 전국적, 전민족적 항일민족투쟁의 큰 획기가 되는 정미의병의 도화선은 일제에 의
한 대한제국 군대의 강제해산이었지만, 이를 거족적 차원의 민족운동으로 승화시킨
데는 시위대 참령 박승환의 자결 순국과 참위 남상덕을 중심으로 한 남대문 무장시가
전이 가장 큰 요인이 아닐 수 없었다.

전투 직후 일본측은 시위대 병사들이 여전히 서울 시내에서 '물건을 사거나 음주하
면서 불온을 모색'한다고 파악하였다. 이에 집집마다 병사들의 수색에 혈안이 되었고
하층 계급 노동자들도 수십명씩 떼를 지어 다니면서 항병抗兵으로 의심되는 사람들을
눈에 띠는 데로 구타하고 칼로 찌르고 살해하였다.[141] 심지어 일본인 부인들까지 동원
하여 내실까지 샅샅이 탐지하였다. 그런데 일본 부인들은 수색을 핑계로 많은 재산을
약탈하여 도둑들보다 더 심할 지경이었다고 한다. 한편 전투 당일 서울 시내의 대부
분 상점들은 폐점하였는데, 일본측은 다음날인 8월 2일 아침부터 강제로 종로 등지의
주요 상점을 열게 하였다.

통감 이토 히로부미는 무력으로 시위대를 강제 해산시킨 직후 지방 진위대의 해산
에 착수하였다. 그 절차는 서울과 마찬가지로 군인들을 훈련장에 모이게 하여 맨손으

---

140 위와 같음.
141 F. A. 멕켄지, 『大韓帝國의 悲劇, The Tragedy of Korea』(申福龍 역), 探求堂, 1981, 192쪽.

# 제3절

# 반일민족운동의 전개

## 1. 민중과 의병의 저항과 정부의 진압

러일전쟁과 일본의 침략강화는 우리나라의 앞길에 커다란 장애요소로 작용하였던 것은 당시의 대다수 사람들에게도 인식되었다. 그렇지만 자신의 계급적 처지와 현실적 입장에 따라 대응하는 양상이 제각기 달랐다. 대한제국 정부와 황실은 수세적 입장에서 애매모호한 태도를 일관하고 있었고, 일부 개화인사들은 '황인종연대론'을 제시하였다. 심지어 극단적 개화지상주의자들은 오히려 당시의 어려운 상황을 기회로 생각하기까지 하였다. 대체로 문명개화론자들은 일본의 전쟁승리를 환영하였다. 한편 을사늑약으로 인한 외교권 박탈 이후 국권회복의 기대감을 전혀 가지지 못했던 일부 인사들은 스스로 '절명'의 길을 선택하기까지 하였다. 그러나 그 같은 방법으로는 위기를 해결하는데 큰 도움이 되지 못하였다. 결국 시대적 위기의식과 모순을 극복하려는 논리와 힘은 특히 일제 지배에 강하게 저항을 보였던 일반민중과 의병참여자에게서 찾을 수 있을 것이다.

1910년 병합을 통해 한국은 일본에 강제 예속되지만 사실상 러일전쟁 시기부터 일본의 지위강화와 더불어 일본에 종속되었다고 할 수 있다. 즉 1905년 이후는 지배권 확립을 위한 식민지화 작업이 진행되는 시기에 불과한 것이었으며 일본 제국주의는 강력한 민족적 저항에 폭력적으로 대응하면서 한국침략을 완성하였다. 망국적 위기의

식은 이 시기 농민의식의 성장과 이들의 반제국주의·반봉건 운동 참여와 더불어 '독립'이나 '보호국화' 등의 수사로 위장한 제국주의 침략의 실상을 충분히 이해할 수 있게 하였다. 그러므로 국권의 수호를 열망하는 광범위한 계층의 참여를 유도하지 않을 수 없었다.

이 기간 민중의 가장 두드러진 반일운동은 일본의 황무지 개척권 요구에 맞서 '보국안민輔國安民'이라는 대중운동의 차원에서 저항하여 싸운 보안회의 활동을 들 수 있다. 당시 일본은 전승기세에 편승하여 한국에 대해 황무지 개척권을 요구하였다.

일본정부의 위장대리인 전직 대장성 관방장 나가모리長森藤吉郎를 표면상 내세워 추진한 황무지 개간안의 주요내용은 다음과 같다. ① 황실 및 정부 소유 및 민유지를 제외한 모든 토지를 황무지라는 명목으로 나가모리에게 독점적 권한을 부여하고, ② 개간권자의 경영기한은 50년으로 하며, ③ 개간권자가 일정비율의 상납금을 한국정부에 납부하되, 계약 만료시 그 투자액에는 연리 5%씩을 가산한 금액을 보상받을 수 있다는 것을 규정한다.[145] 이는 당시 약 700만 명으로 산정되는 일본인 이주식민정책의 물적 기반을 확보하자는 것이었다.

그러나 당시 일본측의 비밀운동에 의해 개간안이 인준되었다는 설이 시중에 유포되자, 6월 중순부터 이에 반대하는 수많은 상소와 격문이 나돌았다. 당시 전개된 배일운동은 주로 정부관료와 일반유생이 중심이 되어 일본의 경제적 침략성을 지적하고 황무지 개간안의 부당성을 규탄한 것으로 비교적 온건하고 소극적인 배일운동의 성격을 띤 것이었다.[146]

황무지 개간에 대한 이들의 반대 이유는 크게 4가지였다. 즉, ① 개간을 빙자하여 황무지를 점유하고, 나아가 한국의 전 영토를 영유하려는 책략, ② 일본인을 다량으로 한국 전역에 식민하려는 목적에서 요구하는 것, ③ 많은 일본인의 내주는 지방의 치안을 문란시킬 것, ④ 황무지를 다 들어 일본인에게 양여하면 한국민은 앞으로 산림山林·천택川澤 등에서 생산되는 자원의 혜택을 받을 수 없고, 해당 업종에 종사하는

---

**145** 「8107, 長森諸願荒蕪地原野山林開墾案의 認准慫慂 (附)上件契約書案」, 光武 8년 6월 6일, 『舊韓國外交文書(日案 7)』.

**146** 崔泰鎬, 「光武 8년의 荒蕪地開墾事件小考」 『經商論叢』 8, 국민대 한국경제연구소, 1986, 56쪽.

사람들은 실업에 빠지게 될 것[147] 등으로 요약된다.

7월 중순경부터 다시 재연된 황무지 개간권 양여 반대운동은 민중의 절대적 지지와 동조로 일본의 침략적 요구에 대한 반대투쟁을 조직적으로 전개하고자 하였다. 그것은 7월 13일 창립된 보안회輔安會를 통하여 보다 적극적·발전적인 형태로 변화를 겪게 된다.[148]

이미 1903년 공제소共濟所를 결성하여 제일은행권第一銀行券 유통반대운동을 전개한 경험이 있었던 중추원 의관 송수만, 전 시종 원세성 등이 민의 의지를 반영하여 조직한 보안회는 황제측근의 보수적 세력의 지도부와 반일 애국민중의 결합이라 할 수 있다.[149] 당시 보안회에서는 수천, 수만의 군중을 종로에 소집하여 일본의 침략을 성토·연설하거나 반대선언문을 발표하고, 우리 정부와 일본공사관에 대표를 파견하여 일본의 요구를 강경히 반대하는 한편 각국 공사관에 서한을 보내 국제여론에까지 호소하는 운동을 전개하였다.

이러한 반일 구국시위에 위협을 느낀 일본 당국은 7월 21일 헌병으로 하여금 서울 경비를 엄히 하는 동시에 군대를 증원하여 위협하였다. 다음날 7월 22일에는 무장군인으로 하여금 보안회를 습격하여 모인 군중을 구타하거나 포박하여 강제로 해산시키고 문서를 탈취하였다. 그러나 보안회의 강렬한 투쟁으로 7월 20일 한국정부는 일본측의 개간안을 거절한다는 내용을 일본공사에게 통지하는 한편 7월 23일 외국인에게 황무지를 제공하는 일이 없도록 하라고 각 지방에 고시하였다. 계엄상황 하에서 강권을 무소불위로 구사하던 일본도 결국 이러한 공세에 이기지 못하고 8월 1일에 이르러 개간안 요구를 취소하지 않을 수 없었다.

1904년 러일간의 전쟁터로 변한 한국은 「한일의정서」 강제 체결로 일본의 준식민지가 되고 말았다. 이에 따라 일제 침략에 대항하여 국권을 회복하려는 구국의 일념에서 반일의병이 전국 각처에서 일어났다.

**147** 尹炳奭, 「日本人의 荒蕪地開拓權 要求에 대하여」『歷史學報』 22, 1964, 51~53쪽.
**148** 보안회에 대해서는 尹炳奭, 앞의 논문, 1964 ; 신용하, 「구한말 輔安會의 창립과 민족운동」『한국사회사연구회논문집』 44, 1994 참조.
**149** 趙幸坤, 「1902, 3년 日本 第一銀行券 유통과 한국상인의 대응」『조동걸선생 정년기념논총 한국민족운동사연구』, 나남출판, 1997, 104~105쪽.

1904년 3월 20일 함경도 함흥에서 의병 200여 명이 화승총·권총·칼·창 등 구식 무기를 들고 기의한 것을 시작으로,[150] 5월에는 충청도 괴산·진천·청안에서 1천여 명의 의병이 일어났다. 이어 충주·청주 등지에서 3백여 명의 의병이 일본군과 교전한 것을 시작으로 죽산에서도 20여 명의 의병이 일본 헌병대 소속 순검과 교전하였다. 이와 같이 1904년 의병의 봉기는 5월을 시발로 충청도 지역을 중심으로 일어나고 있었다.

이로 인해 일본군은 충주에 군대를 주둔시키는 한편, 청주와 수원에도 진위대를 보내 의병들을 '폭도토벌'이라는 명목으로 진압코자 하였다. 이후 6월에 들어서 의병의 봉기는 점차 경기도 지역으로 확대되어 갔다. 광주·양근·지평 등에서 일어난 의병들은 주로 의병 모집과 총기의 확보, 일진회원一進會員 등 친일파를 포살砲殺하는 등 의병 조직 강화와 친일협력자에 대한 처단을 행하고 있었다.

9월 14일, 강원도 홍천 의병진에서 배일궐기를 촉구하는 거사 통문이 나돌았고, 이보다 앞선 8일 횡성 의병장 김성아도 춘천 향교에서 '보국안민' 4자를 새긴 도장을 찍은 통문을 강원도 각 군에 돌리는 한편 일본인의 산림, 천택 요청과 전쟁역부 모집을 방해하려는 의도로 여주에서 포군砲軍을 인솔하였다.[151]

의병모집 통문은 9~10월경에 이르면 삼남지방까지 나타났다. 10월과 11월 경상도 풍기에서 의병 2백명이 읍내를 점령하고 진위대에서 파견한 병사와 교전하였으며, 충북 단양에서는 많은 의병의 봉기로 인해 일본군 측에서 진위대 파병을 요구하기도 하였다. 뿐만 아니라 충남 보은의 김동주 의병부대, 경북 영천의병 3백명의 오록동 부호가 습격, 연풍의병 2백명의 원주진위대와의 격전 등이 보고되고 있었다. 이듬해 정월 무렵에는 평안북도 각 군에서도 반反일진회 의병이 연이어 봉기하였다.[152]

한편 1905년 3월 일본군은 봉천전투에서 러시아에 승리하면서 그 여력을 의병 토벌로 돌리기 시작하였다. 이에 따라 1905년 4~5월에는 경기·강원·충청·경상도 일

---

150 「咸興派遣隊로부터 元山守備隊편의 報告電報의 件」, 明治 37년 3월 21일, 122쪽 ; 「咸興事件에 관한 陸軍 측의 情報報告의 件」, 明治 37년 3월 22일, 『日韓外交資料集成』, 125~126쪽.
151 『大韓每日申報』, 1904년 9월 16일.
152 『大韓每日申報』, 1905년 1월 5일.

애국지사 이범윤 묘(동작 국립현충원)

대에서 의병이 일어났는데, 이들은 대개 '토왜討倭' 또는 '척왜차 창의斥倭次倡義'를 명분으로 내세우면서 활동하고 있었다.[153]

　같은 해 8~9월에 접어들어 강원도 원주군 주천에서 을미의병 당시 제천진영의 중군장이었던 원용팔과 박정수가 재봉기하면서 이후 의병의 활동은 강원도를 중심으로 전개되었다. 이 시기 유림 출신 의병의 선봉을 이룬 원용팔은 각국 공관에 성명서를 발송하여 일제의 침략상을 폭로하는 한편, 항일의병을 훈련시키던 중 원주진위대와 일진회원의 공격으로 횡성에서 체포됨에 따라 재봉기에 실패하고 말았다. 이 소식을 접한 유생 정운경은 10월 강원·충북지방에서 의병을 모집하여 단양에서 진영을 조직하던 중, 역시 원주진위대의 공격을 받아 영춘에서 체포되었고, 그의 진영도 해산될 수밖에 없었다.[154]

　또한 1905년 6월 상순에는 북간도 관리사로 파견되어 있었던 이범윤이 함경도 무산·회령·종성·경원 지방의 각 진위대로부터 모젤 단발총 약 3백정을 징집하고, 사포

---

153 鄭昌烈, 앞의 논문, 1986, 236쪽.
154 조동걸, 『한말 의병전쟁』, 독립기념관 한국독립운동사연구소, 1989, 83~84쪽 ; 『大韓每日申報』, 1905년 10월 27일.

대射砲隊를 조직하여 그 스스로 대장이 되어 일본군과 치열한 전투를 전개하기도 하였다. 부대 편성은 50명으로 구성된 6개 소대로 사포대는 사격술을 갖춘 자로 조직되었고 모두 옅은 황색의 한복을 입고 있었다 한다. 이들은 이범윤 및 러시아 장교의 증명표를 휴대하였다. 당시 이범윤 휘하의 주요 맹장들로는 김인수, 김도현, 이충렬 등이 있었다. 원래 북간도 관리사인 이범윤 부대는 만주의 마적 침략에 대하여 변계邊界를 설치하고 변계에 경무사를 두었다 폐지한 것이었으나 대한제국 정부가 다시 설치한 것이었다.[155] 이 외에도 당시 일본과 러시아가 치열한 전투를 벌였던 함북 지역에서는 사포를 모집하여 반일항전을 통해 지방 치안에 주력하는 사례가 많이 보이고 있었다.

이와는 정 반대로 일진회원一進會員들은 일본군을 위한 전쟁 수송대에 참여하여 보급품을 운반하고, 경의철도 부설에 철도 공부대工夫隊로 참여하였으며, 나아가 러시아 부대의 기밀 정탐을 위한 첩보활동에도 앞장섰다.

극단적인 문명개화론과 맹목적인 근대화 지상주의를 행동으로 실천하고 있던 일진회에서는 러일전쟁을 일본이 중심이 되는 황인종 즉, '동양인민'과 백인종의 싸움으로 인식하고 있었다.[156] 러일전쟁 중반인 1904년 8월 일진회는 성명서에서 "일본은 동양평화를 유지하기 위해 십 수년 동안 노력해 왔으며 갑오년의 청일전쟁과 금일의 러일전쟁도 모두 그런 의협심에서 나온 것"[157]이라고 역설하였다. 그리고 이를 실천하기 위해 한국인들도 지원을 아끼지 말아야 할 것이며, 그 주체는 개화조직인 일진회가 되어야 한다고 주장하였다.

이러한 인식 아래 일본의 전쟁승리를 위해 철도부설 역부로 수천 명의 일진회원이 참여하였으며 서북의 일본군 병참 수송에까지 자원응역自願應役하기도 하였다.[158] 이후 동원노동자 모집정책은 일진회一進會 등의 도움에 힘입어 일본 측으로서는 어느 정도 효과를 보았으나, 일본인 역부와 더불어 한국인 역부로 인한 민간의 피해도 적

---

155 『朝鮮駐箚軍歷史』(金正明 편), 巖南堂書店, 1967, 154쪽.
156 『大韓每日申報』, 1904년 9월 21일.
157 『元韓國一進會歷史』卷之一, 4쪽.
158 『大韓每日申報』, 1905년 10월 13일.

일본군의 군용철도 방해자 총살 장면(마포 도화동)

지 않았다.[159] 일본군의 랴오양점령 소식을 접한 일진회 지도부는 승첩을 기념하여 이 틀간 정회까지 하였다.[160] 더 나아가 반일 독립투쟁에 대응하여 각 지방 단위로 자위 단自衛團을 구성하여 의병토벌에 앞장서는 등 노골적으로 일본의 지배정책을 따라가 고 있었다.

그러나 러일전쟁이 진행되는 와중에서 대다수의 민중들은 일제의 토지점탈 위에서 이루어지는 철도운행에 저항하였다.[161] 전쟁수행과 한국침탈의 첨병으로 역할하는 철 도부설을 근대화란 미명으로 위장한 일본은 철도부설에 한국인 역부를 강제 동원하

---

159 이같은 현상에 대해 참찬 허위(許蔿) 등 10여 인은 전국에 돌린 격문에서 "일본인 역부 또한 많 았는데 모두가 무뢰 건달배 들이었다. 우리 역부들은 그들을 믿고 호가호위(狐假虎威)하였으며, 일본인 역부는 오직 통역관의 종용만을 듣고 불법행위를 하지 않음이 없었다. 마을에 들어가 약 탈을 자행하며 부인을 강간하고 사람을 때려 다치게 하고 죽이며 관청을 어지럽힌다. 지방관이 혹 잡아서 다스리게 되면 일본인은 역부를 비호하여 지방관을 끌어내어 도리어 모욕을 주니, 이 제 이러한 환해(患害)가 화적떼보다 심해서 관리나 인민들은 모두 그들의 기염을 무서워하여 경 원(京院)에 고소조차 하지 못하였다."라고 하면서 극심한 피해를 입은 지역으로 청주, 옥천, 진 위, 황간, 금산, 영동, 연기 등의 실례를 상세히 들었다(朴殷植, 『韓國痛史 下』(李章熙 역), 博英社, 1996, 66~68쪽).

160 『大韓每日申報』, 1904년 9월 10일.

161 이에 대해서는 朴萬圭, 「韓末 日帝의 鐵道敷設·支配와 韓國人의 動向」『韓國史論』 8, 서울대 국사 학과, 1982 ; 정재정, 『일제침략과 한국철도(1892~1945)』, 서울대 출판부, 1999 참조.

여 물의를 일으키는 한편 군용지 수용이라는 명목으로 필요 이상의 방대한 면적의 토지를 약탈하였기 때문이다.

이러한 상황을 맞자 일본군 군사시설과 철도시설 파괴 활동이 연이어졌다. 4월 25일 충청도 경부철도회사 하리파출소 부근에서 민중들은 1인의 일본인을 상해하였고, 27일 밤 오류동에서 일본인에게 총을 쏘았으며, 5월 4일 충청도 영동에서는 일본인 1인을 살해하였다. 또한 5월 10일에는 경인철도 노선인 소사 부근에 철도파괴를 위해 출몰한 자들을 체포하고자 헌병 순사가 동분서주하였다. 그리고 대전방면에서는 민중들이 봉기하여 철도를 파괴하고 역부들에게 동맹파업을 선동하고자 하였다. 일본은 같은 달 12일 서울과 부산 양방면으로부터 철도수비대를 파견하여 영동·옥천·연기·목천에 주둔시켰다.[162]

이어 8월 29일 용산 부근에서 일본 군용철도를 부수다 체포된 김성삼, 이춘근, 안순서를 9월 20일 군법회의에서 '철도방해'의 명목으로 사형을 선고하고 곧바로 다음 날인 21일 오전 마포 도화동 가도의 야산에서 총살에 처하였다. 9월 경기도 시흥에서는 군민 1만명 가량이 철도 역부 노임 지급과 인부 모집에 항의, 농간을 부린 군수 박우양과 그 아들을 처단하였으며,[163] 10월에는 황해도 곡산군에서는 인부의 강제모집과 임금 체불에 반발하여 향장鄕長 최자범, 김경로 등의 주도로 일본인 6명과 한국인 통역 1명을 타살한 사건도 있었다.[164] 민중소요 이후 이곳에는 일본군을 파견 주둔시켰고, 일본군사령부에서는 군민 수십 명을 체포하였다.[165]

군용지 수용과 노동자 강제 동원에 대한 소요 외에 민중들은 기차전복 기도와 투석 등을 통해 저항하였다. 또한 군용지 수용에 대해 내부대신에 호소하는 자가 줄이었고, 정부의 무능을 통렬히 비판하는 자도 있었다. 이에 내부와 외부에서도 1904년 9월 15일 역부의 강제모집을 중지하라고 13도 관찰사와 각 향시鄕市에 훈령하였다.

러일전쟁을 계기로 봉기한 1904~5년의 의병은 원용팔·정운경처럼 일부 유생 출

---

162 幣原坦, 앞의 책, 1905, 192쪽.
163 『大韓每日申報』, 1904년 9월 17일.
164 『大韓每日申報』, 1904년 10월 3일 ; 『大韓每日申報』, 1904년 10월 4일 ; 『大韓每日申報』, 1904년 10월 12일.
165 『大韓每日申報』, 1904년 10월 17일 ; 『大韓每日申報』, 1904년 10월 22일.

신 의병장을 제외하면 대개가 이름없는 소규모 농민의병부대가 중심을 이루었다는 점이 특색을 이루고 있다. 이는 이전 을미년간과는 달리 의병운동이 민중운동으로 그 외연을 확산시켜가고 있다는 사실을 말해주는 것이기도 하다.[166]

전국 규모의 의병투쟁운동에 대해 대한제국 정부는 각지에 관찰사를 파견하였고, 이들은 각급 지방관에게 현지조사와 더불어 의병진압 방법을 마련토록 지시하였다. 정부의 적극적인 의병탄압은 일본정부의 종용에 의한 것이었다. 1905년 10월 일본 임시대리공사 아키하라萩原守一는 외부대신 박제순에게 공문을 보내 의병의 신속한 진압을 요망하고, 또한 그 결행 조치를 회시해 주도록 요구하였다. 박제순은 이를 군부에 다시 조회하였고, 대리공사에게 군부에서 원주·청주·안동대에 비칙飛飭하여 곧 진압하겠다고 통보한 바 있다.[167] 내부內部 또한 충북·경북·강원 3도에 훈령하여 관하 각 군에서 치열하게 전개되는 의병을 진압토록 하였다.[168]

정부의 의병진압 기조는 이듬해에도 그대로 지속되었다. 1906년 1월 5일 내부에서 전국 13도에 의병활동 진압명령을 내리자 각 관찰사는 백성들을 소집하는 행위를 엄격히 금한다는 내용을 소관 각 군에 전훈電訓하였다.[169] 이에 각급 지방관들은 군부에 의병진압을 위한 군대파견을 요청하였다. 그럼에도 불구하고 관리들의 의도와는 달리 의병의 항쟁은 지속되었다. 특히 충청도 홍주의 의병항쟁처럼 한국정부의 병대兵隊파견이 여의치 못하자 일본군을 직접 파견하는 경우도 있었다. 즉, 1906년 5월 26일 통감부 츠루하라鶴原 장관은 오다니大谷 참모장과 협의, 홍주성의 의병포획 목적으로 당지 주차군으로부터 대대장 지휘 하에 보병 2개 중대를 파견키로 결정했다는 사실을 동경東京에 체재 중인 이토 통감에게 보고하였고,[170] 대한제국 정부에 대해 부득이 일본군을 파견함을 양해해 달라는 성명을 발표한 바 있다.[171]

일본군의 개입과는 또 다른 차원에서 대한제국 정부의 의병진압은 지속되었다.

166 조동걸, 앞의 책, 1989, 107쪽.
167 「1905年 本省往電(3) 제 380호」, 1905년 10월 14일, 『公使館記錄』.
168 『皇城新聞』, 광무 10년 11월 1일.
169 『大韓每日申報』, 광무 10년 1월 5일.
170 「往電」, 1906년 5월 26일, 『公使館記錄』.
171 『皇城新聞』, 광무 10년 5월 30일.

최익현과 임병찬

1906년 6월 내부는 전라북도관찰사 한진창韓鎭昌이 찬정 최익현과 전 군수 임병찬이 전라도 태인군에서 거병하였다는 보고를 받고 병정을 파견하여 의병을 진압할 것을 군부에 조회하였고,[172] 관찰사는 군사 20명을 정탐차 파견하고 수비대 1개분대로 최익현 의병진을 공격하였다. 그러나 전라북도민들은 최익현이 의병을 일으켰다는 소문을 듣고 다투어 합세하게 되었는데 그 중에는 순창군수 이건용도 있었다.[173]

이에 군부는 추가로 진위대 50명을 파송하여 의병을 토벌하고 의병장은 생포하는 한편, 여당餘黨은 해산시키라는 내용을 관찰사에게 훈령하였다.[174] 또한 군부대신 권중현은 각 지방에 봉기하는 의병을 진압키 위해 진위대 1백 명을 파견하였다. 이 보다 앞서 강원도 영월에서 의병이 봉기하여 관병 2명을 포살砲殺하고, 경상도 예안禮安에서도 관병 2명을 총살했으며, 그 외 삼척·봉화·영양 각 군에서도 의병이 일어나 군기軍器와 양식을 탈취하는 등 의병활동을 맹렬히 전개하는 시기였다.[175] 1907년 3월 충청도 단양에서는 일본군과 진위대 합동진압 공격으로 의병 31명이 체포되었는데, 그중 2명은 전사하고 총탄 등이 탈취되었다.[176]

통감부 시기에 이르면 정부의 진압도 더욱 강경해졌다. 내각 대신들은 각 지방 의병진압을 일본측에 의뢰하였다. 주차군 사령관 하세가와 요시미치에게 군함을 내어

172 鄭喬, 『大韓季年史 下』, 光武 10년 6월 4일.
173 鄭喬, 『大韓季年史 下』, 光武 10년 6월 5일.
174 『皇城新聞』, 1906년 6월 8일.
175 鄭喬, 『大韓季年史 下』, 光武 10년 12월 20일.
176 「出張中接受電信控」, 1907년 3월 2일, 『公使館記錄』.

허위 초상(전쟁기념관)

소요를 진정시켜 달라하였고, 하세가와는 내각에서 회의하고 순종황제에게 상주한 후에 황제의 전보로 구원병을 청하라 했다.[177] 정부 관료의 입장 또한 이전보다 강경한 방향으로 전개되었다. 정부 대신급인 찬정 허위許蔿가 경기도 연천에서 의병을 일으켜 이강년·민긍호 등과 상응하여 활약하자 내각총리대신 이완용은 우선 그의 품계를 삭제하고 법부로 하여금 즉시 체포 징벌케 할 것을 청하여 재가를 받았다는 사실은 이를 반증한다.[178]

대한제국 정부는 강력한 의병토벌과 정찰을 위해 각급 군대를 파견하였다. 군부에서 지방 의병의 소요를 진정시키기 위해 1907년 11월 충청북도와 강원도에 병정 2백 명을, 황해도와 평안남도에 병정 4백 명을 파송하였다.[179] 그해 12월 순종황제는 조詔를 내려 지방의 의병으로 앞으로도 계속하여 '소요'하는 자는 법에 의하여 처벌하되 성심誠心으로 귀순하는 자는 전죄前罪를 불문하고 안도安堵 낙업樂業케 할 것을 포유布諭 시행케 하였다. 그러나 이는 일본 측의 요청에 의한 것이었다.[180] 이듬해 2월 또한 "의병이 봉기하여 해가 지나도록 소요하므로 백성들이 피해를 입어 민가의 피소가 수천 호에 이른다 하니 민측憫惻함을 이길 수 없다"[181]며 내탕금을 내려 의병에 의해 피해를 입게 된 사람들의 구휼사업을 돕고자 한다는 뜻을 선언하였다.

의병토벌에는 일본헌병과 그 예하의 헌병보조원을 적극 활용하였다. 후일 일제하 경찰로 성장한 일진회와 자위단自衛團 등 각급 친일단체 출신들은 일본 헌병 등의 보조원으로서 선두에 섰으며, 기타 민간에서도 의병토벌에 동원되었다.[182] 헌병보조원은

---

177 『大韓每日申報』, 1907년 8월 27일.
178 『승정원일기』, 隆熙 원년 9월 9일.
179 『大韓每日申報』, 1907년 11월 12일.
180 「號外」『官報』, 隆熙 원년 12월 14일 ; 『統監府法令資料集 下』(국회도서관 편), 1973, 14~15쪽.
181 『官報』, 隆熙 2년 3월 4일.
182 일진회와 자위단의 의병토벌에 대한 상세한 서술은 洪英基, 「1907~8년 日帝의 自衛團 組織과 韓

과거 대한제국 진위대 등에서 하급군인으로 활동하던 자 중 1907년 고종 황제의 강제퇴위와 군대해산 이후 실직한 자들과 지방에서 특별한 일자리를 갖지 못하고 있던 사람들 중에서 일부가 참여하였다. 헌병보조원 제도는 주차 헌병대장 아카시 모토지로明石元二郎의 착상에서 나온 것으로,[183] 헌병보조원 활용은 순종 황제가 즉위한 이후 일본헌병대의 강압에 의해 '의병을 진압하고 안녕질서를 유지'하기 위한 목적으로 모집을 재가하여 반포된 것이었다.[184]

이후 대한제국 정부는 이들을 대거 기용하여 일본군 토벌대의 보조역할을 시켰다. 헌병과 헌병보조원의 의병진압은 전국적인 현상으로 나타났는데, 그 내용을 가장 상세하게 묘사하고 있는 『대한매일신보』 등을 중심으로 작성하면 다음 〈표 6-2〉과 같다.

〈표 6-2〉 의병과 헌병보조원의 전투 사례

| 번호 | 연월일 | 지역 | 활동내역 |
|---|---|---|---|
| 1 | 1908.9.26 | 전남 광양 | 군 동쪽 6리에서 의병 수십명이 일본 헌병 및 헌병보조원과 접전 |
| 2 | 1908.11.12 | 강원 횡성 | 군 동쪽 50리쯤 되는 곳에서 의병 10여 명이 군 분견소 일헌병, 헌병보조원과 접전 |
| 3 | 1908.11.23 | 평북 성천 | 군내에서 의병 몇 명이 분견소 일본 헌병, 헌병보조원과 접전 |
| 4 | 1908.11.24 | 함북 삼사 | 군 서쪽 30리 되는 곳에서 의병 30명이 군 분견소 일헌병, 보조원과 접전 |
| 5 | 1908.11.25 | 황해 곡산 | 의병 수십명이 분견소 일헌병, 헌병보조원과 접전 |
| 6 | 1908.11.25 | 충남 정산 | 군 서남쪽 10리에서 의병 10여 명이 홍산군 분견소 일헌병 1명, 헌병보조원 3명과 접전 |
| 7 | 1908.11.28 | 경남 밀양 | 군 북쪽 60리 쯤에서 의병 10여 명이 군 분견소 일헌병, 헌병보조원과 접전 |

國人의 對應」『한국근현대사연구』 3, 1995 ; 姜昌錫, 「日本의 對韓政策과 自衛團의 組織에 관한 硏究」『東義史學』 11/12합집, 1997 ; 이용창, 「일진회와 자위단의 의병사냥」『내일을 여는 역사』 30, 2007 등의 참조를 요한다.

183 山邊健太郎, 앞의 책, 1982, 273쪽.
184 『大韓每日申報』, 1908년 6월 13일.

| 번호 | 연월일 | 지역 | 활동내역 |
|------|--------|------|----------|
| 72 | 1910.5 | 경기 양주 | 일헌병 사령부는 의병장 강기동, 연기우를 포착하기 위해 헌병보조원 4명을 양주와 포천 등지로 파송 |
| 73 | 1910.6.22 | 강원 이천 | 의병장 채응언·강두필이 부하 85명을 거느리고 이천군 해랑동에서 고산역 분견소 상등병 2명 및 보조원 8명과 충돌하여 보조원 2명이 즉사 |

※번호별 출처 : 1.『大韓每日申報』(이하 申報로 약칭), 1908.6.13 ; 2.『申報』, 1908.11.25 ; 3.『申報』, 1908.12.10 ; 4.『申報』, 1908.11.25 ; 5.『申報』, 1908.12.5 ; 6.『申報』, 1908.12.10 ; 7.『申報』, 1908.12.10 ; 8.『申報』, 1908.12.5 ; 9.「폭도토벌보고」(1908년 12월), 『한국독립운동사자료 12 -의병편V-』 ; 10.『申報』, 1909.1.17 ; 11.『申報』, 1909.1.17 ; 12.『申報』, 1909.1.28 ; 13.『申報』, 1909.1.17 ; 14.『申報』, 1909.1.28 ; 15.『申報』, 1909.1.28 ; 16.『申報』, 1909.1.28 ; 17.『申報』, 1909.1.28 ; 18.『申報』, 1909.1.28 ; 19.『申報』, 1909.2.3 ; 20.『申報』, 1909.2.7 ; 21.『申報』, 1909.2.7 ; 22.『申報』, 1909.2.3 ; 23.『申報』, 1909.3.24 ; 24.『申報』, 1909.3.19 ; 25.『申報』, 1909.3.19 ; 26.『申報』, 1909.3.24 ; 27.『申報』, 1909.3.24 ; 28.『申報』, 1909.3.24 ; 29.『申報』, 909.3.24 ; 30.『申報』, 1909.3.31 ; 31.『申報』, 1909.4.17 ; 32.『申報』, 1909.4.17 ; 33.『申報』, 1909.4.25 ; 34.『申報』, 1909.4.25 ; 35.『申報』, 1909.4.25 ; 36.『申報』, 1909.5.16 ; 37.『申報』, 1909.5.16 ; 38.『申報』, 1909.5.16 ; 39.『申報』, 1909.6.5 ; 40.『申報』, 1909.6.5 ; 41.『申報』, 1909.6.5 ; 42.『申報』, 1909.6.5 ; 43.『申報』, 1909.6.5 ; 44.『申報』, 1909.7.2 ; 45.『申報』, 1909.7.11 ; 46.『申報』, 1909.7.11 ; 47.『申報』, 1909.7.11 ; 48.『申報』, 1909.7.11 ; 49.『申報』, 1909.7.21 ; 50.『申報』, 1909.7.21 ; 51.『申報』, 1909.10.15 ; 52.『申報』, 1909.10.17 ; 53.『申報』, 1909.10.17 ; 54.『申報』, 1909.9.30 ; 55.『申報』, 1909.10.17 ; 56.『申報』, 1909.10.17 ; 57.『申報』, 1909.11.11 ; 58.『申報』, 1909.11.14 ; 59.『申報』, 1909.11.14 ; 60.『申報』, 1909.11.14 ; 61.『申報』, 1910.1.7 ; 62.『申報』, 1909.12.25 ; 63.『申報』, 1909.12.25 ; 64.『申報』, 1910.1.11 ; 65.『申報』, 1910.1.11 ; 66.『申報』, 1910.1.11 ; 67.『申報』, 1910.1.18 ; 68.『申報』, 1910.3.5 ; 『申報』, 1910.3.6, 『申報』, 1910.3.12 ; 69.『申報』, 1910.4.1 ; 70.『申報』, 1910.4.12 ; 71.『申報』, 1910.5.29 ; 72.『申報』, 1910.6.1 ; 73.『申報』, 1910.7.9.

## 2. 해산군인의 의병항쟁

1907년 정미조약으로 인한 고종황제의 강제퇴위와 군대해산 이후 식민지에 준하는 상황이 전개되자 의병항쟁은 국가생존권 차원에서 전쟁의 규모로 다시 치열하게 하얼빈 의거에 대해 "의병의 참모중장으로서 독립전쟁을 하여 이토를 죽였고 또 참모중장으로서 계획한 것인데 도대체 이 법원 공판정에서 심문을 받는다는 것은 잘못되어 있다."라고[190] 하며 안중근은 자신을 독립전쟁을 수행한 의병으로 인식하고 있었다.

을사늑약 이후 대한제국의 황제와 정부는 실제적으로 민족의 의사를 대변할 처지에 있지도 못하였고 더구나 일본과 전쟁을 결정할 처지는 더더욱 못 되었다.[191] 이러한 국가 현실과 항일투쟁에 대한 의병의 인식에서 장기적 항일투쟁을 목적으로 북상 망명한 의병은 1910년 국권 상실 이후 자연스럽게 독립군으로 전환될 수 있었던 것이다.

190 국사편찬위원회, 『한국독립운동사자료 6 -안중근 I -』, 480쪽.
191 조동걸, 「義兵戰爭의 特徵과 意義」 『한국사 43』, 국사편찬위원회, 1999, 514쪽.

참고문헌
찾아보기

# 참고문헌

## 1. 사료

『조선왕조실록(朝鮮王朝實錄)』
『고종순종실록(高宗純宗實錄)』
『비변사등록(備邊司謄錄)』
『승정원일기(承政院日記)』
『일성록(日省錄)』
『각사등록 -평안북도·함경남북도편-』(국사
　　편찬위원회 영인)
『감계사교섭보고서 -1927년~1940 사본-』
　　(이왕직편찬회초편, 규장각 소장)
『갑신일록』
『강위전집(姜瑋全集)』
『개정 징병규례집(改正 徵兵規例集)』(大日本
　　國民敎育會 編), 1920.
『건건록(蹇蹇錄)』(陸奧宗光) (岩波書店,
　　1941)
『고등경찰요사(高等警察要史)』(朝鮮總督府 慶
　　尙北道警察部, 1934)
『고종시대사(高宗時代史)』
『고환당수초』
『고환당집』
『관내조선인반일독립운동자료휘편(關內朝鮮
　　人反日獨立運動資料彙編)』(陽昭全 等
　　編, 요녕인민출판사, 1987)
『관보(官報)』
『구한국외교문서(舊韓國外交文書)』

『구한말조약휘찬(舊韓末條約彙纂) 상(上)』(국
　　회도서관 입법조사국, 동아출판사,
　　1964)
『국민신보(國民新報)』
『국민정부여한국독립운동사사료(國民政府與
　　韓國獨立運動史史料)』(中央硏究院近
　　代史硏究所 編, 臺北, 1988)
『군부래문(軍部來文)』
『근대일선관계의 연구(近代日鮮關係の硏究)
　　상·하(上·下)』(田保橋潔, 朝鮮總督
　　府 中樞院, 1940)
『근대중한관계사자료휘편(近代中韓關係史資
　　料彙編) 제1책』(胡春惠·張存武·趙
　　中孚 編, 國史館, 臺北, 1987)
『근세조선정감(近世朝鮮政鑑) 상(上)』
『기려수필(騎驢遂筆)』(宋相燾) (국사편찬위원
　　회 복간본, 1955)
『김약제일기(金若濟日記) 권3』(金若濟) (조선
　　사편수회 필사본, 1929)
『대판매일신보(大阪每日新報)』
『대한계년사(大韓季年史)』
『대한민국임시의정원문서(大韓民國臨時議政
　　院文書)』(국회도서관, 1974)
『대한민국임시정부자료집 1~17』(국사편찬위
　　원회, 2005~2007)
『도산안창호자료집(島山安昌浩資料集) 1~3』
　　(한국독립운동사연구소, 1992)
『독립군단명부(獨立軍團名簿)』(1921) (국가
　　보훈처, 1998)
『독립군의 수기(獨立軍의 手記)』(국가보훈처,
　　1995)
『독립신문』(국사편찬위원회, 2005)
『독립운동사별집 -임시정부사-』(독립운동사

편찬위원회, 1976)

『독립운동사자료집 7~11』(독립운동사편찬위
　　원회, 1973~1975)

『독립운동사자료집 별집2』(독립운동사편찬위
　　원회, 1976)

『독립유공자공훈록(獨立有功者功勳錄)
　　5~14』(국가보훈처, 1988~1994)

『동경조일신문(東京朝日新聞)』

『동문휘고(同文彙考)』

『동아일보(東亞日報)』

『동진어모일기(東津禦侮日記)』

『동학농민혁명사료총서(東學農民革命史料叢
　　書)』(史芸硏究所, 1990)

『동학란기록(東學亂記錄) 상(上)』(국사편찬위
　　원회, 1959)

『만조보(萬朝報)』

『매천야록(梅泉野錄)』

『명치 27・8년 일청전쟁(明治二十七・八年
　　日淸戰爭) 1』(參謀本部 編)(東京印刷
　　株式會社, 1904)

『무장독립운동비사(武裝獨立運動秘史)』(蔡根
　　植, 大韓民國公報處, 1949)

『민보집설』

『박규수전집(朴珪壽全集)』

『배일선일공자공명부(排日鮮人功者功名簿)』
　　(1920)(국가보훈처, 1997)

『백범일지』(김구)(도진순 주해, 돌배게, 1997)

『병인일기(丙寅日記)』

『북간도지역 독립군단명부(北間島地域 獨立軍
　　團名簿)』(국가보훈처, 1997)

『북만지방사상운동개황(北滿地方思想運動槪
　　況)』(朝鮮總督府 警務局, 1929)

『북우계봉우자료집(北愚桂奉瑀資料集) 1・2』

（한국독립운동사연구소, 1997)

『비서류찬 조선교섭자료(秘書類纂 朝鮮交涉資
　　料) 중(中)』(伊藤博文 編)(비서류찬
　　간행회, 1936)

『사상정세시찰보고집(思想情勢視察報告集)
　　1~10』(社會問題資料硏究所 編, 東洋
　　文化社, 京都, 1976)

『석주유고(石洲遺稿)』(李相龍)(고려대출판
　　부, 1973)

『성재이동휘전서(誠齋李東輝全書) 상・하』
　　(한국독립운동사연구소, 1998)

『속음청사(續陰晴史) 상(上)』(金允植)(국사
　　편찬위원회 복간본), 1960

『수록(隨錄)』(京都大 河合文庫 소장자료)

『시사신보(時事新報)』

『신한민보(新韓民報)』

『안도산전집(安島山全書) 上・中・下』(도산
　　기념사업회, (주)범양사, 1990)

『어윤중전집(魚允中全集)』

『완당선생전집(阮堂先生全集)』

『요시찰인명부(要視察人名錄)』(1925)(국가
　　보훈처, 1996)

『용호한록(龍湖閒錄)』

『우강양기탁선생전집(雩崗梁起鐸先生全集)
　　제3권』(우강양기탁선생전집편찬위원
　　회, 2002)

『우당이회영약전(友堂李會榮略傳)』(李觀稙)
　　(을유문화사, 1985)

『우편보지신문(郵便報知新聞)』

『운하견문록(雲下見聞錄)』

『원수부래문(元帥府來文)』

『윤치호일기』

『음청사(陰晴史)』

『이육신보(二六新報)』

『이화장소장 운남이승만문서(梨花莊所藏 雩南李承晚文書) 동문편(東文篇) 1~18』(중앙일보사ㆍ연세대학교현대한국학연구소, 國學資料院, 1998)

『일로간지한국(日露間之韓國)』(幣原坦)(博文館, 東京, 1905)

『일로전쟁백년(日露戰爭百年)』(遊就館 편, 2005)

『일본외교문서(日本外交文書)』

『일지교섭외사(日支交涉外史) 상(上)』(葛生能久, 黑龍會, 1938)

『일청교전록(日淸交戰錄) 13』(博文館 編, 1894)

『일한외교자료집성(日韓外交資料集成) 5 -일로전쟁편(日露戰爭編)-』(金正明 편)(巖南堂書店, 1967)

『자료 한국독립운동사(資料 韓國獨立運動史) 1~5』(추헌수, 연세대출판부, 1976)

『자생록(孜生錄)』(張龍煥)(『忠北史學』3(부록), 충북대학교사학회, 1990)

『재만조선인개황(在滿朝鮮人槪況)』(日本外務省 亞細亞局, 1933)

『조선독립운동(朝鮮獨立運動) 1~5』(金正明 編)(原書房, 東京, 1967)

「조선의 보호와 병합(朝鮮の保護及倂合)」『朝鮮統治史料 제3권』(金正柱 편)(韓國史料研究所, 東京, 1970)

『조선일보(朝鮮日報)』

『조선주차군역사(朝鮮駐箚軍歷史)』(金正明 편)(巖南堂書店, 1967)

『조선통치자료(朝鮮統治資料) 1~10』(金正柱)(韓國史料研究所, 東京, 1970~

1972)

『주한일본공사관기록(駐韓日本公使館記錄) 1』(국사편찬위원회 번역본), 1990

『증보문헌비고(增補文獻備考)』

『청광서조중일교섭사료(淸光緖朝中日交涉史料) 1』(北京, 文海出版社, 1963)

『청실록(淸實錄)』

『청장관전서(靑莊館全書)』

『충계중일한관계사료(淸季中日韓關係史料)』(중앙연구원근대사연구소, 臺北)

『친군별영등록(親軍別營謄錄)』

『평안감영계록(平安監營啓錄)』

『평양발전사(平壤發展史)』(平壤民團役所, 1914)

『풍운한말비사(風雲韓末秘史)』

『한국독립운동사 1』(국사편찬위원회, 1965)

『한국독립운동사자료집(韓國獨立運動史資料集)』(한국정신문화연구원, 박영사, 1983)

『한국독립운동사증언자료집(韓國獨立運動史證言資料集)』(한국정신문화연구원, 박영사, 1986)

『한국독립운동지혈사(韓國獨立運動之血史)』(박은식)(維新社, 1920)

『한국민족운동사료(韓國民族運動史料) -삼일운동편 1ㆍ2ㆍ3(三一運動篇 其一ㆍ二ㆍ三)-』(국회도서관, 1979)

『한국민족운동사료(韓國民族運動史料) -중국편(中國篇)-』(국회도서관, 1976)

『한국지(韓國誌)』

『한국천주교회사 (하)』(샤를르 달레)(최석우ㆍ안응렬 역주, 한국교회사연구소, 1980)

『한국통사(韓國痛史) 하(下)』(朴殷植) (李章熙 역, 博英社, 1996)

『한민족독립운동사자료집(韓民族獨立運動史資料集) 1~5』(국사편찬위원회)

「한불관계자료(韓佛關係資料) -1840~1856-」『敎會史硏究 1』(한국교회사연구소 譯), 1977

「한불관계자료(韓佛關係資料) -1866~1867-」『敎會史硏究 2』(한국교회사연구소 譯), 1979

『한성순보』

『해국도지』

『해상기문(海上奇聞)』

『현대사자료(現代史資料) 25~30』(姜德相 編, みすず書房, 東京, 1970)

『황성신문(皇城新聞)』

George C. McCune and John A. Harrison, ed., Korean-American Relations: Documents Pertaining to the Far Eastern Diplomacy of the United States Vol I, Berkely and Los Angeles: University of California Press, 1963

George Lynch, The Path of Empire, Duckworth&Co London, 1903(『제국의 통로-시베리아 횡단철도와 열강의 대각축-』(정진국 역), 글항아리, 2009)

『КОРЕИ』(러시아 대장성편, 1990) (한국정신문화연구원 편, 『國譯 韓國誌』, 1984)

## 2. 단행본 (박사학위논문 포함)

### (1) 국내

강만길,『조선민족혁명당과 통일전선』, 和平社, 1991

高橋幸八郎 외 편,『일본근대사론』, 지식산업사, 1981

구대열,『한국국제관계사연구』 2, 역시비평사, 1995

구선희,『韓國近代 對淸政策史 硏究』, 혜안, 1999

국방군사연구소,『한국무기발달사』, 1994

국사편찬위원회,『韓國史 48 -임시정부의 수립과 독립투쟁-』, 2001

권석봉,『淸末 對朝鮮政策史硏究』, 일조각, 1997

그리피스,『隱者의 나라 韓國』(申福龍 역주), 탐구신서, 1976

김광재,『韓國光復軍의 活動 硏究 -美 戰略諜報局(OSS)과의 合作訓練을 중심으로-』, 東國大學校 大學院博士學位論文. 1999

김명호,『초기 한미관계의 재조명 - 서먼호 사건에서 신미양요까지 -』, 역사비평사, 2005

김병기,『참의부연구』, 단국대학교 박사학위논문, 2005

김상기,『한말의병연구』, 일조각, 1997

김영범,『한국근대민족운동과 의열단』, 창작과비평사, 1997

김영수,『大韓民國臨時政府憲法論』, 三英社, 1980

김용구,『세계외교사』, 서울대학교출판부,

2007

김우철, 『조선후기 지방군제사』, 경인문화사, 2001

김원룡 , 『在美韓人五十年史』, 1958

김원모, 『開化期 韓美 交涉關係史』, 단국대학교 출판부, 2003

김의환, 『의병운동사』, 박영사, 1974

김재관 편, 『묄렌도르프』, 玄岩社, 1984

김재승, 『만주벌의 이름 없는 전사들』, 혜안. 2002

김재승, 『韓國近代海軍創設史』, 혜안, 2000

김정기, 『1876~1894年 淸의 朝鮮政策 硏究』, 서울대학교 박사학위논문, 1994

김종수, 『조선후기 중앙군제 연구-훈련도감의 설립과 사회변동』, 혜안, 2003

김종원, 『근세 동아시아관계사 연구』, 혜안, 1999

김준엽, 『長征;나의 光復軍 시절』, 나남, 1987

김준엽 · 김창수, 『한국공산주의운동사 1~6』, 청계문화사, 1996

김희곤 외, 『大韓民國臨時政府의 左右合作』, 한울, 1995

김희곤, 『中國關內 韓國獨立運動團體硏究』, 지식산업사, 1995

노경채, 『韓國獨立黨硏究』, 신서원, 1996

노대환, 『동도서기론 형성 과정 연구』, 일지사, 2005

노영구, 『조선후기 兵書와 戰法의 연구』, 서울대 박사학위논문, 2002

독립운동운동사편찬위원회, 『獨立運動史 제4 · 5 · 6권 -獨立軍戰鬪史(下)-』, 1975

독립유공자협회, 『러시아地域의 韓人社會와 民族運動史』, 敎文社, 1994

독립유공자협회, 『中國東北지역 韓國獨立運動史』, 집문당, 1997

藤原彰, 『日本軍事史』(嚴秀鉉 역), 時事日本語社, 1994

藤村道生, 『청일전쟁』(허남린 역), 도서출판 小花, 1997

마루야마 마사오, 『日本政治思想史硏究』, 통나무, 1995

마리우스 B. 잰슨, 『일본과 세계의 만남』, 소화, 1999

박 환, 『滿洲韓人民族運動史 硏究』, 一潮閣, 1991

박민영, 『대한제국기 의병연구』, 한울, 1998

박성수, 『한국독립운동사적; 中國편』, 國民報勳處. 1992

박영석, 『日帝下獨立運動史硏究;滿洲 · 露領地域을 중심으로』, 一潮閣 1984

박영석, 『한 獨立軍兵士의 抗日戰鬪;北路軍政署兵士 李雨錫의 事例』, 博英社, 1984

박은숙, 『갑신정변 연구』, 역사비평사, 2005

박재찬, 『구한말 陸軍武官學校硏究』, 제일문화사, 1992

朴宗根, 『淸日戰爭과 朝鮮 -外侵과 抵抗-』(朴英宰 譯), 一潮閣, 1992

반병률, 『성재 이동휘 일대기』, 범우당, 1999

방선주, 『在美韓人의 獨立運動』, 한림대학교 아시아문화연구소, 1989

배우성, 『조선후기 국토관과 천하관의 변화』, 일지사, 1998

배항섭, 『19세기 조선의 군사제도 연구』, 국학자료원, 2002

백기인, 『建軍史』, 國防部 軍事編纂硏究所,

2002

백기인, 『조선후기 국방론연구』, 혜안, 2004

백기인, 『중국군사사상사』, 국방군사연구소, 1996

山邊健太郎, 『한일합병사』(安炳武 역), 汎友社, 1982

山室信一, 『러일전쟁의 세기-연쇄시점으로 보는 일본과 세계-』(정재정 역), 도서출판 小花, 2010

서대숙, 『간도 민족독립운동의 지도자 김약연』, 역사공간, 2008

서영희, 『대한제국 정치사 연구』, 서울대 출판부, 2003

서인한, 『대한제국의 군사제도』, 도서출판 혜안, 2000

서인한, 『대한제국의 군사제도』, 혜안, 2000

서인한, 『병인·신미양요사』, 국방부 전사편찬위원회, 1989

서중석, 『신흥무관학교와 망명자들』, 역사비평사, 2001

서태원, 『조선후기 지방군제연구-營將制를 중심으로-』, 혜안, 1999

손형부, 『朴珪壽의 開化思想研究』, 一潮閣, 1997

송병기, 『近代韓中關係史研究』, 단국대출판부, 1985

신승하, 『19세기 중국사회 -서양의 충격과 대응-』, 신서원, 2000

신용하, 『韓國民族獨立運動史研究』, 乙酉文化社. 1985

신주백, 『만주지역 한인의 민족운동사』, 아세아문화사, 1999

심헌용, 『한말 군 근대화 연구』, 국방부 군사편

찬연구소, 2005

안천, 『신흥무관학교; 정통 독립군·원초적 사관학교』, 교육과학사. 1996.

안확, 『조선육해군사』, 1923

양소전, 『中國에 있어서의 韓國獨立運動史』, 한국정신문화연구원, 1996

역사학회, 『전쟁과 동북아의 국제질서』, 일조각, 2006

연갑수, 『대원군집권기 부국강병정책 연구』, 서울대 출판부, 2001

염인호, 『조선의용군의 독립운동』, 나남출판, 2001

오길보, 『조선근대반일의병운동사』, 평양 과학백과사전종합출판사, 1988

유영익 등, 『이승만과 대한민국이시정부』, 연세대학교출판부, 2009

유영익, 『甲午更張研究』, 一潮閣, 1990

유홍렬, 『高宗治下西學受難의 研究』, 乙酉文化社, 1962

육군사관학교한국군사연구실, 『한국군제사-근세조선후기편-』, 육군본부, 1968

윤대원, 『상해시기 대한민국임시정부 연구』, 서울대학교출판부, 2006

윤병석, 『간도역사의 연구』, 국학자료원, 2003

윤병석, 『國外韓人社會와 民族運動』, 一潮閣, 1990

윤병석, 『獨立軍史』, 知識産業社, 1990

이강훈, 『武裝獨立運動史』, 瑞文堂, 1981

이광린, 『開化黨研究』, 一潮閣, 1981

이광린, 『韓國史講座Ⅴ(근대편)』, 一潮閣, 1997

이근호 외, 『조선후기의 수도방위체제』, 서울학연구소, 1998

이범석, 『우등불』, 三育出版社, 1986

이상근, 『韓人 露領移住史 硏究』, 탐구당, 1996

이연복, 『大韓民國臨時政府三十年史』, 국학자료원, 1999

이정규, 『又觀文存』, 三和印刷(株) 出版部, 1974

이태진, 『조선후기의 정치와 軍營制 변천』, 한국연구원, 1985

이헌주, 『姜瑋의 開國論 硏究』, 고려대학교 대학원 박사학위논문, 2004

이현희, 『大韓民國臨時政府』, 韓國民族運動史硏究會, 1991

임경석, 『한국사회주의의 기원』, 역사비평사, 2003

장세윤, 『중국동북지역 민족운동과 한국현대사』, 명지사, 2005

장세윤, 『중국동북지역민족운동와 한국현대사』, 명지사, 2005

장학근, 『조선시대 해양방어사』, 창미사, 1998

전해종, 『한중관계사연구』, 일조각, 1970

정옥자, 『조선후기 조선중화사상연구』, 일지사, 1998

정재정, 『일제침략과 한국철도(1892~1945)』, 서울대 출판부, 1999

정창열, 『甲午農民戰爭硏究-全琫準의 思想과 行動을 중심으로-』, 연세대 박사학위논문, 1991

정하명, 『고병서해제』, 육군본부, 1979

정해은, 『한국전통병서의 이해』, 국방부 군사편찬연구소, 2004

조경한, 『白岡回顧錄』, 韓國宗敎協議會, 1985

조동걸, 『獨立軍의 길따라 대륙을 가다』, 知識産業社, 1995

조동걸, 『한국민족주의 성립과 독립운동사 연구』, 지식산업사, 1989

조동걸, 『韓國民族主義의 成立과 獨立運動史』, 지식산업사, 1989

조동걸, 『한말 의병전쟁』, 독립기념관 한국독립운동사연구소, 1989.

조문기, 『鴨綠江邊的抗日名將梁世鳳』, 요녕인민출판사, 1993

조문기, 『조선혁명군 총사령관 양세봉-1930년대 항일무장투쟁사의 큰 봉우리』, 나무와 숲, 2007

조재곤, 『한국 근대사회와 보부상』, 혜안, 2002

中塚明, 『歷史の僞造をただす』, 高文研, 1997(박맹수 역, 『1894년, 경복궁을 점령하라』, 푸른역사, 2002)

지복영, 『역사의 수레를 끌며-항일무장독립운동과 백산 지청천장군』, 문학과 지성사, 1995

지헌모, 『靑天將軍의 革命鬪爭史』, 삼성출판사, 1949

차문섭, 『朝鮮時代軍制硏究』, 檀大出版部, 1973

채영국, 『1920년대 후반 만주지역 항일무장투쟁』, 한국독립운동사편찬위원회, 2007

채영국, 『韓民族의 만주독립운동과 正義府』, 국학자료원, 2000

최병옥, 『개화기의 군사정책연구』, 경인문화사, 2000

최진욱, 『19세기 海防論 전개과정 연구』, 고려대학교 대학원 박사학위논문, 2008

최효식, 『조선후기 군제사 연구』, 신서원, 1995

하우봉, 『朝鮮後期實學者의 日本觀硏究』, 一志

社, 1989

한국근현대사연구회, 『대한민국임시정부수립 80주년기념논문집 (상·하)』, 국가보훈처, 1999

한국독립유공자협회, 『中國東北地域 韓國獨立運動史』, 집문당, 1997

한국독립유공자협회, 『中國東北지역 韓國獨立運動史』, 集文堂, 1997

한국역사연구회 편, 『조선정치사 -1800~1866(하)-』, 청년사, 1990

한국역사연구회, 『3·1민족해방운동연구』, 청년사, 1989

한국정신문화연구원, 『병인양요의 역사적 재조명』, 한국정신문화연구원, 2001

한상도, 『한국독립운동과 국제환경』, 한울, 2000

한상도, 『韓國獨立運動과 中國軍官學敎』, 문학과 지성사, 1994

한시준, 『韓國光復軍硏究』, 一潮閣, 1993

허선도, 『조선시대 화약병기사 연구』, 일조각, 2005

허태용, 『조선후기 중화론과 역사인식』, 아카넷, 2009

현광호, 『大韓帝國의 對外政策』, 신서원, 2002

胡春惠, 中國안의 韓國獨立運動』, 단국대출판부, 1978

홍순권, 『한말 호남지역 의병운동사 연구』, 서울대 출판부, 1994

홍순권, 『韓末 湖南地域 義兵運動史 硏究』, 서울대학교 출판부, 1994

홍영기, 『대한제국기 호남의병 연구』, 일조각, 2004

홍영기, 『대한제국기 호남의병 연구』, 일조각,

2004

홍영기, 『한말 후기의병』, 한국독립운동사편찬위원회/독립기념관 한국독립운동사연구소, 2009

황묘희, 『중경대한민국임시정부사』, 경인문화사, 2002

황선열, 『일제시대 독립군시가 연구』, 한국문화사, 2005

A. 말로제모프, 『러시아의 동아시아정책』(석화정 역), 지식산업사, 2002

Alexei Nikolaievich Kuropatkin, 『러일전쟁 (러시아 군사령관 쿠로파트킨 장군 회고록)』(심국용 역), 한국외국어대학교 출판부, 2007

F. A. 멕켄지, 『大韓帝國의 悲劇, The Tragedy of Korea』(申福龍 역), 探求堂, 1981

U.S. Department of State, 『미국의 대한정책 (1834~1950)』(한철호 역), 한림대학교 아시아문화연구소, 1998

### (2) 국외

宮武外骨 編, 『壬午鷄林事變』, 東京, 1932

金文子, 『朝鮮王妃殺害と日本人』, 高文硏, 東京, 2009

藤原彰 外, 『近代日本史の基礎知識(增補版)』, 有斐閣, 1983

藤原彰·今井淸一·大江志乃夫 編, 『近代日本史の基礎知識』, 有斐閣, 1983

山邊健太郎, 『日韓合邦小史』, 岩波書店, 東京, 1966

森松俊夫, 『大本營』, 敎育社, 1980

松下芳南, 『近代日本軍事史』, 高山書院, 東京, 1941

王家儉, 『魏源對西方的認識及其海防思想』, 國立臺灣大學文學院, 1964

原田敬一, 『日淸戰爭』, 吉川弘文館, 2008

由井正臣, 『軍部と民衆統合-日淸戰爭から滿洲事變期まで-』, 岩波書店, 2009

中塚明, 『近代日本と朝鮮』, 三省堂, 1977

楫西光速 外, 『日本資本主義の發展 Ⅱ』, 東京大學出版會, 東京, 1969

戚其章, 『甲午戰爭史』, 人民出版社, 上海, 2005

## 3. 논문

### (1) 국내

강룡권, 「민족독립운동과 서일」 『韓民族獨立運動史論叢』, 수촌박영석교수화갑기념논총간행위원회, 1992

강만길, 「大韓帝國의 性格」 『創作과 批評』 48, 창작과 비평사, 1978

강만길, 「獨立運動의 歷史的 性格」 『分斷時代의 歷史認識』, 창작과 비평사, 1978

강창석, 「日本의 對韓政策과 自衛團의 組織에 관한 研究」 『東義史學』 11/12합집, 1997

고석규, 「집강소기 농민군의 활동」 『1894년 농민전쟁연구 4』, 역사비평사, 1995

고정휴, 「第2次 世界大戰期 在美韓人社會의 動向과 駐美外交委員部의 活動」 『國史館論叢』 49, 국사편찬위원회, 1993

구대열, 「2차대전 중 중국의 한국정책 : 국민당 정권의 臨政정책을 중심으로」 『韓國政治學會報』 28, 1995

구선희, 「갑신정변 직후 反淸政策과 청의 袁世凱 파견」 『史學研究』 51, 韓國史學會, 1996

권대웅, 「大韓獨立團國內之團의 組織과 活動」 『嶠南史學』 5, 1990

권석봉, 「'朝鮮策略'과 淸側 意圖」 『全海宗博士華甲紀念史學論叢』, 일조각, 1979

권석봉, 「청국유학생(영선사)의 파견」 『한국사 38 -개화와 수구의 갈등-』, 국사편찬위원회, 1999

권태억, 「統監府시기 日帝의 對韓農業施策」 『露日戰爭前後 日本의 韓國侵略』, 一潮閣, 1986

권희영, 「자유시사변 연구」 『韓國史學』 14, 1994

吉田和起, 「日本帝國主義의 朝鮮倂合-국제관계를 중심으로-」 『韓國近代政治史研究』(楊尙弦 편), 사계절, 1985

김 택, 「왜곡된 청산리전투사의 진상을 논함-홍범도장군의 주도적인 역할을 중심으로」 『韓民族獨立運動史論叢』, 수촌박영석교수화갑기념논총간행위원회. 1992

김광재, 「한국광복군 제3지대의 작전개요」 『韓民族獨立運動史論叢』, 水邨朴永錫敎授華甲論叢刊行委員會, 1992

김광재, 「韓國光復軍 第1支隊 第3區隊의 성립과 변천-'飛虎隊' 문제와 관련하여-」 『한국민족운동사연구』 28, 2000

김광재, 「韓國光復軍 第1支隊 第3區隊의 성립과 변천」 『韓國抗日民族運動과 中國』, 國學資料院, 2000

김광재, 「韓國光復軍의 韓·美合作訓練」 『한국민족운동사연구』 25, 2000

책-'鮮滿一體化'의 좌절과 三矢協定」
『한국근현대사연구』29, 2004

신명호, 「19세기 조·러의 국경형성과 두만강
하구의 도서·영해 분쟁」『19세기 동
북아4개국의 도서분쟁과 해양경계』,
동북아역사재단, 2008

신상용, 「영국의 대한수교 모색 배경」『한영수
교100년사』, 한국사연구협의회, 1984

신상용, 「英日同盟과 日本의 韓國侵略」『露日
戰爭前後 日本의 韓國侵略』, 一潮閣,
1985

신용하, 「新民會의 創建과 그 國權恢復運動
(下)」『韓國學報』9, 1977

신용하, 「新民會의 獨立軍基地 創建運動」『韓
國文化』4, 1983

신용하, 「獨立軍의 靑山里戰鬪」『軍史』8,
1984

신용하, 「獨立軍의 靑山里獨立戰爭의 戰鬪들의
구성」『史學研究』38, 1984

신용하, 「洪範圖의 大韓獨立軍의 抗日武裝鬪
爭」『韓國學報』43, 1986

신용하, 「大韓(北路)軍政署 獨立軍의 研究」
『한국독립운동사연구』2, 1988

신용하, 「大韓新民團 獨立軍의 研究」『東洋學』
18, 1988

신용하, 「민긍호 의병부대의 항일무장투쟁」
『한국독립운동사연구』4, 1990

신용하, 「구한말 輔安會의 창립과 민족운동」
『한국사회사연구회논문집』44, 1994.

신용하, 「갑신정변의 전개」『한국사 38 -개화
와 수구의 갈등-』, 국사편찬위원회,
1999

신용하, 「韓國獨立軍과 朝鮮革命軍의 무장독립

운동」『韓國學報』112, 2003

신재홍, 「自由市慘變에 대하여」『白山學報』
14, 1973

신재홍, 「北間島에서의 武裝抗日運動-北路軍
政署를 중심으로-」『韓國史學』3,
1980

신재홍, 「獨立軍의 編成과 活動」『軍史』5,
1982

신재홍, 「吳東振研究」『國史館論叢』4, 1989

신재홍, 「在滿 抗日獨立軍의 編成과 脈絡」『汕
耘史學』5, 1991

신주백, 「1920년 직후 재만한인 민족주의자의
민족 현실에 대한 인식의 변화 -獨立
戰爭論과 관련하여」『韓國史研究』
111, 2000

신주백, 「1920年代 中後半 在滿韓人 民族運動
에서의 '自治'문제 검토 -獨立戰爭論
의 變化와 關聯하여-」『한국독립운동
사연구』17, 2001

안외순, 「대원군집정기 군사정책의 성격」『동
양고전연구』2, 1994

양교석, 「병인양요의 일고찰」『史叢』29, 고려
대학교 사학회, 1985

양영석, 「위임통치청원(1919)에 관한 고찰」
『한국독립운동사연구』2, 1988

양영석, 「1940년대 조선민족혁명당의 활동」
『한국독립운동사연구』3, 1989

연갑수, 「丙寅洋擾와 興宣大院君政權의 對應」
『軍史』33, 국방군사연구소, 1996

연갑수, 「대원군집권기 국방정책」『한국문화』
20, 서울대 한국문화연구소, 1997

연갑수, 「병인양요 이후 수도권 방비의 강화」
『서울학연구』8, 1997

염인호, 「해방 후 韓國獨立黨의 中國關內地方에서의 光復軍擴軍運動」『역사문제연구』창간호, 1996

오세창, 「在滿韓人의 抗日獨立運動史(1)-武裝團의 活動을 中心으로-」『東洋文化』17, 영남대 동양문화연구소, 1976

오세창, 「滿洲 韓國獨立軍의 編成과 活動」『韓國民族獨立運動史의 諸問題』, 하석김창수교수화갑기념사학논총간행위원회. 1992

오세창, 「日本의 間島地方 韓國獨立運動 根據地剿討作戰」『西巖趙恒來敎授華甲紀念 韓國學論叢』, 아세아문화사, 1992

오영섭, 「을미의병의 결성과정과 군사활동」『군사』43, 2001

왕 건, 「一九一0~一九三一年間朝鮮獨立軍在中國東北地區的反日武裝活動」『朝鮮史研究』, 1985

왕현종, 「韓末(1894~1904) 地稅制度의 改革과 性格」『韓國史硏究』77, 한국사연구회, 1992

왕현종, 「갑오정권의 개혁정책과 농민군 대책」『1894년 농민전쟁연구 4』, 역사비평사, 1995

우철구, 「韓末 雇聘軍事顧問(敎官)이 軍部指導層의 政治的 態度에 미친 영향」『社會科學研究』1·2, 영남대학교 부설 사회과학연구소, 1981

우철구, 「한말 雇聘軍事敎官 및 顧問의 역할」『박영석화갑논총 한국사학논총 (下)』, 1982

우철구, 「丙寅洋擾小考」『동방학지』49, 연세대 국학연구원, 1985

우철구, 「병인양요의 비종교적 원인과 프랑스의 조선원정 목적」『한국사론』45, 국사편찬위원회, 2007

원재연, 「『해국도지』 수용 전후의 어양론과 서양인식」『서세동점과 조선왕조의 대응』, 한들출판사, 2003

유바다, 「1883년 김옥균 차관교섭의 의미와 한계」『한국근현대사연구』54, 2010

유병호, 「1920년 중기 남만주에서의 '自治'와 '共和政體'-정의부와 참의부의 항일근거지를 중심으로」『역사비평』여름, 1992

유병호, 「1920年代 中期 南滿地域의 反日民族運動에 對한 研究-參議府와 正義府의 反日根據地를 중심으로-」『韓民族獨立運動史論叢』, 수촌박영석교수화갑기념논총간행위원회, 1992

유병호, 「국외 민족주의운동에 대한 역사적 평가 -滿洲지역을 중심으로-」『한국민족운동사연구』23, 1999

유영익, 「美國 軍事敎官 傭聘始末 片考 -1880-90年代를 중심으로-」『軍史』4, 국방부 전사편찬위원회, 1982

유준기, 「1920년대 在滿獨立運動團體에 관한 研究 -參議府를 중심으로-」『한국민족운동사연구』2, 1988

유한철, 「日帝 韓國駐箚軍의 韓國 侵略過程과 組織」『한국독립운동사연구』6, 한국독립운동사연구소, 1992

윤대원, 「1920년 독립전쟁 방침과 독립 방침과 독립노선논쟁」『상해시기 대한민국임시정부연구』, 서울대 출판부, 2006

윤대원, 「서간도 대한광복군사령부와 대한광복

군총영에 대한 재검토」『韓國史研究』
133, 2006

윤대원, 「玄楯에게 '秘傳'된 임시정부의 실체와
대한공화국임시정부」『한국독립운동
사연구』33, 2009

윤병석, 「日本人의 荒蕪地開拓權 要求에 대하
여」『歷史學報』22, 1964.

윤병석, 「구한말 주한일본군에 대하여」『향토
서울』27, 1966

윤병석, 「1928.9년에 正義·新民·參議府의
統合運動」『史學研究』21, 1969

윤병석, 「參議·正義·新民府의 成立過程」
『白山學報』7, 1969

윤병석, 「13도 義軍의 편성」『사학연구』36,
1983

윤병석, 「1910年代 獨立軍의 基地設定」『軍
史』6, 1983

윤병석, 「1910年代 西北間島 韓人團體의 民族
運動」『國外韓人社會와 民族運動』, 一
潮閣, 1995

윤병석, 「1910年代 沿海州地方에서의 韓國獨
立運動」『韓國史學』8, 1986

윤병석, 「韓國獨立軍의 鳳梧洞勝捷 小考」『한
국민족운동사연구』4, 1989

윤병석, 「1920년대 후기 滿洲에서의 民族運動
과 獨立軍」『韓國學研究』1, 1989

윤병석, 「西間島 白西農庄과 大韓光復軍政府」
『韓國學研究』3, 1991

윤병석, 「1920년대 독립군단의 통합운동」『國
外韓人社會와 民族運動』, 一潮閣,
1995

윤병석, 「대한민국임시정부와 만주지역 독립운
동」『대한민국임시정부수립80주년기
념논문집 (상)』, 국가보훈처, 1999

윤병석, 「러시아 革命前後 沿海州地域 韓人民
族運動과 臨時政府」『汕耘史學』9,
2000

윤상원, 「무장부대 통합운동과 대한독립군
단:1920년대 초 만주와 연해주 무장부
대들의 동향」『역사문화연구』24, 韓
國外國語大學校 역사문화연구소.
2006

이 신, 「대원군의 국방정책 연구」『군사』12,
1986

이 욱, 「대원군 집정기 三軍府의 설치와 그 성
격」『군사』32, 1996

이강훈, 「靑山里 獨立戰鬪」『軍史』5, 1982

이광린, 「미국군사교관의 초빙과 鍊武公園」
『한국개화사연구』, 일조각, 1982

이광린, 「『海國圖志』의 韓國傳來와 그 影響」
『(改訂版)韓國開化史研究』, 一潮閣,
1995

이보형, 「美國 極東政策의 歷史的變遷-門戶開
放 政策을 中心으로-」『歷史學報』1,
역사학회, 1952

이선근, 「庚辰修信使 金弘集과 黃遵憲著 朝鮮
策略에 관한 재검토」『동아논총』1,
1963

이언정, 「개항 전후 조선정부의 러시아인식 연
구」, 고려대학교 석사학위논문, 1999

이연복, 「大韓民國臨時政府의 軍事活動」『한국
독립운동사연구』3, 1989

이용창, 「일진회와 자위단의 의병사냥」『내일
을 여는 역사』30, 2007.

이원순, 「丙寅洋擾一考」『韓佛修交100年史』,
한국사연구협의회, 1986

이정식, 「韓人共産主義者와 延安」 『史叢』 8, 1963

이종학, 「大韓民國臨時政府의 軍事活動」 『韓國史論』 10, 1981

이태진, 「1894년 6월 淸軍 朝鮮 출병 결정 과정의 眞相 -조선정부 자진 요청설 비판-」 『韓國文化』 24, 서울대 한국문화연구소, 1999

이태진, 「雲揚號 사건의 진상 -사건 경위와 일본국기 게양설의 진위-」 『朝鮮의 政治와 社會』, 集文堂, 2002

이태진, 「1876-1910년 한·일 간 조약체결에 관한 중요 자료 정리」 『한국병합의 불법성 연구』, 서울대학교출판부, 2003

이태진, 「1904-1910년 한국국권 침탈 조약들의 절차상 불법성」 『한국병합의 불법성 연구』, 서울대학교출판부, 2006

이헌주, 「姜瑋의 對日開國論과 그 性格 -강화도조약 체결을 중심으로-」 『한국근현대사연구』 19, 한국근현대사학회, 2001

이헌주, 「병인양요 직전 姜瑋의 禦洋策」 『韓國史研究』 124, 한국사연구회, 2004

이헌주, 「제2차 修信使의 활동과 '朝鮮策略'의 도입」 『韓國史學報』 25, 2006

이현종, 「光復軍聯絡隊의 印度派遣과 活動狀況」 『亞細亞學報』 11, 1975

이현희, 「大韓民國臨時政府와 光復軍의 作戰」 『軍史』 5, 1982

이현희, 「新興武官學校 硏究」 『東洋學』 19, 1989

이현희, 「重慶臨政과 韓國光復軍 硏究(下)-그 活動과 國內進入作戰-」 『한국민족운동사연구』 8, 1992

이현희, 「重慶臨政과 韓國光復軍 硏究-그 活動과 國內進入作戰」 『한국민족운동사연구』 6, 1992

임계순, 「만주·노령 동포사회(1860~1910)」, 『한민족독립운동사』 2, 국사편찬위원회, 1987

임성모, 「1930년대 일본의 만주지배정책연구」, 연세대학교 석사학위논문, 1990

임영서, 「1910·1920년대 間島韓人에 대한 중국의 政策과 民會」 『韓國學報』 73, 1993

임재찬, 「舊韓末 陸軍武官學校에 대하여」 『慶北史學』 4, 1982.

임재찬, 「구한말 육군무관학교에 대하여」 『慶北史學』 4, 경북대학교 사학과, 1982.

임재찬, 「開化期 軍制改編에 대하여」 『考古歷史學誌』 5/6합집, 동아대학교, 1990.

임재찬, 「三軍府의 復設背景」 『新羅學硏究』 3, 위덕대 신라학연구소, 1999

임재찬, 「丙寅洋擾를 전후한 大院君의 軍事政策」 『慶北史學』 24, 경북사학회, 2001

장석흥, 「1920년대 초 國內 秘密結社의 性格」 『한국독립운동사연구』 7, 1993

장세윤, 「中日戰爭期 大韓民國 臨時政府의 對中國外交:광부군문제를 中心으로」 『한국독립운동사연구』 2, 1988

장세윤, 「韓國獨立軍의 抗日武裝鬪爭硏究」 『한국독립운동사연구』 3, 1989

장세윤, 「朝鮮革命軍 硏究; 몇 가지 爭點에 대한 批判的 檢討」 『한국독립운동사연구』 4, 1990

장세윤, 「在滿 朝鮮革命黨의 成立과 주요구성

원의 성격」『한국독립운동사연구』10, 1996

장세윤, 「1930年代 朝鮮革命軍과 中國抗日勢 力과의 連帶鬪爭」『한국민족운동사연 구』16, 1997

장세윤, 「조선혁명군 총사령 梁世奉 연구」『韓 國民族運動史研究』, 于松趙東杰先生 停年紀念論叢刊行委員會, 1997

장세윤, 「조선혁명군정부연구」『한국독립운동 사연구』11, 1997

장세윤, 「國民府硏究-성립 및 헌장. 자치활동 을 중심으로-」『한국독립운동사연구』 12, 1998

장세윤, 「在滿 조선혁명당의 조직과 민족해방 운동」『士林』18, 首善史學會, 2002

장세윤, 「만주지역 한인 항일무장투쟁 세력의 식생활과 보건위생」『중국동북지역민 족운동과 한국현대사』, 명지사, 2005

장세윤, 「만주지역 독립운동에 관한 새로운 자 료의 검토-참의부 관련 중국당안관 문 서소개-」『백범과 민족운동연구』6, 2008

장학근, 「舊韓末 海洋防衛政策-海軍創設과 軍 艦購入을 中心으로-」『史學志』19, 단 국대학교 사학회, 1985

전봉덕, 「大韓國國制의 制定과 基本思想」『法 史學研究』 창간호, 한국법사학회, 1974

정경현, 「19세기의 새로운 국토방위론-다산의 '民堡議'를 중심으로」『한국사론』4, 서울대 국사학과, 1978

정병준, 「1945~48년 대한민국임시정부의 중 국 내 조직과 활동」『史學研究』55·

56合號, 1998

정병준, 「1919년 이승만의 대통령 자임과 '한 성정부' 법통론」『한국독립운동사연 구』16, 2001

井上勝生, 「갑오농민전쟁과 일본군」『동학농민 혁명의 동아시아사적 의미』, 서경문화 사, 2002

정옥자, 「開化派와 甲申政變」『國史館論叢』 14, 國史編纂委員會, 1990

정용욱, 「태평양전쟁기 임시정부의 대미외교」, 『대한민국임시정부수립80주년기념논 문집』(하), 국가보훈처, 1999

정원옥, 「在滿 國民府의 抗日獨立運動-國民 府·朝鮮革命黨·朝鮮革命軍의 組織 과 活動을 中心으로-」『亞細亞學報』 11, 1975

정원옥, 「在滿抗日獨立運動團體의 全民族唯一 黨運動」『白山學報』19, 1975

정원옥, 「在滿 大韓獨立軍의 抗日獨立運動」 『史學研究』38, 1984

정원옥, 「在滿大韓統義府의 抗日獨立運動」『韓 國學報』36, 1984

정원옥, 「陸軍駐滿參議府의 組織과 獨立戰鬪」 『朴性鳳敎授回甲紀念論叢』, 1987

정원옥, 「梁世奉:朝鮮革命軍 總司令의 硏究」 『국사관논총』8, 1989

정원옥, 「大韓光復軍總營의 組織과 獨立戰鬪」 『尹炳奭敎授華甲紀念韓國近代史論 叢』, 한국근대사논총간행위원회. 1990

정원옥, 「北間島 獨立軍의 編成과 獨立戰鬪」 『李載龒博士還曆紀念韓國史學論叢』, 이재룡박사환력기념한국사학논총간 행위원회, 1990

정원옥, 「韓國獨立軍의 組織과 獨立戰鬪」『史
學硏究』 43 · 44, 1992

정제우, 「대한민국임시정부의 비행사 양성과
공군 창설계획」『대한민국임시정부수
립80주년기념논문집 (하)』, 국가보훈
처, 1999

정창렬, 「露日戰爭에 대한 韓國人의 對應」『露
日戰爭 前後 日本의 韓國侵略』, 一潮
閣, 1986.

정하명, 「韓末 元首府 小考」『육사논문집』 13,
1975

조　광, 「19세기의 해방론과『벽위신편』」『교
회와 역사』 75, 1981

조동걸, 「大韓民國臨時政府의 組織」『韓國史
論』 10, 국사편찬위원회, 1981

조동걸, 「韓國軍史의 原流意識」『군사』 5,
1982

조동걸, 「1910년대 獨立運動의 變遷과 特性」
『韓國民族主義의 成立과 獨立運動史
硏究』, 지식산업사, 1989

조동걸, 「大韓光復會硏究」『韓國民族主義의 成
立과 獨立運動史硏究』, 지식산업사,
1989

조동걸, 「臨時政府樹立을 위한 1917년의 '大同
團結宣言'」『韓國民族主義의 成立과
獨立運動史硏究』, 지식산업사, 1989

조동걸, 「義兵戰爭의 特徵과 意義」『한국사
43』, 국사편찬위원회, 1999

조동걸, 「滿洲에서 전개된 한국독립운동의 역
사적 의의 -1920년 청산리전쟁 80주
년의 회고와 반성-」『韓國史硏究』
111, 2000

조동걸, 「靑山里戰爭 80주년의 역사적 의의」

『한국근현대사연구』, 2000

조문기, 「中國 東北 抗日戰爭에서의 韓民族의
역할과 그 歷史的 地位」『아시아문화』
13, 翰林大學校 아시아문제연구소
1997

조범래, 「國民府의 結成과 活動」『한국독립운
동사연구』, 1988

조범래, 「丙寅義勇隊硏究」『한국독립운동사연
구』 7, 1993

조병한, 「해방 체제와 1870년대 李鴻章의 양무
운동」『동양사학연구』 88, 동양사학
회, 2004

조성윤, 「임오군란」『한국사 38 -개화와 수구
의 갈등-』, 국사편찬위원회, 1999

조재곤, 「청일전쟁에 대한 농민군의 인식과 대
응」『1894년 농민전쟁연구 4』, 역사비
평사, 1995

조재곤, 「대한제국기 군사정책과 군사기구의
운영」『역사와 현실』 19, 한국역사연
구회, 1996

조재곤, 「1902, 3년 日本 第一銀行券 유통과
한국상인의 대응」『조동걸선생 정년기
념논총 한국민족운동사연구』, 나남출
판, 1997

조재곤, 「1904~5년 러일전쟁과 국내 정치동
향」『國史館論叢』 107, 2005

조철행, 「국민대표회(1921~1923)연구」『史
叢』 44, 1995

조항래, 「黃遵憲의 朝鮮策略에 대한 검토」『대
구대논문집』 3, 1962

조항래, 「'朝鮮策略'을 통해 본 防俄策과 聯美
論 硏究」『김철준박사 화갑기념사학논
총』, 1983

조항래, 「抗日獨立運動의 맥락에서 본 韓國軍의 正統性-創軍의 배경과 正統性 계승을 중심으로」『한국민족운동사연구』 6, 1992

조항래, 「重慶時代의 大韓民國臨時政府와 韓國光復軍」『大韓民國臨時政府의 법통과 역사적 재조명』, 國家報勳處, 1997

조항래, 「韓國軍의 創軍脈絡과 正統性 繼承」『竹堂李炫熙敎授華甲紀念韓國史學論叢』, 同刊行委員會, 1997

조항래, 「抗日民族獨立運動에서 본 韓國光復軍의 正統性」『梨花史學研究』 30, 2003

주승택, 「姜瑋의 開化思想과 外交活動」『韓國文化』 12, 서울대학교 한국문화연구소, 1991

지두환, 「조선후기 戶布制 논의」『한국사론』 19, 서울대 국사학과, 1988

차문섭, 「舊韓末 陸軍武官學校 研究」『亞細亞研究』 50, 1973

차문섭, 「구한말 군사제도의 변천」『군사』 5, 1982

차준회, 「韓末 軍制改編에 對하여」『歷史學報』 22, 1964

채영국, 「3·1운동 이후 西間島지역 獨立軍團 研究;大韓獨立團·大韓獨立軍備團·光復軍總營을 중심으로」『尹炳奭敎授華甲紀念韓國近代史論叢』, 한국근대사논총간행위원회, 1990

채영국, 「1920년 「琿春事件」전후 독립군의 動向」『한국독립운동사연구』 5, 1991

채영국, 「'庚申慘變'(1920년) 後 독립군의 再起와 抗戰」『한국독립운동사연구』 7, 1993

채영국, 「1920년대 중반 南滿地域 獨立軍團의 整備와 活動」『한국독립운동사연구』 8, 1994

채영국, 「正義府의 이념」『韓國民族運動史研究』, 于松趙東杰先生停年紀念論叢刊行委員會, 1997

최덕수, 「강화도조약과 개항」『한국사 37 -서세동점과 문호개방-』, 국사편찬위원회, 2000

최문형, 「歐美列强과 日本의 韓國倂合-1898年을 前後한 露日의 相互牽制를 中心으로-」『歷史學報』 59, 역사학회, 1973

최병옥, 「고종대의 三軍府 연구」『군사』 19, 1989

최병옥, 「敎鍊兵隊(속칭: 倭別技) 연구」『군사』 18, 1989

최병옥, 「조선조말의 武衛所 연구」『군사』 21, 1990

최봉룡, 「조선혁명군의 한·중연합항일작전-梁世奉 司令의 활동을 중심으로-」『한국민족운동사연구』, 2002

최석우, 「丙寅洋擾小考」『역사학보』 30, 역사학회, 1966

최진식, 「대원군집권기의 禦洋論 연구」『교남사학』 4, 영남대 국사학회, 1989

최태호, 「光武 8年의 荒蕪地開墾事件小考」『經商論叢』 8, 국민대 한국경제연구소, 1986

최현숙, 「開港期 統理機務衙門의 設置와 運營」, 고려대학교 교육대학원 석사학위논문, 1993

최홍빈, 「봉오동전투의 재조명」『韓國近現代史論叢』, 吳世昌敎授華甲紀念論叢刊行

委員會, 1995

최홍빈, 「北間島獨立運動基地연구-韓人社會와 의 相關性을 中心으로-」『韓國史研 究』111, 2000

최희재, 「1874~5년 해방·육방논의의 성격」 『동양사학연구』22, 동양사학회, 1985

최희재, 「중화제국질서의 동요」『강좌 중국사 V - 중화제국의 동요 -』, 지식산업사, 1989

추헌수, 「韓國 獨立運動을 통해서 본 自主意識 -中·日戰爭과 韓·中軍事協定을 중 심으로-」『韓國政治學會報』3, 1969

표교열, 「제1·2차 중영전쟁」『강좌 중국사 V - 중화제국의 동요 -』, 지식산업사, 1989

한국역사연구회 광무개혁연구반, 「'광무개혁' 연구의 현황과 과제」『역사와 현실』8, 한국역사연구회, 1992

한상도, 「통의부」『한민족독립운동사』4, 국사 편찬위원회, 1988

한상도, 「大韓民國臨時政府의 초기 軍事活動과 在滿獨立軍」『西巖趙恒來敎授華甲紀 念韓國史學論叢』, 1992

한상도, 「한국국민당의 운동노선과 민족문제」 『한국독립운동과 국제환경』, 한울, 2000

한상도, 「김구의 중국육군군관학교 한인특별반 운영과 청년투사 양성」『백범과 민족 운동연구』1, 2003

한상도, 「대한민국임시정부의 독립군 군사간부 양성」『백범과 민족운동연구』2, 2004

한상도, 「광복 직전 김구와 대한민국임시정부 의 중국인식」『백범과 민족운동연구』

4, 백범학술원, 2006

한시준, 「中國의 軍官學校를 통한 軍事幹部 養 成」『西巖趙恒來敎授華甲紀念韓國史 學論叢』, 1992

한시준, 「大韓民國臨時政府와 韓國光復軍」『韓 國近現代史論叢』. 吳世昌敎授華甲紀 念論叢刊行委員會, 1995

한시준, 「重慶時代 臨時政府의 活動:體制의 정 비 강화와 軍事活動을 중심으로」『仁 荷史學』3, 1995

한시준, 「韓國光復軍 支隊의 編成과 組織」『史 學志』28, 1995

한시준, 「夢平 黃學秀의 생애와 독립운동」『史 學志』31, 1998

한시준, 「한국광복군과 연합군의 공동작전」 『中國에서의 抗日獨立運動.』, 韓中交 流硏究中心, 2000

한시준, 「한국광복군의 활동과 역할」『東洋學』 30, 2000

한시준, 「韓國光復軍 正統性의 國軍 계승 문 제」『軍史』43, 2001

한시준, 「광복군의 지대별 편성과 활동」『백범 과 민족운동연구』2, 2004

한시준, 「여성광복군과 그들의 활동」『史學志』 37, 2005

한우근, 「Shufeldt 提督의 韓·美修好條約 交 涉推進 緣由에 대하여」『진단학보』 24, 진단학회, 1963

한철호, 「민씨척족정권기(1885-1894) 내무 부의 조직과 기능」『한국사연구』90, 1995

허동현, 「1881年 朝士視察團의 활동에 관한 연 구」『國史館論叢』66, 국사편찬위원

회, 1995

허동현, 「1881년 朝士視察團의 일본 군사제도 인식」 『아태연구』 5, 1998

허동현, 「일본시찰단의 파견」 『한국사 38 -개화와 수구의 갈등-』, 국사편찬위원회, 1999

허선도, 「<<制勝方略>> 研究(下) -壬辰倭亂 直前 防衛體制의 實相-」 『震檀學報』 37, 1974

홍순옥, 「大韓民國 臨時政府의 對中國外交 (1940~45)試論;光復軍과 臨時政府承 認문제를 중심으로」 『韓國獨立運動과 列强關係』, 한국정치외교사학회, 1985

홍순권, 「한말 경남지역 의병운동과 일본군의 의병 학살」 『군사연구』 131, 육군군사 연구소, 2011

홍영기, 「1907~8년 日帝의 自衛團 組織과 韓 國人의 對應」 『한국근현대사연구』 3, 1995

和田春樹, 「日露戰爭と大韓帝國」(2010. 11. 19, 서울대 국제대학원 일본학연구소 기획특별강연 발표문).

황룡국, 「'朝鮮革命軍' 歷史에 대하여」 『國史館 論叢』 15, 1990

황룡국, 「朝鮮獨立軍의 武裝抗爭(1931~ 1937)」 『박성수교수화갑기념논총 한 국독립운동사의인식』, 박성수교수화 갑기념논총간행위원회, 1991

황룡국, 「朝鮮革命軍의 根據地問題에 관하여」 『韓民族獨立運動史論叢』, 수촌박영석 교수화갑기념논총간행위원회, 1992

황룡국, 「中國 東北地方에서의 抗日運動-朝鮮 革命軍의 根據地問題」 『한국독립운동 과 윤봉길의사』, 매헌윤봉길의사의거 제60주년기념국제학술회의, 1992

황민호, 「1930년 在滿韓人共産主義者들과 中 國共産黨의 合同에 관한 研究」 『歷史 學報』 141, 1994

황민호, 「1920년대 후반 在滿韓人에 대한 中國 當局의 政策과 韓人社會의 對應」 『韓 國史研究』 90, 1995

황민호, 「1930년대 재만 국민부계열의 활동에 관한 연구」 『金文經敎授停年退任紀念 동아시아연구논총』, 金文經敎授停年 退任紀念論叢刊行委員會, 1996

황민호, 「在滿 韓國獨立黨의 成立過程과 活動 에 관한 研究」 『崇實史學』 12, 1998

황민호, 「만주지역 민족운동사 연구의 동향과 과제」 『군사연구』 129, 육군군사연구 소, 2010

황병무, 「일본이 시행한 군제개혁과 京軍」 『육 사논문집』 5, 1967

**(2) 국외**

김정미, 「朝鮮獨立運動史における1920年10 月-靑山里戰鬪の歷史的意味を求め て」, 『朝鮮民族運動史研究』 3, 1986

渡邊千春, 「日露戰爭の意義」 『外交時報』(75 號), 1904년 1월호

梶村秀樹 「朝鮮からみた日露戰爭」 『史叢』 7-8號, 1980.

丸山眞男, 「幕末における變革-佐久間象山の 場合」 『忠誠と反逆-轉形期日本の精 神史的位相-』, 筑摩書房, 1992

찾아보기